GREAT CODE Vol. 3

Korean-language edition copyright ⓒ 2021 by aCORN Publishing Co. All rights reserved.

Copyright ⓒ 2020 by Randall Hyde.
Title of English-language original: Write Great Code, Volume 3: Engineering Software,
ISBN 978-1-59327-979-0, published by No Starch Press.

이 책은 No Starch Press와 에이콘출판(주)가 정식 계약하여 번역한 책이므로
이 책의 일부나 전체 내용을 무단으로 복사, 복제, 전재하는 것은 저작권법에 저촉됩니다.

GREAT CODE Vol. 3
개발자는 어떻게 소프트웨어를 완성하는가

랜달 하이드 지음 동준상 옮김

 에이콘출판의 기틀을 마련하신 故 정완재 선생님 (1935-2004)

지은이 소개

랜달 하이드^{Randall Hyde}

『The Art of Assembly Language』, 『Write Great Code』 시리즈, 『Using 6502 Assembly Language』와 『P-Source』의 저자이고, 『The Waite Group's MASM 6.0 Bible』의 공저자다. 지난 40여 년간 원자력 발전기, 교통신호 시스템, 다양한 소비자용 전자 제품을 위한 임베디드 소프트웨어 및 하드웨어 개발 도구를 만들어왔고, 포모나에 위치한 캘리포니아주립 폴리테크닉 대학교^{California State Polytechnic University}와 리버사이드에 위치한 캘리포니아 대학교^{University of California}에서 컴퓨터 과학을 가르쳐왔다.

프로그래밍과 소프트웨어 엔지니어링에 대한 다양한 자료를 제공하는 웹 사이트(www.randallhyde.com)를 운영한다.

| 기술 감수자 소개 |

토니 트리벨리 Tony Tribelli

35년 경력의 소프트웨어 개발자다. 임베디드 디바이스의 커널 개발, 분자 모델 구현 등에 기여해왔으며 블리자드 엔터테인먼트Blizzard Entertainment에서 10여 년간 비디오 게임 프로그래머로 일했다. 현재는 소프트웨어 개발 컨설턴트로 활동하면서 컴퓨터 비전을 활용한 애플리케이션을 개발하고 있다.

감사의 글

이 책이 나오기까지 많은 사람이 원고에 실린 모든 단어와 기호(심지어 마침표까지)를 읽고, 또 읽으며 좀 더 나은 책이 될 수 있도록 힘을 모았다. 책이 출간될 수 있도록 애써 준 개발 편집자 아사바스카 윗치(Athabasca Witschi), 교열 및 출간 편집자 레이첼 모나한(Rachel Monaghan), 교정 업무를 봐준 제임스 프렐리(James Fraleigh)에게 모든 영광을 돌린다.

내 오랜 지기이자 이 책의 기술 감수자인 토니 트리벨리에게도 감사의 마음을 전한다. 그는 이 책에 실린 모든 코드를 직접 컴파일하고 실행하면서 정상 작동 여부를 확인해줬으며, 다양한 제안과 의견을 통해 이 책의 품질을 한 차원 끌어올리는 데 기여했다.

여러분 모두에게 감사의 마음을 전한다.

랜달 하이드

| 옮긴이 소개 |

동준상(naebon1@gmail.com)

클라우드, 인공지능 부문 강연자이자 컨설턴트이며 AWS 테크놀로지 파트너, 한국생산성본부 인공지능 전문가위원이다. 한국생산성본부, 서울대학교, 삼성전자, 고려대학교, 국가정보자원관리원, 포항공과대학교에서 관련 주제로 강연을 했다.

소프트웨어 엔지니어링과 오픈소스에 관심이 많고 에이콘출판사에서 출간한 『AWS 공인 솔루션스 아키텍트 올인원 스터디 가이드 - 어소시에이트』(2020), 『AWS 공인 솔루션스 아키텍트 올인원 - 어소시에이트 2/e』(2021), 『기업용 블록체인』(2019), 『자바 머신 러닝 마스터』(2019), 『스위프트 데이터 구조와 알고리즘』(2017) 외 10여 권을 번역했다.

웹페이지: http://www.nxp24.com/
링크드인: https://www.linkedin.com/in/junsang-dong/

| 옮긴이의 말 |

이 책은 무려 40여 년 전에 (원자로 제어용) 소프트웨어 개발자로 일을 시작했던 랜달 하이드의 '위대한 코드' 작성을 위한 세 번째 책이며, 지난 40여 년간 소프트웨어 개발 산업에 존재해왔던 방법론, 전략, 실무 이론, 체계를 집대성한 것이라 할 수 있다. 저자는 『Write Great Code』 시리즈 1, 2편을 통해 하드웨어와 효과적으로 소통하는 방법과 로우레벨로 생각하고 하이레벨로 코딩하는 방법을 소개했으며, 이번 3편에서 엔지니어링 대상으로서 소프트웨어를 설명한다.

소프트웨어 개발 업무를 작가주의의 산물이 아닌 엔지니어링 측면에서 접근하므로, 정성적으로 공감에 기대어 설명할 수밖에 없었던 부분들을 정량적으로, 체계적으로 설명할 수 있게 됐으며 소프트웨어 개발 모델부터 테스트, 문서화까지 일관된 예시와 흐름으로 설명한다.

저자 랜달 하이드의 시대에 각광받던 개발 주제(이를 테면 원자로 제어)는 현시점에서 클라우드, 인공지능, 양자컴퓨팅, 블록체인 등과 같은 주제로 바뀌었고, 개발 접근 전략이나 방법론 또한 좀 더 세분화되거나 (부분적으로) 맥락이 아예 달라지기도 했다. 하지만 좀 더 좋은 소프트웨어, 나아가 위대한 소프트웨어에 대한 갈망은 개발자인 우리 모두의 공통된 특징이 아닐까 생각한다.

이 책은 소프트웨어 개발이 좋아서 무작정 일을 시작한 사람이 어느 날 문득 소프트웨어라는 산업 전체를 둘러보고 지난 수십 년간 존재해온 개발 담론을 확인하며 앞으로 수년간 개발자로서 자신의 경력을 어떤 방식으로 관리할 것인지 계획을 세우고 싶을 때 읽기 좋을 것이다. 이런 독자들에게 저자는 소프트웨어 개발 방법론은 물론, 프로젝트 팀의 효율적인 운영 방안, 프로젝트가 산으로 가는(목표를 벗어나는) 이유, 그리고 일일 업무 수행 방법까지 꼼꼼히 설명한다.

작년에 수행했던 프로젝트의 경험보다 좀 더 나은 프로젝트 수행 방법을 고민하는 개발자에게도 추천한다.

차례

지은이 소개 ... 5
기술 감수자 소개 ... 6
감사의 글 ... 7
옮긴이 소개 ... 8
옮긴이의 말 ... 9
들어가며 ... 20

1부 퍼스널 소프트웨어 엔지니어링 ... 31

1장 소프트웨어 개발에 대한 은유법 ... 33
1.1 소프트웨어란 무엇인가? ... 33
    1.1.1 소프트웨어는 대량 생산되는 공산품이 아니다 ... 34
    1.1.2 소프트웨어는 아무리 써도 닳지 않는다 ... 34
    1.1.3 대부분의 소프트웨어는 커스텀 제품이다 ... 35
    1.1.4 소프트웨어는 쉽게 업그레이드할 수 있어야 한다 ... 35
    1.1.5 소프트웨어는 독립적으로 존재하지 않는다 ... 35
1.2 다른 전문 영역과의 비교 ... 36
    1.2.1 예술가로서의 프로그래머 ... 36
    1.2.2 건축가로서의 프로그래머 ... 37
    1.2.3 엔지니어로서의 프로그래머 ... 38
    1.2.4 기술 장인으로서의 프로그래머 ... 39
    1.2.5 여러분은 예술가, 건축가, 엔지니어, 기술 장인 중 어느 쪽에 가까운가? ... 39
1.3 소프트웨어 엔지니어링 ... 40
    1.3.1 소프트웨어 엔지니어링에 대한 공식적 정의 ... 41
    1.3.2 프로젝트의 크기 ... 43
    1.3.3 소프트웨어 엔지니어링은 어떻게 실패하는가? ... 45

1.4 소프트웨어 장인 정신 ... 46
    1.4.1 교육 ... 47
    1.4.2 도제식 훈련 ... 47
    1.4.3 소프트웨어 방랑객 ... 49
    1.4.4 고수의 경지에 오른 기술 장인 ... 49
    1.4.5 소프트웨어 장인 정신은 어떻게 실패하는가? ... 50
1.5 위대한 코드를 작성하기 위한 방법 ... 50
1.6 참고 자료 ... 51

2장 생산성 ... 53

2.1 생산성이란 무엇인가? ... 53
2.2 프로그래머의 생산성과 팀의 생산성 비교 ... 54
2.3 인시와 실제 작업 시간 ... 55
2.4 프로젝트의 개념적 복잡성과 실질적 복잡성 ... 57
2.5 생산성 예측 ... 58
2.6 생산성 측정 지표와 그 필요성 ... 59
    2.6.1 실행 파일 크기 측정 지표 ... 60
    2.6.2 머신 인스트럭션 측정 지표 ... 61
    2.6.3 코드 라인 측정 지표 ... 61
    2.6.4 명령문 수 측정 지표 ... 62
    2.6.5 기능 점수 분석법 ... 62
    2.6.6 맥케이브 순환 복잡성 측정 지표 ... 63
    2.6.7 기타 측정 지표 ... 64
    2.6.8 측정 지표가 지닌 문제점 ... 64
2.7 프로그래머가 하루에 열 줄의 코드를 작성한다는 조사 결과에 대해 ... 65
2.8 개발 기간 예측 ... 67
    2.8.1 소규모 프로젝트 개발 기간 예측 ... 67
    2.8.2 중규모 및 대규모 프로젝트 개발 기간 예측 ... 68
    2.8.3 개발 기간 예측에 따른 문제점 ... 69
2.9 위기 상황에서의 프로젝트 관리 ... 71
2.10 생산성 향상의 비법 ... 72
    2.10.1 소프트웨어 개발 도구의 신중한 선정 ... 73

        2.10.2 오버헤드 관리 75
        2.10.3 명확한 목표와 마일스톤 설정 76
        2.10.4 스스로 동기 부여하기 76
        2.10.5 집중력 유지와 방해 요소 제거 77
        2.10.6 지겨움을 느낄 때는 다른 일을 해보자 78
        2.10.7 스스로 발전할 수 있는 분위기를 조성하라 78
        2.10.8 도움이 필요할 때는 요청하라 79
        2.10.9 느슨해진 팀 분위기 되살리기 79
    2.11 참고 자료 80

3장   소프트웨어 개발 모델 83
    3.1 소프트웨어 개발 수명주기 83
    3.2 소프트웨어 개발 모델 87
        3.2.1 약식 모델 88
        3.2.2 워터폴 모델 89
        3.2.3 V 모델 91
        3.2.4 반복형 모델 93
        3.2.5 나선형 모델 94
        3.2.6 신속 애플리케이션 개발 모델 97
        3.2.7 점증형 모델 99
    3.3 소프트웨어 개발 방법론 100
        3.3.1 전통적 (예측적) 방법론 100
        3.3.2 적응형 방법론 101
        3.3.3 애자일 방법론 101
        3.3.4 익스트림 프로그래밍 104
        3.3.5 스크럼 119
        3.3.6 목표 기능 주도형 개발 120
    3.4 위대한 프로그래머를 위한 소프트웨어 개발 모델 및 방법론 123
    3.5 참고 자료 123

2부 UML ... 127

4장 UML의 개요와 유스 케이스 ... 129
- 4.1 UML 표준 ... 129
- 4.2 UML 유스 케이스 모델 ... 130
  - 4.2.1 유스 케이스 다이어그램 요소 ... 131
  - 4.2.2 유스 케이스 패키지 ... 133
  - 4.2.3 유스 케이스 인클루전 ... 133
  - 4.2.4 유스 케이스 일반화 ... 135
  - 4.2.5 유스 케이스 익스텐션 ... 137
  - 4.2.6 유스 케이스 내러티브 ... 138
  - 4.2.7 유스 케이스 시나리오 ... 146
- 4.3 UML 시스템 경계 다이어그램 ... 147
- 4.4 유스 케이스 이외의 영역 ... 148
- 4.5 참고 자료 ... 148

5장 UML 액티비티 다이어그램 ... 151
- 5.1 UML 액티비티 상태 기호 ... 151
  - 5.1.1 시작 상태와 종료 상태 ... 152
  - 5.1.2 액티비티 ... 152
  - 5.1.3 상태 ... 153
  - 5.1.4 전환 ... 153
  - 5.1.5 조건식 ... 154
  - 5.1.6 합병 지점 ... 156
  - 5.1.7 이벤트와 트리거 ... 158
  - 5.1.8 포크 및 조인 동기화 ... 160
  - 5.1.9 호출 기호 ... 160
  - 5.1.10 파티션 ... 161
  - 5.1.11 주석과 주해 ... 162
  - 5.1.12 커넥터 ... 163
  - 5.1.13 기타 액티비티 다이어그램 기호 ... 163

5.2 UML 액티비티 다이어그램의 확장 ... 164
5.3 참고 자료 ... 166

6장 UML 클래스 다이어그램 ... 169
6.1 UML에서의 객체지향 분석 및 설계 ... 169
6.2 클래스 다이어그램에서의 가시성 ... 171
    6.2.1 퍼블릭 클래스의 가시성 ... 171
    6.2.2 프라이빗 클래스의 가시성 ... 172
    6.2.3 프로텍티드 클래스의 가시성 ... 173
    6.2.4 패키지 클래스의 가시성 ... 174
    6.2.5 가시성 타입 추가하기 ... 175
6.3 클래스 속성 요소 ... 176
    6.3.1 속성의 가시성 ... 176
    6.3.2 속성에서 파생된 값 ... 176
    6.3.3 속성 이름 ... 177
    6.3.4 속성의 데이터 타입 ... 178
    6.3.5 연산 데이터 타입(반환값) ... 179
    6.3.6 속성의 다수성 표현 ... 179
    6.3.7 기본 속성값 ... 180
    6.3.8 프로퍼티 문자열 ... 180
    6.3.9 속성 문법 ... 181
6.4 클래스 연산 요소 ... 181
6.5 UML 클래스의 관련성 ... 183
    6.5.1 클래스 의존 관계 ... 184
    6.5.2 클래스 연관 관계 ... 184
    6.5.3 클래스 집합 관계 ... 186
    6.5.4 클래스 구성 관계 ... 187
    6.5.5 클래스 관련성의 특징 ... 188
    6.5.6 클래스 상속 관계 ... 197
6.6 객체 ... 198
6.7 참고 자료 ... 199

7장 UML 인터랙션 다이어그램 201
7.1 시퀀스 다이어그램 201
- 7.1.1 라이프라인 202
- 7.1.2 메시지 타입 202
- 7.1.3 메시지 라벨 204
- 7.1.4 메시지 번호 204
- 7.1.5 보호 조건 206
- 7.1.6 반복 시행 206
- 7.1.7 롱 딜레이 및 시간 제약 조건 207
- 7.1.8 외부 객체 208
- 7.1.9 액티베이션 바 209
- 7.1.10 브랜칭 209
- 7.1.11 대체 흐름 211
- 7.1.12 객체 생성 및 제거 212
- 7.1.13 시퀀스 프래그먼트 214

7.2 커뮤니케이션 다이어그램 232
7.3 참고 자료 234

8장 그 외 다양한 UML 다이어그램 235
8.1 컴포넌트 다이어그램 235
8.2 패키지 다이어그램 238
8.3 배포 다이어그램 240
8.4 결합 구조 다이어그램 241
8.5 스테이트차트 다이어그램 245
8.6 UML에 대한 관심의 확장 248
8.7 참고 자료 248

3부 문서화 251

9장 시스템 문서화 253
9.1 시스템 문서화 유형 254
9.2 변경 이력 추적 기능 256

9.2.1 개발자 문서에 추적 기능 적용하기 ... 256
  9.2.2 태그 형식 ... 257
  9.2.3 요구 사항 이력 추적 매트릭스 ... 265
 9.3 검증, 검토, 확인 ... 268
 9.4 문서화를 통한 개발 비용 절감 ... 270
  9.4.1 사용자 니즈 검증을 통한 비용 절감 ... 271
  9.4.2 요구 사항 부합 여부 검토를 통한 비용 절감 ... 272
 9.5 참고 자료 ... 273

10장 요구 사항 문서화 ... 275
 10.1 요구 사항의 근원과 추적 가능성 ... 275
  10.1.1 요구 사항 형식 권장안 ... 276
  10.1.2 우수한 요구 사항의 특징 ... 277
 10.2 설계 목표 ... 286
 10.3 시스템 요구 사항 명세서 ... 287
 10.4 소프트웨어 요구 사항 명세서 ... 287
  10.4.1 서론 ... 289
  10.4.2 전반적 설명 ... 290
  10.4.3 세부적 요구 사항 ... 294
  10.4.4 각종 지원 정보 ... 299
  10.4.5 소프트웨어 요구 사항 명세서 예시 ... 300
 10.5 요구 사항 작성하기 ... 311
 10.6 유스 케이스 ... 314
  10.6.1 디버그 모드 활성화/비활성화 ... 315
  10.6.2 Ethernet 활성화/비활성화 ... 316
  10.6.3 RS-232 활성화/비활성화 ... 318
  10.6.4 테스트 모드 활성화/비활성화 ... 318
  10.6.5 USB 활성화/비활성화 ... 318
  10.6.6 DIP 스위치 읽기 ... 319
 10.7 유스 케이스를 DAQ 소프트웨어 요구 사항으로 작성하기 ... 319
 10.8 SRS에 기초한 DAQ 소프트웨어 요구 사항 작성 ... 320
 10.9 요구 사항 정보를 이용한 RTM 업데이트 ... 324

    10.9.1 리뷰에 의한 요구 사항 검증 326
    10.9.2 테스트에 의한 요구 사항 검증 327
  10.10 참고 자료 327

11장 소프트웨어 설계 명세서 문서화 329

  11.1 IEEE Std 1016-1998 vs. IEEE Std 1016-2009 330
  11.2 IEEE 1016-2009 개념 모델 330
    11.2.1 설계 고려 사항과 설계 업무 참여자 330
    11.2.2 설계 뷰포인트와 설계 요소 332
    11.2.3 설계 뷰, 설계 오버레이, 설계 래셔널 344
    11.2.4 IEEE Std 1016-2009 개념 모델 348
  11.3 SDD 필수 콘텐츠 349
    11.3.1 SDD 식별 정보 350
    11.3.2 설계 작업 참여자와 설계 고려 사항 350
    11.3.3 설계 뷰, 설계 뷰포인트, 설계 오버레이, 설계 래셔널 351
  11.4 SDD 추적 가능성 및 태그 351
  11.5 SDD 개요 제안 352
  11.6 SDD 작성 예시 353
  11.7 설계 정보를 이용한 RTM 업데이트 369
  11.8 소프트웨어 설계 문서의 작성 369
  11.9 참고 자료 370

12장 소프트웨어 테스트 문서화 371

  12.1 Std 829 표준안의 소프트웨어 테스트 문서 371
    12.1.1 테스트 프로세스 지원 373
    12.1.2 중요도 레벨과 위험도 평가 374
    12.1.3 소프트웨어 개발 테스트 레벨 376
  12.2 테스트 계획 377
    12.2.1 마스터 테스트 계획 377
    12.2.2 레벨 테스트 계획 379
    12.2.3 레벨 테스트 설계 문서화 381
  12.3 소프트웨어 리뷰 리스트 문서화 382

- 12.3.1 SRL 문서 개요 작성 예시 ... 383
- 12.3.2 SRL 작성 예시 ... 384
- 12.3.3 RTM에 SRL 아이템 추가하기 ... 388

12.4 소프트웨어 테스트 케이스 문서화 ... 388
- 12.4.1 STC 문서의 서론부 ... 392
- 12.4.2 세부 사항 ... 392
- 12.4.3 범례 ... 396
- 12.4.4 소프트웨어 테스트 케이스 작성 예시 ... 396
- 12.4.5 STC 정보를 이용한 RTM 업데이트 ... 406

12.5 소프트웨어 테스트 프로시저 문서화 ... 406
- 12.5.1 IEEE Std 829-2009 소프트웨어 테스트 프로시저 ... 408
- 12.5.2 STP 문서 개요의 확장 ... 408
- 12.5.3 STP 문서의 서론부 ... 411
- 12.5.4 테스트 프로시저 ... 414
- 12.5.5 범례 ... 417
- 12.5.6 색인 ... 418
- 12.5.7 STP 작성 예시 ... 418
- 12.5.8 STP 정보로 RTM 업데이트하기 ... 424

12.6 레벨 테스트 로그 ... 425
- 12.6.1 레벨 테스트 로그 문서의 서론부 ... 427
- 12.6.2 세부 사항 ... 427
- 12.6.3 용어 설명 ... 428
- 12.6.4 테스트 로그에 대한 몇 가지 의견 ... 428

12.7 문제점 보고서 ... 432
- 12.7.1 문제점 보고서의 서론부 ... 434
- 12.7.2 세부 사항 ... 434
- 12.7.3 문제점 보고서에 대한 몇 가지 의견 ... 436

12.8 테스트 보고서 ... 438
- 12.8.1 마스터 테스트 보고서 개요 ... 438
- 12.8.2 레벨 테스트 보고서 ... 439

12.9 여러분에게 정말로 필요한 개발자 문서는 무엇인가? ... 441
12.10 참고 자료 ... 442

후기: 위대한 코드 설계하기 443

용어 설명 445
찾아보기 457

들어가며

1960년대 말, 컴퓨터 소프트웨어에 대한 수요 증가는 기술학교, 공과대학, 대학교에서 컴퓨터 전공자를 배출해내는 속도를 앞지르기 시작했으며, 이에 따라 이른바 '소프트웨어 위기론software crisis'이 대두됐다. 당시 공과대학과 대학교는 졸업생 수를 늘리기는 했지만 시장의 수요를 충족시키지 못했으며, 컴퓨터 과학을 전공했음에도 불구하고 소프트웨어 엔지니어로서의 준비는 여전히 부족했다. 이 같은 소프트웨어 위기 상황을 극복하기 위해 진행된 연구는 기존 컴퓨터 프로그래머의 생산성을 증대시키기 위한 방법을 찾아야 한다는 결론에 이르렀다. 연구에서는 소프트웨어 개발과 다른 산업에 적용되고 있는 엔지니어링 기법에 유사성이 있다는 점에 착안해, 소프트웨어 개발 절차와 정책에 엔지니어링 원칙을 적용함으로써 당시의 문제를 해소할 수 있을 것으로 판단했다. 그러한 연구의 실행 결과가 바로 소프트웨어 엔지니어링이다.

소프트웨어 엔지니어링 개념이 정착되기 전까지, 소프트웨어 개발은 복잡하며 전문적인 역량을 지닌 소수의 소프트웨어 기술 장인을 통해 은밀하게 전해지는 것으로 생각됐다. 그 당시에는 소프트웨어 프로젝트의 성공 여부가 팀이 아닌, 탁월한 수준의 핵심 프로그래머 한두 명에게 달려 있다고 할 수 있었다. 이후 도입된 소프트웨어 엔지니어링 개념 모델은 개발 팀의 균형 잡힌 역량을 확보해 생산성을 높이고, 탁월한 소수의 개발자에 대한 의존도를 낮췄다.

큰 그림으로 봤을 때, 소프트웨어 엔지니어링 개념 모델은 나름의 성공을 거뒀다. 팀 단위로 구성된 프로그래머는 과거 소규모 조직 단위로는 결코 완수하지 못했을 대규모 프로젝트를 성공적으로 완수하기도 하지만, 그와 동시에 일부 중요한 요소의 품질은 기대에 미치지 못하고 있다. 소프트웨어 엔지니어링은 팀 단위 운영을 통한 생산성 증대를 강조하지만, 그와 동시에 개별 프로그래머의 창의성, 기술력, 성장성이 희생되고 있다. 소프트웨어 엔지니어링이 프로그래머의 역량을 높여주는 측면도 있지만, 한편으로는 위대한 프로그래머가 될 수 있는 기회를 줄이거나 역량을 제한하기도 한다. 세상에는 위대한 프로그래머가 너무 적으며, 우리 모두는 프로그래머가 자신의 잠재력을 최대한으로 발휘하길 원한다. 하지만 소프트웨어 엔지니어링의 엄격한 규칙은 프로그래머가 잠재력을 발휘하려는 의지와 상충될 수 있다.

『Write Great Code』 시리즈[1]는 소프트웨어 엔지니어링의 시대에 프로그래머의 창의성, 기술력, 성장성을 회복하기 위한 작은 노력의 산물이다. 이 책에서는 이를 '퍼스널 소프트웨어 엔지니어링personal software engineering'이라는 주제로 다루며, 한 명의 프로그래머가 자신의 코드 품질을 개선해 나갈 수 있는 방법을 제시한다. 특히 '위대한 코드great code'(유지 보수, 기능 강화, 테스트 및 디버깅, 문서화, 배포 및 삭제가 용이한 코드)를 작성하기 위한 방법을 소개한다. 위대한 코드는 엔지니어 또는 관리 체계의 비합리적인 결정이나 잘못된 계획에서 비롯되는 '결함kludge'이 없는 코드를 의미하기도 한다. 위대한 코드는 한마디로 코드 작성자 본인이 자랑스러워할 수 있는 코드다.

『Write Great Code』 시리즈 2편(『Write Great Code, Volume 2: Thinking Low-Level, Writing High-Level』)의 마지막 장에서 이번 3편의 개요를 설명한 부분은 다음과 같다.

이 책, 즉 『Write Great Code』 시리즈 3편(『Write Great Code, Volume 3: Engineering Software』)은 프로그래밍의 퍼스널 소프트웨어 엔지니어링 측면을 설명한다. 일반적인 소프트웨어 엔지니어링은 대규모 소프트웨어 시스템의 관리에 초점을 맞추는 반면, 퍼스널 소프트웨어 엔지니어링은 기술 장인, 예술로서의 기술, 기술 전문가로서의 자부심 등, 개인 차원에서 위대한 코드를 작성하는 방법에 초점을 맞춘다. 3편에서는 소프트웨어 개발에 대한 다양한 은유적 표현, 소프트웨어 개발자에 대한 비유, 시스템 문서화 등과 같은 여러 가지 주제를 다룬다.

그중 (각종 요구 사항, 테스트 절차, 설계 문서 등을 포함한) 시스템 문서화system documentation는 소프트웨어 엔지니어링에서 매우 큰 부분을 차지한다. 따라서 소프트웨어 엔지니어링을 주제로 한 책이라면 당연히 위와 같은 내용을 담고 있어야 하지만, 일곱 개 장으로 구성된 3편에 이 모든 내용을 충분히 담아내기는 어렵다는 사실을 깨닫게 됐다. 결국 기존 '엔지니어링 소프트웨어Engineering Software' 편을 둘로 나누면서, 『Write Great Code』 시리즈는 총 네 편이 됐다. 이번 3편은 소프트웨어 개발 모델과 시스템 문서화를 집중적으로 다룬다. 시리즈 중 4편(『Write Great Code, Volume 4: Designing Great Code』)은 소

---

[1] 이 시리즈의 1편과 2편은 에이콘출판사에서 각각 『GREAT CODE 제1권』과 『GREAT CODE 제2권』이란 도서명으로 번역 출간됐다. – 옮긴이

프트웨어 설계, 5편(『Write Great Code, Volume 5: Great Coding』)은 위대한 코드 테마의 확장, 그리고 마지막 6편(『Write Great Code, Volume 6: Testing, Debugging, and Quality Assurance』)은 소프트웨어 테스트에 대한 내용을 다룬다.

이번 3편은 『Write Great Code』 시리즈 2편을 완성하고 나서 10년이 지난 후 쓰게 됐다. 모든 내용을 3편에 담는 대신 3, 4, 5, 6편으로 나누고, 우선은 3편부터 완성하게 됐다. 『Write Great Code』 시리즈 1, 2편(에이콘출판사의 『GREAT CODE 제1권』과 『GREAT CODE 제2권』)을 읽어본 독자라면, 이번 시리즈가 특정 주제를 깊이 다룬다는 점을 알고 있을 것이다. 이 책은 프로그래밍과 관련된 주요 주제를 가볍게 다루지 않는다. 그러다 보니, 『Write Great Code』 시리즈는 여러 편으로 나눠지는 과정을 거치며 무려 2,000페이지에 이르게 됐는데, 나는 집필하는 과정에서 가끔씩 전체 시리즈를 끝내 완성하지 못할 수도 있다는 불안감을 느끼기도 했다. 한 권의 책에 담을 수 있는 분량의 한계 때문에 이번 3편에 좀 더 많은 주제를 담을 수 없었지만, 독자 여러분이 찾는 내용은 다른 편에서 볼 수 있으리라 생각한다. 또한 이 책을 통해 여러분은 『Write Great Code』 시리즈 4~6편에 대한 단서도 얻을 수 있을 것이다.

이 책을 최대한 활용하기 위한 준비

이 책은 '엔지니어링 소프트웨어'라는 주제에 집중하기 위해 몇 가지 가정을 둔다. 이러한 가정을 최소화하고자 나름 노력했지만, 이 책을 최대한 활용할 수 있도록 독자 여러분에게 몇 가지 준비 사항을 제시한다.

이 책의 독자는 C, C++, C#, 스위프트^{Swift}, 파스칼^{Pascal}, BASIC, 자바^{Java}, 어셈블리어 등, 하나 이상의 절차적 프로그래밍 언어 또는 객체지향 프로그래밍 언어를 이해할 수 있다고 가정한다. 또한 소프트웨어 솔루션 설계 및 구현 과정에 존재하는 문제를 구체화할 수 있다고 가정한다. 단과대학(기술 전문대학) 또는 일반 대학교에서 컴퓨터 과학을 전공하거나 1학기 이상의 관련 과정을 이수했다면, 이 책을 읽는 데 큰 어려움은 없을 것이다.

이 책의 독자는 컴퓨터 구조$^{machine\ organization}$와 데이터 표현 방식$^{data\ representation}$에 대한 기본적인 이해를 갖추고 있을 것으로 가정한다. 예를 들어, 2진수 시스템과 16진수 시스템의 차이를 이해하고 정수, 캐릭터, 문자열 등 고수준 데이터 타입의 표현 방식도 이해하는 것으로 간주한다. 『Write Great Code』 시리즈 1편(『Write Great Code, Volume 1: Understanding the Machine』)에서 컴퓨터 구조 관련 부분을 설명했으니, 필요하다면 1편을 참고하길 바란다. 이 책에서도 1편에 언급한 컴퓨터 구조 관련 설명이 나오므로, 필요 시 참고하길 바란다.

위대한 코드란 무엇인가?

위대한 코드란 프로그래머가 알고리즘을 구현할 때 일련의 규칙을 준수한 소프트웨어를 의미한다. 위대한 코드는 다른 프로그래머가 해당 소프트웨어를 쉽게 읽고, 이해하고, 유지 보수할 수 있도록 하는 문서화를 포함한다. 나는 이를 '소프트웨어 개발의 황금 규칙 Golden Rule of Software Development'이라 부르며, 이는 소프트웨어 엔지니어링의 핵심 요소다.

위대한 코드는 다음과 같이 구체적으로 정의할 수 있다.

- 빠르게 작동하며 CPU, 시스템 자원, 메모리를 효율적으로 사용
- 문서화가 잘돼 있고 코드의 읽기, 유지 보수, 확장이 용이함
- 일관된 소스 코드 스타일 가이드 준수
- 정립된 소프트웨어 엔지니어링 원칙을 따르는 명확한 설계
- 적절한 테스트 과정을 거쳤으며 오류 상황에서도 견고함 유지
- 적정 시간, 적정 예산으로 구현 가능

『Write Great Code』 시리즈 1, 2편은 위대한 코드와 관련된 효율성 요소를 다뤘으며, 이번 3편부터는 기존 편에서 다룬 내용을 실제로 구현하기 위한 방법을 설명하는 데 초점을 맞춘다.

프로그래머 분류

프로그래머를 위대하게 만드는 것이 과연 무엇인지 알기 위해 아마추어, 다양한 수준의 프로그래머, 소프트웨어 엔지니어 간의 차이점부터 파악해보자.

아마추어

아마추어 프로그래머는 실무 경험이 많지 않고 자기 학습으로 프로그래밍을 익혔으며, 결국은 위대한 프로그래머의 반의어라 할 수 있다. 컴퓨터 산업 초기에는 이런 프로그래머를 '해커hacker'라 부르기도 했다. 해커 또는 아마추어 프로그래머는 현대 사회에서 또 다른 의미로 해석되지만, 기본적으로는 충분한 교육 기회를 갖지 못한, 전문가 수준의 소프트웨어 엔지니어링 경험이 없는 프로그래머라 할 수 있다.

이들 아마추어 프로그래머의 코드는 자신 또는 자신의 친구를 위한 코드 수준에 머무는 경우가 많으며, 소프트웨어 엔지니어링 프로젝트에서 요구되는 산업 표준을 준수하지 않는다. 그러나 아마추어 프로그래머는 약간의 교육만으로도 기술 역량이 크게 향상될 가능성이 있다(『Write Great Code』 시리즈도 도움이 될 것이다).

프로그래머

컴퓨터 프로그래머는 경험과 책임의 수준에 따라 주니어 프로그래머, 코더, 프로그래머 I, II, 시스템 분석가, 시스템 아키텍트 등으로 부른다. 이번 절에서는 이들의 역할과 서로 간의 차이점을 알아본다.

인턴

일반적으로 인턴intern은 파트타임으로 일하는 학생을 의미하며, 테스트 실행을 돕거나 소프트웨어 문서화를 지원하는 등과 같이 소프트웨어 개발과 관련된 단순 업무가 주어진다.

주니어 프로그래머

갓 졸업한 전공자는 '주니어junior' 직함이 주어지는 경우가 많으며, 테스트 및 유지 보수 업무를 주로 수행한다. 신규 프로젝트에 참여할 기회를 얻기도 하지만, 대체로 기존 소스 코드를 다듬거나 레거시 코드를 수정하는 일을 맡는다.

코더

프로젝트에 필요한 새로운 코드를 작성할 수 있는 역량을 인정받았을 때 비로소 코더[coder] 직함을 얻게 된다. 대규모 프로젝트에서는 다수의 시니어 프로그래머가 이들 코더에게 (복잡성이 낮은) 하위 컴포넌트 작업을 맡기며, 코더는 관련 작업을 수행해 프로젝트 완성 시간을 줄이는 데 기여할 수 있다.

프로그래머 I, II

프로그래머가 좀 더 많은 경험을 쌓을수록, 좀 더 복잡한 구현 업무를 처리 가능할수록 코더에서 '프로그래머 I[Programmer I]'으로, 그리고 다시 '프로그래머 II[Programmer II]'로 성장해 나간다. 시스템 분석가는 프로그래머 I, 또는 II에게 프로젝트의 구현 아이디어를 제시하며, 프로그래머는 시스템 분석가의 아이디어를 실제로 만들기 위한 세부 요소를 구현하고 애플리케이션을 개발한다.

시스템 분석가

시스템 분석가[system analyst]는 솔루션 구현을 위한 최선의 해법을 도출하고 그와 관련된 문제점을 분석한다. 이를 위해 어떤 알고리즘이 최적의 선택안인지 결정하거나 최종 애플리케이션 구조를 설계하는 데 참여한다.

시스템 아키텍트

시스템 아키텍트[system architect]는 대규모 시스템에서 시스템 분석가가 설계한 컴포넌트가 조화를 이루며 작동할 수 있는 방법을 결정한다. 시스템 아키텍트는 전체 솔루션의 일부를 구성하는 프로세스, 하드웨어, 비소프트웨어 요소를 구체화하는 역할을 담당한다.

완성형 프로그래머

'완성형 프로그래머[complete programmer]'는 위에 언급한 모든 기술과 역량을 갖고 있는 프로그래머로서, 프로젝트 구현과 관련된 문제의 정의, 솔루션 설계, 프로그래밍 언어를 통한 솔루션의 구현, 결과물의 테스트 등과 같은 일련의 업무를 종합적으로 수행할 수 있다.

프로그래머 분류와 관련된 문제

실제 개발 현장에서 위와 같은 프로그래머 구분은 큰 의미가 없을 수 있다. 위와 같은 구분은 초보 프로그래머와 경력이 많은 프로그래머의 급여 수준을 차등화하는 데나 필요할 수 있다. 예를 들어, 현실에서는 시스템 분석가가 애플리케이션에 필요한 알고리즘을 설계하고 전반적인 데이터 흐름을 정의하면, 코더가 관련 업무를 이어받아서 특정 프로그래밍 언어로 애플리케이션을 구현하게 된다. 비용 효율성을 위해 설계와 구현이라는 두 가지 주요 프로그래밍 업무에 집중하다 보니, 해당 설계를 적절한 프로그래밍 언어를 이용해 애플리케이션으로 구현할 능력을 지닌 주니어는 대규모 시스템 설계에서 적절한 경험을 하지 못하게 될 가능성이 높다. 또한 전체 프로젝트를 관리할 수 있는 충분한 역량을 갖춘 시스템 분석가와 아키텍트도 시스템 엔지니어링 차원에서 요구하는 비용 효과적인 성과를 얻기 위해 주니어가 할 수 있는 (저비용) 업무에서 의도적으로 배제되고, 좀 더 전문적이며 좁은 (고비용) 분야에서 활동할 수밖에 없게 된다.

소프트웨어 엔지니어

엔지니어링 분야에서 엔지니어는 사전 정의된 규칙에 따라 문제를 구체화하고 사전 조립된 솔루션을 결합해 당면 과제에 적합한 해법을 구현한다. 이와 같은 방식은 그리 높지 않은 역량을 지닌 엔지니어도 문제 해결에 적합한 솔루션을 도출해낼 수 있다는 장점이 있으며, 소프트웨어 엔지니어software engineer는 전통적인 엔지니어링 개념 모델을 소프트웨어 개발에 적용해 전체 프로그래밍 팀의 역량을 최대화하는 방법으로 최적의 해법을 찾으려 노력하게 된다. 이와 같은 소프트웨어 엔지니어링 혁명은 크고 작은 성공을 거뒀으며, 이로써 적절한 훈련과 리더십을 경험한 소프트웨어 엔지니어가 좀 더 적은 비용과 좀 더 적은 시간을 투입해 고품질의 코드를 생산할 수 있게 됐다.

하지만 전형적인 소프트웨어 엔지니어는 시간을 낭비할 가능성이 있고 검증되지 않은 길로 가다가 실패할(더 높은 비용과 더 많은 시간이 투입될) 가능성이 있다는 이유로 기존 원리를 벗어난 창의적인 시도를 하지 않도록 훈련받는다. 소프트웨어 엔지니어는 최선의 방법이 아닌, 정해진 시간에 정해진 예산 범위 내에서 애플리케이션을 개발하는 데 집중한다. 그러나 소프트웨어 엔지니어 수련생 중 어느 누구도 새로운 시도를 하지 않는다면, 위대한 소프트웨어 설계는 나올 수 없을 것이고, 새로운 프로그래밍 기법을 통합할 수 없을 것이며, 위대한 프로그래머 또한 될 수 없을 것이다.

위대한 프로그래머
'위대한 프로그래머great programmer'는 개발 예산 문제도 충분히 이해하지만, 산업을 주도하기 위한 새로운 아이디어와 방법론에 대한 탐구가 중요하다는 사실도 잘 알고 있다. 기존 원리나 규칙을 준수하는 것이 중요하다는 점도 이해하지만, 기존의 규칙을 타파하는 것이 필요한 순간 또한 잘 알고 있다. 하지만 무엇보다, 위대한 프로그래머는 기존의 방식으로 해결할 수 없는 문제를 만났을 때 자신과 팀이 최고의 성과를 얻기 위해 무엇을 해야 할지 잘 알고 있다. '해커'는 타고 나는 것이고 소프트웨어 엔지니어는 만들어지는 것이라면, 위대한 프로그래머는 이들 두 요소를 결합한 것이며, 프로그래밍에 대한 순수한 애정, 지속적인 교육과 훈련, 그리고 문제 해결에 필요할 때는 언제든 열린 사고를 할 수 있는 능력 등 세 가지 특성을 보인다.

여러분이 하는 일을 사랑하고, 여러분이 사랑하는 일을 하라
사람은 누구나 자신이 사랑하는 일을 능숙하게 처리할 수 있지만, 좋아하지 않는 일은 그렇지 못하다. 컴퓨터 프로그래밍을 좋아하지 않는다면, 결코 좋은 컴퓨터 프로그래머가 될 수 없을 것이다. 문제 해결에 대한 열정이 없고 도전에 대한 응전 의지가 없다면, 아무리 우수한 교육과 훈련을 받더라도 좋은 컴퓨터 프로그래머가 될 수 없을 것이다. 따라서 위대한 프로그래머가 되기 위한 가장 중요한 선결 조건은 컴퓨터 프로그램 작성에 대한 애정이라 할 수 있다.

교육과 훈련의 우선순위 결정
프로그래머는 개발 현장에서 주어지는 업무를 즐길 수 있지만, 이것만으로는 위대한 프로그래머가 될 수 없다. 프로그래머에게는 좋은 교육과 훈련 기회가 필요하다. 교육과 훈련에 대해서는 이후 장에서 다시 상세히 설명하지만, 위대한 프로그래머는 (대략 대학교 1~2학년 이상의 고등교육 수준으로) 잘 교육받았으며, 업무가 진행되는 동안에도 지속적으로 학습한다.

원칙을 벗어난 열린 사고

앞서 언급한 바와 같이, 전형적인 소프트웨어 엔지니어는 코드를 작성하기 위한 사전 정의된 규칙을 준수한다. 그러나 1장에서 말하는 위대한 프로그래머(혹은 '그랜드 마스터 프로그래머grand master programmer')가 되기 위해 맹목적인 규칙을 추종하는 것이 아니라, 열린 사고를 바탕으로 새로운 프로그래밍 기술을 사용할 준비가 돼 있어야 한다. 위대한 프로그래머는 늘 자신을 둘러싼 한계에 도전하며, 당면 과제를 해소하기 위한 새로운 해법을 모색한다.

위대한 프로그래머가 되기 위한 여정

위대한 프로그래머가 돼서 개발자 생태계에 영감을 주려면 다음과 같은 준비가 필요하다.

- 컴퓨터 프로그래밍과 문제 해결에 대한 애착
- 대학교에서 컴퓨터 과학을 전공 필수로 익히면서 얻은 폭넓은 지식
- 지속적인 프로그래밍 교육과 훈련 참여
- 해법 도출을 위해 기존의 규칙을 타파할 수 있는 능력과 의지
- 기존의 한계에 도전해 최상의 결과물을 얻기 위한 의욕과 동기

여러분이 위와 같은 자질을 이미 갖췄다면, 위대한 프로그래머가 되기 위해 좀 더 많은 지식만 쌓으면 된다. 이 책은 위대한 프로그래머가 되려는 사람에게 필요한 지식을 제공한다.

프로그래머의 윤리와 개성에 대한 의견

소프트웨어 엔지니어의 임무는 상충되는 요구 사항 속에서 시스템 설계 요소를 적절히 조합해 최고의 제품을 만들어내는 것이다. 이 과정에서 엔지니어는 프로젝트의 제약 조건하에 요구 사항의 우선순위를 정하고 최고의 해법을 선택해야 한다. 이때(특히 큰 압박을 받는 상황에서), 프로그래머 개인의 윤리관과 개성이 프로젝트 의사 결정에 투영되게 된다. (근거 없이 프로젝트 예측 자료를 제시하거나 충분한 테스트를 거치지 않고 소프트웨어의

성능을 예단하는 등) 지적으로 부정직해지거나, 소프트웨어 개발 도구(또는 다른 소프트웨어)를 훔쳐서 사용하거나, 관리자의 승인 없이 소프트웨어에 문서화되지 않은 (백도어 등) 기능을 추가하거나, (내가 다른 팀원보다 낫다는 생각에서) 팀 동료를 무시하는 일 모두 소프트웨어 엔지니어링의 윤리적 일탈 행위에 해당한다. 프로그래머는 윤리적 건전성을 확보하고 이를 실행하는 연습을 통해 좀 더 나은 인간, 그리고 좀 더 나은 프로그래머가 될 수 있다.

질문

한국어판에 관한 질문은 이 책의 옮긴이나 에이콘출판사 편집 팀(editor@acornpub.co.kr)으로 문의해주길 바란다.

참고 자료

Barger, Robert N 저. *Computer Ethics: A Case-Based Approach*. Cambridge, UK: Cambridge University Press, 2008.

Floridi, Luciano 저. *The Cambridge Handbook of Information and Computer Ethics*. Cambridge, UK: Cambridge University Press, 2006.

Forester, Tom, Perry Morrison 저. *Computer Ethics: Cautionary Tales and Ethical Dilemmas in Computing*. 2nd ed. Cambridge, MA: MIT Press, 1993.

Parker, Donn B 저. 'Rules of Ethics in Information Processing.' *Communications of the ACM* 11, no. 3 (1968): 198–201. https://dl.acm.org/doi/10.1145/362929.362987.

Wiener, Norbert 저. *The Human Use of Human Beings: Cybernetics and Society*. Boston: Houghton Mifflin Harcourt, 1950.

WikiWikiWeb. 'Grand Master Programmer.' Last updated November 23, 2014. http://c2.com/cgi/wiki?GrandMasterProgrammer/.

1부

퍼스널 소프트웨어 엔지니어링

1
소프트웨어 개발에 대한 은유법

소프트웨어 개발 프로세스는 어떻게 정의할 수 있을까? 어떤 사람은 이 질문 자체가 무의미하다고도 한다. 그냥 "소프트웨어 개발이 소프트웨어 개발이지!"라고 할 사람도 있을 것이다. 소프트웨어 개발을 정의하는 일이 그리 간단치 않다면, 다른 산업 영역의 전문적인 업무와 비교함으로써 소프트웨어 개발 프로세스를 이해할 수 있을 것이다. 이어서 관련 분야의 업무 프로세스 개선 전략을 통해 우리 산업의 프로세스를 좀 더 구체적으로 정의할 수 있을 것이다. 이번 1장에서는 소프트웨어 개발을 설명할 수 있는 다양한 은유적 요소를 통해 소프트웨어 개발이 무엇인지 알아본다.

1.1 소프트웨어란 무엇인가?

프로그래머가 소프트웨어를 개발하는 방법을 이해하기 위해 다른 분야의 전문가가 자신의 업무 산출물을 만들어가는 과정과 비교해보면, 소프트웨어 개발을 이해하는 데 어떤 은유적 요소가 도움이 되고 또 어떤 요소가 도움이 되지 않는지 알 수 있을 것이다.

로버트 프레스먼^{Robert Pressman}은 그의 저서 『Software Engineering: A Beginner's Approach』에서 소프트웨어의 다양한 특징을 구체적으로 잘 설명한다. 이번 절에서는 소프트웨어의 본질이 무엇인지 파악할 수 있는 다양한 특성과 컴퓨터 프로그래머의 역할을 알아본다.

1.1.1 소프트웨어는 대량 생산되는 공산품이 아니다

> 소프트웨어는 개발자에 의해 개발되고 세심하게 다듬어지며, 전통적인 대량 생산 방식으로 만들어지지 않는다.
>
> – 로버트 프레스먼

소프트웨어도 제품으로 부르긴 하지만, 여타의 하드웨어 제품에 비해 낮은 생산 원가가 투입된다. 소프트웨어를 담기 위한 CD 또는 DVD의 비용은 매우 낮은 편이며, 소프트웨어를 전달하기 위한 배송 비용이나 물류 처리 비용이 제품 원가에 추가될 뿐이다(요즘 일반화된 이메일 전송, 다운로드, 구독 방식은 소프트웨어의 제품 원가를 더욱 낮추고 있다). 또한 CD 또는 DVD에 담긴 소프트웨어의 설계가 복잡해진다고 품질이 낮아지거나 제품 원가가 크게 달라지지도 않는다. 전통적인 대량 생산 공정을 거쳐 만들어지는 제품은 품질 관리에 매우 많은 자원을 투입해야 하지만, 컴퓨터 프로그래머는 소프트웨어 애플리케이션을 개발하면서 제조 공정에 대해 그다지 신경 쓰지 않는다.[1] 소프트웨어 제품과 다른 대량 생산 제품의 가장 큰 차이점 중 하나는 제품 제조 역량에 대한 자원 투자가 상대적으로 매우 낮다는 것이다.

1.1.2 소프트웨어는 아무리 써도 닳지 않는다

초기 제품 수명주기에서 설계가 잘못된 소프트웨어, 하드웨어는 사용자에게 많은 문제 상황을 제공한다. 그러나 제품에 존재하는 그런 오류 또는 잘못을 (무결점 수준으로) 수정했을 때, 소프트웨어와 하드웨어의 차이는 극명하게 드러난다. 소프트웨어는 오류가 수정된 뒤에는 다시 오작동을 하지 않으며, 아무리 반복해 써도 닳아서 없어지지 않는다. 컴퓨터 시스템이 정상적으로 작동하는 한, 소프트웨어는 늘 사용자의 기대를 충족시켜줄 수 있다.[2] 소프트웨어 엔지니어는 (하드웨어 엔지니어와 달리) 작동 실패에 대비한 부품의 교체 가능성을 걱정하지 않는다.

---

[1] 아마도 이런 내용이 이해되는 상황은 여러 장의 CD, DVD, 또는 다른 대용량 미디어를 이용해 배포해야 하는 상황일 것이다.

[2] 소프트웨어가 하드웨어처럼 닳아 없어지는 것과 같은 상황은 업데이트 지원이 중지되고 구버전이 된 뒤, 결국 작동할 수 없는 지경에 이르는 경우라고 할 수 있겠다.

1.1.3 대부분의 소프트웨어는 커스텀 제품이다

> 소프트웨어는 기존의 표준화된 부품을 조립하는 것이 아닌, 사용자의 요구를 반영한 커스텀 제품이다.
>
> – 로버트 프레스먼

지난 수십 년간 '소프트웨어 IC'(전자 산업의 집적 회로 electronic integrated circuit를 떠올리는 개념)라는 콘셉트로 (하드웨어를 대량 생산하듯) 대규모 애플리케이션을 표준화된 소프트웨어 컴포넌트로 조립해 완성하려는 시도는 그리 큰 성공을 거두지 못했다. 소프트웨어 라이브러리와 객체지향 프로그래밍은 코드의 재활용성에 초점을 맞추고 있지만, 대규모 사전 제작 소프트웨어 시스템부터 중소규모 사전 조립 컴포넌트에 이르기까지 하드웨어 제품화 수준이 그대로 적용돼 성공한 사례는 찾아보기 어렵다.

1.1.4 소프트웨어는 쉽게 업그레이드할 수 있어야 한다

기존의 소프트웨어 애플리케이션은 반복적으로 발행하는 데 따르는 비용을 크게 들이지 않고도 새 버전(또는 다른 애플리케이션)으로 완벽하게 대체할 수 있다.[3] 애플리케이션 사용자는 구 버전을 신 버전으로 간단하게 대체한 뒤 업데이트 버전의 신기능을 즉시 활용할 수 있다. 현대적인 소프트웨어 시스템과 애플리케이션 대부분은 인터넷이나 간단한 작업을 통해 자동 업데이트 기능을 제공하고 있다.

1.1.5 소프트웨어는 독립적으로 존재하지 않는다

소프트웨어는 독립적인 단 하나의 기능만으로 활용되는 제품은 아니다. 전기 엔지니어는 하나의 디바이스가 그 자체만으로 활용될 수 있도록 설계할 수 있다. 하지만 소프트웨어는 정상적인 작동을 위해 다른 시스템 요소(예를 들면, 운영 시스템 등)를 필요로 한다. 그래서 소프트웨어 개발자는 (컴퓨터 시스템, 운영체제, 프로그래밍 언어 등) 외부 시스템의 제약 사항 속에서 소프트웨어 애플리케이션을 설계하고 구현한다.

---

3 여기서는 개발 비용, 마케팅 비용, 소액의 업그레이드 비용은 제외하고 소프트웨어 갱신 산업과 관련된 비용만을 의미한다.

1.2 다른 전문 영역과의 비교

컴퓨터 프로그래머는 예술가, 엔지니어, 건축가, 기술자 등과 자주 비교되곤 한다. 컴퓨터 프로그래밍은 이들 전문 업무 영역과 상당히 다른 면모를 지니고 있지만, 이들 타 전문 영역과 비교함으로써 컴퓨터 프로그래머의 역할에 대한 통찰을 얻을 수 있다.

1.2.1 예술가로서의 프로그래머

컴퓨터 프로그램 산업의 초기에 소프트웨어 개발은 종종 예술과 비교되기도 했다. 때로는 우리의 상상력을 뛰어넘는 놀라운 수준의 문제 해결 능력을 지닌 컴퓨터 프로그램을 개발하는 사람은 천부적 재능을 타고난 화가 또는 음악가와 같은 존재로 여겨지곤 했다(이는 어떤 면에서 상당히 신빙성 있는 주장이며, 컴퓨터 프로그래머와 음악가는 자신의 능력을 발휘하면서 서로 동일한 두뇌 영역을 사용하는 것으로 밝혀졌다[4]).

소프트웨어 개발과 예술 작품의 구현 과정을 좀 더 구체적으로 비교해보자. 예술가는 미술, 음악 등 특정 부문의 재능 또는 탤런트talent를 타고난 축복받은 존재로서 그들의 능력을 '창작'이라는 방식으로 노출한다. 예술가를 설명하는 중요한 키워드 중 하나는 타고난 재능인 탤런트라 할 수 있으며, 모두가 이런 재능을 타고나지는 않으므로 모두가 예술가가 되지는 않는다. 프로그래머의 경우도 재능을 타고난 경우가 있다. 어떤 개발자는 정말 프로그래머로서의 재능과 태도를 갖고 태어난 것처럼 보이기도 한다.

'예술가로서의 프로그래머'라는 표현은 프로그래머의 작업 방식을 가장 잘 설명해주는 말이라 생각한다. 예술가는 자신만의 방법으로 작품을 완성해 나가며, 스스로 만든 규칙을 허물고 새로운 방식을 탐험하는 과정에서 탁월한 작품을 만들기도 한다. 프로그래머 또한 자신만의 소프트웨어 개발 방법을 갖고 있지만 새로운 기술을 바탕으로 기존의 규칙을 시험하고 개발 과정을 개선해 나간다. 진정한 예술가가 자신의 작품을 복제하며 자만하지 않듯, '예술가로서의 프로그래머' 또한 기존 규칙과 질서를 탈피해 새로운 차원의 애플리케이션을 완성하는 데 만족감을 느낀다.

---

4 Kathleen Melymuka, 'Why Musicians May Make the Best Tech Workers', CNN.com, July 31, 1998.

> **노트** | 컴퓨터 과학 분야의 가장 저명한 책 중 하나는 도널드 커누스(Donald Knuth)의 『The Art of Computer Programming』이다. 컴퓨터 프로그래밍을 예술의 측면에서 살펴보는 일은 컴퓨터 과학 종사자에게는 익숙한 일이다.

1.2.2 건축가로서의 프로그래머

'예술가'라는 은유적 표현은 특히 예술가의 소규모 예술 작품 창작과 프로그래머의 소규모 소프트웨어 시스템 구현이라는 부분에서 적합해 보인다. 하지만 대규모 소프트웨어 시스템의 경우, '건축가로서의 프로그래머'라는 은유가 좀 더 적합해 보인다. 건축가는 건축물의 구조를 설계하되, 구현 또는 시공은 다른 전문가에게 일임한다(이는 건축가 혼자서 건물을 짓는 것이 불가능하기 때문이기도 하다). 컴퓨터 과학에서 시스템 설계자를 일컫는 데 사용되는 대표적인 단어가 바로 프로그래머 또는 시스템 분석가다.

건축가는 대규모 프로젝트를 창의적으로 이끌어 나가기 위해 스스로의 능력과 자질을 연마한다. 예를 들어, 건축가는 건축물을 설계하면서 외관, 자재, 시공 방법에 관한 지침을 제시하되, 스스로 시공 현장에서 건물을 짓지는 않는다. 즉, 건축가는 (프로그래머 또는 시스템 분석가가 소프트웨어 모듈의 상호 작용 방식을 제시하듯) 건축물의 빌드 과정을 총괄하지만, 직접 망치를 들거나 포크레인을 조작하지는 않는다.

'건축가'란 은유적 표현은 작은 프로젝트에는 적합하지 않지만, '업무 이관'이라는 측면에서는 건축과 소프트웨어 개발 간의 공통점을 찾을 수 있다. 예를 들어, 프로그래머가 프로젝트 초기에는 아키텍트/프로그래머/분석가로서의 업무를 맡다가, 시스템 구현 단계로 넘어오면서 프로그래머/코더로서의 업무를 맡는 경우에 해당된다.

'건축가로서의 프로그래머'는 기존 '예술가로서의 프로그래머'라는 개념 모델 위에 검증과 안전 관리라는 모델이 추가된 것이다. 예술가는 그림을 그리고, 작곡을 하고, 조각 작품을 만들면서 외부에서 정한 기준이나 규칙에 구애받지 않는다. 또한 예술가는 창작 과정에서 인명 손상이나 재물 손괴 등의 가능성도 걱정하지 않는다.[5] 반면 건축가는 물리적 현황은 물론, 설계가 잘못됐을 때 발생할 수 있는 인명 피해나 재산 손실을 심각하게

---

5 이 부분의 예외 사항은 불꽃놀이 공연 등과 같은 예술 공연 행사가 될 것이다.

고려해야 한다. '건축가로서의 프로그래머'라는 은유법에는 프로그래머의 임무에 대한 책임, 검증, 안전 등의 요소가 반영될 수 있다는 데 의미가 있다.

1.2.3 엔지니어로서의 프로그래머

1968년 NATO 콘퍼런스에서 우수한 프로그래머는 타고나는 것이지, 훈련으로 만들어지는 것이 아니라는 논제가 발표됐다. 이 책(『Write Great Code』 시리즈 3편)의 초반부에 언급한 바와 같이 세계는 소프트웨어의 위기 상황을 맞고 있으며, 프로그래머가 모든 훈련을 마치고 세상에서 원하는 소프트웨어 애플리케이션을 제공할 수 있기까지 너무 오랜 시간이 걸리게 되는 문제 상황을 겪고 있다. 따라서 NATO는 1968년 콘퍼런스를 개최하면서 컴퓨터 프로그래밍의 방식에 소프트웨어 엔지니어링이라는 개념을 도입해 당시의 위기 상황을 극복하려 한 것이다.

엔지니어는 설계부터 제품화에 이르기까지의 제반 문제를 비용 효율적으로 해결하기 위해 노력한다. 그래서 엔지니어가 특정 산업 부문(특히 기계 엔지니어링과 화학 엔지니어링 부문)에서 전문가로 인정받으려면 매우 긴 수련 시간이 필요하며, 비용 효율적으로 일관되게 업무를 처리하기 위해 다수의 업무 처리 절차와 정책을 마련하게 된다.

현대의 주요 엔지니어링 산업에서는 사전 정의된 소규모의 빌딩 블록을 조립해 대규모 엔지니어링 시스템을 완성하는 체계가 널리 사용되고 있다. 따라서 컴퓨터 시스템을 설계하려는 전기 엔지니어는 트랜지스터나 전원부 설계부터 시작하지 않고, 사전 정의된 모듈(CPU, 메모리, I/O 디바이스 등)을 유기적으로 조립하는 방식으로 접근한다. 기계 엔지니어 또한 새로운 다리를 설계하면서 사전 정의된 트러스 및 통행로 모듈을 조립하는 방식을 취한다. 이처럼, 설계의 재활용은 현대 엔지니어링의 가장 대표적인 속성이라 할 수 있다. 또한 이를 통해 안전하고 신뢰할 수 있으며 비용 효율적이면서 기능이 검증된 결과물을 신속하게 만들어낼 수 있다.

소프트웨어 엔지니어 역시 대규모 상용 시스템부터 소규모 시스템까지 미리 잘 정의된 개발 절차와 정책을 따른다. 전기전자 엔지니어 협회Institute of Electrical and Electronics Engineers(IEEE)는 소프트웨어 엔지니어링을 다음과 같이 정의한다.

'소프트웨어 엔지니어링 애플리케이션: 소프트웨어의 개발, 운영, 유지 보수 등과 같은 업무를 위한 체계적, 정량적이며 원칙을 준수해 수행하기 위한 애플리케이션'

1.2.4 기술 장인으로서의 프로그래머

기술 장인craftsman 모델은 예술가와 엔지니어의 중간 지점에 있는 프로그래머의 속성을 설명하기 위한 것이다. '기술 장인'이라는 은유법의 가장 큰 시사점은 탁월한 자질을 지닌 개인으로서 프로그래머의 의미를 생각해보는 것이다. 개발자 훈련을 받은 사람이 증가하고 문제에 대한 해법을 구체화하는 것만으로는 고품질의 소프트웨어가 양산되지 못하며, 오히려 타고난 프로그래머로서의 자질과 역량을 발전시켜 양질의 소프트웨어를 만들 수 있다.

전통적인 기술 장인의 작업 방식과 소프트웨어 장인의 작업 방식에는 몇 가지 공통점이 있다. 지난 수백 년간 배출된 대부분의 기술 장인이 그러했듯, 소프트웨어 장인 역시 도제식 또는 인턴십으로 업무를 시작하는 경우가 많다. 여기서 도제식이란 이미 장인의 경지에 오른 사람과 밀접한 관계를 맺으면서 수년간 전문 기술을 연마하는 방식이다. 수년간의 도제 기간이 끝나면, 수련 프로그래머는 다양한 소프트웨어 산업을 여행하듯 이동하며 다양한 소프트웨어 장인과 교류하고 프로그래밍 경험과 산업 영역의 지식을 익히게 된다. 그렇게 수년의 시간이 지난 어느 날, 마침내 수련 프로그래머는 해당 분야의 마스터 프로그래머로 인정받게 된다.

기술 장인 모델은 위대한 프로그래머가 되기 위한 여정을 설명한다는 데 의미가 있으며, 이에 대해서는 1.4절, '소프트웨어 장인 정신'에서 다시 알아본다.

1.2.5 여러분은 예술가, 건축가, 엔지니어, 기술 장인 중 어느 쪽에 가까운가?

위대한 코드를 작성하기 위해 위대한 코드가 어떻게 만들어지는지부터 알아보자. 먼저, 위대한 코드를 작성하기 위한 최고의 도구, 코딩 기술, 검증된 절차와 프로세스, 그리고 정책이 필요할 것이다. 그다음에는 프로그래머로서의 지식을 확장하고 개발 프로세스를 부단히 개선해 여러분이 개발하는 소프트웨어의 품질을 높여야 할 것이다. 이것이 바로 소프트웨어 개발에 대한 다양한 접근 방식을 살펴보고, 소프트웨어 제품이란 과연 무엇인지, 또 최고의 소프트웨어를 만들기 위한 방법이 무엇인지 파악하려는 이유다.

위대한 코드를 작성하기 위한 학습의 여정은 험난하고, 실제 위대한 코드를 작성하는 일 또한 결코 간단치는 않을 것이다. 그래서 위대한 코드 작성의 여정을 시작하는 이 무렵, 다른 전문 영역의 업무 방식을 살펴보고 위대한 결과를 얻기 위한 서로 다른 접근 방식을 살펴봤다. 지금까지의 내용을 정리하면 다음과 같다.

- 위대한 예술가는 기술을 연마해 재능을 발전시킨다. 자신이 의도한 메시지를 전달할 수 있는 새로운 방식을 탐험하기 위해 새로운 접근 방식을 시도한다.
- 위대한 건축가는 의뢰인의 목적에 부합하는 건축물을 완성하기 위해 기존의 설계 방식과 표준화된 모듈을 조합하며, 하나의 건축물이 완성되는 데 필요한 비용 조건, 안전 관리, 건축 법규, 신뢰성 확보를 위한 내구 성능 등 다양한 요소를 잘 이해하고 있다. 위대한 건축가는 형태와 기능의 관련성에 대한 이해를 바탕으로 고객의 요구 사항을 충족시킨다.
- 위대한 엔지니어는 일관성이나 표준화된 모듈의 중요성을 잘 파악하고 있으며, 절차상의 실수를 방지하기 위해 제반 사항을 문서화하고 개발 과정을 자동화하고자 노력한다. 건축가처럼, 엔지니어 역시 좀 더 견고하고 비용 효율적인 해법을 구현하기 위해 기존 설계 자원을 재활용하는 데 능숙하다. 엔지니어링은 프로젝트 수행 시 개인이 지닌 지식과 경험의 한계를 미리 정의된 절차와 정책으로 극복할 수 있도록 돕는다.
- 위대한 기술 장인은 마스터가 되기 위해 오랜 기간 동안 기술 훈련과 연마 과정을 거치며, 개인이 탁월한 수준으로 문제를 해결하기 위해 내재화된 역량을 어떻게 확보할 수 있는지 방법을 제시한다는 데 의미가 있다.

1.3 소프트웨어 엔지니어링

1960년대 말, 소프트웨어 엔지니어링이란 개념이 알려진 이후 그 효용성은 인정받았지만, 구체적으로 어떤 부분이 효율성을 높여줬는지는 알 수 없었다. 오늘날에도 소수의 전문 프로그래머만이 '표준화된 절차'라는 소프트웨어 엔지니어링의 개념 모델을 받아들인 상태다. 현대 프로그래머가 수용한 개념 모델은 구조화 프로그래밍, 프로그램 레이아웃, 주석 처리, 네이밍 정책 등이며, 이들 모두 소프트웨어 엔지니어링 리서치의 산물이다. 엄밀히 말하자면, 지난 수십 년간 소프트웨어 엔지니어링이란 개념 모델은 현대 프로그래밍 언어와 여타의 도구 개발에 지대한 영향을 미쳐왔다.

소프트웨어 엔지니어링은 컴퓨터 프로그래밍 산업에 매우 오랫동안 폭넓게 영향을 미쳤으며, 많은 사람이 소프트웨어 엔지니어란 말과 컴퓨터 프로그래머라는 말을 같은 뜻으로 받아들이고 있다. 이는 전문적인 소프트웨어 엔지니어 중 상당수가 컴퓨터 프로그래머의 역할도 할 수 있다는 점에서 맞는 측면도 있지만, 컴퓨터 프로그래밍은 소프트웨어 엔지니어링에서 매우 작은 부분을 차지한다. 소프트웨어 엔지니어링은 소프트웨어의 경제적인 측면과 프로젝트 관리 기법까지 아우르는 매우 넓은 개념 모델이다. 그럼에도 현장의 프로젝트 관리, 일정 관리, 개발 방법론 선택 전략 등과 같은 업무를 담당하는 전문가를 소프트웨어 엔지니어라 부르지 않는다는 점이 흥미롭다. 이들은 관리자, 프로젝트 리드project lead, 또는 해당 업무와 관련된 일반적인 업무 호칭으로 부른다. 이처럼, 보통의 사람들이 소프트웨어 엔지니어라 부르는 사람은 실상 소프트웨어 엔지니어링과 관련성이 높지 않은 일을 하는 경우도 흔하며, (관리자, 프로젝트 리드 등이 설계한) 코드를 그대로 작성하는 사람을 소프트웨어 엔지니어라 부르기도 한다. 즉, 소프트웨어 엔지니어링이란 단어가 등장하고 나서 상당한 시간이 흘렀지만, 여전히 그 단어의 의미를 혼동하는 경우가 흔한 것이다.

1.3.1 소프트웨어 엔지니어링에 대한 공식적 정의

소프트웨어 엔지니어링에 대한 다양한 정의가 존재하며, 이를 정의한 기관, 사람마다 나름의 의미를 부여하며 기본 정의에 뭔가를 추가하는 일이 반복되고 있다. 이 책(3편)의 제목이 '엔지니어링 소프트웨어Engineering Software'이므로, 새로운 요소를 추가하는 대신에 기존의 잘 정의된 내용을 살펴보는 데 집중하려 한다. 앞서 언급한 바와 같이, 소프트웨어 엔지니어링에 대한 IEEE의 정의는 다음과 같다.

> '소프트웨어 엔지니어링 애플리케이션: 소프트웨어의 개발, 운영, 유지 보수 등과 같은 업무를 위한 체계적, 정량적이며 원칙을 준수해 수행하기 위한 애플리케이션'

이후 이 책에서 의미하는 소프트웨어 엔지니어링의 원론적 정의는 다음과 같다.

'소프트웨어 엔지니어링: 대규모 소프트웨어 시스템의 개발 및 관리에 대한 연구'

위 IEEE의 정의에서 '운영'이라는 표현은 이 책에서 '대규모'라는 단어로 대체됐다. 지난 수십 년 동안 소프트웨어 엔지니어링 발전의 원동력은 국방 산업이었으며, 소프트웨어 엔지니어링은 늘 대규모 시스템과 동의어처럼 사용됐다. IEEE의 정의는 시스템의 크기에 상관없이 적용할 수 있지만, 소프트웨어 엔지니어링을 언급하는 맥락은 대규모 시스템과 관련이 있으므로 이 책에서는 두 번째 정의를 따른다.

노트 | 일반적 의미의 소프트웨어 엔지니어링과 혼동하는 것을 피하기 위해, 이 책은 좀 더 세분화된 개념 모델인 퍼스널 소프트웨어 엔지니어링이란 개념에 집중하며, 한 명의 프로그래머가 소규모 프로젝트나 대규모 프로젝트에 속한 일부 프로젝트를 수행하는 과정에서 활용할 수 있는 절차와 방법론을 소개하는 데 의의를 둔다. 즉, 컴퓨터 프로그래머가 위대한 코드를 작성하기 위해 알아야 할 소프트웨어 엔지니어링의 개념을 설명하는 데 집중하고, 그 외의 지엽적인 정의는 생략한다.

소프트웨어 개발과 관련해 사람들은 '대규모'라는 단어의 의미를 서로 다르게 받아들인다. 컴퓨터 과학 전공자는 수천 줄의 소스 코드를 포함하는 프로그램을 대규모 시스템으로 받아들일 것이다. 보잉사의 프로젝트 매니저 입장에서는 아마 수백만 줄의 코드 수준이 돼야 대규모 시스템이라고 생각할 것이다. 내가 (오래전이긴 하지만) 마지막으로 세었던 마이크로소프트 윈도우$^{Microsoft\ Windows}$의 소스 코드는 5,000만 줄에 이르며, 윈도우가 대규모 시스템이라는 점에 동의하지 않는 사람은 없을 것이다.

소프트웨어 엔지니어링에 대한 전통적인 정의는 대규모 소프트웨어 시스템에서 통용될 수 있으므로, 대규모 소프트웨어 시스템에 대한 정의부터 세워두는 편이 좋을 듯하다. 코드 라인의 수$^{lines\ of\ code}$(LOC)는 소프트웨어 시스템의 규모를 설명하는 단위이긴 하지만, 시스템의 규모를 제대로 설명하기에는 다소 부족하다.[6] 그럼에도 이 책에서는 LOC와 KLOC$^{thousands\ of\ lines\ of\ code}$를 함께 사용하긴 하지만, 소프트웨어 시스템의 규모를 측정하기

---

6 동일한 복잡성을 지닌 두 개의 소프트웨어 시스템이 있을 때, 코드 라인 수가 같더라도 100가지 이상의 요소가 달라질 수 있다.

에 적합한 방법은 아니며, 오히려 '대규모'라는 단어의 취지를 왜곡할 가능성도 있다.

1.3.2 프로젝트의 크기

소규모 프로젝트란 일정 시간(최대 2년) 내에 보통의 프로그래머가 완결할 수 있는 프로젝트를 의미한다. 중규모 프로젝트는 한 명의 프로그래머가 일정 시간 내에 완료하기 어렵지만, 2~5명의 소규모 프로그래머 팀으로 완수할 수 있는 프로젝트를 의미한다. 대규모 프로젝트에는 (5인 이상의) 대규모 프로그래머 팀이 필요하다. LOC 측면에서 소규모 프로젝트는 50~100 KLOC, 중규모 프로젝트는 50~1,000 KLOC, 대규모 프로젝트는 500~1,000 KLOC 수준의 소스 코드가 포함된다.

소규모 프로젝트는 관리가 용이한 편이다. 이는 프로그래머 간의 상호 작용 필요성이 낮고 외부 파트너와의 상호 작용 필요성 또한 낮기 때문이다. 프로젝트 생산성은 거의 전적으로 프로그래머 개인의 역량에 의존한다.

중규모 프로젝트에는 새로운 도전 과제가 생긴다. 프로젝트에 참여한 다수 프로그래머 간의 상호 작용에 문제가 발생하지만, 팀 규모가 크지 않으므로 문제 해결 방식을 도출하기가 용이하다. 또한 그룹화된 프로그래머의 생산성을 유지하는 일은 쉽지 않으며, 코드 작성 원가 또한 증가세를 나타낸다.

대규모 프로젝트에는 대규모 프로그래머 팀이 투입된다. 팀원 간의 커뮤니케이션과 그룹화된 조직의 문제를 해소하는 데 엔지니어 역량의 50%가 소모되기도 하며, 이때 가장 중요한 요소는 효과적인 프로젝트 관리 체계다.

소프트웨어 엔지니어링은 대규모 프로그래머 조직 단위에서 프로젝트를 성공적으로 관리하기 위한 방법론methodology, 수행 전략practice, 정책policy을 연구한다. 안타깝게도, 성공적인 수행 전략은 개인 차원이나 소규모 팀 차원에서는 잘 작동하지만, 대규모 팀에서는 잘 작동하지 않는다. 반면 대규모 프로젝트를 위해 고안된 방법론, 수행 전략, 정책은 중소규모 프로젝트에 잘 들어맞지 않는다. 대규모 프로젝트용 수행 전략이 그대로 중소규모 프로젝트에 적용될 경우, 불필요한 업무가 증가하고 생산성마저 떨어뜨리는 결과를 가져오기도 한다.

따라서 프로젝트 규모에 따라 어떤 방법론과 수행 전략을 적용할지에 대해 깊이 있는 고민과 연구가 필요하다.

1.3.2.1 소규모 프로젝트

소규모 프로젝트에서 소프트웨어 엔지니어는 시스템 설계, 구현, 테스트, 디버깅, 배포, 문서화에 이르는 전 과정을 책임진다. 소규모 프로젝트에서 한 사람의 엔지니어가 담당해야 하는 업무의 범위는 중규모 및 대규모 프로젝트보다 훨씬 넓다. 대신, 업무별 임무 또한 소규모 단위이며 관리도 용이하다. 소규모 프로젝트에서 엔지니어는 넓은 범위의 업무를 처리해야 하므로 다양한 업무 기술을 보유해야 하며, 개인 소프트웨어 엔지니어는 소규모 프로젝트에서 필요한 모든 개발 역량을 발휘한다.

소규모 프로젝트는 엔지니어링 자원을 최대한 효율적으로 활용해야 하며, 엔지니어는 프로젝트에서 다른 엔지니어와 의견을 조정하는 등의 과정이 필요 없으므로 문제 해결에 가장 생산적인 방식을 적용하면 되고, 각 개발 단계마다 최적의 시간이 소요되는 방식을 택할 수 있다. 체계화된 소프트웨어 설계 기법에서는 전체 개발 기간 중 상당한 부분을 문서화에 할애하지만, 개인 소프트웨어 엔지니어가 관장하는 소규모 프로젝트에서는 그럴 필요가 없다(물론, 제품 수명주기를 고려했을 때는 다른 프로그래머의 코딩 작업을 위한 문서화가 필요하긴 하다).

소규모 프로젝트의 단점은 한 사람의 엔지니어가 해야 할 업무 범위가 너무 넓다는 것이며, 이와 같은 소규모 프로젝트가 실패하는 주요 원인 중 하나는 전체 프로젝트를 적절히 관리할 수 있는 개별 엔지니어의 역량 부족(또는 높은 개발 비용)이다. 『Write Great Code』 시리즈의 주요 집필 목적 중 하나는 프로그래머가 이와 같은 소규모 프로젝트를 적절히 관리할 수 있는 방법을 설명하는 것이다.

1.3.2.2 중규모 프로젝트

중규모 프로젝트에서는 개별 소프트웨어 엔지니어가 담당하던 업무 범위를 좀 더 구체화하고 세분화한다. 전통적으로는 시스템 컴포넌트 설계, 구현(코딩), 모듈에 대한 문서화 등으로 나눈다. 중규모 프로젝트에서 엔지니어는 자신이 개발한 컴포넌트를 직접 테스트한 뒤(유닛 테스트), 전체 시스템에 대한 종합 테스트(통합 테스트)를 시행한다. 보통의 경우, 한 명의 엔지니어(프로젝트 리드 또는 리드 프로그래머)가 전체 시스템 설계를 맡고, 이후 배포 과정도 담당하게 된다. 프로젝트에 따라서는 별도의 기술 문서 작성자가 시스템 문서를 작성한다. 중규모 프로젝트에서는 엔지니어가 업무를 나눠서 처리하므로 업무 역량 특화가 가능하며, 각 엔지니어가 프로젝트 완성에 필요한 모든 역량을 갖고 있을 필요는 없다. 리드 프로그래머는 프로젝트의 전반적인 품질 수준을 유지하기 위해 경험 차이가 있는 다른 프로그래머의 역할을 조정한다.

소규모 프로젝트에서 개별 엔지니어는 전체 프로젝트에 대한 통일된 시각을 바탕으로 각 업무 활동을 최적화할 수 있어야 하지만, 대규모 프로젝트에서 개별 엔지니어는 자신의 업무 범위를 벗어난 내용에 대해서는 알지 못하는 경우도 있다. 중규모 프로젝트는 이들 두 시나리오의 중간 지점으로, 개별 엔지니어 또한 전반적인 프로젝트의 흐름을 이해하고, 최종 시스템 구현 시 각자가 맡은 컴포넌트를 수정해 통합할 수 있어야 한다. 이때 시스템 전반에 대한 세부적인 지식보다는 특정 부문에 대한 전문 지식을 갖고 있는 경우가 많다.

1.3.2.3 대규모 프로젝트

대규모 프로젝트에서는 다양한 팀 구성원에게 시스템 설계, 구현, 테스트, 문서화, 배포, 시스템 통합 및 유지 보수 등의 특화된 업무를 분장한다. 중규모 프로젝트의 경우처럼, 대규모 프로젝트에서도 개별 소프트웨어 엔지니어가 담당하던 업무 범위를 좀 더 구체화하고 세분화한다. 대규모 프로젝트의 소프트웨어 엔지니어는 (코딩 또는 유닛 테스팅 등과 같은) 매우 세분화된 업무를 담당하므로 소규모 프로젝트에서 한 명의 프로그래머에게 요구됐던 광범위한 업무 지식은 불필요하다.

업무 범위를 고려하지 않더라도 프로젝트의 규모는 엔지니어의 생산성에 영향을 줄 수 있으며, 대규모 프로젝트의 엔지니어는 매우 특화된 업무 분야에만 집중하게 된다. 이를 통해 자신의 업무를 좀 더 전문적이면서 효율적으로 처리할 수 있다. 반면 대규모 프로젝트에는 효과가 검증된 보편적인 소프트웨어 개발 전략을 사용해야 하며, 개별 프로그래머가 이런 개발 전략을 수용하지 못할 경우 생산성 저하로 이어지게 된다.

1.3.3 소프트웨어 엔지니어링은 어떻게 실패하는가?

엔지니어링 기법을 애플리케이션 소프트웨어 개발 부문에 적용해 비용 효율성을 높일 수 있다. 그러나 피트 맥브린Pete McBreen은 그의 저서 『Software Craftsmanship: The New Imperative』에서, 소프트웨어 엔지니어링 이론의 가장 큰 문제점은 '체계적이고, 원칙을 준수하며, 정량적인 기법'만이 올바른 기법이라 가정하는 것이라고 설명한다. 좀 더 직설적으로는 과연 소프트웨어 개발을 체계적이면서 정량적으로 수행하는 것이 가능한지를 묻는다. 맥브린이 자신의 웹 사이트(http://www.controlchaos.com/)에 게재한 글을 살펴보자.

> '모든 업무가 완벽하게 정의돼 있고, 모든 일을 예측 가능한 결과물이 나오도록 설계하고 실행할 수 있는 경우를 규정적 프로세스(defined process)라 부르며, 완전한 자동화 단계로 넘어갈 수 있다. 반면에 프로세스 중 명확하게 정의되지 못한 부분이 있을 경우, 예측 가능 요소와 예측 불가능 요소를 혼합해 이상적인 결과물이 나오도록 해야 하며, 이를 실증적 프로세스(empirical process)라 부른다.'

소프트웨어 개발은 규정적 프로세스가 아니며, 실증적 프로세스에 가깝다. 따라서 소프트웨어 개발은 완전한 자동화가 불가능하며, 소프트웨어 개발에 엔지니어링의 원칙론을 적용하는 일 또한 어려운 것이다. 이는 실용적인 엔지니어링 이론 대부분이 기존 설계를 재활용하는 데 초점을 맞추고 있으며 컴퓨터 프로그래밍 산업에서도 재활용할 수 있는 설계 요소가 적지 않지만, 여타의 엔지니어링 업무보다 훨씬 높은 수준의 커스터마이징 업무가 수반돼야 하기 때문이다.

소프트웨어 엔지니어링과 관련된 또 다른 문제점은 소프트웨어 엔지니어를 프로젝트 수행을 위한 리소스로 간주하며 임의로 추가하거나 배제할 수 있는 요소로 가정한다는 점이다. 이는 프로그래머의 재능이라는 중요한 요소를 간과한다는 데 문제가 있다. 소프트웨어 엔지니어링 이론에서 규정한 성공 전략에 따라 프로그래머를 다른 리소스와 같이 획일화된 방법으로 관리할 수 있다면 고품질의 소프트웨어를 만들어내는 것이 가능할 수도 있겠지만, 이는 현실에 대한 고려 없이 이론에만 매몰된 가정이라 할 수 있으며 좀 더 나은 현실적 대안을 선택할 수 없게 만든다.

1.4 소프트웨어 장인 정신

마스터로부터 기술을 전수받고 훈련하는 소프트웨어 장인 정신^{Software craftmanship} 모델은 최고의 소프트웨어 개발자가 되기 위한 평생의 여정이라는 개념을 담고 있다. 장인 정신 모델에 따라, 프로그래머는 필요한 기술을 익히고 수련 과정을 마친 후에 프로그래머 방랑객이 돼 소프트웨어 걸작을 만들기 위한 여정을 떠나게 된다.

1.4.1 교육

많은 단과대학(기술 전문대학)과 대학교에서 소프트웨어 기술 장인이 되는 데 필요한 소양교육을 제공한다. 인턴십이 초보 프로그래머(인턴 또는 기술 수련생)에게 이 같은 대학 교육이 제공하는 것과 동일한 수준의 정보와 도전 과제를 제공할 수 있다면, 인턴십 또한 소프트웨어 기술 장인이 되기 위한 교육 기회로서 의미가 있을 것이다. 하지만 아쉽게도 기술 수련생이 돼 소프트웨어 기술 장인이 될 때까지 연습만 하며 시간을 보낼 수 없는 경우가 많다. 우선, 소프트웨어 기술 장인은 현실적인 업무가 너무 많은 탓에 자신의 기술 수련생에게 쏟을 수 있는 시간적 여유가 별로 없다. 결국 대학과 인턴십을 포함한 교육은 소프트웨어 기술 장인이 되기 위한 첫걸음으로서 의미가 있다.

또한 대학 등에서 이뤄지는 교육에는 두 가지 목표가 있다. 먼저, 컴퓨터 과학을 주제로 강의를 제공하는 것인데, 그중 일부는 (여러분이 강연자였다면) 생략하고 넘어가고 싶은 과목이 포함돼 있다. 다음으로, 여러분이 시작한 학문적 목표를 완수했음을 다른 사회 구성원에게 인정받을 수 있도록 하는 것이다. 하지만 컴퓨터 과학 관련 학과를 졸업한 날이 사실은 진정한 의미에서 소프트웨어 개발을 배우기 시작하는 날이 될 수도 있다.

그러나 대학에서 아무리 어렵게 공부해 얻은 졸업장이 있더라도 소프트웨어 기술 장인임을 증명하지는 못한다. 컴퓨터 과학 전공에 필요한 전문적이고 특화된 공부를 마친 졸업생은 소프트웨어 기술 장인이 되기 위한 인턴으로서의 경력을 새롭게 시작하게 된다. 컴퓨터 과학을 전공한 인턴은 이런 과정 없이 입문한 기술 수련생에 비해 수련 기간을 단축할 수 있긴 하지만, 소프트웨어 기술 장인이 되기 위한 훈련 기간은 여전히 길게 남아있다.

1.4.2 도제식 훈련

공식적인 컴퓨터 과학 교육 과정의 수료증은 소프트웨어 기술 장인이 되기 위한 수련생 apprentice 으로서 배움을 시작할 수 있음을 의미한다. 전형적인 컴퓨터 과학 교육 과정에서는 프로그래밍 언어(문법과 의미론 등), 데이터 구조, 컴파일러 이론, 운영체제 등의 내용을 가르치지만, 프로그래밍과 관련해서는 한 학기 또는 두 학기 이상의 전문적인 내용을 가르치지 않는다. 도제식 훈련은 현실 세계에서 동작하는 프로그램이 무엇인지를 보여주며, 현실 세계에 존재하는 다양한 문제를 해결하기 위한 다양한 프로그래밍적 해법을 구현할 수 있는 경험을 제공한다.

도제식 훈련은 마스터 수준의 프로그래밍 기술을 지닌 사람에게 받게 되며, 이들 모두 (다음 절에서 소개할) 소프트웨어 방랑객 또는 소프트웨어 기술 장인이라 할 수 있다. 마스터는 수련생에게 임무를 할당하고, 이를 완수하는 방법을 보여주며, 수련생의 작업 결과를 검토하고, 좀 더 높은 경지에 도달하기 위한 중간 과제를 제시한다. 이때 가장 중요한 부분은 수련생이 마스터가 일하는 방식을 볼 수 있다는 것이다. 수련생은 마스터의 작업물을 테스트, 체계적 기능 검증, 디버깅 등을 통해 살펴볼 수 있는 기회를 얻는다. 이 과정에서 수련생은 마스터가 작성한 코드의 작동 방식을 이해할 수 있게 된다.[7] 이런 방식으로 수련생은 혼자서는 결코 알 수 없었을 프로그래밍 기술을 터득하게 된다.

운 좋은 수련생이라면 여러 명의 마스터 밑에서 훈련하며 동시에 다양한 기술을 연마할 수 있다. 상급 프로그래머와 함께 여러 프로젝트를 완성해 나가면서 수련생은 어느새 자신의 수련 과정을 마치게 되며, 소프트웨어 기술 장인이 되기 위한 다음 여정인 소프트웨어 방랑객 단계에 이르게 된다.

어떤 면에서 수련 과정은 결코 끝나지 않는다. 소프트웨어 엔지니어로서 새로운 기술과 구현 기법에 대한 탐구는 계속된다. 예를 들어, 구조화 프로그래밍 기법을 익힌 엔지니어는 (시대의 요구, 기술적 요구 등에 따라) 객체지향 프로그래밍 단계로 넘어가야 한다. 그러나 수련생도 어느 시점에는 결국 새로운 기술을 배우는 것보다 기존의 기술을 활용하는 시간이 많아지게 되며, 다른 사람에게서 배우는 내용보다 여러분이 전수할 수 있는 지식이 많아졌음을 깨닫게 된다. 바로 이 무렵, 마스터는 여러분이 타인의 도움이나 지시 없이 독자적으로 프로젝트를 수행할 수 있음을 느끼게 된다. 그때가 바로 여러분이 소프트웨어 방랑객이 되는 시기다.

---

[7] 도제식 훈련의 또 다른 장점은 해당 과정에 속한 다수의 인원이 코드의 작동 방식을 이해하게 되므로 한 명이 팀에서 이탈하더라도 다른 사람이 해당 업무를 문제없이 처리할 수 있다는 것이다.

1.4.3 소프트웨어 방랑객

소프트웨어 방랑객software journeymen은 상당한 양의 소프트웨어 개발 업무를 처리한다. 이름에서 알 수 있듯, 이 단계의 엔지니어는 여러 개의 프로젝트를 넘나들며 자신의 경험과 지식을 바탕으로 다양한 애플리케이션에 존재하는 문제를 해결한다. 소프트웨어 개발자의 배움은 끝나지 않지만, 소프트웨어 방랑객은 애플리케이션 개발 방법을 익히는 것이 아니라 애플리케이션 개발 업무 자체에 집중한다.

이와 동시에 소프트웨어 방랑객은 새로 온 수련생의 훈련에도 참여한다. 프로젝트에 들어온 수련생의 작업물을 확인하고 프로그래밍 기술과 지식을 수련생에게 전수한다.

소프트웨어 방랑객은 기존의 개발 프로세스를 개선할 수 있는 신기술과 새로운 도구를 끊임없이 찾는다. 신기술을 조기에 받아들이며, 탁월한 학습 능력으로 기술 트렌드를 선도하기 위해 노력한다. 산업에서 검증된 기술 구현 성공 전략을 활용해 고객이 필요로 하는 효율적이며 비용 효과적인 솔루션을 개발하는 것이야말로 소프트웨어 방랑객의 가장 큰 특징이라 할 수 있다. 이들은 생산적이고 지식을 추구하며, 대규모 프로젝트 매니저라면 누구나 자신의 팀을 구성하면서 이들 소프트웨어 방랑객을 유치하고자 노력한다.

1.4.4 고수의 경지에 오른 기술 장인

마스터 기술 장인이 되는 방법은 마스터와 그 외 사람을 확실하게 구분지을 수 있도록 하는 걸작傑作, 즉 마스터피스masterpiece를 만드는 것이다. 소프트웨어 산업의 마스터피스 가운데는 VisiCalc[8], 리눅스Linux, vi, emacs 등이 있다. 이런 제품은 초기에는 개인 프로젝트로 시작됐지만, 나중에는 수십에서 수백 명에 이르는 프로그래머가 합류한 대규모 프로젝트가 됐다. 마스터피스라고 해서 반드시 리눅스 또는 GNU 도구처럼 유명할 필요는 없지만, 여러분 주위의 다른 프로그래머에게서 특정 문제를 해결하는 데 매우 유용하고 독창적이라는 공감을 이끌어낼 수 있어야 한다. 또한 소프트웨어 마스터피스는 완전히 독창적인 코드로 만들어낸 독립된 존재일 필요가 없다. 기존 운영체제의 디바이스 드라이버도, 기존 프로그램의 활용도를 극대화한 확장 프로그램도 마스터피스로 인정받을 수 있다. 마스터피스는 여러분이 만든 포트폴리오로서 '나는 전문적이고 복합적인 소프트웨

---

8   마이크로소프트 엑셀(Microsoft Excel)의 선조격인 스프레드시트 프로그램

어 개발 능력을 갖췄다!'는 점을 드러낼 수 있는 소프트웨어라 할 수 있다. 여러분의 마스터피스가 알려지고 나면, 여러분의 의견과 여러분이 하는 말에도 영향력이 생기게 된다.

마스터 기술 장인의 경지는 현재 개발 업무에 적용할 수 있는 '베스트 프랙티스best practice'가 무엇인지 결정하고, 이를 위해 새로운 것을 창안할 수 있는 것이다. 여기서 베스트 프랙티스는 (개발자 커뮤니티에서) 최선의 방법으로 인정받은 것이지, 어떤 문제를 해결하기 위한 완벽한 해법을 의미하는 것은 아니다. 마스터 기술 장인은 애플리케이션 설계를 위한 더 나은 방법이 있는지 탐구하고, 애플리케이션이 다양한 범위에 적용될 수 있는 새로운 기술과 방법론을 연구하며, 해당 방법이 과연 베스트 프랙티스라 부를 만한지 검토하고 그 결과를 다른 이에게 설명한다.

1.4.5 소프트웨어 장인 정신은 어떻게 실패하는가?

스티브 맥코넬Steve McConnell은 소프트웨어 엔지니어링 부문의 명저로 인정받는 그의 저서 『Code Complete』에서 경험의 중요성을 다음과 같이 강조한다. "프로그래머로 입문한 뒤 1, 2년 후에도 C를 배우지 않는다면 큰 발전을 기대하기 어려울 것이다." 그리고 다음과 같이 질문한다. "여러분은 10년간 어떤 일을 한 뒤, 10년간의 전문가적인 경험을 원하는가, 아니면 1년간의 단기적 경험을 열 번 반복하고 싶은가?" 더 나아가, 맥코넬은 단순한 프로그래밍 경험의 누적보다 책을 통한 학습이 더욱 중요하다고 강조한다. 그는 컴퓨터 과학 부문의 변화 속도가 워낙 빠르므로, 10년의 경력을 지닌 전문가의 역량이 새로 소프트웨어 엔지니어링에 입문한 프로그래머에게 추월당할 수 있음을 경고한다.

1.5 위대한 코드를 작성하기 위한 방법

기존의 규칙을 답습하는 프로그래머가 위대한 코드를 작성할 가능성은 낮다. 여러분은 자신이 진정으로 위대해지고 싶은 분야를 선택해서 자신의 역량을 집중할 수 있어야 한다. 이미 잘 정돈된 소프트웨어 엔지니어링 원칙에 이의를 제기하는 것만으로 위대한 코드가 작성되지는 않지만, 그런 원칙에 순응하면서 위대해지기를 기대하는 것은 어려운 일이다. 다양한 지식과 경험을 갖춘 개발자, 그리고 소프트웨어 기술 장인이라면, 한편으로는 필요에 따라 기존의 규칙을 따르면서 다른 한편으로는 새로운 문제를 해결하기 위해 새로운 기술과 전략을 사용하는 데 주저하지 않을 것이다.

그러나 책으로는 규칙과 방법론만 설명해줄 수 있다. 현실적인 창의성과 지혜는 여러분이 직접 체험하며 익혀야 할 자질이며, 이 책은 (여러분이 언젠가는 무너뜨리고 싶어 할) 소프트웨어 엔지니어링을 위한 각종 규칙과 제안을 담고 있다. 앞으로 어떤 여정을 택할지는 여전히 여러분에게 달려 있다.

1.6 참고 자료

Hunt, Andrew, David Thomas 저. *The Pragmatic Programmer*. Upper Saddle River, NJ: Addison-Wesley Professional, 1999.

Kernighan, Brian, Rob Pike 저. *The Practice of Programming*. Upper Saddle River, NJ: Addison-Wesley Professional, 1999.

McBreen, Pete 저. *Software Craftsmanship: The New Imperative*. Upper Saddle River, NJ: Addison-Wesley Professional, 2001.

McConnell, Steve 저. *Code Complete*. 2nd ed. Redmond, WA: Microsoft Press, 2004.

McConnell, Steve 저. *Rapid Development: Taming Wild Software Schedules*. Redmond, WA: Microsoft Press, 1996.

Pressman, Robert S 저. *Software Engineering, A Practitioner's Approach*. New York: McGraw-Hill, 2010.

2
생산성

1960년대 말, 좀 더 많은 프로그래머를 양성하는 것만으로는 소프트웨어 산업의 위기를 극복할 수 없다는 것이 명백해졌다. 이에 대한 유일한 해법은 기존의 우수한 프로그래머가 좀 더 많은 코드를 양산할 수 있도록 하는, 즉 프로그래머의 생산성을 향상시키는 데 있다는 결론에 이르렀다. 생산성은 소프트웨어 엔지니어링의 시작점이라고 할 수 있으며, 소프트웨어 엔지니어링이 과연 무엇인지를 이해하는 데도 많은 도움을 준다.

2.1 생산성이란 무엇인가?

생산성productivity은 소프트웨어 엔지니어링의 토대를 이루는 단어라고 할 수 있지만, 정말 많은 사람이 이 단어를 잘못 사용하고 있다. 프로그래머에게 생산성이 무엇인지를 물어보면, 코드 라인의 수, 기능 점수function point, 복잡성 측정 지표 등을 언급하면서 다양하게 응답한다. 그러나 소프트웨어 프로젝트에서 생산성이란 그렇게 복잡하거나 거창한 단어는 아니다. '생산성'을 공식적으로 정의하면 다음과 같다.

> 일정 단위 시간 내에, 또는 주어진 예산 범위 내에서 완수할 수 있는 단위 임무의 수

위 정의에서 주목할 부분은 단위 임무unit task다. 간단하게 생각해볼 수 있는 단위 임무

는 프로젝트인데, 사실 프로젝트는 규모뿐 아니라 복잡성 측면에서도 매우 다양하다. 예를 들어, 프로그래머 A는 일정 단위 시간 내에 세 개의 프로젝트를 완수할 수 있지만, 프로그래머 B는 대규모 프로젝트에서 일정 부분만 기여할 수 있다. 즉, 서로 다른 프로그래머의 생산성은 상대적으로 측정하기 어렵다. 이런 이유로, 단위 임무는 전체 프로젝트 중에서 매우 세분화해 정의할 필요가 있으며, 함수 한 개, 코드 한 줄, 또는 프로젝트의 세분화된 컴포넌트 등이 될 수 있다. 다양한 프로젝트에서 단위 임무의 정확한 측정 지표를 정의하는 것은 어려우며, 개별 프로그래머는 어떤 프로젝트에서든 하나의 단위 임무를 완수하는 데 동일한 소요 시간을 예상할 것이다. 즉, 프로그래머 A가 프로그래머 B보다 n배 더 생산적이라면, 프로그래머 A는 동일 시간 내에 프로그래머 B보다 n배 더 많은 프로젝트를 완수할 수 있을 것이다.

2.2 프로그래머의 생산성과 팀의 생산성 비교

1968년에 새크먼Sackman, 에릭슨Erikson, 그랜트Grant는 프로그래머 간의 생산성 차이가 10~20배나 된다는 놀라운 논문을 발표했다.[1] 관련 연구를 좀 더 수행한 결과, 그 격차는 더욱 벌어졌다. 이는 어떤 프로그래머가 다른 프로그래머보다 20배나 많은 코드를 작성할 수 있다는 의미다. 이런 연구 결과를 반영하듯, 일부 소프트웨어 기업은 소프트웨어 팀 간의 생산성이 두 자릿수 이상(100배 가까운) 차이가 난다고 설명하기도 한다. (이른바 GMP, 즉 그랜드 마스터 프로그래머처럼) 어떤 프로그래머가 다른 프로그래머보다 20배 가까이 생산적일 수 있다면, 그런 우수한 프로그래머의 기술 또는 방법론을 분석해 그렇지 못한 프로그래머의 생산성을 향상시킬 수 있지 않을까?

모든 프로그래머를 GMP 수준으로 성장시키는 것은 불가능하므로, 대부분의 소프트웨어 엔지니어링 기법은 관리 프로세스의 개선 등과 같은 또 다른 방법을 통해 대규모 팀의 생산성 향상을 도모한다. 그러나 이 책은 그와 다른 접근 방식을 취한다. 팀의 생산성을 향상시키는 것이 아니라, 개별 프로그래머가 자신의 생산성을 높이고 장기적으로

---

1 Harold Sackman, W. J. Erikson, E. E. Grant 저, '온라인 및 오프라인 프로그래밍 생산성에 대한 탐색적 실험 연구 (Exploratory Experimental Studies Comparing Online and Offline Programming Performance)', Communications of the ACM 11, no. 1 (1968): 3–11.

GMP로 성장하는 방법을 파악하는 데 집중한다.

개별 프로그래머의 생산성이 전체 프로젝트의 완료 일정에 지대한 영향을 미침에도 불구하고, 실제 개발 현장에서는 (소요 시간 및 소요 예산 등) 프로젝트 비용에만 관심을 둔다. 소규모 프로젝트를 제외하고는 팀 생산성이 개별 프로그래머의 생산성보다 우선순위가 높게 된다.

팀 생산성은 팀원의 복합적인 상호 작용의 산물이므로, 개별 프로그래머의 생산성을 단순히 평준화해서는 안 된다. 많은 양의 개발 회의, 커뮤니케이션, 개인 간의 상호 작용, 기타 활동 등은 팀원의 생산성에 부정적인 영향을 미칠 수 있으며, 새로 입사해 지식 격차가 존재하는 팀원은 작업 속도와 기존 코드의 재작업량에 영향을 미친다(이런 부수적인 활동에서 오는 부담을 줄일수록 중규모 또는 대규모 프로젝트보다 소규모 프로젝트에서 생산성이 훨씬 더 많이 높아진다). 팀 생산성을 높이려면 커뮤니케이션 및 훈련에 관련된 업무 부담과 기존 코드에 대한 불필요한 수정 작업을 줄여야 하며, 이로써 프로젝트 초반부터 (수정 작업이 필요 없는) 올바른 코드가 작성될 수 있다.

2.3 인시와 실제 작업 시간

앞서 소개한 생산성의 정의에 따르면 측정 지표는 두 가지다. 하나는 시간(일정한 단위 시간 내에 완료하는 임무의 수), 또 다른 하나는 비용(주어진 예산 범위 내에서 완료하는 임무의 수)이다. 때로는 비용이, 때로는 시간이 더 중요하다고 하며, 비용과 시간을 측정하기 위해 비용은 인시man-hour를 사용하고 시간은 리얼 타임real time(실제 작업 시간)을 사용한다.

기업 입장에서 보면, 프로그래머의 생산성과 관련된 프로젝트 부분을 인시로 측정하거나 프로젝트에 투입된 전체 팀 인력의 총 작업 시간으로 측정할 수 있어 편리하다. 인시를 기준으로 했을 때 인일man-day은 8 인시, 인월man-month은 176 인시, 인년man-year은 대략 2,000 인시로 환산할 수 있으며, 프로젝트의 총비용은 인시의 총합에 팀원의 평균 시급을 곱한 것이 된다.

실제 작업 시간(캘린더 타임calendar time 또는 벽시계 타임wall clock time)은 프로젝트 수행의 기간을 의미하며, 프로젝트 일정과 최종 제품의 개발 완료 일정은 실제 소요 시간으로 나타낸다.

인시는 실제 작업 시간과 프로젝트 팀원 수를 곱해 계산하지만, 팀원 중 일부에 대해 최적화된 인시를 구했더라도 다른 팀원에 대한 인시는 최적화와 거리가 먼 경우도 발생한다. 예를 들어, 여러분이 지방자치단체장 선거에서 사용할 애플리케이션을 개발할 때 가장 중요한 정량적 요소는 실제 작업 시간이다. 이는 프로젝트에 몇 명을 투입하더라도 (인시 및 개발 비용이 증가하더라도), 선거일 전까지 완벽하게 작동하는 소프트웨어를 배포해야 하기 때문이다. 이와 달리 세상을 바꿀 목적을 지닌 차세대 킬러 앱을 만드는 '은둔형 프로그래머'는 프로젝트에 상대적으로 더 많은 시간을 투입할 수 있으며, 외부 프로그래머를 영입해 작업 시간을 단축시키는 것보다 (비용을 아끼며) 실제 작업 시간이 길어지는 편을 선호한다.

대규모 프로젝트에서 프로젝트 매니저가 흔히 하는 실수 중 하나는 인시와 실제 작업 시간을 혼동하는 것이다. 두 명의 프로그래머가 프로젝트를 2,000 인시(실제 작업 시간은 1,000시간)에 완료할 수 있다면, 프로젝트 매니저는 네 명의 프로그래머를 투입해 500시간 내에 해당 프로젝트를 완료할 것이라 단정한다. 즉, 프로젝트에 팀원을 두 배로 투입하면, 실제 작업 시간이 반으로 줄어들고 프로젝트를 정해진 일정 내에 완료할 수 있을 것으로 예단하는 것이다. 그러나 실제 개발 현장에서는 그런 예단이 통하지 않는다(이는 케이크 하나를 굽는 시간을 줄이기 위해 오븐 두 대를 준비하면 된다는 논리와 비슷하다).

캘린더 타임당 인시를 증가시키기 위해 개발 팀원을 늘리는 전략은 소규모 또는 중규모 프로젝트보다는 대규모 프로젝트에서 효과적이다. 소규모 프로젝트의 경우 작업 범위가 한정돼 있으므로 개별 프로그래머는 프로젝트의 세세한 부분까지 신경 쓸 수 있는 여유가 있다. 즉, 프로젝트와 관련된 컨설팅에 참여하거나 업무 일정을 조절하거나 주니어 개발자를 훈련시키는 등 프로젝트와 직접적인 관련성이 낮은 일에 대해서는 신경 쓰지 않아도 된다. 결국, 소규모 프로젝트에 일정 수를 넘는 프로그래머를 추가하면, 기존 조직의 장점은 사라지고 개발 기간 단축에 대한 유의미한 성과 없이 비용만 크게 증가하게 된다. 중규모 프로젝트에서는 팀원의 조화 또는 균형이 무엇보다 중요하다. 두 명의 프로그래머가 세 명보다 나을 수 있지만,[2] 팀원 부족 현상을 겪는 프로젝트는 인원 추가를 통해

---

2   Barry W. Boehm, Terence E. Gray, Thomas Seewaldt 저, '프로토타입 구현과 프로젝트 구체화 비교(Prototyping Versus Specifying: A Multiproject Experience)', IEEE Transactions on Software Engineering 10, no. 3 (1984): 290–303.

개발 일정을 앞당길 수 있다(대신 비용은 늘어난다). 대규모 프로젝트에서는 팀 크기를 키움으로써 프로젝트 일정을 줄일 수 있지만, 팀 규모가 적정 수준 이상으로 커지면 한 명이 하던 일을 두 명 또는 세 명이 하는 비효율이 발생하게 된다.

2.4 프로젝트의 개념적 복잡성과 실질적 복잡성

프로젝트가 복잡해질수록 프로그래머의 생산성은 감소한다.[3] 이는 프로젝트가 복잡해질수록 프로그래머가 파악해야 할 내용이 깊어지고 넓어지기 때문이다. 또한 프로젝트가 복잡해질수록 소프트웨어 엔지니어가 시스템을 구현할 때 오류를 만들 가능성이 커지며, 이런 오류를 프로젝트 후반에 발견하게 되면 이를 수정하기 위한 비용은 훨씬 높아지게 된다.

복잡성은 다음과 같은 두 가지 형태로 발생한다.

1. 다양한 요소가 복잡하고 미묘하게 얽혀서 현황 파악이 어려운 경우
2. 서로 긴밀하게 연결된 요소들이 다시 연결되면서 복잡성이 증가하는 경우

첫 번째 복잡성은 개념적 복잡성conceptual complexity이라 부른다. 예를 들어 C/C++ 같은 고수준 언어High-Level Language(HLL)에서 산술 연산식을 작성하는 경우에는 관련 함수를 호출하고 다양한 수준의 산술 및 비교 연산자를 추가해야 하며, 이해하기 어려울 정도로 많은 괄호 요소를 사용해야 할 수 있다. 이와 같은 개념적 복잡성은 거의 모든 소프트웨어 프로젝트에 존재한다.

두 번째 복잡성은 범위적 복잡성scope complexity이라 부르며, 사람의 인지능력으로 파악하기 어려울 정도로 많은 정보가 포함될 때 발생한다. 프로젝트의 개별 요소는 비교적 간단하더라도, 프로젝트 규모가 방대해지면 한 사람이 전체 내용을 파악하는 것은 불가능해진다. 이와 같은 범위적 복잡성은 중규모 및 대규모 프로젝트에서 자주 발생한다(이를 응용해 범위적 복잡성의 수준에 따라 소규모 프로젝트인지 아닌지 판단해볼 수 있다).

개념적 복잡성은 프로그래머의 생산성에 두 가지 측면에서 영향을 미친다. 먼저 복잡

---

3 프로젝트 규모가 커질수록 개념적 복잡성도 증가하는 경향이 있다.

성이 개입되면 단순한 프로그래밍 구조 대신 복잡한 구조를 구현해야 할 수 있으며, 이를 위해 더 많은 시간 동안 더 많이 생각해야 한다. 다음으로, 복잡한 구조는 필연적으로 더 많은 (수정이 필요한) 오류를 포함할 가능성이 있으며 결국 생산성 저하로 이어진다.

범위적 복잡성은 또 다른 문제를 낳는다. 프로젝트 규모가 한계선에 도달하면, 프로젝트의 일부를 담당하고 있는 프로그래머는 프로젝트의 다른 부분에서 일어나는 일을 제대로 파악할 수 없으며, 다른 팀에서 이미 작성한 코드를 (아무것도 모른 채) 또 작성할 수 있다. 작성할 필요가 없는 코드를 작성하는 것이야말로 명백한 생산력 낭비다.[4] 시스템 리소스의 비효율적인 이용 또한 범위적 복잡성의 또 다른 문제. 시스템 중 일부에 대한 작업을 진행할 때, 소규모 팀의 엔지니어는 자신이 작성한 코드를 스스로 테스트할 수 있겠지만, 시스템의 다른 부분과 원활하게 상호 작용하는지의 여부는 확인할 수 없다. 결국 (CPU 주기CPU cycle와 메모리 같은) 시스템 리소스의 낭비 문제를 프로젝트 후반에 파악하게 된다.

우수한 소프트웨어 엔지니어링 관리 전략을 통해 이와 같은 복잡성을 줄일 수는 있다. 하지만 전반적으로는 그 결과가 크게 바뀌지 않는다. 시스템이 복잡해질수록 프로그래머는 그에 대해 더욱 많이 고민해야 하며, 오류 발생 가능성은 급격히 증가한다. 결국 복잡성으로 인해 생산성은 감소하게 된다.

2.5 생산성 예측

생산성은 프로젝트 속성 중 하나이며, 측정 가능하고 예측 가능하다는 특징이 있다. 프로젝트가 완료되면 팀과 팀원의 생산성을 상당히 쉽게 평가할 수 있으며, 프로젝트 수행 기간 동안에는 정확한 목표치를 제시하고 이를 성취하도록 할 수 있다. 과거 프로젝트의 성공 또는 실패가 미래 프로젝트의 성공 또는 실패를 예측하는 데 도움이 된다는 보장은 없지만, (현실적으로는) 이미 확인된 생산성 지표가 미래 프로젝트 수행의 성과를 예측하는

---

4 일부 대규모 프로젝트에서는 코드 사서를 두고 재활용 가능 코드를 파악하는 업무를 전담하게 한다. 프로젝트에 필요한 특정 루틴이 이미 구현돼 있는지 확인하려는 프로그래머는 코드 사서에게 관련 코드를 찾도록 요청해 (자신이 다시 작성하느라) 낭비되는 시간을 줄일 수 있다. 이때 손실되는 생산성은 코드 사서가 라이브러리를 유지 보수하고, 프로그래머가 코드 사서와 커뮤니케이션하는 데 사용한 시간뿐이다.

데 자주 사용된다. 소프트웨어 개발 프로세스를 개선하고자 한다면, 이미 성공 또는 실패로 검증된 전략을 따를 필요가 있으며, 미래 프로젝트의 수행 방향까지 예측할 수 있다. 프로젝트의 성공 및 실패 사례 정보를 기록하기 위해 프로그래머와 지원 부서는 소프트웨어 개발과 관련된 모든 내역을 문서화한다. 그리고 이것이 바로 소프트웨어 엔지니어링의 대표적인 부수적 업무overhead라 할 수 있다. 문서화는 현재 프로젝트의 수행이나 품질 개선에 사실상 별 도움이 되지 않지만, 미래 프로젝트의 생산성을 예측하고 개선하는 데 큰 도움이 된다는 평가를 받고 있다.

1994년에 발간된 와츠 험프리Watts S. Humphrey의 저서 『A Discipline for Software Engineering』은 프로그래머의 생산성을 설명하는 매우 좋은 책이다. 험프리는 이 책에서 퍼스널 소프트웨어 프로세스, 즉 PSPPersonal Software Process라는 개념을 통해 소프트웨어 개발을 위한 형식, 규준, 절차를 체계적으로 설명한다. PSP는 개별 프로그래머에 초점을 맞추고 있지만, 소프트웨어 개발 프로세스 속에서 프로그래머가 겪는 문제점에 대한 통찰을 제공한다. 그리고 이를 통해 다음 프로젝트에서 프로그래머가 어떤 결정을 해야 하는지 깨닫게 해준다.

2.6 생산성 측정 지표와 그 필요성

팀과 팀원의 생산성을 예측함에 있어, (유사한 프로젝트에서 확인된) 과거의 성과 데이터를 활용할 때의 문제점은 오직 유사한 프로젝트만 예측할 수 있다는 것이다. 팀의 기존 프로젝트와 크게 다른 양상을 지닌 신규 프로젝트의 경우, 과거 성과 지표는 별 도움이 되지 않는다. 프로젝트는 규모가 상이하므로, 전반적인 프로젝트의 평균으로 측정된 생산성은 미래 성과를 예측하는 데 충분한 정보를 제공하지 못한다. 따라서 전체 프로젝트에 대한 매우 세분화된 측정 시스템을 통해 팀과 팀원의 성과를 좀 더 정확하게 측정할 필요가 있다. 이상적인 측정 지표는 프로젝트와 독립적인 속성(팀원 수, 프로그래밍 언어, 도구, 기타 수행 활동 및 컴포넌트 등)을 지닌 것으로, 여러 개의 프로젝트를 비교할 때도 효과적으로 사용할 수 있어야 한다. 측정 지표는 여러 가지가 있지만, 모든 프로젝트에 적용할 수 있는 완벽한 측정 지표는 존재하지 않는다. 그러나 측정 지표가 전혀 없는 것보다는 성능이 좀 떨어지는 측정 지표라도 활용하는 것이 나으며, 추후 좀 더 좋은 측정 지표를 찾기 전까지 지속적으로 활용할 수 있는 것을 선택한다. 이번 절에서는 공통적으로 활용되는 측정 지표와 이들 지표의 장단점을 알아본다.

2.6.1 실행 파일 크기 측정 지표

소프트웨어 시스템의 복잡성을 측정할 수 있는 간단한 측정 지표는 최종 시스템에 있는 실행 파일의 크기다.[5] 이와 관련된 기본 가정은 복잡한 프로젝트는 실행 파일의 크기가 크다는 것이다.

실행 파일 크기 측정 지표의 장단점은 다음과 같다.

- 계산하기 쉽다(디렉터리 목록을 확인하고, 실행 가능 파일의 수를 합하면 된다).
- 원본 소스 코드를 열지 않아도 된다.

아쉽게도, 실행 파일 크기 지표는 프로젝트의 품질 수준을 평가하기에는 미흡하다.

- 실행 파일에는 시스템의 복잡성 설명과 무관한 비초기화 데이터들이 포함돼 있는 경우도 많다.
- 라이브러리 함수도 실행 파일에 포함되지만, 이런 라이브러리 중 상당수는 프로젝트의 복잡성을 낮추는 데 기여한다.[6]
- 실행 파일 크기 지표는 언어 종속적이다. 예를 들어, 어셈블리 언어로 작성된 프로그램은 HLL로 작성된 프로그램보다 훨씬 경량이지만, 대부분의 개발자에게 어셈블리 언어의 복잡성은 HLL 언어보다 훨씬 높은 것으로 평가된다.
- 실행 파일 크기 지표는 CPU 종속적이다. 예를 들어, 80x86 CPU를 위한 실행 파일은 ARM(또는 여타의 RISC 계열) CPU를 위한 실행 파일보다 일반적으로 작다.

---

5   하나의 프로젝트에도 여러 개의 실행 파일이 포함될 수 있다. 이 경우, 시스템에 포함된 모든 실행 파일 요소의 합으로 측정한다.

6   물론, 프로젝트 이전에 개발된 라이브러리 루틴이나 프로젝트 개발 내역이 아닌 라이브러리 등은 제외하는 것이 당연하다.

2.6.2 머신 인스트럭션 측정 지표

실행 파일 크기 측정 지표의 가장 큰 단점은 실행 파일에 초기화되지 않은 정적 변수를 가져오기 위한 공란이 포함돼 있으며 추후 파일이 실제로 실행되면서 공란에 입력 데이터가 채워질 경우 실행 파일의 크기가 급격히 커질 수 있다는 것이다. 이런 단점을 보완하기 위해 소스 파일 내 머신 인스트럭션machine instruction 부분의 크기만 (바이트byte 단위로) 측정할 수 있다. 이 방법은 초기화되지 않은 정적 변수 문제를 해소하긴 하지만, 실행 파일 크기 측정 지표와 관련된 다른 문제는 해소하지 못한다. 머신 인스트럭션 측정 지표는 CPU 독립적이고 언어 독립적이며, (라이브러리 코드 등) 프로그래머가 직접 작성하지 않은 코드도 포함해 측정한다.

2.6.3 코드 라인 측정 지표

코드 라인(LOC, KLOC 등) 측정 지표는 현대 소프트웨어 업계에서 가장 널리 사용하는 측정 지표다. 코드 라인 측정 지표는 말 그대로 소스 코드의 라인 수를 세는 방식으로 측정하며, 다수의 장점과 함께 단점이 존재한다.

가장 널리 사용되는 LOC 측정 지표는 소스 코드 라인의 수를 세는데, 이를 위한 코드 라인 계수 프로그램을 작성하는 것은 비교적 간단하고, 리눅스 같은 운영체제에서 제공하는 워드 카운트word count 프로그램을 이용하면 간단하게 코드 라인의 수를 계산할 수 있다.

LOC 측정 지표의 특성은 다음과 같다.

- 소스 코드 한 줄을 작성하는 데 걸리는 시간은 동일하다고 가정한다(프로그래밍 언어마다의 차이점은 고려하지 않는다).
- LOC 측정 지표는 프로젝트에서 사용되는 라이브러리 루틴(또는 재활용 코드의 사용) 부분이 포함되지 않는다(즉, 미리 작성된 라이브러리의 소스 코드 라인 수는 제외된다).
- LOC 측정 지표는 CPU 독립적이다.

LOC 측정 지표의 단점은 다음과 같다.

- LOC 측정 지표로는 코드 한 줄을 작성하기 위해 프로그래머가 얼마만큼 노력했는지 알 수 없다. 예를 들어, 100줄의 VHLL 코드는 100줄의 어셈블리어 코드보다 훨씬 많은 기능을 수행한다.
- LOC 측정 지표는 소스 코드 라인 하나의 비용이 동일하다고 간주하지만, 현실은 전혀 그렇지 않다. 공백 줄(행)도 개발 비용에 영향을 미치며, 간단한 데이터 선언은 개념적 복잡성이 낮은 반면에 복잡한 불리언 표현식은 개념적 복잡성이 상당히 높은 편이다.

2.6.4 명령문 수 측정 지표

명령문statement 수 측정 지표는 소스 파일에 포함된 명령문의 수를 지표로 삼으며, 공백 줄과 주석문을 포함하지 않고 여러 줄에서 반복 사용된 명령문 또한 포함시키지 않으므로 프로그래머의 노력을 측정한다는 측면에서 LOC보다는 좀 더 나은 방법으로 평가받는다.

명령문 수 지표는 LOC보다 좀 더 나은 방법이지만, 큰 틀에서는 사실상 비슷한 문제를 안고 있다. 명령문 수 지표는 실질적인 노력의 결과보다 양적인 측정에 의미를 두고, 언어 독립적이지 못하며, 언어/프로젝트별로 각 명령문을 작성하는 데 투입되는 노력이 다름에도 불구하고 이를 같은 것으로 간주하는 단점이 존재한다.

2.6.5 기능 점수 분석법

FPA, 즉 기능 점수 분석법function point analysis은 원래 프로젝트 착수 전에 프로젝트와 관련된 전체 작업량을 계산하기 위해 고안된 방법으로, 프로그램 실행에 필요한 입력값의 수, 그에 의해 생성되는 출력값의 수, 그리고 이런 작업을 수행하기 위한 기본적인 연산의 수 등을 종합적으로 고려해 프로젝트 수행 일정을 예측한다.[7]

FPA는 기존의 단순한 코드 라인 수, 명령문 수 측정 지표와 비교할 때 몇 가지 중요한 장점을 지닌다. 우선, 언어 및 시스템 독립적이며 구현 내용이 아닌 해당 소프트웨어의 기능성을 측정한다는 점에서 차이가 있다.

---

7 실제 기능 점수 분석법은 외부 입력값, 외부 출력값, 외부 요구 사항, 내부 로직 파일 작업, 외부 파일 인터페이스라는 다섯 가지 요소로 구성되는데, 이는 프로젝트의 실제 입력값, 출력값, 연산 작업의 양을 제대로 반영하지 못한다.

하지만 FPA에도 몇 가지 중요한 단점이 존재한다. 우선, 기능 점수를 부여하기 위한 '기능'이라는 단위가 코드 라인 수, 명령문 수 측정 기법처럼 직관적으로 이해하거나 계산할 수 있는 단위가 아니다. 또한 분석가의 주관에 따라 기능 점수가 달라질 수 있으며, 기능의 복잡성이 상대적인 값으로 매겨질 수 있다. 또한 FPA는 자동화하는 것이 불가능에 가깝다. 하나의 기능에 의한 연산이 프로젝트의 어디에서 시작되고 어디에서 끝나는지 파악하는 것이 어렵기 때문이다. 또한 각 기능 요소마다 (분석가의 주관까지 개입돼) 복잡성 점수가 달라질 수 있다. 기능 점수법은 사실상 수동으로 진행하게 되는 탓에 많은 시간과 비용이 투입되므로 다른 지표보다 사용 빈도가 낮은 편이다. FPA는 프로젝트 완료 시점에 좀 더 적합한 측정 지표라고 할 수 있다.

2.6.6 맥케이브 순환 복잡성 측정 지표

LOC와 명령문 수 지표는 각 코드 라인 또는 명령문이 모두 같은 복잡성을 지닌다고 가정하는 데 문제가 있다고 설명했다. FPA는 이런 문제를 개선한 방법이긴 하지만, 분석가가 일일이 각 기능의 복잡성을 평가해야 한다는 또 다른 문제가 있다. 이들 측정 지표는 프로그래머의 생산성에 대한 적절한 측정 방식으로 사용되기 어려운 단점을 지니고 있는 셈이다.

토마스 맥케이브(Thomas McCabe)는 소스 코드의 복잡성을 측정하기 위해 순환적 복잡성이라는 측정 지표를 개발했다. 맥케이브의 순환적 복잡성 측정은 프로그램의 플로우차트(flowchart)에서 시작된다. 플로우차트의 노드(node)는 프로그램의 명령문에 대응되고, 노드를 연결하는 에지(edge)는 프로그램의 비선형 제어 흐름(control flow)에 대응된다. 노드와 에지의 수를 합산하는 간단한 연산만으로 플로우차트에 연결된 요소의 수를 비교적 정확하게 계산할 수 있으며, 이를 통해 코드 간의 순환적 복잡성을 계산할 수 있다. 예를 들어, (별다른 내용 없이) 1,000개 코드 라인으로 작성된 `printf` 프로그램의 경우, 순환적 복잡성 점수는 1이 된다. 이는 프로그램의 시작점에서 종료점에 이르는 경로가 단 하나뿐이기 때문이다. 다른 예로, 방대한 양의 조건문과 명령문으로 구성된 프로그램의 경우에는 순환적 복잡성 점수가 훨씬 높아지게 된다.

순환적 복잡성 측정 지표는 객관적이며 자동화가 가능하다는 측면에서 높은 평가를 받는다. 하지만 노드의 수가 적더라도 작업량이 많을 수 있다는 점을 간과하는 단점이 있다. 즉, 하나의 printf 명령문과 1,000개의 printf 명령문의 복잡성이 같다고 간주해 단순 작업에 투입되는 시간과 비용 부분을 측정할 수 없게 된다.

2.6.7 기타 측정 지표

프로그래머의 생산성을 평가하기 위한 지표는 셀 수 없이 많다. 그중 널리 사용되는 지표 중 하나가 프로그램에 사용된 연산자^{operator}의 수다. 이는 명령문마다의 복잡성 차이를 반영한다는 점에서 의의가 있으며, (노드 수는 같더라도) 연산자의 수가 많을수록 코드 작성, 테스트, 디버깅에 많은 시간이 소요된다는 점을 반영한다. 또 다른 지표는 프로그램에 사용된 (식별자, 예약어, 연산자, 상수, 마침표 등과 같은) 토큰^{token}의 수다. 이렇듯, 생산성 지표는 셀 수 없이 많다.

생산성을 좀 더 정확하고 '다차원적으로' 측정하기 위해, (코드 라인 수 지표에 순환적 복잡성 지표 또는 연산자 수 지표를 곱하는 등과 같이) 여러 측정 지표를 조합해 사용하기도 한다. 그러나 지표의 복잡성이 증가할수록, 프로젝트에 대한 적용 가능성과 범용성은 낮아진다. 가장 단순한 지표인 LOC가 널리 사용되는 이유는 유닉스^{Unix}가 제공하는 워드 카운트용 'wc' 유틸리티를 이용해 쉽고 간편하게 코드 라인 수를 측정함으로써 프로그램의 전반적인 규모를 이해할 수 있기 때문이다. 다른 지표를 이용해 이런 값을 구하려면, 생산성 지표 측정에 특화된 언어 독립적인 애플리케이션이 필요하다. 이런 이유로, 우리 주위에 많은 수의 생산성 지표가 있지만 사용 편의성과 범용성 측면에서 LOC가 가장 널리 사용되고 있다.

2.6.8 측정 지표가 지닌 문제점

프로젝트에 사용된 소스 코드의 대략적인 양을 측정하는 지표는 각 코드 라인이나 명령문을 작성하는 시간이 동일하다는 가정하에서 프로젝트에 대한 투입 시간을 예측할 수 있는 단서가 될 수 있지만, 코드 라인의 수 또는 명령문의 수와 프로젝트의 수행 난이도 간 상관성은 그리 높지 않다. 또한 프로그램에 존재하는 물리적 속성을 측정해도 (코드 작성에 실제로 투입되는 노력의 양 등) 정작 우리가 알고자 하는 내용은 파악하기 어렵다.

기존 생산성 지표의 또 다른 문제점은 프로그래머가 일을 많이 할수록 더 많은(더 복잡한) 코드를 생산할 수 있다고 간주하는 것이다. 예를 들어 훌륭한 프로그래머는 자신의 코드를 기능적으로 분할refactor하는 데 많은 시간을 쓰는데, 이는 시간 대비 코드 생산량과 복잡성을 감소시킨다.

기존 생산성 지표가 코드와 관련된 환경적 요인을 무시한다는 문제점도 있다. 예를 들어, 백지 상태bare-metal의 임베디드 디바이스용으로 열 줄의 코드를 작성하는 것과 SQL 데이터베이스 애플리케이션을 위해 열 줄의 코드를 작성하는 것이 어떻게 같을 수 있겠는가?

이는 프로젝트마다 존재하는 학습곡선의 차이를 반영하지 못하는 것이다. 윈도우 디바이스 드라이버용 코드 열 줄과 자바 웹 애플릿을 위한 코드 열 줄의 작업량은 결코 같을 수 없지만, LOC를 기준으로는 같은 것으로 평가받게 된다.

생산성 측정 지표의 실패 원인은 어쩌면 측정 대상이나 방식 자체가 잘못된 탓일 수 있다. 애초에 프로그래머가 생산하는 코드의 양적 측면으로 프로젝트에 대한 프로그래머의 기여도를 측정하려는 시도 자체가 올바르지 않은 접근일 수 있다. 예를 들어 어떤 프로그래머가 하나의 명령문으로 (표준 라이브러리 호출 등과 같은) 특정 문제를 해결할 때, 다른 프로그래머는 해당 문제를 해결하는 데 수백, 수천 줄의 코드를 사용할 수 있다. 기존의 생산성 지표로는 두 번째 프로그래머가 더욱 생산적이라는 결론을 내릴 수 있다.

이런 이유로, 현재 가장 복잡한 소프트웨어 측정 지표도 근본적인 문제를 지니고 있으며 정확한 생산성 측정이라는 목표를 달성하기가 어렵다. 결국, 우리는 여러 지표 중 측정 대상에 좀 더 적합한 지표를 선택해 결함이 좀 더 적은 측정을 해야 한다. 이것이 LOC가 여전히 많은 인기를 누리는 또 다른 이유다(이 책도 LOC 단위를 사용한다). LOC는 여타의 지표에 비해 단점이 많지 않으며, 별다른 소프트웨어를 개발하지 않고도 간단하게 측정 결과를 확인할 수 있다.

2.7 프로그래머가 하루에 열 줄의 코드를 작성한다는 조사 결과에 대해

소프트웨어 엔지니어링 초기에 발간된 한 논문에서는 프로그래머가 프로젝트 수행과 관련해 하루 평균 열 줄의 코드를 작성한다는 조사 결과가 게재됐다. 1977년, 왈스턴Walston과 펠릭스Felix는 논문을 통해 개발자당 월평균 274 LOC를 작성한다는 조사 결과를 발표했다.[8] 이 조사에서는 개발자가 매일 코드 작성에 사용한 시간을 측정하는 대신, 제품 수명주기 동안(제품의 첫 번째 릴리스부터 폐기에 이르기까지) 개발자가 작성한 디버깅 코드와 문서화된 코드를 모두 합한 뒤, 총 소요 시간으로 나누는 방식을 사용했다. 어쨌든 프로그래머가 하루에 열 줄의 코드를 작성한다니, 우리의 예상보다 훨씬 낮은 수준이라는 생각이 든다.

프로젝트 초기에는 프로그래머가 하루에 1,000줄도 어렵지 않게 작성할 수 있지만 프로젝트에 대한 세부적인 문제의 해법 연구 및 코드 테스트, 버그 수정, 코드 재작성, 코드 문서화 등을 진행하면서 작성하는 코드 라인 수가 줄어들게 된다. 첫 번째 제품을 배포할 무렵, 생산성은 프로젝트 초기의 1/10 수준으로 감소해 일일 1,000 LOC 지표가 100 LOC 수준으로 떨어진다. 첫 번째 릴리스 후 바로 두 번째 릴리스가 진행되며 세 번째, 네 번째 순서로 이어진다. 그리고 제품 수명주기 내내, 다수의 개발자가 해당 소스 코드에 대한 작업을 진행한다. 수명주기 최종 단계인 소프트웨어 폐기 단계에 이르러서 보면, 소스 코드는 여러 번 재작성됐으며(생산성에 대한 엄청난 손실을 기록했으며), 코드가 실행될 수 있도록 수많은 프로그래머가 학습하는 데 상당한 시간을 소모했음을(또 다른 생산성 손실이 발생했음을) 알게 된다. 이런 과정을 거치면서 제품 수명주기가 진행될수록, 프로그래머의 생산성은 감소를 거듭하며 결국 일일 10 LOC 수준으로 떨어지게 된다.

소프트웨어 생산성 연구 가운데 가장 중요한 것 중 하나는 생산성 향상을 위해 프로그래머가 단위 시간 동안 두 배의 소스 코드를 작성할 수 있는 어떤 체계를 만드는 것이 아니라 디버깅, 테스트, 문서화, 재작성 등에 낭비되는 시간을 줄이고, 첫 번째 버전이 나왔을 때 새로운 프로그래머에게 해당 내용을 교육하라는 것이다. 이와 같은 시간 낭비 요소를 줄이면, 프로그래머는 예전에 작성했던 코드를 재작성하는 등의 불필요한 과정 없이 프로젝트에 몰두할 수 있게 된다. 소프트웨어 엔지니어링 업계 종사자는 이런 문제를 늘 인식하고 있으며, 프로그래머가 소모하는 시간을 줄이기 위해 늘 새로운 시도를 거듭하고 있다. 퍼스널 소프트웨어 엔지니어링의 목표는 프로젝트에서 자신이 맡은 분야에 소모하는 개별 프로그래머의 시간을 줄이는 데 초점을 맞춘다.

---

8   Claude E. Walston, Charles P. Felix 저, '프로그래밍 측정 및 예측 기법(A Method of Programming Measurement and Estimation)', IBM Systems Journal 16, no. 1 (1977): 54–73.

2.8 개발 기간 예측

앞서 설명했던 것처럼 생산성에 관심을 두는 이유는 이 문제가 급여 책정, 보너스 지급, 성과 보상 등에도 중요한 사안이긴 하지만 좀 더 근본적으로는 생산성 지표가 향후 수행할 프로젝트에 대한 개발 기간을 예측하는 데 중요한 요소이기 때문이다. 과거의 성능 데이터가 미래의 성능을 보장하진 못하더라도, 프로젝트(또는 프로젝트 중 여러분이 맡은 일부분의) 스케줄 예측을 위해 과거 데이터가 필요하다. 과거, 비슷한 프로젝트를 경험해보지 못한 개별 소프트웨어 엔지니어는 일정을 예측할 수 있는 배경지식이나 교육 기회가 없기 때문에 프로젝트 매니저를 만나서 스케줄 작성에 어떤 요소를 고려해야 하는지 설명을 들은 뒤 내가 맡은 부분의 개발 일정을 예측해야 한다(이런 부분이 소스 코드 작성보다 더 많은 시간을 소모하기도 한다). 프로젝트 일정 예측을 위한 모든 고려 사항은 이 책의 범위를 넘어서지만, 대규모, 중규모, 소규모 등 프로젝트의 규모에 따라, 그리고 맡게 된 프로젝트 부분에 따라 간략하게 개발 기간을 예측하는 방법을 알아보는 것은 의미가 있으리라 생각한다(이 외의 상세한 내용은 2.11절 '참고 자료'에서 확인하자).

2.8.1 소규모 프로젝트 개발 기간 예측

소규모 프로젝트란 한 명의 엔지니어가 처리할 수 있는 규모를 의미하며, 이 경우 프로젝트 스케줄은 해당 소프트웨어 엔지니어의 역량과 생산성에 달려 있으므로 스케줄 예측은 대규모 프로젝트에 비해 훨씬 간단하고 정확하다.

소규모 프로젝트는 시간 단축을 위한 병렬 개발 parallel development 기법이 사용되지 않으므로 스케줄은 오직 개발자 본인의 생산성과 관련이 있다고 할 수 있다.

소규모 프로젝트의 개발 기간 예측을 위한 첫 번째 단계는 처리해야 할 모든 업무 내역을 파악하고 이해하는 것이다. 만일, 개발 기간 예측 시점에 여러분이 미처 파악하지 못한 부분이 있고 해당 업무 처리에 예상보다 많은 시간이 소요될 경우, 전체 일정 계획에 큰 차질이 빚어지게 된다.

프로젝트 완료 시점을 예측할 때 가장 중요한 프로젝트 분석 요소는 단연 소프트웨어 설계 문서화라고 할 수 있다. 세부적인 설계 내역이 마련되지 않았다면, 프로젝트 구현에 필요한 하위 업무 내역도 파악할 수 없으며 프로젝트 완수를 위해 얼마나 많은 시간을 소모해야 하는지도 알 수 없게 된다. 프로젝트를 (명확한 완료 시점을 기준으로) 관리하기 쉬운 크기의 세부 임무로 나눠서 수행하는 경우, 초기 예측 기간에 세부 임무별 수행 시간을 합하면 된다.

사람들이 소규모 프로젝트의 기간을 예측할 때 자주 저지르는 실수는 세부 임무별 수행 시간을 합산한 후 이를 스케줄이라 생각하는 것이다. 하지만 업무 일정에는 각종 회의, 통화, 이메일과 각종 관리 업무 시간을 고려해야 하고, 소프트웨어를 테스트할 시간과 오류를 발견한 후 정정하고 재설정할 시간도 포함시켜야 한다. 하지만 아직 완성되지 않은 소프트웨어에 얼마만큼의 오류가 있을지 예상하긴 쉽지 않으므로, 대부분의 프로젝트 매니저는 이런 업무 처리에 초기 일정 예측치의 2~4배수를 적용하기도 한다. 개별 프로그래머나 프로그래머 팀이 프로젝트에 대해 합리적인 수준의 생산성을 거둔다고 할 때, 이와 같은 배수를 통해 소규모 프로젝트의 기간을 적절하게 예측할 수 있다.

2.8.2 중규모 및 대규모 프로젝트 개발 기간 예측

개념상으로, 중규모 및 대규모 프로젝트는 (최종 결과물을 위해 결합되는 것을 목표로 한) 다수의 소규모 프로젝트로 구성된다고 할 수 있다. 따라서 대규모 프로젝트의 스케줄을 예측할 때 이를 소규모 프로젝트 단위로 나눈 뒤, 각 하위 프로젝트의 일정을 계산하고, 이를 다시 합해 전체 프로젝트의 스케줄을 예측할 수 있다고 생각할 수 있다. 이런 가정은 대규모 프로젝트를 소규모 프로젝트의 합으로 보는 것인데, 실제 개발 현장에서는 전혀 통용될 수 없는 가정이다.

그런 가정의 첫 번째 문제점은 중규모 및 대규모 프로젝트에는 기존 소규모 프로젝트에 존재하지 않는 고유의 문제점이 있다는 것이다. 소규모 프로젝트에는 보통 한 명의 엔지니어가 있고, 스케줄은 온전히 엔지니어의 역량과 생산성에 의존한다. 그러나 대규모 프로젝트에는 스케줄 예측에 영향을 미치는 (엔지니어 이외의 인원 등과 같은) 다수의 인원이 포함돼 있다. 특정 업무에 핵심적인 지식을 지닌 소프트웨어 엔지니어가 며칠씩 휴가를 가는 경우, 업무 수행에 해당 지식이 필요한 다른 엔지니어는 그 기간만큼 대기 상태를 유지하게 된다. 대규모 프로젝트의 엔지니어는 일주일에 여러 차례 (개발 일정에 포함되지 않는) 회의에 참석하며, 이 경우 수 시간 동안 프로그래밍 작업을 수행할 수 없게 된다. 대규모 프로젝트에서는 팀 구성도 변경될 수 있다. 일부 경력 많은 프로그래머가 팀을 떠나고, 누군가 그를 대신해 후속 업무를 익히고, 새 프로그래머가 프로젝트에 합류해서 분위기를 익혀야 하는 상황도 자주 발생한다. 때로는 새 프로그래머의 업무에 필요한 고성능 장비가 몇 주 뒤에 지급되곤 한다(관료적 분위기가 강한 대규모 IT 부서에서는 종종 겪는 일이다). 신청한 소프트웨어의 구매 결정이 날 때까지, 필요한 하드웨어가 개발될 때까지 그리고 조직 내 다른 부서가 도움을 주기까지 업무 진행을 멈추게 되는 일도 종종 발생한다. 대규모 프로젝트에서 겪을 수 있는 이런 종류의 일은 셀 수 없이 많아서 정확하게 스케줄을 예측하는 일은 매우 어려운 일이라 할 수 있다.

중규모 및 대규모 프로젝트의 업무 일정 예측은 네 가지 절차를 따른다. 첫째, 프로젝트를 좀 더 작은 단위로 나눈다. 둘째, 소규모화된 프로젝트 단위로 일정을 예측한다. 셋째, 프로젝트 통합(소규모 임무를 유기적으로 작동되도록 결합) 및 디버깅 시간을 합한다. 넷째, 합산된 전체 업무 일정에 배수를 곱해 프로젝트 전체의 업무 일정을 확정한다. 그리 간단하지만은 않지만, 이 방식은 현재도 다양한 프로젝트에서 통용된다.

2.8.3 개발 기간 예측에 따른 문제점

프로젝트 일정 예측에는 개발 팀의 미래 업무 역량에 대한 예측이 포함되므로, 실제 이와 같은 예측치가 정확할 것으로 기대하는 사람은 많지 않다. 그러나 전형적인 소프트웨어 개발 일정의 예측은 (우리의 생각보다) 정확도가 더욱 낮다. 이에 대한 주요 원인은 다음과 같다.

소프트웨어 프로젝트는 연구 및 개발 프로젝트의 속성을 지닌다. R&D 프로젝트에는 이전에 해보지 않았던 일들이 포함돼 있게 마련이다. 개발 팀은 개발에 앞서 문제를 정의하고 해법을 도출하는 리서치 단계를 거쳐야 하는데, 이런 리서치 단계에 얼마나 많은 시간이 소요될지 예측하기 어렵다.

매니저는 이미 나름의 일정 계획을 갖고 있다. 사실 IT 기업의 마케팅 팀은 이미 해당 소프트웨어의 발매일을 결정해 놓은 상태이며, 매니저는 그에 맞춰 프로젝트 일정을 계획한다. 프로그래밍 팀에게 세부 프로젝트에 대한 일정 계획을 묻기 전에, 매니저는 이미 매우 구체적인 일정 계획을 갖고 있는 셈이다.

예전에 해본 프로젝트는 훨씬 쉽게 할 수 있으리라 가정한다. 프로그래밍 팀이 예전에 한 번 비슷한 프로젝트를 수행한 적이 있다면, 경영진은 두 번째는 훨씬 쉽게 (더 적은 시간을 쓰며) 완수할 수 있을 것으로 기대한다. 이 가정은 일면 맞는 부분도 있다. 프로그래밍 팀이 이번에도 R&D 프로젝트를 수행한다면, 리서치만 제외하면 다른 부분은 좀 더 쉽게 완수할 수도 있다. 그러나 두 번째 프로젝트니까 당연히 쉽게 할 수 있으리라는 가정은 옳지 않다.

프로젝트 수행을 위한 시간과 돈은 늘 부족하다. 경영진이 프로젝트 수행을 위한 금전적, 시간적 한계선을 그어 놓고, 이를 지키지 못할 것이라면 아예 프로젝트를 취소하는 편이 낫다고 하는 경우가 종종 있다. 이는 프로젝트의 착수 여부에 따라 본인의 급여를 걱정하게 되는 개발자의 입장에서 부적절한 일이다. 경영진의 이와 같은 입장은 개발자에게 "네, 당연히 일정 내에 마칠 수 있습니다!"라고 말하거나 "다른 직장을 알아보겠습니다."라고 말하는 것 중에서 하나를 선택하도록 강요하는 것처럼 느껴진다(답은 이미 전자로 정해져 있다).

프로그래머는 자신의 생산성을 높게 평가하는 경향이 있다. 소프트웨어 엔지니어가 일정 기한 내에 프로젝트를 완수할 수 있는지 질문을 받게 되면, 수행 기간에 대해서는 논리적으로 정확하게 답변하지만 스스로의 역량 또는 생산성에 대해서는 지나치게 긍정적으로 평가하는 경향이 있다. 모든 역량을 총동원하면 얼마나 걸리는지에 대한 질문을 재차 받으면, 대부분의 소프트웨어 엔지니어는 단기간에 할 수 있는 최대 역량을 기준으로 "정말 급한 상황이라면 주당 60~70시간은 일에 몰두할 수 있다!"고 답변하지만, (정말 안 잡히는 버그 등과 같은) 돌발 상황은 고려하지 않는다.

추가 업무 관행이 공격적인 프로젝트 수행 일정을 만든다. 경영진과 엔지니어 모두 업무 일정에 차질이 생기면 프로그래머는 어느 정도의 추가 업무를 할 수 있다고 가정한다. 이러한 관행이 지속된 결과, 프로젝트 일정은 더욱 공격적으로 수립되며 프로그래머에게 추가 업무가 미치는 부정적인 영향은 무시되고 있다.

프로그래머를 레고 블록과 같은 존재로 여긴다. 프로젝트 일정 계획과 관련된 대표적인 잘못 중 하나는 경영진이 프로그래머를 프로젝트 조기 완수를 위해 넣거나 뺄 수 있는 레고 블록 같은 요소로 보는 것이다. 앞서 언급한 것처럼 프로그래머는 레고 블록처럼 다룰 수 없는 존재다. 프로그래머의 수를 증가시키거나 감소시키는 것만으로 프로젝트 수행 일정을 당기거나 늦출 수 있다고 생각하는 것은 착각이다.

하위 프로젝트 일정 예측도 예상만큼 쉽지 않다. 현실론자인 프로젝트 일정 관리자는 톱다운top-down 방식으로 일정 계획을 세운다. 즉, 전체 프로젝트를 여러 개의 하위 프로젝트로 나누는 것이다. 하위 프로젝트는 다시 그 하위 프로젝트로 나뉘며, 정확하게 일정을 예측할 수 있을 때까지 이 같은 분화 작업은 계속된다. 그러나 이 같은 방식에는 다음과 같은 세 가지 문제점이 있다.

- 이런 방식으로 일정 계획을 하는 데 많은 시간과 노력이 투입돼야 함(올바르고 정확한 예측이 되려면 더욱 많은 시간을 투입해야 함)
- 세분화된 하위 프로젝트의 일정을 정확하게 측정해야 함(특히 일정 예측과 관련된 지식과 경험이 부족한 소프트웨어 엔지니어에게 힘든 일이 될 수 있음)
- 일정 계획 예측의 결과를 수용하고 프로젝트 팀 내에 전파해야 함

2.9 위기 상황에서의 프로젝트 관리

프로젝트 팀원의 노력에도 불구하고, 상당수의 프로젝트가 심각한 수준으로 일정이 지연되며 경영진은 중요 기일milestone을 맞추기 위해 개발 인력을 추가로 투입한다. 프로젝트 기한을 맞추기 위해 프로그래머는 주당 개발 시간을 늘려서 최종 인도 시한을 앞당기려 노력한다. 이런 상황에 처한 프로젝트를 '위기 모드crisis mode'에 도달했다고 한다.

위기 모드에 처한 엔지니어링 팀은 기한을 맞추기 위해 단기적으로 작업 효율을 극대화하곤 하지만, 위기 모드에서의 작업은 결코 효율적으로 진행되기 어렵고, 오히려 생산성을 낮추는 것이 일반적이다. 팀원 대부분이 자신의 업무를 벗어나 지원 업무에 투입되거나 휴식 시간을 줄여야 하며, 긴 시간 동안 자연스럽게 처리할 일을 단기간에 처리하면서 팀원의 뇌에 부하가 걸리게 된다. 피로감이 높은 상태에서 일을 한 결과, 나중에 더 많은 시간을 들여서 해결해야 할 오류가 양산된다. 장기적으로는 위기 모드에서도 주당 40시간 등의 적정 업무 시간을 준수하는 것이 낫다.

위기 모드에서 최선의 일정 관리는 전체 위기를 그대로 처리하기보다, 좀 더 작은 위

기 요소로 나눈 뒤 그에 맞춰 기일을 추가하는 것이다. 또한 프로젝트 종반에 접어든 수 주 동안 일주일 내내 일하는 방식보다는 작업 일정을 며칠 추가하거나 한 달 중 며칠은 좀 더 길게 일하는 방식이 낫다. 일정을 맞추기 위해 하루나 이틀 정도 16시간을 일하는 것은 삶의 질이나 건강에 큰 영향을 미치지 않으면서 위기 모드를 극복할 수 있는 방법이다.

위기 모드에서의 프로젝트 수행은 (건강과 생산성의 문제를 넘어) 다음과 같은 정신적, 법률적 문제를 가져온다.

- 불합리한 일정 계획은 미래의 프로젝트에도 영향을 미친다. 위기 모드에서 여러분이 주당 60시간을 근무했다면, 경영진은 다음에도 비슷한 상황에서 그럴 수 있다고 생각하게 되며, 미래 프로젝트에서도 별다른 보상 없이 초과 근무를 해야 할 수 있다.
- 위기 모드가 장기간 지속되면 프로젝트에 속해 있던 엔지니어의 이직률이 증가하며, 결과적으로 팀 생산성을 낮춘다.
- 위기 모드에서 별다른 보상 없이 초과 근무를 하는 것은 법률적으로도 문제가 된다. 지난 수년간 진행된 게임 제작사와 개발자 간의 소송 결과를 보면, 이 같은 초과 근무에 대해 개발자는 당연히 (기본 급여 이외의 내용으로) 보상받을 권리가 있음을 알 수 있다. 위기 모드가 자주 반복되는 상황이라면, 기업이 그런 소송에서 살아남더라도 근무 시간 규칙 제정, 행정적 부수 업무 증대 등과 같은 추가적인 제약 사항이 늘어나면서 또 다시 생산성을 떨어뜨리게 된다.

위기 모드에서도 운영만 적절히 한다면 작업 기한을 어떻게든 맞출 수 있겠지만, 프로젝트 일정의 운영에 있어 최선의 선택은 위기 모드가 닥치지 않도록 일정 계획을 좀 더 합리적이면서 정확하게 수립하는 것이다.

2.10 생산성 향상의 비법

이번 2장은 생산성과 그 측정 지표를 설명하는 데 상당 부분을 할애했다. 하지만 위대한 프로그래머가 되기 위해 어떤 방식으로 자신의 생산성을 높여야 하는지는 많이 알아보지 못했다. 이제부터 (이 책 전반에 걸쳐) 다룰 내용이 바로 프로그래머의 생산성을 높이는 비법이며, 이번 절은 그에 대한 개요를 정리한 것이다. 팀원으로서 그리고 팀 차원에서 프로젝트 생산성을 향상시킬 수 있는 방법을 알아본다.

2.10.1 소프트웨어 개발 도구의 신중한 선정

소프트웨어 개발자인 여러분은 대부분의 업무 시간을 소프트웨어 개발 도구를 이용하면서 보낼 것이며, 개발 도구의 기능과 품질은 생산성에 지대한 영향을 미친다. 하지만 도구를 선택할 때, 대부분의 개발자는 프로젝트에 대한 적합성이나 생산성을 고려하기보다는 자신에게 익숙한 도구를 선택하는 경향이 있다.

프로젝트 초기에 개발 도구를 선정할 때, 이 도구를 갖고 프로젝트 수명주기 동안 계속(혹은 그 이상) 사용할 것이라는 점을 염두에 둘 필요가 있다. 예를 들어, 결함 추적 시스템defect tracking system을 사용하는 경우, 데이터베이스 파일 형식별로 호환되지 않는 경우가 많아서 오류 추적 시스템을 다른 것으로 변경하기가 매우 어려울 수 있다. 이는 소스 코드 컨트롤 시스템도 마찬가지다. 반면, 오늘날 널리 사용되는 (IDE 등의) 소프트웨어 개발 도구는 보편적이고 안정화돼 있으며, 여러 개의 IDE를 오가며 작업하는 것이 가능할 정도로 발전한 덕분에 선택이 쉬운 편이다. 그래도 프로젝트 초기에 도구를 선택할 때 많은 검토와 시험을 한다면, 이후 프로젝트 수명주기 동안 발생할 수 있는 많은 문제를 겪지 않을 수 있다.

아마도 소프트웨어 개발 프로젝트에서 가장 중요한 도구는 컴파일러compiler/인터프리터interpreter/트랜슬레이터translator가 포함된 프로그래밍 언어일 것이다. 최적의 언어가 무엇이냐는 질문에는 결코 대답하기가 쉽지 않다. 프로젝트를 수행할 때, 당대에 널리 통용되며 여러분에게 익숙한 어떤 언어의 기능을 활용하는 일은 쉬우며, 학습에 따른 생산성 저하 문제도 거의 일어나지 않는다. 하지만 수년이 지난 뒤 새로 프로젝트에 참여한 개발자는 (자신에게는 낯선) 언어를 익히느라 유지 보수와 관련된 생산성이 저하될 수 있다. 또한 언어의 선택은 전체 개발 프로세스에 일관된 흐름을 만들게 되므로, 프로젝트에 최적의 언어를 익히느라 발생한 시간 손실을 생산성 증대를 통해 보충할 수 있다. 앞서 언급했듯이 프로젝트에 최선이 아닌 언어를 선택하면, 프로젝트가 한참 진행된 뒤 해당 언어의 부적합성을 깨닫게 되고 개발 시간 측면에서도 손해를 보게 된다.

컴파일러의 성능(초당 코드 라인의 처리 속도)은 생산성에 지대한 영향을 미친다. 보통의 소스 파일 처리에 2분이 아닌 2초가 걸린다면, 여러분의 생산성은 획기적으로 개선될 것이다(속도를 높이느라 중요한 몇 가지 기능이 빠진 컴파일러라면 오히려 생산성을 저하시킬 수 있다). 소스 코드 처리에 좀 더 적은 시간을 소모할수록 여러분의 소스 코드를 설계하고, 테스트하고, 디버깅하고, 다듬는 데 좀 더 많은 시간을 쓸 수 있을 것이다.

도구 간의 상호 작용성도 중요하다. 오늘날에는 에디터, 컴파일러, 디버거, 소스 코드 브라우저와 기타 도구 모두를 일체화한 IDE(Integrated Development Environment)가 널리 사용되고 있다. 코드 에디터에서 소스 코드를 수정한 뒤, 동일한 윈도우 스크린에서 리컴파일하고 디버깅까지 할 수 있는 IDE는 생산성 향상의 중요 요소다.

하지만 여러분은 IDE의 도움 없이 프로젝트를 수행해야 하는 경우도 있다. 예를 들어, 일부 IDE는 소스 코드 컨트롤 기능을 제공하지 않거나 오류 추적 기능이 없는 경우도 있다. 대부분의 IDE는 개발자 문서 제작을 위한 워드 프로세서를 제공하지 않으며, 요구 사항 목록 관리, 설계 문서, 사용자 문서를 작성하는 데 필요한 데이터베이스나 스프레드시트를 제공하지 않는다. 그러므로 개발자는 프로젝트 수행 과정에서 IDE를 벗어나 워드 프로세서, 스프레드시트, 그래픽 에디터, 웹 설계 도구, 데이터베이스를 사용해야 한다.

IDE를 벗어나서 프로그램을 실행하는 것은 큰 문제가 아니며, 여러분이 IDE로 작업한 파일을 다른 개발 작업과 연계해 처리할 수 있는 호환성, 상호 작용성 등을 지니고 있는 것이 중요하다. IDE 작업과 워드 프로세서, 스프레드시트 등의 애플리케이션 활용 작업이 연계성을 갖지 않을 경우 생산성이 크게 낮아질 수 있다.

누군가에게 도구를 추천받는 것은 어떨까? 결코 쉽지 않다. 세상에는 너무나 많은 프로젝트가 있고 요구 사항이 프로젝트마다 크게 다르므로 여러분에게 어떤 도구를 추천하는 것은 내게도 어려운 일이다. 내가 해줄 수 있는 첫 번째 조언은 프로젝트를 시작할 때 개발 도구와 관련된 주요 이슈를 잘 검토하라는 것이다.

두 번째 조언은 개발 도구를 선정할 때 "이번에는 최신 기술이 반영된 이 도구를 써보는 게 어때?"라는 말을 하지 말자는 것이다. 실무에서 수개월간 소스 코드 작업을 하면서 검증해본 도구가 아닌 이상, 최신 기술이 여러분의 생산성을 높여줄지는 미지수다. 새로운 도구를 써야 한다면, 금번 제품 개발과 별개의 차원에서 해당 도구를 평가하고 실무에 시험적으로 적용해본 뒤 확신이 섰을 때 채택해야 한다. 이에 대한 대표적인 사례가 애플의 스위프트 프로그래밍 언어다. 스위프트는 2014년에 처음 배포됐으며, 2018년에 스위프트 v5.0이 배포되기 전까지 스위프트를 이용한 작업은 그야말로 좌절의 연속이었다. 거의 매년 애플이 새 버전을 출시할 때마다 이전 버전과 호환되지 않는 문제가 발생했고, 결국은 새 버전을 두고 구 버전에서 작업해야 하는 불편이 너무나도 컸었다. 또한 초기 버전에는 IDE라면 당연히 있어야 할 기능이 빠져 있었으며, 새롭게 추가된 최신 기능은 전문적인 작업에는 적합하지 않은 수준이었다. 그렇게 5년이 흘러 5.0 버전이 돼서야 스위프트는 안정화됐다는 평가를 받기 시작했다. 하지만 스위프트라는 최신 기술에 현혹됐던 많은 개발자는 미성숙한 개발 언어 때문에 값비싼 대가를 치러야 했다.[9]

그러나 현실적으로는 프로젝트에 꼭 맞는 도구를 여러분이 직접 선택할 수 없는 경우도 많다. 선임 개발 팀이 도구를 선택하고 여러분은 그 선택을 따라야 하는 경우도 있다. 이런 상황에 대해 불만을 토로해봐야 여러분의 시간과 정력을 낭비하고 생산성 감소만 가져올 뿐이다. 이미 프로젝트 팀에서 공식적으로 선택한 도구가 있다면, 여러분에게 최대한 적합하게 설정하고 능숙하게 사용할 수 있도록 노력해야 할 것이다.

2.10.2 오버헤드 관리

모든 프로젝트 업무는 두 가지 부류로 나눌 수 있다. 하나는 (코드 작성과 개발자 문서 작성 등) 프로젝트와 직접적으로 관련된 업무이고, 다른 하나는 프로젝트와 간접적으로 관련된 업무다. 간접적 관련 업무에는 각종 회의, 이메일 열람 및 회신, 근무일지 작성, 일정 계획 조정 등과 같은 다양한 일이 있다. 이들 업무는 부수적 업무 overhead activity라 부르며, 프로젝트의 시간적, 금전적 비용 요소이지만 프로젝트 완수에는 간접적으로 기여한다.

와츠 험프리 Watts S. Humphrey의 저서인 『Personal Software Engineering』의 가이드라인에 따르면, 프로젝트 수행 기간 동안 여러분의 시간 사용 내역을 살펴보면 비교적 간단하게 여러분이 직접적 관련 업무 또는 부수적 업무에 쓰는 시간을 파악할 수 있다. 이때 부수적 업무 시간이 전체의 10% 이상을 차지한다면, 업무 일과를 개선할 필요가 있다. 부

---

9 현재는 주위 사람에게 스위프트를 추천하지 않을 이유가 없다. 스위프트는 iOS 애플리케이션을 개발하기 위한 훌륭한 언어이며, 버전 5.0 이후부터는 안정화됐고 신뢰할 수 있게 됐다. 스위프트는 어느새 "이번에는 최신 기술이 반영된 이 도구를 써보는 게 어때?"라는 말을 할 단계도 이미 지났고, 실제 프로젝트를 수행하기 위한 우수한 개발 도구로 자리 잡았다.

수적 업무량을 줄이거나 여러 업무를 연계해 처리함으로써 생산성에 미치는 영향을 줄일 수 있다. 프로젝트 외부에서 소모되는 이런 시간을 잘 파악하지 않으면, 부수적 업무로 인해 여러분의 생산성이 감소되는 현상이 더욱 심화될 수 있다.

2.10.3 명확한 목표와 마일스톤 설정

마감 시한이 없다면 인간은 자연스레 긴장이 완화되며, 마감 시한이 닥치면 인간은 자신도 모르게 초인적인 힘을 발휘하기도 한다. 성취할 목표가 없다면 생산적으로 업무를 수행할 필요성이 없어지고, 마감 시한이 없다면 일정 시간 내에 목표를 달성할 동기가 사라지는 셈이다.

따라서 생산성을 높이려면 명확한 목표와 세부 목표가 필요하고, 이를 확인할 수 있는 마일스톤^{milestone}(이정표)이 필요하다.

프로젝트 운영진 입장에서 마일스톤은 프로젝트 완수 지점에 도달하기 위해 현재 얼마나 남았는지 확인할 수 있는 표식과 같은 것이다. 우수한 매니저라면, 프로젝트 일정 계획에 항상 적절한 목표와 마일스톤을 제시할 것이다. 하지만 개인 프로그래머의 목표 달성에 유용한 일정 계획 수립 전략은 많지 않으며, 팀원으로서의 프로그래머와 개인 프로그래머 간의 목표 관리가 달라야 하는 이유가 여기에 있다. 생산적인 프로그래머가 되려면, 프로젝트 수행 목표와 마일스톤을 매우 세분화해서 관리해야 한다. '점심 전에 이번 함수 작성을 마치겠다.' 혹은 '퇴근 전에 이 소스의 오류 부분을 찾겠다.' 등과 같은 단순하면서도 세분화된 목표도 많은 도움이 된다. '다음 화요일까지 이 모듈의 테스트를 마치겠다.' 혹은 '오늘 최소 20개 이상의 테스트 프로시저를 실행하겠다.'라는 좀 더 큰 업무 목표도 여러분이 성취하려는 바를 구체화해주고 생산성도 향상시킬 수 있게 해준다.

2.10.4 스스로 동기 부여하기

개인 개발자의 생산성 향상은 거의 대부분 일에 대한 태도와 관련이 있다. 여러분이 문제를 겪고 있을 때 누군가 여러분에게 도움을 줄 수도 있겠지만, 기본적으로는 여러분 스스로 좀 더 나아지려는 의지가 있어야 한다. 여러분의 업무 성과를 높이기 위해 늘 자신의 업무 태도를 점검해야 한다. 여러분 스스로 목표, 노력 수준, 업무 진행 상황을 확인하면서 각오를 다지게 되며 생산성을 높이기 위해 더욱 노력할 수 있게 된다.

동기 부여 부족은 생산성 저하의 가장 큰 원인이다. "어휴, 오늘은 그 일을 해야 하는데."라는 태도보다는 "야호, 내가 제일 좋아하는 부분이네. 재미있겠는 걸!"이라는 태도가 문제 해결에 더 많은 도움을 줄 것이다.

물론, 우리가 하는 모든 일이 흥미롭고 재미있지는 않다. 하지만 여러분은 개인 소프트웨어 엔지니어로서 자신의 일을 즐길 필요가 있다. 여러분이 평균 이상의 생산성을 유지하고 싶다면, '그렇게 흥미롭지 않은' 프로젝트에 대해서도 스스로 충분한 수준의 동기 부여를 할 수 있어야 한다. 일을 좀 더 즐겁게 할 수 있는 이유를 찾아보자. 예를 들어, 업무를 수행할 때 작은 도전 과제를 만들어서 성취한 뒤 스스로에게 작은 보상을 제공하는 것이다. 생산성 높은 소프트웨어 엔지니어는 스스로 동기 부여를 할 수 있다. 프로젝트에 대한 동기 부여 상태를 오래 유지할수록 생산성을 더 높게 유지할 수 있다.

2.10.5 집중력 유지와 방해 요소 제거

업무에 대한 집중 상태를 유지하고 집중 방해 요소를 제거하면, 생산성을 크게 향상시킬 수 있다. 이를 위해 가상의 '집중력 유지 공간' 또는 '몰입 공간'에 들어간다고 생각해도 좋다. 소프트웨어 엔지니어는 멀티태스킹보다는 단일 업무에 집중하는 것이 훨씬 생산적일 수 있다. 생산성을 향상시키기 위해 가능한 한 단일 업무에 집중하자.

업무에 집중할 때는 주의를 분산시키는 여타의 시각적 요소를 배제하고 고요한 환경을 조성하는 것이 좋다. 때로는 회사의 업무 분위기가 주의를 분산시키기도 한다. 이럴 때는 헤드폰을 쓰고 가벼운 배경음악을 들으며 주의 분산 수준을 낮출 수 있다. 음악이 거슬린다면, 시중에서 쉽게 구할 수 있는 백색소음도 좋다.

업무 중간에 방해를 받는다면, 다시 몰입 공간에 진입하는 데 시간이 걸릴 수 있다. 때로는 몰입 공간 또는 몰입 상태로 들어가는 데 30분 이상이 걸리기도 한다. 여러분의 몰입 상태를 방해하는 (경영진, 동료, 고객 등과 같은) 외부 요소가 있다면, 여러분의 업무 공간 주위에 '업무 시간' 알림판을 게시하고 그 외의 시간에만 방해받는 것을 택할 수 있다. 예를 들어 업무 시간 한 시간마다 5분 정도 외부 요소와 소통하는 방법도 있다. 이렇게 하면 여러분의 동료는 10분 정도 여러분과 회의를 하는 것이 30분에 해당하는 생산성 비용을 지불하는 것임을 알 수 있다. 여러분은 팀 구성원으로서 동료애도 갖춰야 하지만,

지나친 간섭은 여러분과 다른 동료의 생산성을 저하시킨다.

보통의 업무 일과 중에는 식사, 휴식, 회의, (이메일, 근무일지 작성 등과 같은) 각종 관리 업무로 몰입 상태가 방해를 받는다. 가능한 한 이런 방해 요소를 줄이는 것이 중요하다. 예를 들어 이메일 수신 알람은 꺼둔다. 정말 중요한 사안이어서 누군가 여러분에게 전화를 하거나 찾아올 일이 아니라면 정해진 시간에 매우 짧은 시간 동안 회신 메일을 작성한다. 신속한 회신이 필요한 (문자 메시지와 다른 수단으로 다시 연락이 온) 경우에만 이메일 회신 알람을 설정해 둔다. 일상적인 전화가 자주 오는 경우에는 전화를 무음으로 설정한 뒤 휴식 시간에 걸려온 전화를 확인하는 것도 좋은 방법이다. 몰입을 유지하기 위한 가장 좋은 방법은 여러분의 개인적인 성향과 업무 스타일에 따라 다르다. 그러나 방해받는 횟수를 줄일수록 여러분의 생산성이 더 높아지는 것은 분명하다.

2.10.6 지겨움을 느낄 때는 다른 일을 해보자

때로는 우리 스스로 아무리 동기 부여 상태를 유지하려 노력해도 업무가 지겹고 집중하기 어려운 순간이 찾아오며, 이 경우 생산성 또한 급감하게 된다. 몰입 상태에 들어갈 수 없고 업무에도 집중할 수 없다면, 잠시 일을 벗어나는 것이 좋다. 업무 집중도가 떨어지는 상황에서 지겨움을 느끼며 일하는 것은 좋지 않다. 어디에인가 걸려서 움직이지도 못할 상황이라면, 또 다른 생산적인 일을 찾아보는 것이 좋다.

2.10.7 스스로 발전할 수 있는 분위기를 조성하라

여러분에게 주어진 임무는 최대한 직접 끝내도록 노력한다. 이는 여러분의 생산성을 높이는 방법이 아니지만 여러분의 임무와 관련해 다른 엔지니어의 도움을 계속 요청한 결과, 다른 엔지니어의 생산성이 낮아지게 된다(여러분도, 동료 엔지니어도 모두 집중을 원하고 간섭을 싫어한다).

특정 업무가 여러분의 지식 수준보다 높은 수준을 필요로 하는 경우, 다른 엔지니어의 도움 없이 처리하고자 다음과 같은 안을 선택할 수 있다.

- 임무 수행에 필요한 학습 시간을 갖는다. 학습하는 동안 단기적으로는 생산성이 낮아지겠지만, 향후 유사한 업무를 처리할 때 생산성을 높여줄 것이다.

- 매니저와의 면담을 통해 여러분의 문제를 공유한다. 해당 지식을 보유한 다른 엔지니어에게 업무 중 일부를 할당할 수 있는지 확인한다.
- 매니저에게 해당 문제를 풀기 위해 다른 엔지니어와의 미팅을 주선해 달라고 요청한다(다른 엔지니어의 생산성에 미치는 영향이 적은 프로젝트 초기가 좋다).

2.10.8 도움이 필요할 때는 요청하라

때로는 혼자서 너무 많은 일을 해내려고 해서 문제가 될 수도 있다. 여러분이 엄청나게 오래 매달린 문제를 다른 팀원이 불과 수분 만에 끝낼 수 있다. 위대한 프로그래머는 혼자서 해결할 수 없는 문제점을 발견하고 도움을 청해야 할 때를 아는 사람이다. 어려운 문제를 만났을 때 가장 현명한 해법은 문제 해결 기간을 설정하는 것이다. 여러분이 정한 기간이 지나도 문제가 해결될 기미가 보이지 않으면 도움을 청해야 한다. 누가 그 문제를 풀 수 있는지 안다면 그에게 직접 도움을 청해야 한다. 문제가 있지만 누구의 도움을 받을지 모르겠다면, 매니저와 상의하자. 프로젝트 매니저는 해당 문제를 누가 해결할 수 있을지 잘 알고 있는 경우가 많으므로, 여러분은 도움이 되지 않을 동료의 업무 시간을 뺏지 않을 수 있다.

(일간, 주간 단위의) 팀 회의는 팀원에게 도움을 청할 수 있는 좋은 기회다. 여러분이 여러 가지 일을 맡고 있고 그중 한 문제에서 곤란을 겪고 있다면, 일단 처리할 수 있는 일부터 처리하면서 팀 회의까지 업무를 지속하는 편이 좋다. 팀 회의 전에 여러분에게 주어진 다른 업무를 모두 마쳤다면, 매니저와 상의해서 팀 회의 일정을 앞으로 당기는 방법도 있다. 이 방법의 또 다른 장점은 여러분이 다른 업무를 처리하는 동안 그 문제에 대한 해법이 떠오르기도 한다는 것이다.

2.10.9 느슨해진 팀 분위기 되살리기

어떤 이유에서든 팀 분위기가 가라앉고 좌절감이 팽배해지면 프로젝트는 순식간에 좌초 위기에 직면한다. 느슨해진 프로젝트 팀 분위기를 되살릴 수 있는 몇 가지 방법을 소개한다.

- 프로젝트의 비즈니스적인 가치를 상기하자. 여러분의 프로젝트가 목표로 하는 애플리케이션이 완성돼 현실 세계에 소개됐을 때의 가치를 생각하며 프로젝트에 대

한 흥미와 관심을 다시 일깨우자.
- 프로젝트에 대한 주인 의식이나 책임감을 되살리자. 여러분 자신의 프로젝트라면 자긍심과 여러분이 쌓은 명성에 대해 생각하자. 앞으로의 일이야 어떻게 전개되든, 이번 프로젝트에 대한 여러분의 기여분은 늘 기억될 것이다.
- 여러분이 조절할 수 없는 프로젝트 요소에 대해 지나친 애정을 갖지 않도록 하자. 예를 들어 경영진이 프로젝트 일정 계획이나 설계와 관련해 좋지 않은 결정을 내렸다면, 여러분은 그 결정 범위 내에서 최선을 다하는 것이 중요하다. 다른 사람이 결정한 일에 대해 불만스러운 감정을 쌓아봐야 해당 문제가 해결되는 것은 아니기 때문이다.
- 여러분과 다른 팀원의 견해 차이나 갈등이 분위기 저하의 원인이라면, 매니저 또는 다른 팀원과 상의하자. 팀 내 갈등은 소통이 가장 확실한 해결책이며, 이런 갈등을 방치하면 팀 분위기는 더욱 회복하기 힘들어진다.
- 다른 팀원의 감정을 상하게 하는 요인이 있지는 않은지 늘 살펴보자. 프로젝트와 관련된 팀 분위기가 하락세로 접어들면, 회복하기는 점점 어려워진다. 갈등 요인을 조기에 발견할수록 문제 해결은 쉬워진다.

때로는 금전적인 부분, 프로젝트 지원, 또는 팀원 개인의 문제가 팀 전체의 단합력을 떨어뜨리기도 한다. 이는 팀원의 노력으로 해결하기 어려운 부분이며, 위대한 프로그래머라면 업무로 복귀해 평소와 다름없이 위대한 코드를 작성할 것이다. 그리고 다른 동료에게도 평정심을 유지하면서 함께 프로젝트를 마무리하자고 할 것이다. 이는 결코 쉬운 일이 아니며, 나아가 위대한 프로그래머가 되는 일도 결코 쉽지 않다.

2.11 참고 자료

Bellinger, Gene 저. 'Project Systems.' Systems Thinking, 2004. http://systems-thinking.org/prjsys/prjsys.htm.

Heller, Robert, Tim Hindle 저. *Essential Managers: Managing Meetings*. New York: DK Publishing, 1998.

Humphrey, Watts S 저. *A Discipline for Software Engineering*. Upper Saddle River, NJ: Addison-Wesley Professional, 1994.

Kerzner, Harold 저. *Project Management: A Systems Approach to Planning, Scheduling, and Controlling*. Hoboken, NJ: Wiley, 2003.

Lencioni, Patrick 저. *Death by Meeting: A Leadership Fable . . . About Solving the Most Painful Problem in Business*. San Francisco: Jossey-Bass, 2004.

Levasseur, Robert E 저. *Breakthrough Business Meetings: Shared Leadership in Action*. Lincoln, NE: iUniverse.com, Inc., 2000.

Lewis, James P 저. *Project Planning, Scheduling, and Control*. New York: McGraw-Hill, 2000.

McConnell, Steve 저. *Software Project Survival Guide*. Redmond, WA: Microsoft Press, 1997.

Mochal, Tom 저. 'Get Creative to Motivate Project Teams When Morale Is Low.' TechRepublic, September, 21, 2001. http://www.techrepublic.com/article/get-creative-to-motivate-project-teams-when-morale-is-low/.

Wysocki, Robert K., Rudd McGary 저. *Effective Project Management*. Indianapolis: Wiley, 2003.

3

소프트웨어 개발 모델

현실 세계에서는 모든 프로젝트에 동일하게 적용될 수 있는 위대한 코드란 존재하지 않는다. 어떤 프로젝트는 여러분 혼자 수백 줄의 코드를 작성하는 것으로 충분할 수 있지만, 다른 프로젝트는 수백 명의 프로젝트 엔지니어가 투입돼 수백만 줄의 코드를 작성하며, 이를 관리하기 위해 여러 계층의 관리자 그룹이 존재하고 지원 부서가 투입되기도 한다. 이렇듯, 프로젝트가 성공하기 위해서는 프로젝트에 가장 적합한 소프트웨어 개발 프로세스가 적용돼야 한다.

이번 3장에서는 다양한 프로젝트에 적용할 수 있는 소프트웨어 개발 모델을 알아본다.

3.1 소프트웨어 개발 수명주기

일반적으로, 소프트웨어는 다음과 같은 여덟 단계의 SDLC$^{\text{Software Development Life Cycle}}$, 즉 소프트웨어 개발 수명주기를 지닌다.

1. 제품 개념화
2. 요구 사항 개발 및 분석
3. 설계

4. 코딩(구현)
5. 테스트
6. 배포
7. 유지 보수
8. 폐기

각 단계를 간략히 살펴보자.

제품 개념화 product conceptualization

고객 또는 매니저가 소프트웨어에 대한 아이디어를 구체화하고 개발에 필요한 사업 시나리오를 작성한다.

이때, 소프트웨어의 필요성에 대해 비엔지니어의 의견이 반영되고 이를 구현하기 위한 기업 또는 개인의 프로세스가 적용된다.

요구 사항 개발 및 분석 requirement development and analysis

제품 개념이 명확해졌다면, 제품 요구 사항을 구체화한다. 프로젝트 매니저, 의사 결정자, 클라이언트(사용자) 등이 회의를 거쳐서 소프트웨어가 사용자의 어떤 요구를 충족시켜야 하는지 명시한다. 물론, 클라이언트는 이번에 개발될 소프트웨어로 모든 문제가 해결되길 바랄 것이다. 프로젝트 매니저는 고객의 요구 사항과 (프로그래머 등의) 가용 자원을 종합적으로 고려해 개발 비용과 기간을 예측한다. 의사 결정자는 (프로젝트에 자금 지원을 하는) 벤처 캐피탈, (핵발전소용 소프트웨어 개발의 경우라면 원자력정책위원회와 같은) 정부 기관 담당자, 또는 (뭔가를 팔고 싶어 하는) 마케팅 에이전시가 될 수 있다.

프로젝트 담당자는 수차례의 회의, 협의 등을 거쳐 다음 질문에 답을 제시할 수 있는 요구 사항 명세서를 작성한다.

- 누구를 위한 시스템인가?
- 시스템에 입력될 데이터는 무엇인가?
- 시스템에서 출력될 데이터는(또는 출력 포맷은) 무엇인가?
- 시스템에서 어떤 연산이 이뤄지는가?

- 만일 영상 출력이 있다면, 시스템의 스크린 레이아웃은 무엇인가?
- 입력 후 출력에 걸리는 예상 반응 시간은 얼마인가?

위와 같은 논의를 거쳐, 개발자는 하드웨어와 소프트웨어에 대한 주요 요구 사항을 담은 SyRS^{System Requirements Specification}, 즉 시스템 요구 사항 명세서를 만든다. 그다음, 프로그램 운영진과 시스템 분석가가 SyRS를 바탕으로 요구 사항 분석 단계의 최종 산출물인 SRS^{Software Requirements Specification}, 즉 소프트웨어 요구 사항 명세서를 만든다.[1] 기본적으로 SyRS는 고객과의 업무 협의 등에 사용되는 외부 공유 문서인 반면, SRS는 소프트웨어 개발 팀에서만 공유하는 내부 문서의 성격을 지닌다. SRS는 SyRS에 언급된 모든 내용을 소프트웨어 구현을 위한 요구 사항으로 추출한 뒤, 필요 기능으로 확장한다. 10장의 '시스템 요구 사항 명세서'와 '소프트웨어 요구 사항 명세서' 절에서 이들 두 문서에 대한 상세한 내용을 살펴본다.

설계^{design}

소프트웨어 설계 아키텍트(소프트웨어 엔지니어)는 SRS를 통해 소프트웨어의 요구 사항을 파악한 후 SDD^{Software Design Description}, 즉 소프트웨어 설계 명세서를 작성한다. SDD에는 다음과 같은 내용이 포함된다.

- 시스템 개요
- 설계 목표
- 데이터(데이터 디렉터리 구조)와 데이터베이스
- 데이터 흐름(데이터 플로우 다이어그램 활용 가능)
- 인터페이스 설계(소프트웨어가 사용자나 다른 소프트웨어와 상호 작용하는 방식)
- 준수해야 할 설계 표준안
- 요구되는 시스템 자원(메모리, CPU 주기, 저장 용량)
- 성능 요구 사항
- 보안 요구 사항

---

1 시스템에 따라 HRS, 즉 하드웨어 요구 사항 명세서나 또 다른 문서를 작성하는 경우도 있지만, 이 책에서는 다루지 않는다.

SDD는 11장에서 상세히 다룬다. 위와 같은 내용을 담은 설계 문서는 다음 단계인 코딩 작업의 토대가 된다.

코딩 coding

(실제 소프트웨어 작성 작업인) 코딩은 소프트웨어 엔지니어가 가장 익숙하게 즐기면서 할 수 있는 작업이다. 소프트웨어 엔지니어는 SDD를 참고하면서 코딩 작업을 진행한다. 『Write Great Code』 시리즈 5편(『Write Great Code, Volume 5: Great Coding』)에서 이에 대한 상세한 내용을 다룬다.

테스트 testing

코딩 과정을 거쳐 작성된 소프트웨어는 SRS와 대조하며 요구 사항에 명시된 문제를 해결했는지 확인하는 테스트를 거친다. 테스트 단계는 다음과 같이 세분화된다.

유닛 테스트 unit testing: 프로그램 내 개별 명령문 또는 모듈이 의도한 대로 작동하는지 검증한다. 실제 이 테스트는 코딩 단계에서 이뤄지지만, 전체 과정으로 보면 테스트 단계에 포함돼 있다.

통합 테스트 integration testing: 개별 시스템 요소가 하나의 통합된 소프트웨어로서 제대로 작동하는지 검증한다. 이 작업도 실제로는 코딩이 완료되는 시점에 진행된다.

시스템 테스트 system testing: 구현 결과를 검증한다. 즉, SRS에 규정된 내용을 정확하게 구현했는지 검증한다.

인수 테스트 acceptance testing: 고객 앞에서 모든 요구 사항이 잘 구현됐고, 정상적으로 작동되고 있음을 시연하며 검증한다.

여러분의 테스트를 좀 더 구체적으로 돕기 위해, 12장에서는 소프트웨어 테스트 사례와 소프트웨어 테스트 절차 문서 작성 방법을 상세히 설명한다. 『Write Great Code』 시리즈 6편(『Write Great Code, Volume 6: Testing, Debugging, and Quality Assurance』)에서 테스트 부분을 전문적으로 다룬다.

배포 deployment

소프트웨어 제품을 고객이 사용할 수 있도록 인도하는 단계다.

유지 보수^{maintenance}

고객이 소프트웨어를 사용하기 시작하면, 몇 가지 기능상의 결점이 드러나고 필요한 추가 기능도 나타난다. 이 시기에 소프트웨어 엔지니어는 오류를 수정하고 새로운 기능을 추가한 뒤 고객을 위해 새 버전의 소프트웨어를 배포한다.

폐기^{retirement}

소프트웨어 수명주기의 마지막 단계로, 개발사가 폐업을 하면서 더 이상의 유지 보수 등과 같은 개발 지원 업무를 포기하거나 아예 다른 버전으로 대체하는 경우, 혹은 특정 하드웨어에서 해당 소프트웨어가 더 이상 실행되지 않는 경우가 이에 해당한다.

3.2 소프트웨어 개발 모델

소프트웨어 개발 모델은 프로젝트에서 SDLC의 각 단계를 조합할 수 있는 다양한 방식을 설명한다. 개발 환경이 다르다면 소프트웨어 개발 모델 또한 달라진다. 어떤 프로젝트에서는 특정 단계를 적극적으로 적용하고, 다른 단계는 소극적으로 적용한다. 또 다른 프로젝트에서는 특정 단계만 계속해서 반복 시행하고, 다른 단계는 아예 제외하기도 한다.

오늘날의 소프트웨어 업계에서 널리 사용되는 여덟 가지 모델이 있으며, 이들 여덟 가지 모델을 응용한 최소 수십 가지의 소프트웨어 개발 모델이 통용되고 있다. 이렇게 많은 모델 중 내게 꼭 맞는 모델 하나만 사용하면 안 되는 이유는 무엇일까? 그 이유는 지난 1장에서 함께 알아봤듯이 개인 개발자, 소규모 개발 팀, 대규모 개발 팀마다 일하는 방식이 다르기 때문이다. 또한 대규모 프로젝트에 적합한 모델이 소규모 프로젝트에도 적합한 경우는 극히 드물기 때문이다. 이 책은 기본적으로 개인 개발자를 위한 소프트웨어 개발 모델을 중심으로 설명하지만, 위대한 프로그래머라면 다양한 프로젝트 환경에 적응할 수 있도록 다양한 소프트웨어 개발 모델을 이해하고 있어야 할 것이다.

이번 3장에서는 소프트웨어 개발의 여덟 가지 모델을 소개하고, 각각의 장단점과 프로젝트 적용 방식 등을 알아본다. 그러나 이들 모델에 대한 맹목적인 사용이나 추종이 프로젝트의 성공을 보장하는 것은 아니므로, 위대한 프로그래머가 알아야 할 각 모델별 유용성과 각 모델이 지닌 한계점도 알아본다.

3.2.1 약식 모델

약식 모델informal model은 소프트웨어 개발과 관련된 프로세스나 원칙이 최소화된 방식으로, 정형화된 설계나 테스트, 또는 프로젝트 관리라는 개념이 없다는 특징이 있다. 이런 방식은 해킹hacking[2] 모델이라고도 부르고, 이런 방식으로 개발하는 이들을 해커hacker라 칭한다. 그러나 원래 해커라 불리던 개발자 그룹이 성장하면서 다양한 교육 기회를 통해 경험과 지식, 기술을 바탕으로 나름의 명성을 얻게 됐다. 이후 해커는 더 이상 경험이 부족하거나 기술이 부족한 개발자를 지칭하는 의미로 사용되지 않게 됐다.[3] 나는 해킹이란 단어를 전형성을 벗어난, 약식의 코딩 프로세스를 일컬을 때 사용하며, 해커는 약식 모델을 이용해 소프트웨어를 개발하는 코더라는 의미로 사용한다(이 책에서 사용하는 '해킹'이라는 용어는 약식 모델을 의미하는 것이지, 부정적인 의미의 해킹을 의미하는 것이 아니라는 점을 기억하길 바란다).

약식 모델에서 프로그래머는 견고하고, 유연하며, 가독성이 높은 프로그램을 작성하기 위해 긴 준비 과정을 거치는 대신, 제품 콘셉트화 단계에서 바로 코딩 단계로 넘어가 뭔가 의도하는 기능이 구현될 때까지 지속한다.

하지만 해킹 모델은 몇 가지 장점이 있다. 해킹 방식은 (해커톤처럼 다수의 참가자가 모여서 진행하는 경우도 있지만) 독립적으로 진행할 수 있고 즐거움을 느낄 수 있으며, 프로젝트 수행에 대한 모든 결정을 직접 내리므로 공식적인 개발 프로세스에 비해 진행 속도가 매우 빠르다.

하지만 약식 모델은 설계에 대한 충분한 검토 없이 진행하는 경우가 많고, 구현 결과물이 최종 사용자가 원하는 목표 수준에 부합하지 않는 경우가 많다. 이는 애초에 요구사항 수렴과 그에 대한 깊이 있는 고민 없이 출발했기 때문이다. 또한 소프트웨어에 대한 충분한 테스트와 문서화 작업을 거치지 않았으므로, 개발자 본인 이외의 다른 프로그래머가 수정하거나 개선하기 어렵다.

따라서 약식 모델은 프로그래머 자신을 위한 소규모의, 기능 확인용throwaway 프로그램

---

2   해커의 본래 의미는 '특정 활동에 대한 경험과 기술이 부족한 사람'이다. 예를 들어 테니스 해커는 테니스에 대한 경험과 기술이 부족한 사람을 가리킨다(https://www.merriam-webster.com).

3   오늘날 해커는 컴퓨터 기반의 범죄 활동에 연루된 사람을 가리키기도 하지만, 이 책에서는 약식 소프트웨어 개발 모델을 구사하는 프로그래머를 지칭한다.

을 구현하는 데 적합하다. 이런 경우에는 소프트웨어 개발의 전 단계를 거치지 않고, 소수의 개발자가 수백 줄의 코드를 신속히 작성해 목표 기능의 구현 가능 여부를 확인하는 방법이 좋다(때로는 개인적인 만족을 위해 만든 기능 확인용 프로그램이 무수한 사용자들에게 엄청난 인기를 얻기도 하는데, 이를 위해서는 설계 및 구현, 유지 보수의 수준을 한 단계 끌어올려야 한다).

해킹 모델은 고객 입장에서 화면 요소가 중요한 프로그램을 시연할 수 있는 소규모 프로토타입 구현에 적합하다. 그러나 이와 같은 프로토타입 시연은 고객과 매니저로 하여금 이미 코딩을 비롯한 주요 작업이 대부분 끝난 것처럼 착각하게 만들 수 있는 문제가 있으며, 이제 초기 단계에 접어든 프로젝트의 진행 상황을 오해하지 않도록 미리 충분히 설명할 필요가 있다.

3.2.2 워터폴 모델

워터폴^{Waterfall} 모델(또는 폭포수 모델)은 모든 소프트웨어 개발 모델의 시조격이라 할 수 있으며, 거의 모든 현대적 개발 모델에 영향을 미쳤다 해도 과언이 아니다. 워터폴 모델은 SDLC의 주요 단계를 처음부터 끝까지(그림 3-1) 순차적으로 실행하며, 각 단계의 결괏값은 다음 단계의 입력값이 된다.

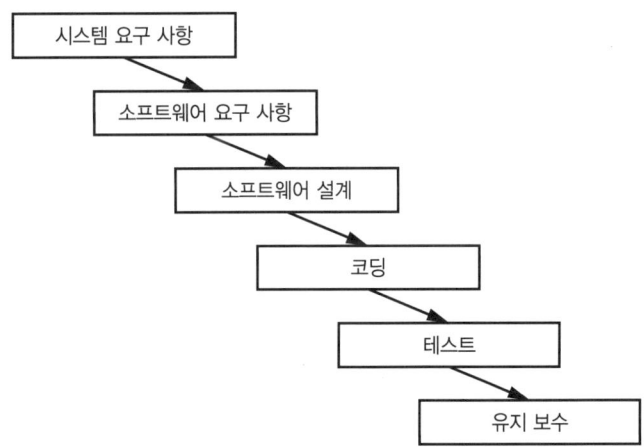

그림 3-1 워터폴 모델

워터폴 모델은 SyRS를 도출하는 것으로 시작한다. 시스템 요구 사항이 정의되면, SyRS로부터 SRS를 도출한다. 소프트웨어 요구 사항이 정의되면, SRS로부터 SDD를 도출한다. SDD를 기반으로 소스 코드를 작성하고 소프트웨어를 테스트한 뒤, 배포 및 유지 보수 단계로 나아간다. SLDC의 전 과정이 다른 작업으로의 파생 없이 순차적으로 진행된다.

원래의 SDLC 모델 측면에서 보면, 워터폴 모델은 매우 이해하기 쉽고 소프트웨어 개발 프로젝트에 적용하기도 쉬운 모델이다. 각 단계는 명확하며, 입력값과 출력값 모두 이해하기 쉽기 때문이다. 모델에 의한 생산성 검증 또한 비교적 쉬우며, 프로젝트 진행 상황 또한 확인하기 편하다.

그러나 워터폴 모델은 몇 가지 큰 단점이 있으며, 그중 가장 대표적인 것은 여러분이 각 단계를 완벽하게 수행하고 다음 단계로 넘어가야 한다는 점이다. 특정 단계에서 오류가 발생하면 여러분은 다음 단계로 넘어가기 전에 그 문제를 풀어야 하는데, 현실적으로 이는 매우 어려운 일이다. 요구 사항상, 혹은 설계상의 결함은 테스트 또는 배포 단계에서 드러나는 것이 일반적이다. 개발 후반기에 앞으로 되돌아가서 오류를 모두 수정하는 일은 매우 많은 비용이 소요된다.

워터폴 모델의 또 다른 단점은 개발 프로세스가 종반에 이르기 전에는 고객이 원하는 최소한의 기능이라도 작동되는 결과물을 확인할 방법이 없다는 것이다. 나 역시 많은 고객에게 UI 설계 화면과 다이어그램을 이용해 목표하는 시스템이 이렇게 구현되고 있다는 설명을 하고 고객으로부터 만족스럽다는 답변을 얻었지만, 최종 결과물 시연 단계에서 인수 거부를 통보받은 사례가 적지 않다. 고객의 기대치를 충족시키지 못한 가장 큰 원인은, 코드 기반의 워킹 프로토타입을 제시하고 고객으로 하여금 본인의 요구 사항을 직접 확인해볼 수 있는 기회를 제공하지 못한 것이라 생각한다.

결국 워터폴 모델은 프로젝트의 전체 과정을 이해하기 쉽게 설명한다는 측면에서는 매우 유용하지만, 요구 사항 명세서와 실제 구현 내용의 괴리가 커지면서 프로젝트의 위험 수준을 높일 수 있는 것이다. 여러분이 프로젝트 초기에 시스템에 대한 매우 구체적인 기능을 정확하게 제시할 수 없다면, 워터폴 모델이 적합하지 않을 수 있다.

워터폴 모델은 소수의 프로그래머가 1만여 줄의 코드를 작성하는 소규모 프로젝트에 적합하다. 또는 매우 큰 규모의 프로젝트여서 모든 것이 일정대로 되는 것을 기대하기 어려운 경우에도 하나의 준수 규정 또는 지침으로서 의미가 있을 수 있다. 또는 현행 프로젝트가 직전에 수행한 워터폴 모델의 프로젝트와 유사한 경우에도 (기존의 문서를 템플릿으로 활용할 수 있으므로) 워터폴 모델이 적합하다.

3.2.3 V 모델

V 모델은 그림 3-2에서 보는 것처럼 워터폴 모델과 동일한 단계를 지니지만, 개발 수명주기 초기 단계에서의 테스트 단계를 중요시한다. V 모델은 초기 단계부터 개념화 - 요구 사항 정의 - 설계 단계와 운영 및 유지 보수 검토 - 테스트 및 검증 - 유닛 통합 및 테스트 과정을 병렬적으로 진행하는 것이 특징이다.

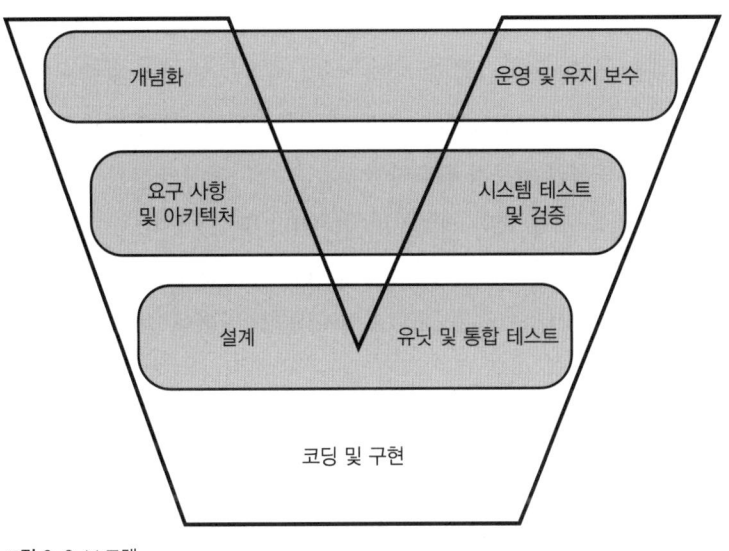

그림 3-2 V 모델

그림 3-2에서 V 라인의 좌측 아이템은 우측 아이템으로 곧바로 이어지며, 각 설계 단계마다 프로그래머는 관련 요소를 어떻게 테스트할지 고려하게 된다. 예를 들어 요구 사항 및 아키텍처 단계에서 시스템 아키텍트는 모든 요구 사항이 정확하게 반영된 소프트웨어에 대해 어떤 방식으로 시스템 인수 테스트를 진행할지 고민하고, 설계 단계에서 시스템 설계자는 소프트웨어의 유닛 및 통합 테스트를 구현하는 방식을 고려하게 된다.

이번 V 모델과 워터폴 모델의 차이점은 초기부터 엔지니어가 각 단계를 테스트하며 다음 단계로 나아간다는 것이며, 코딩이 진행될 무렵에는 소프트웨어 엔지니어가 이미 만들어진 테스트 프로시저test procedure를 이용해 개발 도중에도 코드 작동 결과의 적정성을 계속 확인하게 된다. V 모델은 테스트 주도 개발, 즉 TDD Test-Driven Development라고도 부르며, 프로그래머는 전 개발 주기development cycle 동안 지속적으로 테스트를 수행한다. 지속적인 테스트는 버그를 훨씬 빨리 찾도록 해주며 프로젝트 후반에 찾아냈을 때보다 훨씬 저렴하고 신속하게 문제를 해결할 수 있다.

그렇다고 V 모델이 모든 문제를 해결해주는 것은 아니다. 모태가 된 워터폴 모델처럼 V 모델 또한 지나치게 단순하고, 또 프로젝트 초기 단계에서 (후반부의 오류 발생 사태를 막기 위해) 지나치게 높은 수준의 완성도를 목표로 한다는 문제가 있다. 예를 들어 요구 사항 및 아키텍처 단계에서 오류를 미리 제거한다고는 하지만 실제 시스템 테스트, 검증 단계에 이르기 전까지는 정말로 오류가 제거됐는지 확인하기 어려우며, 값비싼 개발 과정 이력 추적 시스템을 만든 것에 그칠 수 있다. 이런 이유로 인해 V 모델은 개발 수명주기 동안 프로젝트가 변동성에 영향을 받는 경우에 적합하지 않으며, 모델을 도입하기 전에 검증 비용에 대한 세부적인 검토가 필요하다.

검토verification 작업은 개발 중인 제품이 (소프트웨어 명세서 등의) 세부적인 요구 사항을 충족하는지 확인하는 것이며, SRS와 SyRS에 정의된 각종 요구 사항의 충족 여부를 확인할 수 있는 테스트를 개발하는 일은 그리 어렵지 않다. 반면에 검증validation 작업은 곧 완성될 제품이 최종 사용자의 요구 사항을 충족하는지 확인하는 것으로, 최종 사용자의 요구 사항에 확정되지 않은 내용이 많을수록 검증 작업이 어려워진다.

예를 들어, 개발 도중에는 소프트웨어의 시스템 오작동 테스트를 재현하기 어렵다. 개발 단계에서는 NULL 포인터로 처리하기 때문이다. 이런 이유로, (최종 사용자를 위한) 검증 테스트는 대부분의 테스트 과정 동안 진행할 수 없는 경우가 많다. 대부분의 테스트는 사전에 정의된 요구 사항이 반영됐는지 여부를 확인하는 방식으로 이뤄지며 '이 코드 섹션에서 0으로 나눈 값 없음' 또는 '이 모듈에서 메모리 누수 없음' 같은 세부적이며 실질적인 내용은 확인하기 어렵다. 이를 요구 사항 간극requirement gap이라 부르며, (프로젝트 초보자가) 실제로 문제가 될 수 있는 요구 사항이 포함되지 않은 테스트만 실행하는 경우에 자주 발생한다.

3.2.4 반복형 모델

워터폴 모델이나 V 모델과 같은 연속형 모델sequential model은 업무 정의, 요구 사항 정의, 설계 등 각 단계가 본격적인 코딩 작업 이전에 완벽하게 진행되는 것을 전제하지만, 최종 사용자는 첫 배포판을 사용해보기 전까지는 설계상에 어떤 문제가 있을지 전혀 알 수 없다는 단점이 있다. 그리고 이와 같이 최종 사용자를 고려하지 못한 설계를 수정하고 소프트웨어를 고치는 일은 많은 비용과 시간을 소모한다. 이번에 소개할 반복형 모델iterative model은 바로 그러한 단점을 극복하기 위한 모델이다.

반복형 모델에서 가장 중요한 요소는 사용자 피드백이다. 시스템 설계자는 제품 사용자와 의사 결정자를 통해 제품에 대한 아이디어를 얻은 뒤, 간소한 수준의 요구 사항 명세 및 설계 문서를 만든다. 이를 넘겨받은 개발자 또한 간소하게 관련 내용을 구현하고 테스트한다. 사용자는 이렇게 만들어진 구현 결과물을 직접 사용해본 뒤 피드백을 제공한다. 그러면 시스템 설계자는 제품 사용 피드백을 반영해 요구 사항을 수정하고, 이를 넘겨받은 개발자는 변경 사항을 반영해 구현 결과물을 업데이트한다. 마지막으로, 사용자는 검증을 위한 두 번째 버전을 사용한 뒤 피드백을 제공한다. 이 과정은 사용자가 만족할 때까지, 혹은 소프트웨어에 대한 당초의 목표를 달성할 때까지 반복된다.

반복형 모델의 장점 중 하나는 개발 주기 초기에 소프트웨어에 대한 완벽한 정의가 어려운 경우에 특히 유용하다는 것이다. 시스템 아키텍트는 최종 사용자를 고려한 일반적인 로드맵을 갖고 작업에 착수한 뒤 사용자의 니즈needs에 따라 새로운 기능을 추가할 수 있다. 사용자가 원하지도 않는 기능을 구현하려 많은 시간과 노력을 낭비할 필요가 없어지는 것이다.

반복형 모델의 또 다른 장점은 목표 시장에 대한 출시 지연 리스크time to market risk를 줄일 수 있다는 것이다. 목표 시장에 신속하게 제품을 출시하려면, 제품 개발 초기 단계부터 최종 제품의 핵심 기능을 결정하고 정상적으로 작동하게 만든 뒤 MVPMinimum Viable Product, 즉 최소 기능 제품의 형태로 출시할 수 있어야 한다. 그리고 나서 시장의 니즈를 반영해 새로운 기능을 추가하는 일을 반복하면 된다.

반복형 모델의 장점은 다음과 같다.

- 신속하게 최소 기능 제품을 만들 수 있다.

- 처음부터 모든 것이 완벽하게 작동하도록 기획하지 않아도 되므로 연속형 모델보다 관리에 따른 리스크가 줄어든다.
- 단계가 진행될수록 프로젝트 관리가 용이해지며 연속형 모델에 비해 성과가 명확해진다.
- 요구 사항 변경이 가능하다.
- 요구 사항 변경 비용이 연속형 모델보다 적다.
- 목표 시장의 니즈를 반영한 두 개의 버전을 병렬적으로 개발할 수도 있다.

반복형 모델의 단점은 다음과 같다.

- 프로젝트 관리에 좀 더 많은 노력이 투입된다.
- 소규모 프로젝트에 맞춰 업무량을 줄이기 어렵다.
- (병렬적 개발의 경우) 인적, 물적 자원이 좀 더 많이 투입된다.
- 반복형 작업을 계획하기 위해서는 시스템 구현에 대한 좀 더 폭넓은 로드맵이 요구된다(즉, 개발에 착수하기 전에 모든 요구 사항을 한 번 더 구체화할 필요가 있다).
- 반복 횟수에 제한이 없다. 즉, 프로젝트 종료일을 예측하는 것이 불가능할 수 있다.

3.2.5 나선형 모델

나선형 모델spiral model은 그림 3-3과 같이 기획, 설계, 평가/리스크 분석, 개발 등 네 단계로 이뤄진 반복형 모델의 일종이다.

    나선형 모델은 리스크 관리에 중점을 둔 모델이다. 각 반복 주기는 프로젝트의 다음 단계로 넘어가기 위한 리스크를 분석한다. 관리자는 리스크 관리라는 관점에서 특정 기능을 추가하거나 생략하고, 특정 방식에 어떤 리스크가 따르는지(실패 확률이 얼마인지) 분석한다.

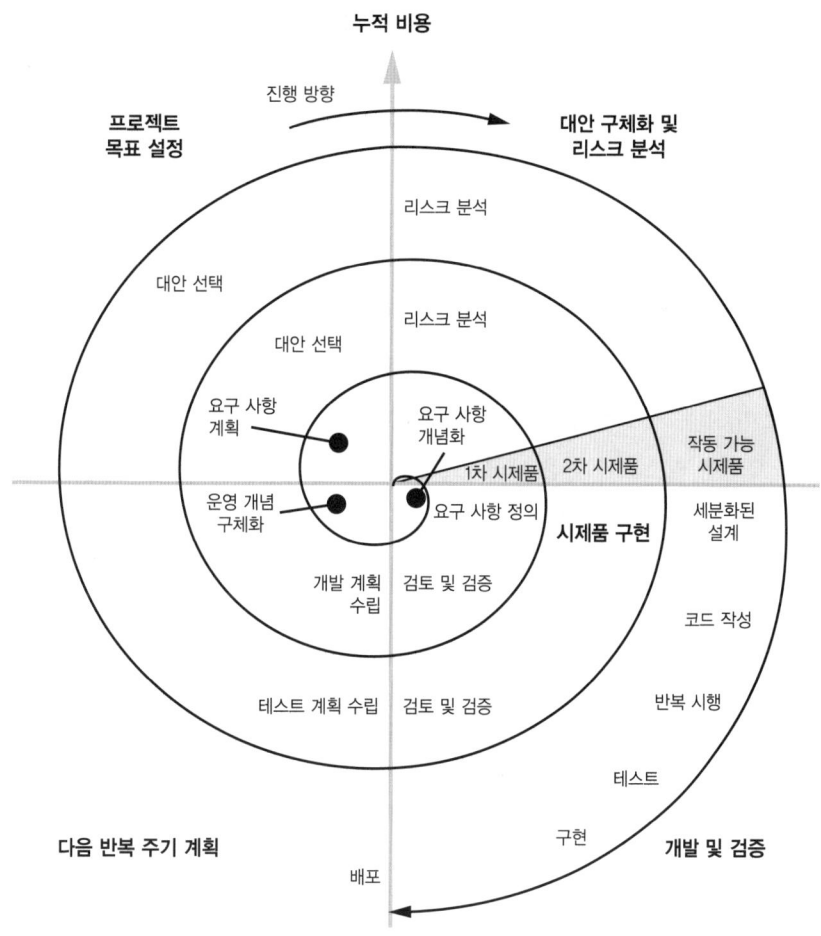

그림 3-3 나선형 모델

    나선형 모델은 각 나선형마다 유사점이나 차이점을 지닌 다양한 개발 모델을 만들 수 있으므로, 모델 생성기model generator 또는 메타 모델meta model이라 부른다. 이렇게 만들어진 응용 모델은 특정 프로젝트에 최적화된 것이므로 다른 시나리오에는 적합하지 않다.

    나선형 모델의 장점 중 하나는 프로젝트 초기부터 시제품 구현 과정에 지속적으로 최종 사용자를 포함시켜서 피드백을 받는다는 것이다. 최종 사용자는 이렇게 도출된 시제품을 활용하고, 개발 방향이 적절한지 판단하며, 필요시 개발 프로세스를 수정하도록 요청한다. 이 부분은 워터폴 또는 V 모델의 단점을 개선한 것이라 할 수 있다.

    나선형 모델의 단점 중 하나는 '충분히 우수한' 설계에 초점을 맞춘 나머지, '신속하게 진행되는' 또는 '소규모에 적합한' 설계를 목표로 하려면 일정 수준의 지연이 불가피하다는 것이다. 또한 테스트를 진행하려면 그에 필요한 충분한 양의 코드가 작성되는 시점까지 기다려야 하며, 기본 테스트 외 추가적인 테스트를 하려면 상당한 시간, 비용, 자원이 소모된다. 나선형 모델은 (관리가 제대로 되지 않을 경우) 초기 작업이 허술하게 진행되는 경우가 많으며, 이는 개발 후반기에 다양한 문제를 야기한다.

나선형 모델의 또 다른 단점은 관리의 복잡성이 증대된다는 것이다. 모델 자체가 워낙 복잡하므로 프로젝트 관리 팀에는 리스크 분석 전문가가 상주해야 한다. 그런데 이런 전문가를 찾는 것이 쉽지 않으므로 전문성이 다소 부족한 대체 인력이 해당 업무를 맡는 경우가 있으며, 이는 자칫 큰 문제 상황으로 이어질 수 있다.

나선형 모델은 리스크가 높은 대규모 프로젝트에 적합하다. (특히, 문서화 등 관리와 관련된) 비용 수준이 상당히 높기 때문에 소규모의 일반적인 프로젝트에는 적합하지 않다. 대규모 프로젝트의 경우에도 개발 주기가 사실상 무한하게 이어지기 때문에 최종 제품 출시 및 완료 시기를 확정하기가 어렵고, 개발 예산이 상당 부분 집행됐음에도 나선형의 중간 정도 단계에 머무는 경우도 있다.

나선형 모델에 대한 또 다른 고려 사항은 시제품 또는 (기능 중심으로 구현된) 중간 수준의 제품을 만드는 데 개발 자원이 상당 부분 소모된다는 것이며, 이로 인해 여타의 소프트웨어 개발 방법에 비해 많은 예산이 필요하다.

이런 단점이 있긴 하지만, 나선형 모델은 다음과 같은 주요 장점을 지닌다.

- 프로젝트 착수 전에 모든 요구 사항이 낱낱이 정의될 필요는 없다. 즉, 요구 사항이 자주 변경되는 프로젝트에 적합한 모델이다.
- 개발 주기 초기에 작동 가능 시제품을 만들 수 있다.
- (다음 절에서 살펴볼) RAD, 즉 신속 시제품 제조 기법을 통해 개발 초기에 사용자와 의사 결정자를 만족시킬 수 있는 제품을 만들 수 있다.
- 개발 요소를 분리해 리스크가 큰 부분은 초기부터 진행하는 방식으로 전체 리스크를 줄일 수 있다.
- 새로운 요구 사항이 드러날 때마다 추가할 수 있으므로 최종 사용자의 니즈를 좀 더 정확히 구현할 수 있다.

- 반복형 모델의 장점을 계승해, (시간과 예산만 허락한다면) 초기 버전에 구애받지 않고 새로운 기능을 추가하거나 기존 기능을 보완할 수 있다.

3.2.6 신속 애플리케이션 개발 모델

나선형 모델처럼, 신속 애플리케이션 개발 모델(RAD^{Rapid Application Development Model}) 또한 개발 주기 동안 사용자와 함께 지속적으로 각 단계를 반복한다. RAD 모델은 1990년대에 IBM 연구원이었던 제임스 마틴^{James Martin}이 고안했으며, 다음과 같은 네 단계로 소프트웨어 개발을 진행한다(그림 3-4 참조).

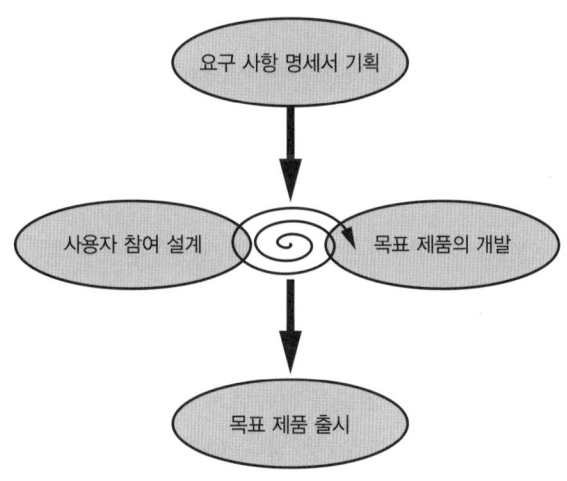

그림 3-4 RAD 모델

요구 사항 명세서 기획: 프로젝트 의사 결정자가 한데 모여 비즈니스 니즈, 구현 범위, 제약 사항, 시스템 요구 사항을 구체화한다.

사용자 참여 설계: 개발 팀은 최종 사용자와 협의하며 CASE^{Computer-Aided Software Engineering}, 즉 컴퓨터 기반 소프트웨어 엔지니어링 도구를 이용해 시스템에 필요한 (입력값 및 출력값, 각종 연산 등을 위한) 모델과 시제품을 설계한다.

목표 제품의 개발: 개발 팀은 요구 사항 명세서와 사용자 설계 문서를 바탕으로 코드 자동 생성 도구 등을 활용해 목표 제품을 개발한다. 최종 사용자는 이 단계에서도 UI 등

세부적인 요소에 대한 변경 등을 요청할 수 있다.

목표 제품 출시: 목표 제품인 소프트웨어를 최종 고객에게 배포한다.

RAD는 나선형 모델에 비해 훨씬 간소한 모델로서, 좀 더 적은 수의 리스크 관리 기법을 사용하고 좀 더 적은 양의 개발자 문서를 작성하므로 중소규모 프로젝트에 적합하다. 전통적인 RAD 모델은 초고수준 언어(VHLL Very-High-Level Language), UI 모델링 도구, 기존 코드를 집약한 라이브러리 및 프레임워크, CASE 도구를 적극 활용해 각종 요구 사항 명세서와 UI 요구 사항을 반영한 코드를 자동으로 생성한다. RAD 모델은 코드 생성 자동화를 위한 CASE 도구의 활용이 필수적이며, 오늘날 개발 현장에서 사용되는 마이크로소프트의 Visual Basic 및 Visual Studio 패키지, 애플의 Xcode 및 Interface Builder 패키지, 무료로 사용할 수 있는 파스칼 및 라자루스Lazarus, 엠바카데로Embarcadero의 델파이Delphi(오브젝트 파스칼Object Pascal) 등과 같은 범용 언어는 고수준의 자동 코드 생성 기능을 제공한다.

RAD 모델의 장점은 나선형 모델과 유사하다.

- 개발 주기 동안 고객이 함께하므로 마켓 리스크가 감소한다.
- (기능 변경에 따라 개발 문서를 재작성할 필요성이 줄어들고) 개발 문서 작성량이 감소함에 따라 전체 개발 기간이 단축된다.
- RAD 모델하에서 작동 가능 코드를 신속하게 도출해야 하므로 테스트(그리고 오류 수정) 과정이 좀 더 효율적으로 진행된다. 따라서 개발자는 코드 실행과 문제 검증에 집중할 수 있다.

RAD 모델의 단점은 다음과 같다.

- RAD 모델은 대규모 개발 프로세스를 아무런 문제없이 소규모 개발 단위로 바꿔줄 수 있는 그랜드 마스터 수준의 소프트웨어 엔지니어가 필요한데, 이런 엔지니어는 어느 조직에나 매우 드물다.
- RAD 모델을 실행에 옮기려면 최종 사용자와의 지속적인 상호 작용이 필요한데, 이는 다양한 프로젝트 환경을 고려했을 때 결코 쉽지 않다.
- RAD 모델은 일정 계획과 일정 통제가 어렵다. Microsoft Project의 달인으로 인

정받는 매니저도 RAD 모델 특유의 불확실성을 관리하는 것은 매우 어렵다는 사실을 알게 될 것이다.
- 프로젝트의 전체와 각 부분을 매우 조심스럽게 관리하지 못하면, RAD는 해킹 수준으로 변질된다. 즉, 소프트웨어 엔지니어는 방법론에 있어서는 대규모 프로젝트를 위한 복합적 방법론을 따르고, 코드 작성에 있어서는 소규모 프로젝트를 위한 해킹 수준의 코드를 양산할 수 있다. 이런 문제 상황은 최종 사용자가 승인을 미루며 '구체적인 구현 성과가 나온 뒤에 확인 가능' 같은 피드백을 내놓는 것으로 알 수 있다.[4]
- RAD는 대규모 시스템 개발에 적합하지 않다.

3.2.7 점증형 모델

점증형 모델incremental model 또한 반복형 모델과 유사하지만, 기획과 설계 측면에서 차이가 있다. 반복형 모델은 가장 먼저 시스템 설계 문서를 작성하고, 이를 반영해 소프트웨어 엔지니어가 각 개발 단계를 반복한다. 즉, 초기 설계 문서에는 작동 코드의 초반부에 대한 내용만 정의되며, 이후 프로그램을 배포한 뒤 새로운 기능을 추가하면서 시스템 설계 내역을 하나씩 추가해 나간다.

점증형 모델은 '코드의 작동 상태 유지'에 중점을 둔다. 기존 제품이 이미 작동 중이라면, 개발 팀은 각 반복 주기마다 최소한의 변경 범위 내에서 새로운 기능을 추가하고 테스트해 항상 작동 상태를 유지하도록 한다. 즉, 새로운 기능의 반영을 제한함으로써 개발에 따르는 문제를 좀 더 쉽게 확인하고 해결할 수 있다.

점증형 모델의 장점은 제품이 언제나 작동 상태를 유지한다는 것이며, 프로그래머 친화적이고 특히 소규모 프로젝트에 적합하다. 단점은 프로젝트 초기에 제품에 대한 전체 설계를 고려하지 않는다는 것이다. 단지 새로운 기능이 요구될 때마다 기존 설계에 계속

---

[4] 나는 예전에 임베디드 애플리케이션 프로젝트에서 UI 컬러 설정과 관련된 업무를 맡은 적이 있었다. 당시 고객은 자신이 원하는 컬러 세트를 선택해서 내게 알려줬고, 일주일 후 그가 선택한 컬러 세트를 적용한 UI 결과물을 시연했는데 어찌 된 일인지 마음에 들어 하지 않았다. 그래서 다시 작업한 뒤 시연했는데, 이번에도 그는 마음에 들어 하지 않았다. 그렇게 세 번째, 네 번째 UI 컬러 작업이 반복됐다. 결국 한 달이 지난 뒤에야 고객이 UI 컬러를 선택했는데, 그가 선택한 것은 첫 번째 시연에 사용한 것이었다. 우리는 그렇게 프로젝트에서 한 달의 시간을 허비했다.

추가할 뿐이다. 이는 고객이 기존 설계에서 전혀 고려된 적이 없는 새로운 차원의 기능을 요구할 때 문제가 된다. 소규모 프로젝트에는 점증형 모델이 좀 더 적합하고, 대규모 프로젝트에는 기존의 반복형 모델이 좀 더 적합하다.

3.3 소프트웨어 개발 방법론

소프트웨어 개발 모델은 어떤 업무를 수행해야 하는지를 설명하지만, 어떻게 수행하는지는 설명하지 않는다. 이번 절에서는 다양한 프로젝트 모델에 적용할 수 있는 개발 방법론과 수행 프로세스를 알아본다.

소프트웨어 개발 방법론과 관련해 Belitsoft의 회사 블로그는 다음과 같이 설명한다.[5]

'소프트웨어 개발 방법론이란 소프트웨어 개발 스타일을 정의하기 위한 원칙, 아이디어, 개념, 방법, 기술, 도구로 구성된 체계다.'

위 문장에서 가장 중요한 단어를 고르라면 단연 '스타일'일 것이다. 우리 산업에는 소프트웨어 개발에 사용할 수 있는 다양한 스타일이 존재한다.

3.3.1 전통적 (예측적) 방법론

전통적인 방법론은 예측적^{predictive}이다. 즉, 매니저는 프로젝트와 관련해 어떤 일이 일어날지, 언제 일어날지 그리고 누가 그 일을 해야 할지 예측한다. 이 방법론은 워터폴 또는 V 모델과 같은 선형 및 연속형 개발 모델과 함께 선배 개발자에서 후배 개발자로, 또는 기업과 기업 간에 전해져 왔다. 다른 모델과 함께 예측적 방법론을 사용할 수 있지만, 다른 모델 대부분은 예측적 방법론이 지닌 문제점을 회피하기 위해 고안됐다고 해도 과언이 아니다.

---

5   아쉽게도, 현재는 인용문에 대한 링크가 없어진 상태다. 그럼에도 이 문구는 소프트웨어 개발 방법론에 대한 가장 간결하면서도 중립적인 정의가 아닐까 생각한다.

예측적 방법론은 미래의 요구 사항, 핵심 인력, 또는 경제 여건 등에 대한 변화를 예측하는 것이 불가능하다는 측면에서 이미 실패 요인을 안고 있다(예를 들어, 프로젝트가 특정 분기점에 도달했을 때, 미리 예정됐던 추가 금융 지원을 받을 수 있을 것인가?).

3.3.2 적응형 방법론

나선형, RAD, 점증형, 반복형 모델이 등장한 가장 직접적인 이유는 대규모 프로젝트에서 요구 사항의 변화를 미리 정확하게 예측하는 것이 어렵기 때문이다. 적응형 방법론adaptive methodology은 이와 같은 예측 불가능한 변화에 대처하기 위한 것이며, 단기 계획을 강조한다. 대규모 프로젝트에서 30일간의 업무 계획만 세운다면, 최악의 상황이 전개돼도 다음 30일에 대한 계획을 다시 세우고 문제에 대응하면 된다. 이렇게 하면 워터폴 및 예측적 방법론 기반의 대규모 프로젝트 중간에 그런 일이 닥쳤을 때보다 훨씬 가볍게 문제에 대응할 수 있으며, 다음 단기 계획에 이와 같은 변화를 반영하면 된다.

3.3.3 애자일 방법론

애자일agile은 점증형 방법론 중 하나이며, 고객과의 협업, 단기적인 개발 주기의 반복에 초점을 맞춰서 변화에 신속하게 대응하고, 작동 가능한 제품을 조기에 제시하며, 개인 단위의 기여와 상호 작용을 중시한다. 애자일 방법론은 익스트림 프로그래밍, 스크럼, 동적 시스템 개발 모델(DSDM), 적응형 소프트웨어 개발(ASD), 크리스탈, 기능 지향 개발(FDD), 실용적 프로그래밍 등과 같은 경량의 (비예측인) 방법론을 보완하기 위해 만들어졌다. 이들 방법론 대부분은 서로 다른 소프트웨어 개발 프로세스를 지니고 있음에도 '애자일 계열'로 간주된다. 애자일은 다수의 개발 프로젝트를 통해 그 효용성이 검증됐으며, 현재도 소프트웨어 업계에서 가장 많이 사용되는 방법론 중 하나다. 나 역시 이번 절에서 상당 분량을 애자일을 설명하는 데 할애할 것이다.

노트 | 애자일 원칙의 세부 목록은 다음의 Agile Manifesto에서 확인할 수 있다.
http://agilemanifesto.org/

3.3.3.1 애자일은 점증적 속성을 지닌다

애자일 방법론은 점증적, 반복적, 진화적 속성을 지니므로, 점증형 모델과 반복형 모델에 적합하다(나선형과 RAD에도 적용 가능하다). 하나의 프로젝트는 한 팀이 4주 내에 완료할 수 있는 업무량을 나타내는 태스크^{task}로 나뉘며, 애자일에서의 태스크는 스프린트^{sprint}라고도 부른다. 각 스프린트 주기 동안, 개발 팀은 새로운 기능이 추가된 소프트웨어의 기획, 요구 사항 명세서 작성, 설계, 코드 작성, 유닛 테스트, 인수 테스트 등과 같은 일련의 업무를 수행한다.

스프린트 완료 시점에는 새로운 기능이 추가되고, 오류가 최대한 제거된, 작동 가능한 소프트웨어가 산출물로 제공된다.

3.3.3.2 애자일은 대면 커뮤니케이션을 중요시한다

스프린트 주기 동안, 고객 담당자$^{customer\ representative}$는 제품 개발 과정에서 제기되는 다양한 질문에 구체적이고도 신속하며 정확한 답변을 할 수 있어야 한다. 그렇지 못할 경우, 개발 프로세스가 잘못된 방향으로 진행되거나 적절한 답변이 제공될 때까지 업무가 지연될 수 있다.

애자일에서 강조하는 효율적인 커뮤니케이션 방법은 대면 대화$^{face-to-face\ conversation}$다.[6] 개발자는 고객 앞에서 제품을 시연하고 고객은 바로 질문하거나 피드백을 제공함으로써, 전화 또는 이메일 등을 통해서는 주고받을 수 없는 긴밀한 상호 작용이 가능하다. 고객이 제품 시연에 대한 정확하고도 긴밀한 피드백을 제공하지 못하면, 개발 팀의 이후 작업에 많은 착오와 오해가 발생할 수 있다.

3.3.3.3 애자일은 품질에 집중한다

애자일은 자동화된 유닛 테스트, TDD, 설계 패턴, 페어 프로그래밍, 코드 리팩터링 등 소프트웨어 업계에서 널리 사용되는 다수의 품질 강화 기법을 사용하는 것을 강조한다. 그렇게 하면, (초기 설계 및 코딩 단계에서) 오류를 최소화하면서 코드의 생산성을 높일 수 있다. 자동 유닛 테스트 기법에서는 테스트 프레임워크를 이용해 소프트웨어가 적절히 작

---

[6] 대면 커뮤니케이션이 효율적이긴 하지만, 이 같은 회의가 엔지니어의 생산성에 부정적인 영향을 주는 것도 사실이다. 이에 대해서는 2장의 '집중력 유지와 방해 요소 제거' 부분을 참고하자.

동하는지 확인하는 검증 과정을 자동화한다. 또한 새로운 기능을 추가한 뒤 회귀 테스트regression testing를 통해 소프트웨어가 정상적으로 작동하는지 확인하는 것이 중요하지만, 이 작업을 수동으로 진행하면 업무 효율이 급격히 떨어지므로 이 또한 자동화해서 처리한다.

TDD에서 개발자는 (코드의 초기 실패를 방지하기 위해) 코드 작성 이전에 자동화된 코드 테스트 도구를 먼저 작성한다. 개발자는 테스트를 실행하고 실패한 테스트 항목을 확인해 소프트웨어에서 해당 부분을 수정한 뒤, 다시 테스트를 실행한다. 하나의 테스트가 성공하면, 바로 다음 테스트로 넘어간다. 그렇게 모든 테스트 실패 항목을 제거함으로써 소프트웨어는 모든 요구 사항을 충족하게 된다.

페어 프로그래밍pair programming은 애자일 방법론 가운데 가장 논쟁이 많은 부분이기도 하며, 2인이 한 조를 이뤄 하나의 코드 섹션을 완성해 나간다. 첫 번째 프로그래머가 코드를 작성하면, 두 번째 프로그래머는 이를 관찰하면서 화면상에서 오류를 찾고 설계 개선점을 제시하며 품질 관리에 기여하거나 첫 번째 프로그래머가 코드 작성에 집중할 수 있도록 돕는다.

3.3.3.4 애자일 스프린트(반복 주기)는 짧다

애자일 방법론은 (일주일에서 최대 몇 달 등) 반복 주기가 짧을 때 가장 효과적이다. 이는 '지금 당장 해낼 수 없다면, 나중에도 결코 해낼 수 없다.'는 격언을 떠올리게 한다. 반복 주기를 짧게 함으로써 소프트웨어 엔지니어는 (뒤로 미루는 습관을 버리고) 언제나 최선을 다하게 되며, 피로감은 줄이면서 프로젝트에 대한 집중력은 높일 수 있다.

짧은 스프린트는 피드백 주기feedback cycle 또한 짧게 만든다. 보통의 애자일 업무는 15분 이내의 간단한 스탠드업 미팅stand-up meeting으로 진행되며,[7] 프로그래머는 현재 자신이 어떤 일을 하고 있고, 어떤 문제점이 있으며, 언제쯤 완료할 수 있을지 간단하게 설명한다. 이를 통해 프로젝트 관리자는 적기에 인적, 물적 자원을 재배치하거나 지연되고 있는 업무의 일정을 조절할 수 있다. 애자일 특유의 이런 회의 스타일은 문제점을 조기에 발견해 프로젝트 매니저 차원에서 문제가 되기 전에 해결할 수 있다는 장점이 있다.

---

[7] '스탠드업' 미팅이라 부르는 이유는 (서 있을 수 있는 사람은 누구라도) 선 채로 미팅이 진행되기 때문이다. 미팅 시간이 10여 분을 넘어가면 누구나 다리가 아파오기 시작하므로, 미팅 시간이 더욱 줄어들 수 있다.

3.3.3.5 애자일은 방대한 개발자 문서 작성을 권장하지 않는다

워터폴 모델의 가장 큰 단점은 프로젝트가 끝나면 아무도 읽지 않을 문서를 엄청나게 많이 만든다는 것이다. 지나치게 광범위하고 방대한 문서화 작업은 다음과 같은 문제점을 지닌다.

- 문서화 작업에는 유지 보수가 필수적이다. 소프트웨어에 변경이 발생했다면, 문서가 업데이트돼야 한다. 한 문서가 변경되면, 다른 문서도 연쇄적으로 변경돼야 하므로 업무량이 급증한다.
- 개발자 문서 중 상당 부분은 코딩 전에 작성하기 어렵다. 그래서 코딩 후에 초기 문서를 업데이트하는 경우가 대부분이며, 이미 업무가 끝났으므로 아무도 읽지 않게 된다(시간과 돈의 낭비다!).
- 반복적 개발 프로세스는 코드와 문서 간의 상관성을 떨어뜨린다. 따라서 각 반복 주기마다 문서를 유지 보수하는 일은 애자일 방법론과 맞지 않게 된다.

그래서 애자일은 JBGE$^{Just\ Barely\ Good\ Enough}$, 즉 '딱 필요한 만큼만' 문서화할 것을 강조한다. 이는 여러분이 작업을 마치고 난 뒤, 다음 프로그래머가 개발 업무에 참고할 수 있는 수준의 문서화를 의미한다(애자일은 개발 외에 설계와 모델링에서도 JBGE를 강조한다).

애자일 문서화는 이미 다수의 책에서 다루고 있다(3.5절 '참고 자료'를 확인하자). 이번 절에서는 애자일 외에도 다양한 방법론을 설명했지만, 이후 다른 장에서 애자일 개념하에 활용될 수 있는 다양한 접근 방식을 살펴볼 것이다. 지금까지 살펴본 개발 방법론은 서로 배타적이지 않으며, 하나의 프로젝트에서 두 가지 또는 그 이상의 방법론을 결합해 사용할 수 있다.

3.3.4 익스트림 프로그래밍

익스트림 프로그래밍, 즉 XP$^{Extreme\ Programming}$는 가장 널리 사용되는 애자일 방법론으로, 개발 업무 전략 및 프로세스와 목표 기능이 구현된 소프트웨어를 일체화하는 것을 목표로 하며, 여기에 직접적으로 관련 없는 제반 요소는 배제하는 것을 원칙으로 한다.

XP가 추구하는 다섯 개의 가치는 다음과 같다.

소통communication: 고객과 팀, 팀원과 팀원, 그리고 팀과 관리 조직의 원활한 소통은 성공을 위한 핵심 요소다.

단순성simplicity: XP는 현시점에서 가장 간결한 시스템의 구현을 추구하며, 사용 여부가 불확실한 기능을 추가하면서 제품의 복잡성이 커지는 일에 반대한다.

피드백feedback: XP는 지속적인 피드백을 강조한다. 유닛 테스트와 기능 테스트를 통해 프로그래머에게 코드 수정을 위한 피드백을 제공한다. 고객은 새 기능에 대해 즉각적인 피드백을 제공하며, 프로젝트 관리자는 각종 예측 업무를 수행하면서 개발 일정에 대한 피드백을 제공한다.

존중respect: XP는 팀원 간의 존중을 중시한다. 컴파일과 테스트 업무를 제공하는 다른 동료의 도움 없이 한 명의 프로그래머가 코드를 변경하는 것은(혹은 그런 업무를 지체 없이 수행하는 것은) 불가능하기 때문이다.

용기courage: XP의 규칙 및 업무 수행 전략은 전통적인 소프트웨어 개발 전략과 구분된다. XP는 (고객 담당자 또는 페어 프로그래머를 대기시키며) 항상 높은 수준의 리소스 가용 상태를 유지하는 것을 강조하는데, 이는 기존의 개발 방법론에서는 비용과 적용 난이도 등의 이유로 권장하지 않는 방법이다. XP의 정책 중 하나인 '조기에 리팩터링하고, 자주 리팩터링하라refactor early, refactor often.'는 말은 전통적인 개발 방법론의 '고장 나지 않는 한, 고치지 않는다if it ain't broke, don't fix it.'는 말과 배치된다. XP의 혁신적인 정책을 용기 있게 따를 수 없다면, XP의 효용은 반감되고 해킹 수준으로 전락할 수 있다.

3.3.4.1 XP 팀

XP 프로세스의 가장 큰 특징은 단연 'XP 전체 팀whole team' 개념이다. 즉, 모든 팀원이 합심해 최종 제품을 만들어 나가는 데 큰 의미를 둔다. 팀원은 특정 분야의 전문가가 아닌, 최종 제품의 완성을 위해 다양한 책임과 역할을 맡는 존재이며, 같은 역할이라 하더라도 서로 다른 팀원은 시기에 따라 전혀 다른 성과를 낼 수 있다. XP 팀의 주요 역할은 다음과 같다.

고객 담당자

고객 담당자^{customer representative}는 프로젝트를 올바른 방향으로 이끌고, 각종 검증 업무를 수행하며, (요구 사항, 희망 기능, 사용 예시 등의) 사용자 시나리오를 작성하고, 기능 테스트와 (배포 계획 시) 새로운 기능에 대한 우선 개발 여부를 결정한다. 고객 담당자는 팀이 필요로 할 때는 언제든 만날 수 있어야 한다. 적절한 고객 담당자를 확보하지 못했다면, XP 프로젝트의 성공을 장담할 수 없다 해도 과언이 아니다. 고객으로부터 지속적이고 직접적인 피드백을 받지 못한다면, XP는 해킹과 다를 바 없게 된다. XP는 요구 사항 문서에 의존하지 않는 대신, '살아있는 요구 사항 문서'인 고객 담당자의 역할에 크게 의존한다.

프로그래머

프로그래머^{programmer}는 XP 팀에서 다양한 책임을 맡는다. 고객 담당자와 사용자 스토리^{user story}를 만들고 각 스토리마다 어느 정도의 리소스를 할당해야 하는지 예측하며, 스토리 구현에 따른 시간과 비용을 예측하고 스토리 구현을 위한 코드를 작성한 후 유닛 테스트를 만든다.

테스터

테스터^{tester}(유닛 테스트 대상이 되는 유닛을 구현하거나 수정하는 프로그래머)는 기능 테스트를 실행한다. 이때 테스터 중 최소 한 명 이상을 고객 담당자로 하는 경우도 많다.

코치

팀 리더를 코치^{coach}라 부르며, 프로젝트의 성공 수행을 책임지는 리드 프로그래머가 맡는다. 코치는 업무 환경 조성, 커뮤니케이션 촉진, (고위 경영진 등과 같은) 프로젝트 외부로부터의 팀 보호, 팀원 스스로 동기 부여를 할 수 있는 분위기 조성, XP 프로세스의 준수 지원 등을 책임진다. 프로그래머가 곤경에 처할 경우, 코치는 문제 해결을 위한 자원을 투입한다.

매니저/트래커

XP 프로젝트 매니저^{manager}는 업무 일정 조정 회의를 주관하고 업무 수행 결과를 기록한다. 트래커^{tracker} 임무는 (항상은 아니지만 대체로) 매니저가 수행하며, 프로젝트 진행 상황의 추적, 현재의 반복 주기와 목표 일정의 조율 등과 같은 업무를 수행한다. 이를 위해 트래커는 각 프로그래머의 진행 상황을 일주일에 서너 번 이상 체크한다.

XP에는 위 역할 외에도 분석가, 설계자, 리스크 분석가 등 다양한 팀원이 함께할 수 있다. 보통의 경우 (대략 15인 정도의) 소규모 개발 팀과 (페어) 프로그래머가 하나의 XP 팀을 이루며, 팀 운영에 필요한 역할을 분담한다. 이에 대한 내용은 3.5절 '참고 자료'에서 확인하자.

3.3.4.2 XP 소프트웨어 개발 활동

XP에는 코드 작성^{coding}, 테스트^{testing}, 의견 청취^{listening}, 설계^{designing}라는 네 가지 소프트웨어 개발 활동 개념이 사용된다.

코드 작성

XP는 개발 프로세스에서 가장 중요한 산출물은 '코드'라고 강조한다. 워터폴 등의 다른 연속형 모델이 표방하는 '먼저 생각한 뒤 코드를 작성하라.'와는 다른 철학을 지녔으며, XP 프로그래머는 소프트웨어 개발 주기 초반부터 코드를 작성하기 시작한다. 즉, '프로젝트 최종일에 남는 것은 오직 작동되는 프로그램뿐'이라는 점을 강조한다.[8]

XP 프로그래머는 업무 투입 즉시 코드를 작성하는 것은 아니지만, 구현 대상에 대한 간단하면서도 구체적인 기능 목록을 전달받는다. 개발자는 목표 기능에 대한 기본적인 설계만 갖고 작업을 시작한 뒤, 빠른 시간 내에 코드를 통해 목표 기능이 작동되도록 한다. 이후, 기능이 추가되고 다른 요소와 결합돼도 코드의 주요 내용은 언제나 작동 가능 상태를 유지하도록 하고, 대규모 시스템에 통합되는 과정에서도 프로젝트에 약간의 변경만 가하는 수준으로 작업한다. XP는 (문서화 작업 등) 코드 생성에 기여도가 적은 모든 업무를 최소화한다.

테스트

XP는 자동화된 유닛 테스트와 기능 테스트 기법을 사용하는 TDD를 강조하며, 이를 통해 XP 엔지니어는 (자동화된 유닛 테스트로 코드를 검토해) 올바른 방법으로 제품을 개발하고, (기능 테스트로 사용자의 니즈를 검증해) 목표하는 제품을 개발할 수 있다.

---

8   Wilfrid Hutagalung, 'Extreme Programming', http://www.umsl.edu/~sauterv/analysis/f06Papers/Hutagalung/

『Write Great Code』 시리즈 6편(『Write Great Code, Volume 6: Testing, Debugging, and Quality Assurance』)에서 테스트에 대한 심도 있는 내용을 다룰 것이므로, 여기서는 간단히 설명한다. TDD는 시스템의 작동 여부를 확인할 수 있다는 측면에서 XP 프로세스의 핵심 요소라 할 수 있다.

XP에서 테스트는 항상 자동화를 추구한다. 특정 기능을 추가했는데 (그와 무관한) 다른 기능에 문제가 생긴다면, 이를 바로 알아채는 것이 중요하다. 새 기능을 추가한 뒤 전체 유닛(그리고 기능)에 대한 테스트를 실행해 새롭게 추가된 코드가 문제와 상관없다는 것을 확인할 수 있다.

의견 청취

XP 개발자는 거의 끊임없이 고객과 소통하며 올바른 제품을 개발하고 있는지 확인(또는 검증)한다.

XP는 변경 지향 프로세스change-driven process이며, 지속적인 테스트를 통해 요구 사항, 리소스, 기술, 성능 등에 대한 내용이 고객의 피드백에 의해 언제든 바뀔 수 있는 상황에 대비한다.

설계

설계 작업은 배포 계획, 반복 주기 계획, 리팩터링 등 XP 프로세스 내내 이뤄지며, 이는 XP가 단순한 해킹 수준으로 전락하는 일을 막아준다.

3.3.4.3 XP 프로세스

XP는 각 주기cycle마다 새로운 배포 버전의 소프트웨어를 내놓는다. 새로운 버전의 소프트웨어를 자주 배포함으로써 고객의 피드백을 좀 더 자주 확인할 수 있다. 각 주기는 반복 주기iteration라 부르는 여러 개의 고정 기간으로 구성된다(각 반복 주기는 1~2주를 넘지 않는다). 그림 3-5에서 보는 것처럼, 주기 개념은 기획 단계에서 필요하며 그림 가운데의 점선 박스는 각각의 반복 주기를 나타낸다.

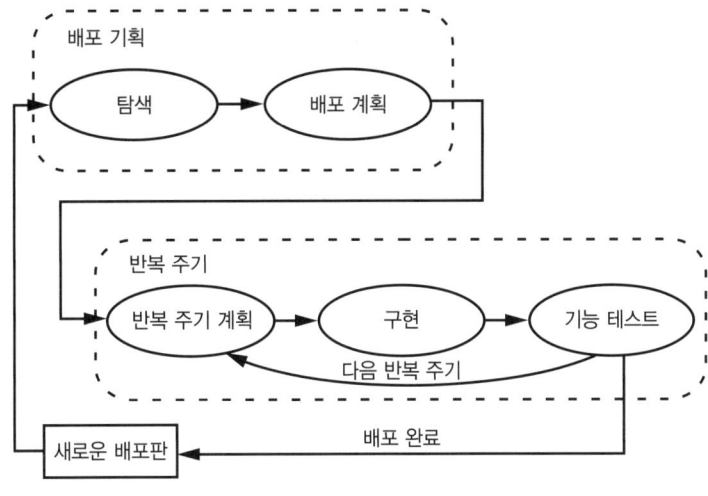

그림 3-5 XP 주기의 구성

위 게임 기획 주기에서 XP 팀은 어떤 기능을 구현할지 결정하고, 비용을 예측하며, 배포 과정을 계획한다. 탐색 단계에서 고객이 목표 기능을 정의하면, 개발자는 해당 기능 구현에 필요한 예산과 기간을 예측한다. 다음 절(사용자 스토리)에서는 고객이 목표 기능을 구체화하도록 하는 메커니즘을 알아본다.

배포 계획 단계에서 고객은 개발자와 해당 반복 주기 동안 구현할 내용을 최종 협의한다. 개발자가 배포 계획을 확정하면 프로젝트에 속한 여러 엔지니어에게 이를 위한 다양한 업무가 할당된다. 배포 계획 단계의 마지막으로 (프로젝트에 대한 고객의 피드백을 반영하는) 스티어링 단계steering phase에 진입한다.

모든 기획 요소를 확정하고, 현재 배포판은 반복 주기 계획, 구현, 기능 테스트라는 세 단계로 구성된 반복 주기에 진입한다. 반복 주기 계획 단계에서는 게임 기획이라는 큰 목표를 단기간에 달성 가능한 구현 목표로 세분화한다.

구현 단계에서는 목표 기능을 위한 코딩과 유닛 테스트를 진행한다. 개발자는 유닛 테스트 구현, 유닛 테스트에 통과할 수준만큼의 기능 구현, 코드 리팩터링, 그리고 기존의 메인 코드에 대한 새 코드의 통합 작업을 진행한다.

반복 주기의 마지막 단계는 고객에 의한 기능 테스트 단계이며, 이 과정을 마치면 다시 반복 주기의 처음으로 돌아가거나 모든 반복 주기를 마치고 현재의 배포판을 대체할 새로운 배포판을 내놓는다.

3.3.4.4 XP 소프트웨어 개발 규칙

XP에는 코드 작성, 테스트, 의견 청취, 설계라는 네 개의 소프트웨어 개발 활동과 관련된 12개의 규칙이 있다.[9]

- 사용자 스토리(배포 기획)
- 소규모 배포(구성 요소)
- 은유(표준화된 명명 규칙)
- 집합적 소유권
- 코드 작업 표준
- 간소한 설계
- 리팩터링
- 테스트
- 페어 프로그래밍
- 고객 참여
- 지속적 통합
- 지속 가능성 유지

이들 12개 규칙의 개요와 장단점은 다음과 같다.

사용자 스토리

사용자 스토리user story는 고객이 작성한 간소화된 사용 시나리오로서 시스템 요구 사항을 정의한다. 프로젝트 팀은 이를 이용해 어떤 목표 기능을 구현하는 데 얼마의 시간을 사용할지 결정하고, 시스템 개발에 필요한 비용과 시간 또한 예측한다.

프로젝트 초기에 고객은 배포 기획 단계에서 50~100개의 사용자 스토리를 만들고, 이후 고객과 개발 팀은 다음 배포판에 어떤 기능을 구현할지 협의한다. 고객은 개발자의 도움을 받아서 사용자 스토리 검증을 위한 기능 테스트를 만든다.

---

9 XP의 전체 규칙 수는 28개에 달하며, 이번 장에서는 그중 12개만 소개한다.

소규모 배포

소프트웨어가 작동하기 시작하면, 팀은 한 번에 하나씩 기능을 추가한다. 새 기능이 작성, 테스트, 디버깅, 통합되기 전에는 다른 기능 구현에 착수하지 않는다. 팀은 목표 기능이 시스템에 추가된 뒤 새 기능 구현을 시작한다.

은유

XP는 사용자 스토리를 시스템 운영자를 포함한 모든 의사 결정자가 이해할 수 있는 단어로 표현한다. 여기서 은유^{metaphor}란 운영진 모두가 소프트웨어에 대한 기능을 쉽게 이해할 수 있도록 표현하기 위한 명명 규칙이며, 이를 통해 기존의 복잡한 비즈니스 용어가 간소한 단어로 대체된다. 예를 들면, '훈련 교관$^{train\ conductor}$'이란 단어를 통해 데이터 획득 시스템 운영 방식을 설명하는 식이다.

집합적 소유권

XP에서는 전체 팀 차원에서 모든 소스 코드를 소유하고 관리하며, 언제든, 팀원의 누구든 상관없이 코드를 확인하고 수정할 수 있다. 리뷰 도중 확인되는 코드 작성 실수는 모두의 책임이 된다. 이와 같은 집합적 코드 소유권은 업무 처리 지연을 방지하며, 한 사람이 빠지더라도 프로젝트 진행에는 차질이 없게 된다.

코딩 표준

모든 XP 멤버는 코드 스타일 및 포맷에 있어 표준화된 코딩 규약을 준수해야 한다. 코딩 표준$^{coding\ standard}$은 내부에서 정의하거나 외부에서 도입할 수 있지만, 모든 팀원은 이를 준수해야 한다. 코딩 표준은 작성된 코드의 가독성과 이해 가능성을 높여주며, 신입 팀원도 신속하게 프로젝트를 위해 기여할 수 있도록 해준다. 또한 나중에 코딩 표준을 위해 이미 작성된 코드를 리팩터링하는 시간 낭비도 줄여준다.

간소한 설계

모든 요구 사항에 부합할 수 있는 간소한 설계$^{simple\ design}$를 채택한다. 향후 추가될 것으로 예상되는 기능까지 고려한 복잡한 설계는 채택하지 않으며, 미래의 코드가 현재 코드와 상호 작용이 가능하도록 하는 (API 등의) 인터페이스는 포함시키지 않는다. 간소한 설계란 현재의 작업을 완수하는 데 필요한 내용이며, 가장 간소한 코드라면 현재 반복 주기에서 시행하는 모든 테스트를 통과할 것이다. 이는 '미래의 기능 강화 및 확장성을 수용할 수 있도록 설계하라.'는 전통적인 소프트웨어 엔지니어링의 입장과는 배치되는 것이다.

리팩터링

코드 리팩터링은 코드의 간소화, 가독성 증대, 기타 성능 지표 제고 등을 목적으로 코드의 외연적 동작에 대한 변경 없이 코드의 구조를 변경하거나 재작성하는 것이다.

『Write Great Code』 시리즈 5편(『Write Great Code, Volume 5: Great Coding』)에서 리팩터링에 대한 상세한 내용을 살펴볼 것이며, 3.5절 '참고 자료'에서 리팩터링에 대한 내용을 확인할 수 있다.

테스트

XP는 앞서 살펴본 3.3.4.2절 'XP 소프트웨어 개발 활동'에서 설명한 것처럼 TDD 방법론을 사용한다.

페어 프로그래밍

페어 프로그래밍에서 첫 번째 프로그래머(드라이버driver)는 코드를 작성하고, 두 번째 프로그래머(내비게이터navigator)는 코드를 리뷰한다. 이들 두 엔지니어는 서로의 역할을 바꿔가며 업무를 수행하고, 새 팀을 만들거나 기존 팀을 나누기도 한다.

페어 프로그래밍 기법과 관련해, 관리자는 동일한 코드를 두 명이 작성해 나가는 방식이 과연 각자 알아서 주도적으로 코드를 작성해 나가는 방식보다 생산성이 높은지 의문을 갖는다. 이에 대해 XP 전도사evalgelist는 내비게이터가 드라이버의 코드를 계속 리뷰하므로 별도의 리뷰 절차가 필요 없다는 것 외에도 다양한 장점이 있다고 강조한다.[10]

경제적 이득: 페어 프로그래밍은 개인별 코딩보다 15% 더 많은 시간을 소모하지만, 15% 더 적은 코드 오류를 만든다.[11]

우수한 설계 품질: 두 명의 프로그래머는 프로젝트에 대한 경험치가 배가되므로 설계 품

---

10 http://en.wikipedia.org/wiki/Pair_programming

11 http://collaboration.csc.ncsu.edu/laurie/Papers/dissertation.pdf와 https://collaboration.csc.ncsu.edu/laurie/Papers/ieeeSoftware.PDF

질이 높아진다. 두 명이 드라이버와 내비게이터로서 서로 다른 방식으로 접근함에 따라 서로 다른 해법을 내놓을 수 있게 된다. 설계 품질이 우수한 만큼 프로젝트 수명주기 동안의 이력 추적, 재설계redesign 등과 관련된 시간 소모 또한 줄어든다.

작업 만족도 향상: 프로그래머 대부분은 혼자보다는 한 쌍으로 작업하길 선호한다. 그렇게 함으로써 좀 더 확신 있게 일을 처리하고, 결과적으로 더 나은 코드를 생산할 수 있다.

기술에 대한 학습: 페어 프로그래밍을 통해 서로 배우고, 서로의 기술 수준을 높일 수 있다. 이는 독자적인 코딩 작업을 통해서는 불가능한 일이다.

팀 구성 및 소통: 팀원은 문제와 해법을 공유하므로, 프로젝트와 관련된 지적 자원intellectual property을 신속하게 확산시키고, 다른 팀원이 작성한 코드를 이어받아서 좀 더 쉽게 작업할 수 있다.

페어 프로그래밍의 효과를 연구한 결과를 살펴보면 찬반 의견이 엇갈림을 알 수 있다. 대부분의 논문은 페어 프로그래밍의 방법론을 설명하고 있지만, (학문적 용도 외에) 산업적 용도로 사용됐을 때의 실패 사례는 출간된 사례 자체가 드물다. 킴 만 류Kim Man Lui와 안드레아스 호퍼Andreas Hofer의 논문에 따르면, 페어 프로그래밍은 전문가-전문가 팀, 초보-초보 팀, 전문가-초보 팀이라는 세 가지 유형이 있다.

전문가-전문가 팀은 높은 생산 효율을 보이지만, '확실히 검증된' 기법만 사용하므로 새로운 시도가 드문 것으로 나타났다. 즉, 팀의 효과와 두 전문가의 결합 사이에 도출되는 성과를 확실히 파악하기 어렵다.

초보-초보 팀은 개별 프로젝트에서 2인 1조 작업이 좀 더 효과적임을 보여준다. 초보자는 배경지식과 경험 측면에서 편차가 크며, (전문가 팀처럼) 같은 수준의 지식을 갖고 있을 확률보다는 서로 다른 지식을 갖고 있을 확률이 높아 상호 보완적이다. 초보 팀의 경우 프로젝트를 각각 병렬적으로 진행하는 방식보다는 연속적으로 진행하는 편이 작업 속도가 높은 것으로 나타났다.

전문가-초보 팀 구성은 멘토링mentoring이라고도 부른다. 일반적인 XP 방법론에서는 이와 같은 멘토링 스타일의 페어 프로그래밍을 고려하지 않지만, 현실적으로는 멘토링을 통해 주니어 프로그래머의 코드 작성 기량이 향상될 수 있다는 장점이 있다.

멘토링에서는 초보 개발자가 드라이버를 맡고 멘토와 상호 작용하면서 코드 작성 능력을 높인다.

간소한 설계를 위한 가이드

간소한 설계를 위한 가이드와 조언 몇 가지를 살펴보자.

DRY(Don't repeat yourself, 직접 반복하지 말라): 복제된 코드가 바로 복잡한 코드다.
OAOO(Once and only once, 오직 한 번만 작성하라): 코드에 사용되는 모든 코드는 유일무이한 요소로만 구성한다(DRY의 중요성 강조).
YAGNI(You aren't gonna need it, 나중에도 필요 없긴 마찬가지): 어림짐작으로 코딩해서는 안 된다. 코드 베이스에 특정 기능을 추가할 때는 항상 사용자 스토리(또는 요구 사항)에 기반해야 한다. 특히 미래의 요구 사항을 짐작해서 코딩하면 안 된다.
API의 수를 제한하라: 여러분의 코드가 API에 의해 시스템의 다른 요소와 상호 작용해야 하는 경우, 인터페이스의 수를 최소화해 (외부 코드에 의해 고장 나지 않고) 코드 수정이 용이하도록 한다.

사실, 간소한 설계는 정말 어려운 일 중 하나다. 보통의 경우, 일단 복잡한 코드를 작성한 후 여러분이 만족할 때까지 긴 시간 동안 반복적으로 리팩터링해야 간소한 설계의 코드를 얻을 수 있다. 간소한 설계를 위한 저명한 컴퓨터 과학자의 조언을 들어보자.

"소프트웨어를 설계하는 두 가지 방법이 있다. 하나는 결함을 찾을 수 없을 정도로 간소하게 하는 것이고, 다른 하나는 결함을 셀 수 없을 정도로 복잡하게 만드는 것이다."

— C. A. R. 호어(C. A. R. Hoare)

"가장 저렴하면서 빠르고 신뢰할 수 있는 요소란 (간소화 과정을 거쳐) 이미 존재하지 않는 요소다."

— 고든 벨(Gordon Bell)

"삭제된 코드가 바로 디버깅된 코드다."

— 제프 시클(Jeff Sickle)

"디버깅은 처음부터 코드를 잘 작성하는 일에 비해 두 배는 더 힘들다. 즉, 코드는 디버깅을 하지 않아도 될 정도로 현명하게 작성하라."

— 브라이언 커니헌(Brian Kernighan), P. J. 플라우거(P. J. Plauger)

> "모든 업무를 위해 범용성이 높고 환경 설정을 쉽게 할 수 있도록 만든 프로그램이야말로 아무 업무에도 도움이 안 되고, 고장 나기 십상이다."
> – 크리스 웬햄(Chris Wenham)
>
> "기능 추가에 드는 비용은 그에 소요된 시간만은 아니며, 향후 확장에 소요되는 장애물 추가 비용도 포함돼야 한다. 이에 대한 해법은 상충되지 않을 기능을 선택하는 것뿐이다."
> – 존 카맥(John Carmack)
>
> "간소함이란, 만들기 어렵지만 사용하기 쉽고 변경하기 어려운 것이다. 복잡함이란, 만들긴 쉽지만 사용하긴 어렵고 변경하기 쉬운 것이다."
> – 크리스 사카(Chris Sacca)

페어 프로그래밍의 생산성에 대한 기여도를 이론적으로 입증하기는 어렵지만, XP는 페어 프로그래밍으로 기존의 코드 리뷰, 구조화된 예제 검증, 설계 문서화 등의 작업을 대체할 수 있다는 점에서 의의를 찾는다. XP 방법론에서는 코드 리뷰 등 업무 부담이 큰 작업을 페어 프로그래밍 속에 작은 단위로 포함시켜서 처리하는 것이 일반적이지만, 하나의 규칙 또는 하위 프로세스를 (무리하게) 제거하려다 보면 전체적으로는 업무 간의 간격이 더욱 크게 벌어질 수 있다.

XP의 모든 작업이 페어 프로그래밍 규칙을 따르는 것은 아니다. 문서 읽기 및 쓰기, 이메일 처리, 웹 기반의 리서치 등은 한 쌍이 아닌 개별적으로 수행하며, 코드 스파이크^{code spike}(이론 및 아이디어 검증이 필요한 코드 목록) 작성 등은 거의 대부분 개별적으로 수행한다. 페어 프로그래밍은 프로젝트 성공을 위한 XP의 핵심 요소이지만, 팀 차원에서 이를 적절하게 관리하기 어렵다면 다른 개발 방법을 적용하는 편이 낫다.

고객 참여

앞서 자주 언급했듯이 XP에서 고객은 개발 팀의 일원으로 간주되며, 언제든 소통할 수 있어야 한다.

고객 참여^{onsite customer} 규칙은 고객이 참여를 원하지 않을 수 있고, 고객이 프로젝트 수행에 필요한 리소스를 제공하지 못할 수 있다는 측면에서 가장 준수하기 어려운 내용일 수 있다. 그러나 고객의 지속적인 참여가 없으면 소프트웨어 검증이 어려워지고, 일정이 지연되며, 새 버전에 필요한 기능 개선 또한 어려워진다. 이들 문제를 해결할 방법이 없는 것은 아니지만, (고객 참여 이외의) 다른 방법은 XP의 당초 취지를 훼손시킨다.

지속적 통합

워터폴과 같은 전통적인 소프트웨어 개발 모델에서 시스템의 개별 요소는 서로 다른 다수의 개발자가 작성하되, 프로젝트의 주요 분기점에 도달하기 전까지는 각자 알아서 테스트하게 되므로 소프트웨어 통합 단계에서 큰 실패를 경험할 가능성이 높다. 이는 개별 요소의 유닛 테스트 결과와 통합된 전체 시스템의 유닛 테스트 결과가 항상 같지는 않기 때문인데, 이는 주로 소통의 문제 또는 요구 사항에 대한 몰이해의 문제에서 기인한다.

팀 단위 프로젝트라면 언제든 소통의 문제, 몰이해의 문제가 발생할 수 있지만, XP는 지속적 통합 continuous integration 작업으로 이러한 문제를 최소화한다. XP에서는 새 기능이 구현되는 즉시, 메인 시스템에 통합해 테스트를 진행한다. 개별 목표 기능이 아직 완성된 것은 아니므로 해당 유닛 테스트가 실패할 수는 있지만, 개별 기능이 연결된 전체 시스템은 정상적으로 작동한다. XP에서 소프트웨어는 자주(하루에도 몇 차례나) 빌드되므로, 통합과 관련된 문제를 (적은 비용으로 문제를 해결할 수 있을 정도로) 일찍 발견할 수 있다.

지속 가능 속도 유지

창의적인 사람은 '과로만 하지 않는다면' 최고의 성과를 거둔다는 다수의 연구 결과가 있다. XP는 소프트웨어 엔지니어의 경우, 주당 40시간 근무를 권장한다. 일시적인 긴급 모드에서 주당 근무 시간이 소폭 상승할 수는 있겠지만, 관리자가 개발 팀을 계속 긴급 모드로 돌리려 하면 작업 품질은 낮아지고 과로에 의해 생산성은 도리어 나빠진다.

3.3.4.5 기타 업무 수행 전략

12개의 주요 규칙 외에, XP의 기타 업무 수행 전략 common practice은 다음과 같다.

개방형 업무 공간과 협업 분위기 조성

XP 방법론은 전체 팀원이 개방형 공간에서 함께 업무를 볼 것을 권장한다. 이를 통해 모든 팀원이 지속적으로 소통할 수 있고 업무에 대한 집중력도 유지할 수 있다.[12] 각종 질문이 신속하게 답변으로 돌아오고, 토론이 벌어지면 다른 프로그래머가 적절한 조언을 해줄 수 있다.

하지만 개방형 업무 공간에서의 문제도 있는데, 다른 팀원은 집중력을 유지할 수 있는 반면, 어떤 팀원은 개방형 공간에서 집중력을 유지하기 어려운 경우도 있다. 개방형 공간 특유의 소음과 대화 분위기는 집중력 저하의 원인이 될 수 있다.

XP에서는 개방형 공간을 최선의 업무 수행 전략(best practice)으로 권장하지만, 절대적인 규칙은 아니다. 개방형 분위기를 원치 않는다면, 일반적인 사무 공간에서 주의 분산 없이 일을 하는 것도 가능하다.

자기 검증 및 업무 분석

프로젝트가 완료되면, 팀 회의를 통해 성공과 실패의 원인을 파악하고 차기 프로젝트에서 업무 수행 방법을 개선하기 위한 정보를 공유한다.

자발적 팀 운영

자발적으로 팀이 운영되는 프로젝트의 경우, (프로젝트 리드, 시니어 및 주니어 엔지니어 등과 같은) 별도의 관리 조직을 운영하지 않아도 된다. 이런 팀은 협의를 통해 업무의 우선순위를 결정한다. XP 팀에서 관리 조직을 완전히 배제할 수는 없지만, 적절한 임무 부여와 목표 기한 설정만 이뤄질 수 있다면 팀 스스로 업무 할당 및 프로젝트 진행 관리를 할 수 있다.

3.3.4.6 XP의 문제점

XP도 프로젝트의 성공적인 수행을 위한 '만병통치약'은 아니며, 다양한 문제가 확인되고 있다.

---

12 이는 개방형 공간에서 매니저가 계속 여러분의 업무 태도를 확인한다는 의미는 아니다. 이는 여러분의 팀원도 여러분을 포함한 다른 사람의 업무 내용을 계속 지켜볼 수는 없기 때문이며, 실제 개방형 공간에서의 업무 스트레스 수준은 생각보다 낮은 편이다.

- 세부 명세서가 만들어지지 못하거나 그대로 지켜지지 않을 수 있다. 이 경우, 프로젝트에 신규 프로그래머를 투입하거나 새로운 개발 팀을 투입하기 어려워진다.
- 페어 프로그래밍은 필요하긴 하지만, 기대만큼 큰 효과가 없을 수 있다. 때로는 두 사람 다 생산성이 떨어지기도 한다. 비교적 간단한 코드를 작성하는 데 두 사람이 투입됨으로써 비용만 두 배 발생할 수 있다.
- 실무적으로, XP의 모든 팀원은 프로젝트 수행과 관련된 각종 업무를 지원할 수 있을 정도의 자질(GMP)을 갖추고 있어야 한다. 하지만 현실적으로 이런 일은 매우 어려우며, 매우 작은 규모의 프로젝트에서나 가능한 일이다.
- 지속적인 리팩터링은 다양한 문제를 해결하는 만큼 (새로운 버그 등) 또 다른 문제를 야기한다. 또한 리팩터링하지 않아도 될 코드를 리팩터링하면서 시간을 낭비하는 경우도 자주 발생한다.
- 워터폴과 반대의 개념인 '당장 구현할 설계에만 집중하라 No Big Design Up Front.'는 슬로건은 불필요한 재설계 업무를 양산할 수 있다.
- 고객 담당자는 필수적이지만, 고객은 비용이나 실패 가능성 등의 관점에서 주니어 레벨 인력을 고객 담당자로 지정하는 경우가 많다. 그런데 이 고객 담당자가 프로젝트 완료 전에 떠나게 되면, 그를 중심으로 정리됐던 모든 요구 사항이 무용지물이 될 수 있다.
- XP는 대규모 팀에 적합하지 않다. 생산성을 유지할 수 있는 XP 팀은 대략 10여 명 내외의 규모다.
- XP는 지나치게 '기능 중심 feature creep'으로 치우칠 가능성이 있다. 상대적으로 약한 문서화 탓에 고객은 시스템에 (이미 구현됐는지도 모르고) 자신이 원하는 기능을 계속 추가하려 할 수 있다.
- XP 프로그래머가 구현한 유닛 테스트조차 누락된 기능을 찾지 못하는 경우가 있다. 이는 유닛 테스트가 '구현된 코드'를 테스트하는 것이지, '구현돼야 할 코드'를 테스트하는 것은 아니기 때문이다.
- XP는 종종 '완벽한 성공 또는 완벽한 실패 all or nothing' 방법론으로 언급되곤 한다. 'XP 규율' 중 하나라도 어기면 프로세스는 실패할 가능성이 높은데, 이는 대부분의 XP 규칙이 또 다른 규칙의 영향을 받기 때문이다. 그래서 하나의 규칙을 지키

는 데 실패하면, 다른 규칙도 연쇄적으로 무너지게 된다(XP는 약한 힘을 지닌 개별 규칙이 모여서 큰 힘을 발휘해야 하는데, 이 구조가 깨지면 손쓸 방도가 없다).

이상으로 XP에 대한 간략한 소개를 마친다. 좀 더 상세한 사항은 3.5절 '참고 자료'에서 확인하자.

3.3.5 스크럼

스크럼^{Scrum}은 그 자체로는 소프트웨어 개발 방법론이 아니며 애자일 기법에 바탕을 둔 소프트웨어 개발 프로세스 관리 방법론이지만, XP 등의 다른 모델과 함께 사용되곤 한다.

스크럼 팀에는 프로덕트 오너$^{product\ owner}$와 스크럼 마스터$^{scrum\ master}$라는 두 명의 특별한 멤버가 있다. 프로덕트 오너는 팀 내에서 요구 사항과 목표 기능을 정의하는 등 제품 개발이 올바른 방향으로 진행되도록 한다. 스크럼 마스터는 스크럼 기반 개발 프로세스에서 팀의 코치이며, 팀 단위 진척 관리와 프로젝트 목록 관리를 맡고 팀원 모두 고른 기량을 발휘할 수 있는 분위기를 조성한다.

스크럼은 다른 애자일 방법론과 같은 반복적 개발 프로세스이며, 각 반복 주기는 1~4주 단위의 스프린트^{sprint}로 구성된다. 스프린트는 팀의 목표 선정을 위한 미팅을 기획하는 것으로 시작된다. 백로그^{backlog}라 부르는 아이템 목록이 수집되면, 팀은 백로그에서 각 아이템을 구현하는 데 소요되는 시간을 예측한다. 그렇게 해서 하나의 백로그가 완성되면, 스프린트가 본격적으로 시작된다.

매일 아침, 팀원은 짧은 스탠드업 미팅을 통해 어제까지의 구현 결과를 설명하고 오늘의 계획을 공유한다. 스크럼 마스터는 진행 상황에서의 문제점을 기록하고 미팅 이후 바로 해결 방법을 찾는다. 스탠드업 미팅에서는 프로젝트 수행과 관련된 구체적인 내용까지는 언급하지 않는다.

팀원은 백로그에서 아이템을 고른 뒤 작업에 착수한다. 백로그 아이템의 수가 줄어드는 동안, 스크럼 마스터는 (잔여 업무 대비 시간을 표현한) 스크럼 번다운 차트$^{burn-down\ chart}$를 기록하며 현 스프린트의 진행 과정을 공유한다. 이후, 프로덕트 오너를 만족시킬 수 있는 수준으로 모든 아이템이 구현되거나 팀이 아무리 노력해도 기한 내에 처리할 수 없는 것이 확실한 아이템이 있는 경우 완료 미팅을 갖는다.

완료 미팅에서 팀은 구현한 기능을 시연하고, 완성되지 못한 아이템의 실패 원인을 설명한다. 이때, 스크럼 마스터는 다음 스프린트에 구현할 미완성 아이템을 다시 선별한다.

또한 완료 미팅은 지난 스프린트에 대한 회고의 자리로서, 진행 상황에 대한 토론, 프로세스 개선안 제시, 성공 및 실패 사례의 공유 등이 이뤄진다.

이때 주의할 점은 스크럼은 엔지니어가 어떻게 일을 했는지, 혹은 기존 업무가 어떻게 문서화됐는지 낱낱이 설명하거나 개발 기간 동안 준수해야 할 규칙 또는 전략을 공유하는 자리가 아니라는 것이다. 스크럼은 이런 판단을 개발 팀에게 일임한다. 실제 개발 현장에서 다수의 팀이 스크럼 기법에 XP 방법론을 적용해 사용 중이며, 반복형 개발 방법론을 사용하는 어떤 프로젝트 팀이라도 스크럼을 효과적으로 사용할 수 있을 것이다.

XP처럼 스크럼도 10인 전후의 소규모 팀에 적합하고 대규모 팀으로 확장하기 어렵지만, 스크럼 응용 버전 중에는 대규모 팀을 위한 버전도 있다. 그중 '스크럼 오브 스크럼scrum-of-scrums' 프로세스는 대규모 프로젝트에서 활동하는 다수의 팀에 스크럼 기법을 적용할 수 있다. 이 기법은 대규모 프로젝트를 다수의 팀으로 분할한 뒤, 각 팀에서 차출된 앰배서더ambassador가 일일 스크럼 오브 스크럼 미팅에서 본인이 속한 팀의 진척 상황을 설명한다. 이를 통해 대규모 팀과 관련된 소통 문제가 완전히 해소되는 것은 아니지만, (약간) 큰 프로젝트에 스크럼 기법을 적용하고 나름의 장점을 이끌어낼 수 있다는 점에서 의의가 있다.

3.3.6 목표 기능 주도형 개발

애자일 기법 중 하나로 분류되는 목표 기능 주도형 개발(FDDFeature-Driven Development)은 대규모 프로젝트 수행을 위한 방법론이라는 특징이 있다.

FDD와 일반적인 애자일 기법의 가장 큰 공통점은 프로젝트를 성공으로 이끌 수 있는 숙련된 프로그래머가 필요하다는 것이다. 반면에 FDD가 기존의 애자일과 다른 점은 여러분이 대규모 프로젝트의 다양한 임무 수행을 위한 최적의 팀원이 아닐 수 있으므로 10여 명 이상의 전문가급 소프트웨어 엔지니어를 확보해야 한다고 강조한다는 것이다.

또한 FDD는 반복 주기 모델을 사용하되, 세 가지 반복 주기를 사용한다는 특징이 있다. 프로젝트 출범(0번째 반복 주기)으로 프로세스가 시작된 뒤, 프로젝트 완수 시점까지 나머지 두 개의 프로세스가 반복된다.

반복 프로세스는 다음과 같다.

1. 오버롤 모델의 개발
2. 목표 기능 목록 작성
3. 목표 기능별 계획
4. 목표 기능별 설계
5. 목표 기능별 개발

3.3.6.1 오버롤 모델 개발

오버롤 모델overall model 개발은 모든 의사 결정자, 고객, 아키텍트, 개발자의 참여 속에 모든 팀원이 시스템의 구성 요소와 요구 사항을 이해하는 프로세스다. 연속형 모델에서의 명세서 작성 및 설계 문서화 같은 작업과 달리, 오버롤 모델은 전체 프로젝트의 관점에서 일반화된 목표 기능을 '폭넓게' 검토하고 파악하는 데 집중한다. 그다음, 모델 설계에서 장래의 반복 주기에 구현해야 할 내용을 '세부적으로' 정의해 (문서화에 그치는 것이 아닌) 현재 반복 주기의 올바른 작업 방향을 설정한다.

FDD의 이러한 접근 방식은 기존의 애자일 기법과 비교해서 프로젝트 초기부터 가장 중요한 목표 기능이 무엇인지 결정된다는 장점이 있다. 이 덕분에 대규모 프로젝트가 진행되면서 다수의 목표 기능이 추가돼도 일관성을 지닌 상태에서 메인 시스템에 문제없이 통합될 수 있고, 새로운 기능을 임시방편으로 부착해야 하는 가능성 또한 줄어든다.

3.3.6.2 목표 기능 목록 작성

FDD의 두 번째 단계는 모델 개발 단계에서 정의한 목표 기능 목록을 작성하는 것이며, 이는 책임 프로그래머chief programmer에 의해 설계 및 개발 목록으로 공식화된다. 주요 산출물은 공식 목표 기능 문서이지만 다른 모델의 SRS 문서처럼 방대한 내용은 아니며, 팀 내에서 통용될 수 있는 공식적이고 모호함을 제거한 목표 기능 명세서라 할 수 있다.

3.3.6.3 목표 기능별 계획 수립

목표 기능별 계획 수립 단계에는 소프트웨어 개발을 위한 초기 일정 계획 수립 업무가 포함되며, 초기에 어떤 기능을 먼저 구현하고 그다음 어떤 기능을 구현할지 명시한다.

이때 팀 단위의 구현을 책임지는 다수의 책임 프로그래머에게 목표 기능 구현 업무를 할당한다. 책임 프로그래머와 소속 팀은 이들 목표 기능과 관련 코드에 대한 소유권이나 관리 권한ownership을 갖는데, 이는 전형적인 애자일 기법에서 전체 팀이 해당 권한을 갖는 것과 차이가 있다. 그리고 바로 이 부분이 FDD가 대규모 프로젝트에서 표준 애자일 기법보다 좀 더 나은 성과를 거두는 이유다. 애자일의 집합적인 코드 소유권 개념은 대규모 프로젝트에서는 효과가 낮은 편이다.

기본적으로 각 기능은 3~5명의 팀원이 2~3주 이내의 기간 동안에 구현할 수 있도록 계획한다. 각 기능 그룹은 서로 독립적으로 설계하므로, 다른 팀에서 개발 중인 기능의 구현 단계, 성능 수준에 구애받지 않는다.

3.3.6.4 목표 기능별 설계

특정 반복 주기 동안 구현할 기능이 확정됐으면, 해당 기능 구현을 담당하게 된 책임 프로그래머는 관련 설계 작업을 담당할 팀을 구성한다. 이때 기능 설계 팀은 고정적이지 않으며, 설계 단계와 개발 단계를 거치면서 서로 모이거나 흩어질 수 있다.

목표 기능 팀은 현재 주기에서 필요한 요구 사항을 분석하고 기능을 설계하며, 목표 기능 중 구현 내용을 확정하고 전체 시스템과의 상호 작용성을 고려한다. 만일 목표 기능의 구현 범위가 확대될 경우, 책임 프로그래머는 다른 그룹의 책임자와 기능 간의 충돌이 발생하지 않도록 조정한다.

설계 단계에서 목표 기능 팀은 적용할 알고리즘과 프로세스를 선정하고, 해당 기능에 대한 개발과 문서화를 진행한다. 이때, 책임 프로그래머(그리고 원안에 대한 의사 결정자)는 최신 설계 문서의 내용을 반영해 오버롤 모델을 업데이트하기도 한다.

3.3.6.5 목표 기능별 개발

목표 기능별 개발 단계에는 목표 기능에 대한 코딩과 테스트 업무가 포함된다. 개발자는 코드에 대한 유닛 테스트를 실시하고 목표 기능 팀은 해당 기능에 대한 공식적인 시스템 테스트 환경을 제공한다. FDD는 TDD 관련 내용은 수정하지 않지만, 시스템에 추가된 모든 기능을 테스트하고 리뷰할 것을 강조한다.

특히, FDD는 (애자일에서 권장하긴 하지만 필수 요소는 아닌) 코드 리뷰를 강조한다. 스티브 맥코넬Steve McConnell의 저서 『Code Complete』(Microsoft Press, 2004)에서 설명하는 것과 같이, 코드의 원활한 실행 여부에 대한 검사는 보통의 테스트에서는 결코 찾을 수 없는 오류를 찾을 수 있게 해준다.

3.4 위대한 프로그래머를 위한 소프트웨어 개발 모델 및 방법론

위대한 프로그래머는 자신의 팀에서 사용하는 어떤 소프트웨어 개발 모델 및 방법론도 포용할 수 있어야 한다. 이는 어떤 프로젝트에는 특정 모델이 다른 모델에 비해 더 적합하기 때문이다. 그리고 앞으로 여러분이 사용해야 할 모델을 선택해야 한다면, 이번 3장은 여러분이 좀 더 나은 선택을 하도록 도와줄 수 있을 것이다.

모든 프로젝트 규모에 적합한 방법론이란 존재하지 않으며, 프로젝트의 규모에 따라 좀 더 나은 모델이나 방법론을 선택하는 것이 중요하다. 매우 소규모의 프로젝트라면, 워터폴 모델을 기본으로 한 해킹 또는 문서화 축소 버전이 적합하다. 중규모 프로젝트라면, 반복형 (애자일) 모델과 연관 방법론이 최선이다. 대규모 프로젝트라면, 연속형 모델 또는 FDD가 (비싸긴 하지만) 최고의 선택이 될 것이다.

여러분이 주관하는 프로젝트가 아니라면 프로젝트 개발 모델을 직접 선택할 가능성은 낮지만, 모델이나 방법론을 선택할 때 가장 중요한 요소는 여러분에게 어떤 모델을 사용하라는 요청이 들어오더라도 능숙하게 업무를 수행할 수 있도록 다양한 모델과 방법론을 섭렵하는 것이다. 3.5절 '참고 자료'에서는 다양한 소프트웨어 개발 모델 및 방법론에 대한 풍부한 자료를 제공한다. 이 외에도 여러분은 인터넷 검색을 통해 소프트웨어 개발 모델 및 방법론에 대한 중요한 정보를 얻을 수 있을 것이다.

3.5 참고 자료

Astels, David R 저. *Test-Driven Development: A Practical Guide*. Upper Saddle River, NJ: Pearson Education, 2003.

Beck, Kent 저. *Test-Driven Development by Example*. Boston: Addison-Wesley

Professional, 2002.

Beck, Kent, Cynthia Andres 저. *Extreme Programming Explained: Embrace Change*. 2nd ed. Boston: Addison-Wesley, 2004.

Boehm, Barry 저. *Spiral Development: Experience, Principles, and Refinements*. (Special Report CMU/SEI-2000-SR-008.) Wilfred J. Hansen 편집. Pittsburgh: Carnegie Mellon Software Engineering Institute, 2000.

Fowler, Martin 저. *Refactoring: Improving the Design of Existing Code*. Reading, MA: Addison-Wesley, 1999.

Kerievsky, Joshua 저. *Refactoring to Patterns*. Boston: Addison-Wesley, 2004.

Martin, James 저. *Rapid Application Development*. Indianapolis: Macmillan, 1991.

Martin, Robert C 저. *Agile Software Development, Principles, Patterns, and Practices*. Upper Saddle River, NJ: Pearson Education, 2003.

McConnell, Steve 저. *Code Complete*. 2nd ed. Redmond, WA: Microsoft Press, 2004.

McConnell, Steve 저. *Rapid Development: Taming Wild Software Schedules*. Redmond, WA: Microsoft Press, 1996.

Mohammed, Nabil, Ali Munassar, A. Govardhan 저. 'A Comparison Between Five Models of Software Engineering.' *IJCSI International Journal of Computer Science Issues 7*, no. 5 (2010).

Pressman, Robert S 저. *Software Engineering, A Practitioner's Approach*. New York: McGraw-Hill, 2010.

Schwaber, Ken 저. *Agile Project Management with Scrum - Developer Best Practices*. Redmond, WA: Microsoft Press, 2004.

Shore, James, Shane Warden 저. *The Art of Agile Development*. Sebastopol, CA: O'Reilly, 2007.

Stephens, Matt, Doug Rosenberg 저. *Extreme Programming Refactored:The Case Against XP*. New York: Apress, 2003.

Wake, William C 저. *Refactoring Workbook*. Boston: Addison-Wesley Professional,

2004.

Williams, Laurie, Robert Kessler 저. *Pair Programming Illuminated*. Reading, MA: Addison-Wesley, 2003.

2부

UML

4

UML의 개요와 유스 케이스

UML^{Unified Modeling Language}, 즉 통합 모델링 언어는 소프트웨어 설계의 요구 사항과 표준을 기술하기 위한 그래픽 기반 개발 언어이며, 글로벌 전기 및 전자 엔지니어링 선도 기구 중 하나인 IEEE^{Institute of Electrical and Electronics Engineers}의 소프트웨어 개발 설계(SDD) 표준에 대한 최신 문서도 UML을 중심으로 작성됐다. 이번 4장에서는 UML의 발전 배경과 특징을 먼저 알아보고, 분명하고 일관된 방식으로 소프트웨어 시스템 설계를 표현하기 위한 UML의 다양한 활용 사례를 알아본다.

4.1 UML 표준

UML은 1990년대 중반에 그래디 부치^{Grady Booch}의 부치 기법, 짐 럼보^{Jim Rumbaugh}의 객체 모델링 기술, 이바 야콥슨^{Ivar Jacobson}의 객체지향 소프트웨어 엔지니어링 시스템이라는 세 개의 독립적인 모델링 언어의 집합으로 시작됐다. 초기 모델링 언어의 조합 이후, 1997년에 다양한 연구자의 의견을 수렴해 OMG^{Object Management Group}가 첫 UML 표준을 완성했다. UML은 오늘날에도 OMG가 관리하고 있다. UML은 통합이라는 관점에서 소프트웨어 설계를 표현하므로 하나의 동일한 요소에 대한 다양한 표현 방식을 사용하고, 이 때문에 시스템 전반에 걸쳐 중복되거나 일관성이 낮은 요소가 다수 포함돼 있다.

그렇다면 도대체 왜 UML을 사용하는가? 가장 큰 이유는, UML이 (단점이 없지는 않지만) 객체지향 설계object-oriented design에 대한 거의 완벽한 모델링 언어이기 때문이다. 또한 IEEE 문서화 표준으로 채택되는 등, 소프트웨어 개발 설계 분야의 사실상 표준de facto이기도 하다. 그러므로 프로젝트에서 UML을 쓸 생각이 없더라도, 다른 연관 프로젝트 문서를 적절히 이해하고 처리하려면 UML을 이해할 필요가 있다. 또한 UML은 글로벌 소프트웨어 업계에서 널리 통용되므로, 여러분이 프로젝트에 투입되면 의사 결정자 대부분이 이미 UML에 익숙하다는 사실을 깨닫게 될 것이다. UML이 C 언어나 BASIC 언어와 유사하다고 느끼는 사람도 많으며, 이 때문에 좀 어렵다는 느낌과 함께 뭔가 익숙하다는 느낌 또한 받을 수 있다.

UML은 통달하기 위해 엄청난 양의 공부가 필요할 정도로 복잡한 언어이지만, 이 책에서 그 모든 내용을 다 살펴보지는 않는다. 우리는 그중 UML에 대한 대표 서적 10여 권을 참고하면서 실무를 위한 핵심만 익힐 것이다(핵심만 익힌다고 말했지만, 대표 서적 중 하나인 톰 펜더Tom Pender의 『The UML Bible』은 무려 1,000페이지에 달한다. 4.5절 '참고 자료'에서 확인하자). 이번 4장의 목적은 여러분 모두를 UML 전문가로 만드는 것이 아니라, 이 책의 전체 내용을 이해하기 위한 UML의 기능과 주요 개념을 살펴보는 것이다. 이 책 시리즈에서 제공하는 다양한 UML 다이어그램을 이해하려 할 때, 이번 4장이 많은 도움이 될 것이다.

특징을 중심으로 한 개요 설명 이후, UML을 이용해 시스템 설계를 표준적인 방법으로 시각화하는 방법을 알아본다.

4.2 UML 유스 케이스 모델

UML은 유스 케이스를 통해 시스템의 기능을 묘사하며, 유스 케이스는 시스템 요구 사항과 대체로 일치한다. 설계자는 유스 케이스 다이어그램을 통해 외부 관찰자의 시점에서 시스템의 요구 사항을 정의하되, 단지 시스템이 어떻게 작동하는지가 아니라 시스템이 어떤 기능을 수행하는지를 묘사한다. 그다음에는 유스 케이스 내러티브use case narrative를 통해 다이어그램의 세부 사항을 정의한다.

4.2.1 유스 케이스 다이어그램 요소

유스 케이스 다이어그램은 액터actor, 커뮤니케이션 링크communication link(또는 연관성association), 실제 유스 케이스use case라는 세 가지 요소로 구성된다.

- 액터: 막대 인형으로 표시되며, 설계에서 시스템을 사용하는 사용자, 외부 기기 또는 시스템 등을 나타낸다.
- 커뮤니케이션 링크: 액터와 유스 케이스를 연결하는 선분으로 표시되며, 이들 두 요소의 소통을 나타낸다.
- 유스 케이스: 해당 기능에 대한 설명이 포함된 타원으로 표시되며, 액터가 시스템에서 하는 동작을 나타낸다.

전형적인 유스 케이스 다이어그램은 그림 4-1과 같다.

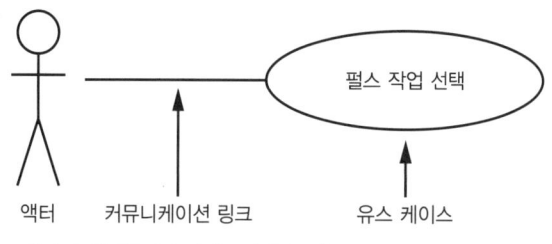

그림 4-1 간단한 유스 케이스 다이어그램

모든 유스 케이스는 시스템에서의 작업operation을 설명하는 간결하면서도 유일무이한 고수준의 이름high-level name을 사용한다. 예를 들어 원자로 작업자는 NP, 즉 원자핵 전원nuclear power 채널을 통해 전원 공급 방식을 선택할 수 있는데, '%Pwr 선택'이란 표현은 너무 일반적이고 'NP 기기 옆 퍼센트 전원 버튼 누름'이란 표현은 너무 구체적이다. 사용자가 퍼센트 전원 버튼을 누르도록 하는 일은 사용자를 고려한 설계의 문제일 뿐 (우리가 하려는) 시스템 분석 문제와는 거리가 멀다.

유스 케이스 이름은 방대한 UML 문서에서 유스 케이스 내러티브를 통해 언제든 다시 사용될 수 있으므로 유일무이한 이름을 부여해야 한다. 이를 위한 방법 중 하나가 (9장 초반의 '태그 형식' 절에서 상세히 설명하는) 태그를 붙이는 것이지만, 유스 케이스 다이어그램을 작성하는 가장 큰 목적은 문서 이용자와 의사 결정자(즉, 외부 관찰자) 모두에게 명확하게 해당 기능의 의미를 전달하는 것이므로, 태그 오남용에 주의해야 한다. 또 다른 명명법은 그림 4-2와 같이 타원 영역에 설명형 이름(또는 문구 등)을 붙이고 태그를 추가하는 것이다.

그림 4-2 사용자 친화적인 이름과 태그를 결합한 유스 케이스

위 그림에서 태그는 유스 케이스 내러티브를 유일무이한 요소로 식별할 수 있도록 돕고, 사용자 친화적인 이름은 다이어그램의 내용에 대한 이해를 돕는다.

유스 케이스 다이어그램은 그림 4-3과 같이 다수의 액터와 다수의 유스 케이스를 포함할 수 있으며, 개별적인 시간당 발전량(MWH) 보고서와 다른 보고서를 함께 생성할 수 있다.

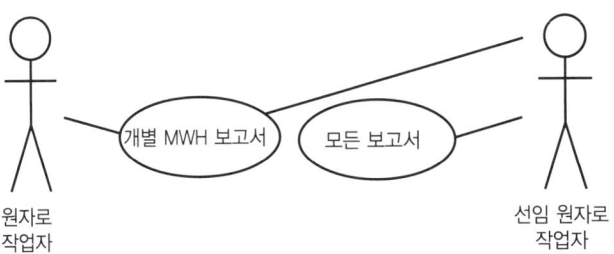

그림 4-3 다수의 액터와 유스 케이스를 포함한 유스 케이스 다이어그램

막대 인형으로 표현한 액터는 누가 봐도 작업자라는 것을 알 수 있어서 좋긴 하지만, 몇 가지 단점이 있다. 우선 다이어그램 내에서 막대 인형의 크기가 상대적으로 커서 공간(또는 페이지 여백)을 너무 많이 차지한다. 그리고 복잡하게 표현된 대규모 UML 다이어그램에서 막대 인형에 작업과 연관된 이름이나 기타 정보를 기입하기가 힘들다. 그래서 UML 설계자는 위와 같은 막대 인형 스타일 대신 《액터》와 같이 (프랑스식) 인용 부호 ^{guillemet} 또는 더블 쉐브론 기호를 활용한 스테레오타입^{stereotype}을 사용하기도 한다. 그림 4-4를 살펴보자(여러분의 편집 시스템에서 위와 같은 인용 부호를 사용할 수 없는 경우, 〈〈액터〉〉와 같이 〈 기호와 〉 기호를 중첩해서 사용해도 무방하다).

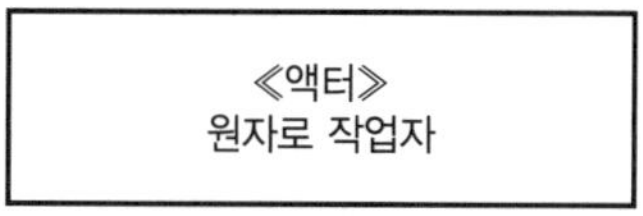

```
      ≪액터≫
     원자로 작업자
```

그림 4-4 액터의 대체 표현

    이와 같은 대체 표현은 액터 외에도 UML의 모든 요소에서 사용할 수 있으며, 공간도 적게 차지하고 문서도 좀 더 깔끔하게 유지할 수 있어서 좋다. 그러나 막대 인형은 누가 봐도 액터인 것을 알 수 있는 반면, 대체 표현을 사용한 액터의 경우에는 그 의미가 바로 와닿지 않을 수 있다.[1]

4.2.2 유스 케이스 패키지

    유스 케이스 이름은 한 쌍의 콜론 기호를 이용해 유스 케이스 이름과 패키지 이름을 분리한 뒤, 다른 패키지에 붙일 수도 있다. 예를 들어 앞서 언급한 원자로 작업자가 (NP와 NPP 등) 두 개의 원전 전원 시스템 중 하나의 퍼센트 전원을 선택하는 경우, (그림 4-5와 같이) 한 쌍의 콜론 기호를 이용해 NP 패키지와 NPP 패키지로 구분해 사용할 수 있다.

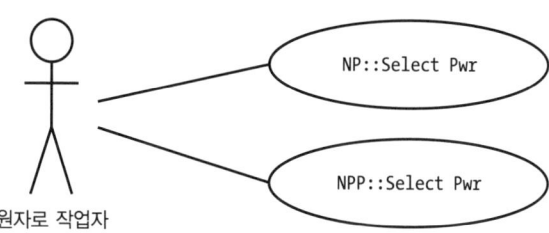

그림 4-5 유스 케이스에서 패키지 이름 부여 방식

4.2.3 유스 케이스 인클루전

    필요에 따라 유스 케이스는 정보를 복제해 사용하기도 한다. 예를 들어, 그림 4-5의 유스 케이스는 해당 작업이 진행되는 동안, NP 또는 NPP 중 어떤 원전 전원 채널을 사용하는지에 따라 원자로 작업자가 다른 선택을 하게 된다. 작업자가 선택을 하기 전에 해당 채

---

1   이는 UML에서의 대표적인 중복 표현 사례다. 즉, 동일한 하나의 대상을 두 개의 표현으로 부를 수 있다.

널이 온라인 상태인지 확인해야 한다면, NP::Select%Pwr 또는 NPP::Select%Pwr 중 하나의 유스 케이스 정보가 포함돼야 한다. 즉, 이들 두 유스 케이스에 대한 내러티브를 작성할 때는 해당 정보 중 상당히 많은 부분을 복제해 사용하게 된다.

이와 같은 정보의 중복을 피하기 위해 UML은 유스 케이스 인클루전inclusion을 이용해 하나의 유스 케이스에 또 다른 기능이 완전히 포함되도록 할 수 있다.

이를 위해 대시 기호 선분으로 두 개의 포물선 아이콘을 연결하고, 화살표로 한쪽이 다른 한쪽에 포함되는 유스 케이스 인클루전 관계를 나타낼 수 있으며, 그림 4-6과 같이 대시 기호 선분 하단에 《include》라벨을 붙일 수 있다.

그림 4-6 유스 케이스 인클루전

그림 4-5는 인클루전을 이용해 그림 4-7과 같이 나타낼 수 있다.

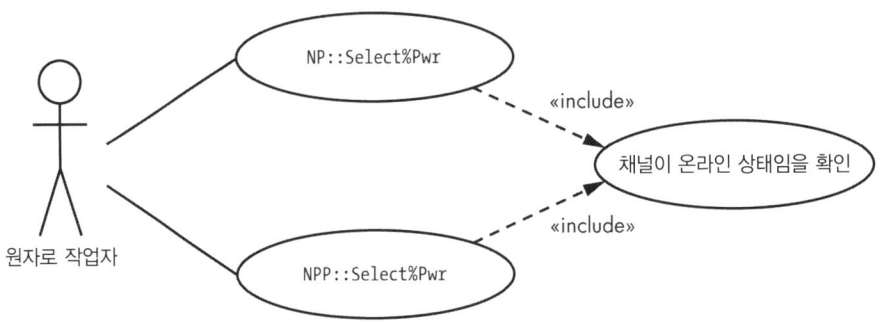

그림 4-7 유스 케이스 인클루전 활용 사례

인클루전은 함수 호출을 위한 유스 케이스 다이어그램과 동일하며, 하나의 유스 케이스를 다른 곳에 재사용할 수 있으므로 반복 표현을 줄일 수 있다.

4.2.4 유스 케이스 일반화

UML 작업을 하다 보면, 두 개 이상의 유스 케이스가 기본적으로 동일한 설계 요소를 사용하면서 서로 다른 용도로 사용되는 경우가 있다. 그림 4-3을 다시 살펴보면, 선임 원자로 작업자는 원자로 작업자의 작업 내역('개별 MWH 보고서') 외에 '모든 보고서' 생성이라는 추가 작업을 한다. 그러나 두 유스 케이스 모두 '보고서 생성'이라는 기본적인 유스 케이스는 동일하므로, 작업 내역은 상당 부분 동일하다고 할 수 있다. 이와 같은 관계를 유스 케이스 일반화 use case generalization라고 한다.

유스 케이스 일반화는 다이어그램에서 속이 빈 화살표 hollow arrow로 표시할 수 있다. 이때, 그림 4-8과 같이 화살표를 이용해 구체적인 유스 케이스가 좀 더 일반적인 유스 케이스 방향을 가리키도록 할 수 있다.

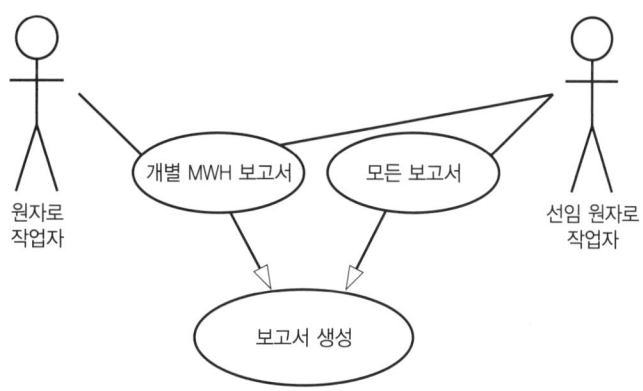

그림 4-8 유스 케이스 일반화

위 그림은 '개별 MWH 보고서'와 '모든 보고서' 유스 케이스가 '보고서 생성'이라는 유스 케이스로부터 공통 작업 요소를 상속받아 공유하고 있음을 나타낸다.

이를 응용하면, 그림 4-9와 같이 일반화된 액터로부터 구체적인 업무로 세분화되는 액터를 나타낼 수 있다.

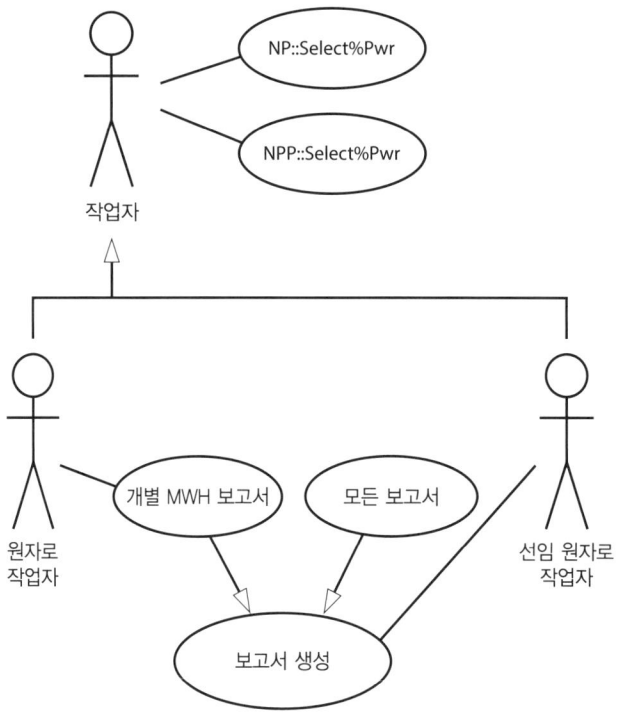

그림 4-9 액터의 일반화

    일반화, 특히 유스 케이스 일반화는 객체지향 시스템object-oriented system의 상속inheritance 과 동일한 개념이다. 화살표 머리에는 기본 또는 근원 유스 케이스가 연결되고, 화살표 꼬리에는 여기서 파생된 유스 케이스가 연결된다. 그림 4-9에서 '리포트 생성'은 근원 유스 케이스이고, '개별 MWH 보고서'와 '모든 보고서'는 여기서 파생된 유스 케이스다.

    파생된 유스 케이스는 근원 유스 케이스의 모든 기능과 동작을 상속한다. 이때 파생 유스 케이스에는 파생 유스 케이스 고유의 아이템은 물론, 근원 유스 케이스의 모든 아이템과 기능이 전달된다.

    그림 4-9에서 원자로 작업자는 '개별 MWH 보고서'만 선택 가능하다. 따라서 원자로 작업자가 생성한 모든 보고서는 개별 보고서 작성 단계에 따라 작성된다. 반면 선임 원자로 작업지는 '모든 보고서' 또는 '개별 MWH 보고서' 유스 케이스에서 파생된 어떤 보고서도 생성 가능하다.

    일반화는 앞서 소개한 인클루전과 상당히 비슷하지만 몇 가지 미묘한 차이점도 있다.

인클루전을 사용하면 해당 유스 케이스의 모든 요소가 완전히 포함되지만, 일반화를 사용하면 기본 유스 케이스에 파생된 유스 케이스의 기능이 추가된다.

4.2.5 유스 케이스 익스텐션

UML 유스 케이스 익스텐션extension을 이용하면 특정 유스 케이스에 선택적으로(또는 조건적으로) 인클루전을 추가할 수 있다. 익스텐션은 인클루전과 유사하지만, ≪include≫ 대신 ≪extend≫ 키워드를 사용하고 대시 점선 대신 직선을 사용한다는 차이점이 있다. 또 다른 차이점은 그림 4-10과 같이 (속이 찬) 화살 머리 기호는 확장되는 유스 케이스를 향하고 화살 꼬리는 확장하는 유스 케이스에 있다는 것이다.

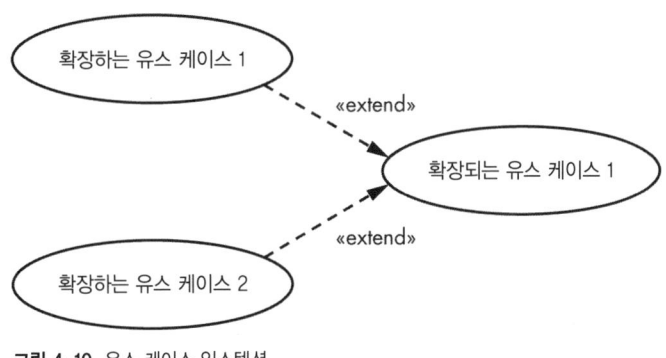

그림 4-10 유스 케이스 익스텐션

유스 케이스 익스텐션은 내부 시스템 또는 소프트웨어의 상태에 따라 특정 유스 케이스를 선택하려 할 때 유용하며, 전형적인 활용 사례로는 오류 또는 예외 처리exception handling 조건의 구현 등이 있다. 예를 들어 (read_digital과 같이) 동사 단어로 시작하는 명령어를 인식하는 커맨드 라인 프로세서가 있다면, 다음과 같은 형식의 명령 문법을 사용할 수 있다.

---

read_digital port#

여기서 port#는 읽어올 포트 번호를 나타내는 숫자형 문자열인데, 위 명령어를 처리하는 중에 두 가지 오류가 발생할 가능성이 있다. 하나는 포트 번호의 문법 오류이고, 다른

하나는 포트 번호의 지정 범위를 벗어나는 경우다. 즉, 위 명령을 처리하는 과정에서 세 가지 결과가 나타날 수 있다. 올바른 명령어로 지정된 포트를 읽어오는 경우, 문법 오류가 발생하고 사용자에게 관련 메시지를 출력하는 경우, 포트 범위 오류가 발생하고 사용자에게 관련 메시지를 출력하는 경우 등이다. 이런 문제 상황은 그림 4-11과 같이 유스 케이스 익스텐션을 이용해 손쉽게 처리할 수 있다.

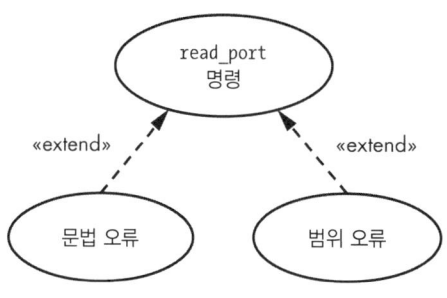

그림 4-11 유스 케이스 익스텐션 사례

(오류가 없는) 보통의 유스 케이스에는 익스텐션을 사용하지 않았으며, read_port 명령으로 정상 유스 케이스를 바로 처리한다.

4.2.6 유스 케이스 내러티브

유스 케이스 다이어그램은 액터와 기능, 관계를 설명하기 위한 매우 유용한 도구이지만, 그 자체만 봐서는 세부적인 내용을 알 수 없다. 또한 실제 유스 케이스는 그래프가 아닌 설명형 텍스트다. 다이어그램은 유스 케이스의 '실행 개요 executive overview'에 대한 정보를 제공하고, 외부 관찰자도 각 동작별 의미 차이를 한눈에 파악할 수 있다. 하지만 유스 케이스에 대한 구체적인 설명을 위해서는 유스 케이스 내러티브 use case narrative가 필요하다. 유스 케이스 내러티브에 대한 사전 정의된 규정은 없지만, 기본적으로 표 4-1과 같은 정보 아이템을 포함한다.

표 4-1 유스 케이스 내러티브 아이템

유스 케이스 내러티브 아이템	개요
관련 요구 사항	유스 케이스와 관련된 요구 사항 태그 또는 기타 요구 지시 사항으로 SyRS 및 SRS 문서에 대한 이력 추적 기능 제공 가능
액터	유스 케이스와 상호 작용하는 액터 목록
목표와 목적에 대한 간단한 설명	유스 케이스의 목적을 명확하게 하기 위한 목표(그리고 시스템 맥락) 설명
가정과 사전 조건	유스 케이스 실행 전에 갖춰져야 할 조건 설명
트리거(유발 조건)	유스 케이스가 실행되도록 하는 외부 이벤트 설명
상호 작용 및 이벤트 흐름	유스 케이스가 실행되는 동안 시스템과 외부 액터가 상호 작용하는 방식에 대한 단계별 설명
조건부 상호 작용 및 대체 이벤트 흐름	(기본으로 정의된) 단계별 상호 작용을 대체할 수 있는 대체 상호 작용 설명
중단 조건	유스 케이스가 중단되도록 하는 조건 설명
종료 조건	유스 케이스가 성공적으로 종료되거나 실패하게 되는 조건 설명
후속 조건	유스 케이스의 실행이 (성공 또는 실패로) 완료된 후의 조건 설명

이 외에 추가적인 아이템은 다음과 같다.[2]

- 최소한의 실행 보장 조건
- 성공적 실행의 보장 조건
- 다이얼로그(인터랙션의 또 다른 이름)
- 보조 액터
- 익스텐션(선택적/조건부 상호 작용의 또 다른 이름)
- 예외 처리(오류 처리 조건)
- 연관 유스 케이스(기타 연관 유스 케이스)
- 의사 결정자(유스 케이스의 이해관계 당사자)
- 우선권(여러 유스 케이스 중에서의 구현 우선순위)

4.2.6.1 유스 케이스 내러티브 형식

유스 케이스 내러티브의 형식은 가벼운 것에서부터 완벽한 것까지 다양한 수준이 있다.

---

2 내러티브 아이템은 무궁무진하므로, 여러분의 프로젝트에 필요한 아이템을 자유롭게 추가해도 된다.

캐주얼casual 유스 케이스 내러티브는 별도의 기술 형식을 사용하지 않는, (영어 등의) 자연어를 이용한 설명 방식을 사용한다. 캐주얼 내러티브는 소규모 프로젝트에 적합하며, 표현하려는 유스 케이스별로 달라진다.

완벽한 형식의 유스 케이스 내러티브는 정형화된 기술 형식을 사용해, 여러분의 프로젝트를 위해 정의된 내러티브 아이템을 정형화된 방식으로 설명한다. 완벽한 형식의 내러티브는 다음 세 가지 형식 요소를 지닌다.

- 유스 케이스 아이템 목록(다이얼로그/이벤트 흐름/상호 작용 및 대체 이벤트 흐름/선택적 상호 작용 아이템 등 제외)
- 메인 이벤트 흐름
- 대체 이벤트 흐름(익스텐션)

표 4-2, 4-3, 4-4는 완벽한 형식의 유스 케이스 아이템 사례를 보여준다.

표 4-2 원자로 전원(nuclear power source) 선택, RCTR_USE_022

요구 사항	RCTR_SyRS_022, RCTR_SRS_022_000
액터	원자로 작업자, 선임 원자로 작업자
목표	자동 운전 중 전력 관리 채널 선택
가정 및 사전 조건	작업자가 원자로 관리 콘솔에 로그인함
트리거(유발 조건)	자동 운전 모드에서 작업자가 전원을 선택하기 위해 버튼을 누름
중단 조건	작업자가 전원을 선택함
종료 조건	성공 시, 자동 운전 모드에서 시스템이 선택된 전원을 현재의 실제 전원으로 사용. 실패 시, 시스템이 자동 운전 모드에서 원래 사용하는 전원 시스템으로 되돌림
후속 조건	시스템이 자동 운전 모드에서 사용 가능한 전원의 선택권을 지님

표 4-3 이벤트 흐름, RCTR_USE_022

단계	동작
1	작업자가 NP 선택 버튼을 누름
2	시스템은 NP 채널이 온라인 상태인지 확인
3	시스템이 자동 모드의 전원 선택을 NP 채널로 바꿈

표 4-4 대체 이벤트 흐름(익스텐션), RCTR_USE_022

단계	동작
2.1	NP 채널이 온라인 상태가 아님
2.2	시스템은 NP 전원 채널로 바꾸지 않고, 자동 모드에서 사용되는 기존의 전원 채널을 계속 사용

4.2.6.2 대체 이벤트 흐름

이벤트 흐름 테이블의 각 단계에 (UML 용어로 익스텐션이라 부르는) 조건적 아이템 또는 선택적 아이템이 있는 경우, 대체 이벤트 흐름 테이블에서 해당 조건 아이템 실행이 실패한 경우 사용할 수 있는 아이템을 찾을 수 있다. 단, 각 조건 아이템마다 별도의 대체 이벤트 흐름을 사용할 필요는 없으며, 이벤트 흐름 테이블에서 각 단계(표 4-3의 2단계) 번호로 연결된 하위 단계(표 4-4의 2.1 및 2.2 단계)를 사용하면 된다.

이는 완벽한 형식의 유스 케이스 내러티브를 활용하는 한 가지 예에 불과하며, 이 외에도 다양한 형식이 가능하다. 예를 들어, 표 4-5와 같이 사용 가능한 모든 종료 조건 목록을 포함한 네 번째 테이블을 만들 수 있다.

표 4-5 종료 조건, RCTR_USE_022

조건	결과
성공	자동 모드 전원 채널에서 NP 채널이 선택됨
실패	자동 모드에서 기존에 선택된 채널이 계속 사용됨

종료 조건이 두 개 이상인 경우, 위와 같은 종료 조건 테이블의 유용성은 더욱 커진다.

또 다른 예제로, 그림 4-11의 read_port 유스 케이스를 생각해보자. 이를 위한 내러티브는 표 4-6, 4-7, 4-8과 비슷할 것이다.

표 4-6 read_port 명령

요구 사항	DAQ_SyRS_102, DAQ_SRS_102_000
액터	PC 호스트 컴퓨터 시스템
목표	데이터 획득 시스템에서 디지털 데이터 포트 읽기
가정 및 전제 조건	입력 포트로 디지털 데이터 획득 포트가 초기화됨

(이어짐)

요구 사항	DAQ_SyRS_102, DAQ_SRS_102_000
트리거	read_port 명령 받음
중단 조건	데이터 포트에서 읽은 값을 획득 시스템에 반환함
종료 조건	명령 형식이 올바르지 않을 경우, 시스템은 포트 값 또는 관련 오류 메시지를 반환함
후속 조건	시스템은 또 다른 명령을 수행하기 위해 대기 상태가 됨

표 4-7 이벤트 흐름, read_port 명령

단계	동작
1	호스트 PC는 read_port로 시작하는 명령문을 전송
2	시스템은 두 번째 파라미터가 있는지 확인
3	시스템은 두 번째 파라미터가 적절한 숫자형 문자열 타입인지 확인
4	시스템은 두 번째 파라미터가 0~15 사이의 숫자형 값인지 확인
5	시스템은 지정 포트에서 디지털 데이터를 읽음
6	시스템은 호스트 PC에 포트 값 반환

표 4-8 대체 이벤트 흐름(익스텐션), read_port 명령

단계	동작
2.1	두 번째 파라미터가 존재하지 않음
2.2	시스템은 호스트 PC에 '문법 오류' 메시지를 반환
3.1	두 번째 파라미터가 적절한 숫자형 문자열 타입이 아님
3.2	시스템은 호스트 PC에 '문법 오류' 메시지를 반환
4.1	두 번째 파라미터가 0~15 값의 범위를 벗어남
4.2	시스템은 호스트 PC에 '범위 오류' 메시지를 반환

표 4-8은 사실상 여러 개의 독립적인 이벤트 흐름을 지닌다. 위의 소수점 형식으로 표시된 단계 번호에서 점 좌측 번호는 이벤트 흐름 표의 단계에 대응되고, 점 우측 번호는 대체 이벤트 흐름의 단계를 나타낸다. 이 이벤트 흐름에서 오직 각 이벤트 흐름 번호와 연결된 단계만 실행될 수 있다. 즉 2.1에서 2.2로, 다시 2.3으로 이벤트 동작이 진행될 수 있지만, (이번 예제에서는) 바로 3.1로 넘어갈 수는 없다.

보통의 경우, (4.1 및 4.2 단계의 '범위 오류'와 같이) 시스템이 대체 흐름을 선택하면 유

스 케이스는 해당 대체 흐름이 완료될 때 (4.2 단계에서) 함께 종료되고 별도의 메인 이벤트 흐름을 반환하지 않는다. 메인 이벤트 흐름의 종료 시점에 실행될 내용은 위와 같은 대체 흐름이 실행되지 않았을 때만 실행된다.

이벤트 흐름과 대체 이벤트 흐름의 '올바른' 사용 방법은 유스 케이스를 통해 의도하는 결과가 나오도록 직선형으로 연속해서 실행하는 것이다. 만일 실행과 관련해 여러 개의 경로가 있다면, 각 경로에 맞는 다수의 유스 케이스를 만들어야 할 것이다. 대체 흐름은 올바른 경로에서 파생된 (보통은 오류 경로로 향하는) 모든 동작을 처리할 수 있되, 유스 케이스 다이어그램의 수가 지나치게 많아질 수 있다는 단점이 있다.

이벤트 흐름을 작성할 때, 다이어그램은 텍스트 형식의 설명과 비교해서 만들고 유지하는 데 많은 비용이 든다. 적절한 UML 다이어그램 도구를 사용하더라도 텍스트 설명보다 더 많은 시간과 노력이 소요된다.

4.2.6.3 이벤트의 조건부 흐름

다수의 올바른 경로가 있는 유스 케이스의 경우, 메인 이벤트 흐름에서 분기(branch)와 조건식을 통해 해당 경로를 인코딩하고 대체 경로는 예외 조건용으로만 남겨둘 수 있다. 데이터 획득 시스템에서 다음과 같이 서로 다른 두 개의 문법을 사용하는 명령문이 있다고 가정해보자.[3]

```
ppdio boards
ppdio boards boardCount
```

첫 번째 명령문은 시스템에서 PPDIO 보드의 수를 반환하고, 두 번째 명령문은 PPDIO 보드의 수를 설정한다. 이들 두 명령문을 올바르게 문서화하는 방법은 두 개의 유스 케이스를 만들고 각각을 위한 이벤트 흐름을 작성하는 것이다. 그러나 데이터 획득 시스템에 수십 개 이상의 서로 다른 명령문이 있는 경우, 이를 위한 유스 케이스 생성 작업

---

[3] 위 명령문은 실제 프로젝트에서 사용되는 것이다. 플랜테이션 프로덕션(Plantation Productions)의 'Open Source/Open Hardware Digital Data Acquisition & Control System'(http://www.plantation-productions.com/Electronics/DAQ/DAQ.html) 참고

은 지나치게 복잡하고 방대해질 수 있다. 이에 대한 해법 중 하나는 (if..else..endif 등의) 통합 조건문 연산자를 이용해 여러 개의 유스 케이스를 하나로 통합하고 이벤트 흐름 또한 단일화하는 것이다. 다음 예시를 살펴보자.

이벤트의 흐름

1. 명령문이 ppdio로 시작하는지 확인
2. 명령문의 두 번째 단어가 boards인지 확인
3. 명령문 줄에 추가적인 파라미터가 없는 경우
    a. 시스템의 요청에 대한 응답으로 PPDIO 보드의 수를 반환
4. 명령문 줄에 단일 숫자 파라미터가 있는지 확인
5. 숫자 파라미터의 범위가 0~6인지 확인
6. 숫자 파라미터의 값으로 PPDIO 보드의 수를 설정

대체안의 흐름

1.1 명령문이 ppdio로 시작하지 않는 경우, not PPDIO 응답 반환
2.1 명령문이 ppdio boards로 시작하지 않는 경우, not PPDIO BOARDS 응답 반환
5.1 응답으로 문법 오류 반환
6.1 응답으로 범위 오류 반환

이벤트 흐름에 조건문과 여러 개의 출구점exit point을 두면 UML이 다소 지저분해질 수 있지만, 이를 통해 문서의 전체 크기가 (시간 및 비용과 함께) 감소하므로 유스 케이스 정의에 자주 사용된다.

이벤트 흐름에는 while, for, switch와 기타 고수준 언어 스타일의 조건문 및 순환문을 사용할 수 있지만, 유스 케이스(그리고 설명) 자체는 매우 범용성 높게 작성해야 한다는 점을 기억하자. 유스 케이스에 여러분만의 프로그래밍 언어 특성을 반영하면 해당 내용을 상세히 설명하는 일부터 시작해야 하며, 이는 유스 케이스에 적합한 방식은 아닐 것이다. 고수준 언어를 이용한 표현 중 상당수는 나중에 살펴볼 다른 UML 다이어그램(액티비티 다이어그램 등)으로 대체할 수 있을 것이다.

앞서 소개한 예제를 보면 대체 이벤트 흐름이 오직 예외 처리를 위한 것처럼 보이겠

지만, 그 외의 다양한 용도로 쓸 수 있다. 메인 이벤트 흐름에서 파생된 조건을 처리하기 위해 익스텐션을 사용할 수도 있다. 하지만 일반적 조건문에서 대체 이벤트 흐름을 구현하다 보면 기존 유스 케이스 요소와의 연관성이 차례대로 드러나게 되며, 이들의 논리적 흐름을 반영하는 것이 더욱 어려워질 수 있다.

4.2.6.4 일반화와 익스텐션 비교

일반화는 대부분의 경우에 익스텐션보다 나은 도구라 할 수 있다. 예를 들어 범용성 높은 명령어인 port_command 유스 케이스를 작성하는 경우, 포트 읽기 및 쓰기를 위해 read_port와 write_port라는 익스텐션을 추가할 수 있다. 이론적으로는 그림 4-12와 같은 익스텐션 구조를 만들 수 있다.

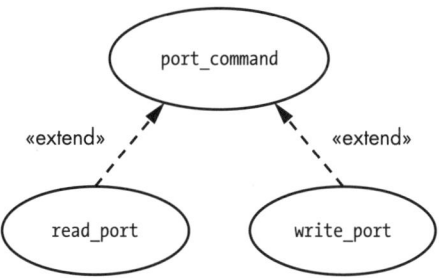

그림 4-12 유스 케이스 익스텐션의 잘못된 표현 사례

그러나 위와 같은 경우는 read_port와 write_port가 port_command의 세분화된 명령이므로, (port_command에서 대체 경로를 만들어 확장하는 것보다는) 일반화 기법을 사용하는 것이 더 낫다. 그림 4-13은 이를 위한 일반화 기법을 보여준다.

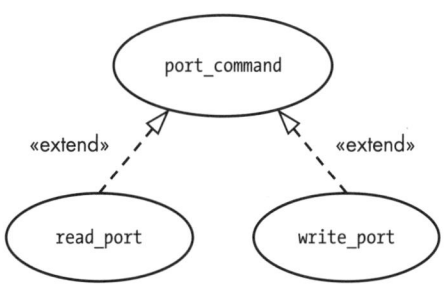

그림 4-13 익스텐션 대신 일반화 표현을 적용

일반화를 사용하면, 기본 또는 근원 유스 케이스에 정의된 모든 실행 단계를 따르는 새로운 유스 케이스를 만들 수 있다. 반면에 익스텐션을 사용하면 메인 이벤트 흐름에서 대체 이벤트 흐름으로 이동하는 가운데, 메인 이벤트 흐름을 따르지 않는 실행 단계가 존재할 수 있다.

4.2.7 유스 케이스 시나리오

시나리오란 하나의 유스 케이스를 통과하는 단일 경로[path]다. 예를 들어, read_port 유스 케이스는 하나의 성공 시나리오(포트를 읽고 포트 데이터를 반환), 두 개의 문법 오류 시나리오(대체 이벤트 흐름의 2.1/2.2, 3.1/3.2), 그리고 하나의 범위 오류 시나리오(대체 이벤트 흐름의 4.1/4.2) 등, 총 네 개의 시나리오를 지닌다. 유스 케이스 작성자는 이벤트 흐름과 대체 이벤트 흐름의 특정 경로를 완전히 통과하는 시나리오를 만들 수 있으며, read_port 명령은 다음과 같은 시나리오를 지닌다.

성공 시나리오

1. 호스트가 read_port로 시작하는 명령문 전송
2. 시스템이 두 번째 파라미터 존재 여부 확인
3. 시스템이 두 번째 파라미터가 숫자형 문자열인지 확인
4. 시스템이 두 번째 파라미터가 0~15 사이의 값인지 확인
5. 시스템이 해당 포트에서 데이터를 읽음
6. 시스템이 호스트 PC에 포트 값 반환

문법 오류 #1 시나리오

1. 호스트가 read_port로 시작하는 명령문 전송
2. 시스템이 두 번째 파라미터가 존재하지 않음을 확인
3. 시스템이 호스트 PC에 문법 오류 메시지 반환

문법 오류 #2 시나리오

1. 호스트가 read_port로 시작하는 명령문 전송
2. 시스템이 두 번째 파라미터 존재 여부 확인

3. 시스템이 두 번째 파라미터가 숫자형 문자열이 아님을 확인
4. 시스템이 호스트 PC에 문법 오류 메시지 반환

범위 오류 시나리오

1. 호스트가 read_port로 시작하는 명령문 전송
2. 시스템이 두 번째 파라미터 존재 여부 확인
3. 시스템이 두 번째 파라미터가 숫자형 문자열인지 확인
4. 시스템이 두 번째 파라미터가 0~15 사이의 값이 아님을 확인
5. 시스템이 호스트 PC에 범위 오류 메시지 반환

시스템 모델링을 할 때 테스트 케이스와 테스트 프로시저를 생성하는 시나리오도 사용할 수 있으며, 각 시나리오마다 하나 이상의 테스트 케이스를 추가하고 이벤트 흐름에서 if 조건문에 여러 개의 유스 케이스 시나리오를 결합해 사용할 수 있다. 하지만 이는 유스 케이스 내러티브에 대한 세분화된 설명을 필요로 하므로, 시나리오 통합은 (너무 복잡해지거나 방대해지지 않는 한) 가급적 지양하는 것이 좋다.

4.3 UML 시스템 경계 다이어그램

간단한 유스 케이스 다이어그램을 그리는 경우, 시스템을 기준으로 어떤 것이 내부 요소이고 어떤 것이 외부 요소인지 명확하게 나타낼 필요가 있다. 그중에서도 특히 액터는 외부 요소이고, 유스 케이스는 내부 요소다. 만일 액터를 기존의 막대 인형 대신 사각형 stereotyped rectangle으로 나타내면, 시스템에서 어떤 요소가 외부 요소인지 구분하기 어려워진다. 또한 유스 케이스 다이어그램에서 다수의 시스템을 참조하는 경우, 어떤 유스 케이스가 어떤 시스템에 포함된 것인지 파악하기 어려워진다. 바로 이런 문제를 해결하기 위해 UML 시스템 경계 다이어그램을 사용한다.

UML 시스템 경계 다이어그램은 그림 4-14와 같은 유스 케이스를 둘러싼 회색 사각형으로, 시스템 내부 요소를 명확히 나타내며 시스템 제목은 사각형 상단에 표시한다.

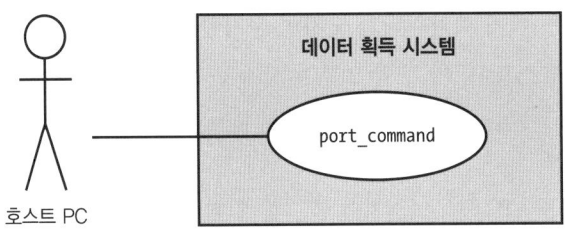

그림 4-14 시스템 경계 다이어그램

4.4 유스 케이스 이외의 영역

이번 4장에서는 소프트웨어 엔지니어링을 위한 통합 모델링 언어(UML)의 가장 중요한 요소 중 하나인 유스 케이스를 알아봤다. 하지만 UML에는 유스 케이스 외에도 매우 많은 요소가 있다. 다음 5장에서는 소프트웨어 설계를 위한 모델의 동작 표현 방식인 UML 액티비티 다이어그램을 살펴본다.

4.5 참고 자료

Bremer, Michael 저. *The User Manual Manual: How to Research, Write, Test, Edit, and Produce a Software Manual*. Grass Valley, CA: UnTechnical Press, 1999. 샘플 챕터 다운로드 http://www.untechnicalpress.com/Downloads/UMM%20sample%20doc.pdf.

Larman, Craig 저. *Applying UML and Patterns: An Introduction to Object-Oriented Analysis and Design and Iterative Development*. 3rd ed. Upper Saddle River, NJ: Prentice Hall, 2004.

Miles, Russ, Kim Hamilton 저. *Learning UML 2.0: A Pragmatic Introduction to UML*. Sebastopol, CA: O'Reilly Media, 2003.

Pender, Tom 저. *UML Bible*. Indianapolis: Wiley, 2003.

Pilone, Dan, Neil Pitman 저. *UML 2.0 in a Nutshell: A Desktop Quick Reference*. 2nd ed. Sebastopol, CA: O'Reilly Media, 2005.

Roff, Jason T 저. *UML: A Beginner's Guide*. Berkeley, CA: McGraw-Hill Education, 2003.

Tutorials Point. 'UML Tutorial.' https://www.tutorialspoint.com/uml/.

5

UML 액티비티 다이어그램

플로우차트flowchart로도 널리 알려진 UML 액티비티 다이어그램은 시스템 요소 간의 업무 흐름을 나타내며, 객체지향 프로그래밍Object-Oriented Programming(OOP) 이전 시대에 소프트웨어 개발 및 설계 업무에 폭넓게 사용돼 왔다. UML 객체지향 표기법은 전통적으로 사용되던 플로우차트를 상당 부분 대체했지만, OOP의 메소드, 함수, 프로시저를 위한 저수준의 핵심적인 세부 사항을 구현하는 데는 여전히 플로우차트가 활용되고 있다. 즉, UML 설계자에게 액티비티 다이어그램은 플로우차트의 업데이트 버전이라 할 수 있다.

5.1 UML 액티비티 상태 기호

UML 액티비티 다이어그램은 전통적인 플로우차트 기호를 기반으로 만들어진 상태 기호state symbol를 사용한다. 이번 절에서는 자주 사용되는 상태 기호를 알아본다.

노트 | 플로우차트에 관한 상세한 내용은 웹 검색을 통해 확인하자.

5.1.1 시작 상태와 종료 상태

UML 다이어그램에는 시작 터미널 객체start terminal object를 나타내는 시작 상태start state가 반드시 포함돼 있다. 시작 상태는 속이 채워진 원과 (이동 또는 전환을 나타내는) 화살표로 구성된다. 시작 상태에는 '시작 상태'라는 라벨을 붙여 전체 액티비티 다이어그램에서 통용되는 이름으로 사용할 수 있다.

또한 UML 다이어그램에는 종료 상태end state 및 종료 흐름end flow 기호도 있다. 종료 상태 기호는 전체 프로세스를 종료시키는 반면, 종료 흐름 기호는 단일 스레드thread만 종료시키므로 하나의 프로세스에서 다수의 스레드가 실행될 때 편리하게 사용할 수 있다. 종료 상태 또한 '종료 상태'라는 라벨을 붙일 수 있으며, 프로세스의 종료 지점에 도달한 시스템의 상태를 나타내는 데 사용할 수 있다.

그림 5-1은 시작 상태, 종료 상태, 종료 흐름 기호를 보여준다.

그림 5-1 UML 시작 상태 및 종료 상태 기호

액티비티 다이어그램에서 시작 상태 기호는 오직 한 번만 사용하지만, 종료 상태 기호는 (하나의 메소드 실행 결과로 여러 개의 반환값이 전달되는 경우 등) 여러 번 사용할 수 있으며, 이때 라벨은 '예외 처리 출구' 또는 '정상 출구' 등과 같은 다양한 내용을 입력할 수 있다.

5.1.2 액티비티

UML에서 액티비티 기호는 특정 동작을 나타내며, 그림 5-2와 같이 (플로우차트의 터미널 기호와 유사한) 라운드앵글, 즉 양 끝이 원형인 사각형이다.[1]

---

1 액티비티 기호의 형태와 관련해 UML 저자마다 '원형 사각형'에 대한 다양한 표현을 사용하고 있지만, 공식적인 기호 명칭은 상태 표시를 위한 '라운드앵글(roundangle)'이다.

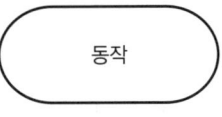

그림 5-2 UML 액티비티

일반적으로, 액티비티는 프로그래밍 언어에서 연속적으로 실행되는 하나 혹은 그 이상의 실행 명령(또는 동작)에 대응되며, 기호 안의 텍스트는 '데이터 읽기' 또는 'CRC 연산' 등 동작 내역을 설명한다. UML 액티비티는 상세한 설명을 포함하지 않으며, 이는 프로그래머의 몫으로 남겨둔다.

5.1.3 상태

UML 액티비티 다이어그램은 시작 상태와 종료 상태 외에도 중간 상태$^{intermediate\ state}$를 표시해, 해당 상태 기호 시점에서 기존의 조건을 나타내는 이정표와 같은 역할을 한다. 상태 기호는 그림 5-3과 같은 모서리가 둥근 사각형이며, 액티비티 기호의 양 끝이 좀 더 원형에 가까운 것과 차이가 있다.

그림 5-3 UML 상태

상태 기호의 텍스트는 해당 시점에 시스템의 상태를 나타낸다. 예를 들어 동작이 'CRC 연산'인 경우, 상태 기호의 라벨은 'CRC 연산 완료' 또는 'CRC 연산 가능'으로 쓸 수 있다. 상태는 특정 동작과 결합돼 있지 않으며, 해당 시점에 시스템의 현재 상태를 나타낼 뿐이다.

5.1.4 전환

전환^{transition}은 액티비티 다이어그램에서 (상태 또는 동작의 제어 흐름이) 하나의 지점에서 또 다른 지점으로 이동하는 것이며, 전환 흐름이 일정 동작 흐름을 벗어나는 것은 시스템이 해당 액티비티와 관련된 동작을 모두 완료하고 새로운 액티비티로 이동하는 것을 의미한다. 한 쌍의 전환 흐름이 만들어져서 특정 상태로 들어갔다가 다시 나오는 경우, 제어 흐름control flow은 (별다른 동작 없이) 즉시 상태를 빠져나오게 된다. UML 상태는 전환의 중간 단계를 설명하는 표식과 같은 역할을 하며, 그림 5-4와 같이 UML 상태 내에서 아무런 작업도 수행하지 않고 다음 단계로 전환된다.

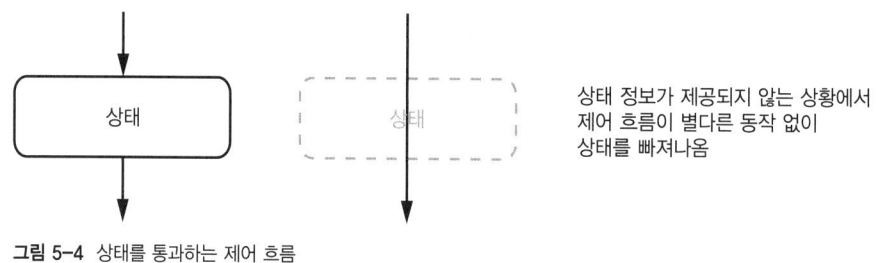

그림 5-4 상태를 통과하는 제어 흐름

5.1.5 조건식

UML 액티비티 다이어그램은 전환 보호, 결정 지점 등 다양한 조건식conditional을 제공한다.

5.1.5.1 전환 보호

조건문에서 전환 기호에 불리언 표현식을 추가할 수 있으며, UML에서는 이를 '불리언 표현식 보호boolean expressions guard'라고 부른다. 조건부 UML 기호는 최소 두 개의 전환 보호transition guard 요소를 지니며, 그림 5-5와 같이 대괄호에 텍스트가 있는 라벨을 추가한다 (아래 그림에서 육각형은 임의의 UML 기호를 나타낸다).

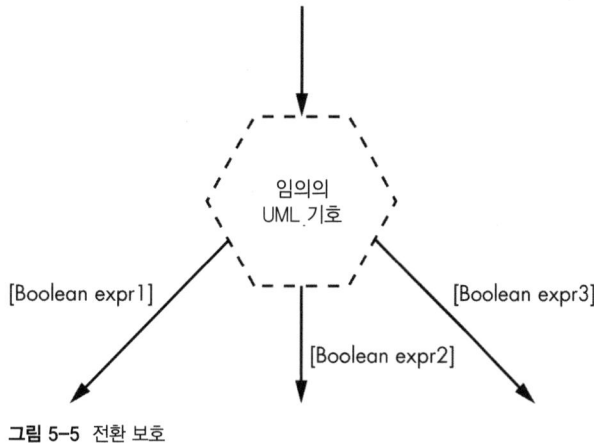

그림 5-5 전환 보호

일련의 불리언 표현식은 서로 배타적이어야 하며, 하나가 참이면 다른 모든 것은 거짓이 돼야 한다. 또한 표현식의 범위는 어떤 입력값의 조합에서도 올바른 출력값을 내놓을 수 있도록 완벽해야 하며, 일련의 전환 보호 요소 내에서 최소 하나 이상의 불리언 표현식은 참이 돼야 한다(즉, 첫 번째 조건과 결합한 경우 하나의 불리언 조건은 반드시 참이 돼야 한다).

모든 입력값을 처리할 수 있는 '모두 대응catch-all' 전환 보호를 표현하려면, 그림 5-6과 같이 else, otherwise, 또는 default 키워드를 적용한 전환 요소를 추가하면 된다.

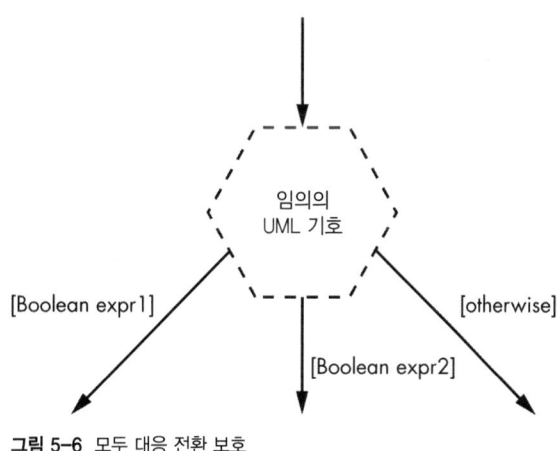

그림 5-6 모두 대응 전환 보호

5장 UML 액티비티 다이어그램 / 155

5.1.5.2 결정 지점

전환 보호는 주로 상태 또는 동작 기호가 포함된 어떤 UML 기호에서도 분기가 가능하다. 그러나 여러 개의 상태 또는 동작을 단일 지점에 병합하는 과정에서 예상하지 못한 새로운 경로가 파생될 수 있다. 이에 대한 대비책으로, UML은 결정 지점decision point이라는 특수 기호를 통해 새로운 의사 결정 경로가 만들어지는 지점을 한데 모으고 하나로 묶을 수 있다. 결정 지점은 그림 5-7과 같이 다이아몬드 형태의 기호를 사용한다.

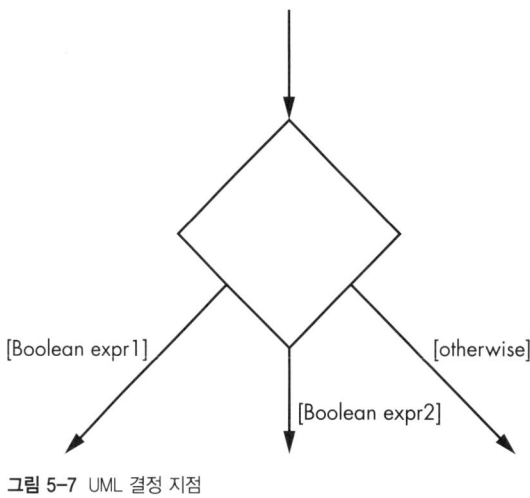

그림 5-7 UML 결정 지점

전환 보호 경로는 어떤 UML 기호에서도 나올 수 있지만, 전환 보호와 관련된 경로의 시작점으로 결정 지점을 사용하는 것이 좋다.

5.1.6 합병 지점

UML에서는 그림 5-8과 같이 다이아몬드 기호를 이용해 유입되는 다수의 전환 경로를 모아서 하나의 유출 전환 경로로 전달할 수 있으며, 이를 합병 지점merge point이라 한다.

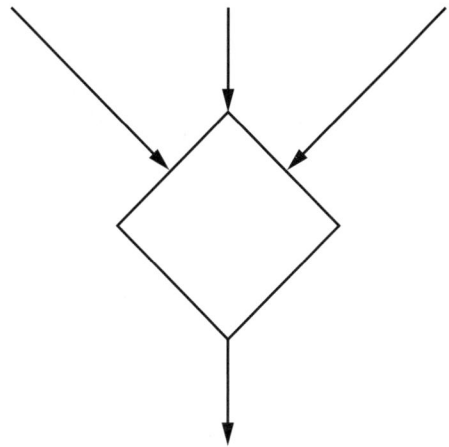

그림 5-8 UML 합병 지점

위 그림과 같이 합병 지점은 앞서 소개한 결정 지점과 동일한 객체 타입이다. 합병 지점은 별도의 이름이 없는 상태 객체이며, 유입되는 모든 전환 경로를 한데 모아서 단일 유출 전환 경로로 전달하는 기능만 수행한다. 결정 지점은 다수의 유출 전환 경로를 지닌 특수한 합병 지점이라고 할 수 있다.

이론적으로는 합병 지점도 다수의 유입 전환 경로와 다수의 유출 전환 경로를 지닐 수 있다. 그러나 이를 실제로 기호화하면 그림 5-9와 같이 합병 지점과 결정 지점이 한꺼번에 등장해 다이어그램을 더욱 복잡하게 만들게 된다. 그러므로 대부분의 UML 작업에서 결정 및 합병 지점을 분리하여 가독성과 이해 가능성을 높일 수 있다.

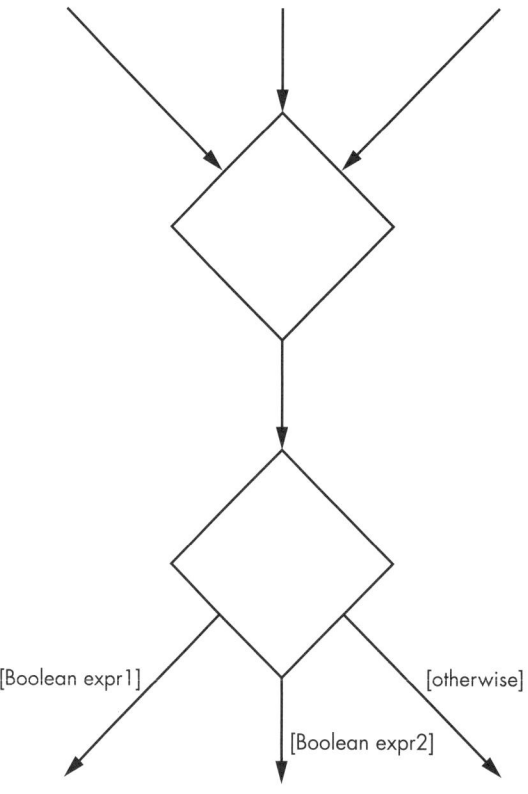

그림 5-9 UML 합병 및 결정 지점의 결합

5.1.7 이벤트와 트리거

이벤트와 트리거는 현재의 제어 흐름 외부에서 발생하는 동작으로, 외부 스레드 실행이나 하드웨어로부터의 입력값 등에 의한 변경 동작이다.[2] UML에서 이벤트와 트리거는 라벨이 있는 전환 요소로 구성된 전환 보호와 매우 유사하다. 하지만 전환 보호는 불리언 표현식을 평가한 즉시 전환 경로 끝부분에 제어 흐름을 넘겨주고, 이벤트와 트리거는 해당 이벤트나 트리거가 발생할 때까지 제어 흐름을 보유한다는 차이점이 있다.

이벤트와 트리거 전환 기호에는 이벤트와 트리거의 이름을 붙이며, (그림 5-10과 같

---

2 UML에서 이벤트와 트리거는 현재 제어 흐름 외부에서 유입돼 시스템에 변경을 가한다는 측면에서 사실상 같은 것으로 취급된다. 이 책에서도 이벤트와 트리거는 같은 의미의 단어로 사용한다.

이) 제어 흐름과 관련된 파라미터를 추가하기도 한다.

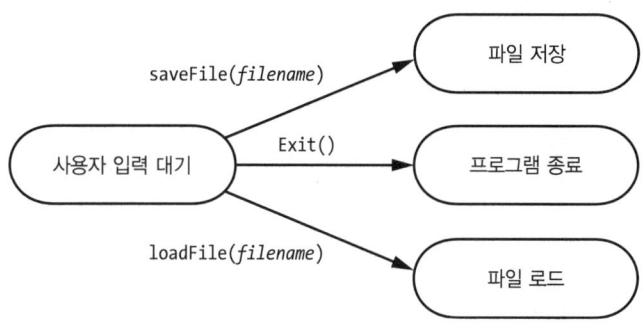

그림 5-10 UML 이벤트 및 트리거

위 예제에서 시스템은 (화면 위 UI 버튼 클릭 등과 같은) 사용자의 입력을 기다린다. 그리고 사용자가 save, exit, 또는 load 작업을 선택하면, 제어부는 이벤트와 트리거 전환 끝부분에 (파일 저장, 프로그램 종료, 또는 파일 로드 등과 같은) 해당 동작을 전달한다.

이벤트와 트리거 전환에 대괄호 내부에 그림 5-11과 같이 불리언 표현식을 입력한 전환 보호 조건을 추가해 이벤트와 트리거를 즉시 반영하도록 할 수 있다. 이렇게 하면, 이벤트와 트리거가 발생하고 전환 보호 표현식이 참으로 평가됐을 때만 전환 동작이 일어난다.

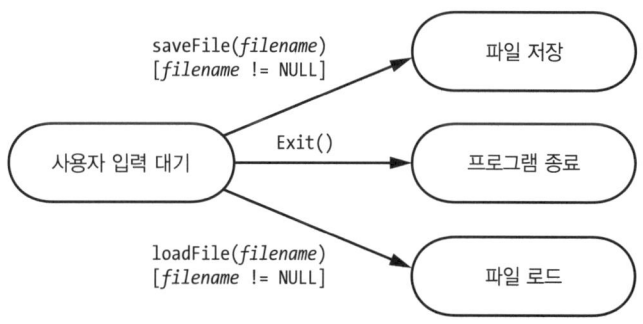

그림 5-11 전환 보호 조건이 추가된 이벤트와 트리거

UML 이벤트 및 트리거는 이번 5장에서 소개한 내용 외에도 다양한 표현식과 동작을 지원한다. 좀 더 자세한 내용을 확인하려면 톰 펜더의 저서 『UML Bible』을 참고하길 바란다(5.3절 '참고 자료'에서 확인하자).

5장 UML 액티비티 다이어그램 / 159

5.1.8 포크 및 조인 동기화

UML은 싱글 스레드 실행을 동시에 분산해 실행할 수 있는 멀티 스레드 기호와 멀티 스레드를 싱글 스레드로 병합할 수 있는 기호를 제공한다[3](그림 5-12 참조).

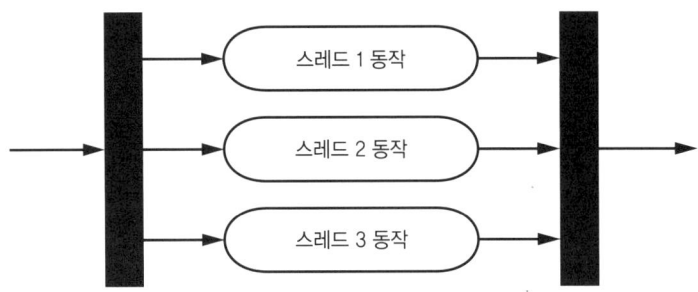

그림 5-12 UML의 포크와 조인

너비가 좁은 검은색 사각형 기호로 표시하는 UML 포크fork는 싱글 스레드 실행을 두 개 이상의 멀티 스레드로 분산해 동시다발적으로 수행한다. UML 조인join 또한 너비가 좁은 검은색 사각형 기호로 표시하며, 멀티 스레드를 싱글 스레드로 합쳐서 실행한다. 조인 작업은 스레드 동기화를 의미하기도 한다. 위 다이어그램에서 마지막 스레드를 제외한 모든 스레드는 (마지막 스레드가 도착해) 싱글 스레드의 최종 결괏값 출력이 가능해질 때까지 흐름이 중단된다.

5.1.9 호출 기호

UML 호출 기호call symbol는 작은 갈퀴처럼 생겼으며, 동작에 추가해 또 다른 UML 시퀀스가 호출됨을 명시적으로 선언한다. 호출 기호는 그림 5-13과 같이 호출할 시퀀스 이름과 함께 UML 동작 기호 내부에 넣어서 사용한다.

여러분은 그림 5-14와 같이 UML 문서 어딘가에 해당 이름을 지닌 시퀀스 또는 서브루틴을 정의한 뒤 호출 기호를 통해 호출할 수 있다.

---

3   이번 예제에 소개된 UML의 스레드 작업은 단순 예시다. UML 다이어그램으로 멀티 스레드 동시 실행을 나타내는 경우, 독립적으로 존재하는 별도의 제어 흐름이 동시에 실행될 수 있다는 의미다. 그러나 실제의 멀티 스레드 동시 실행에서는 시스템이 제어 흐름을 차례에 따라 병렬적으로 실행한다.

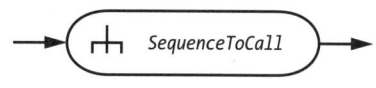

그림 5-13 UML 시퀀스 호출

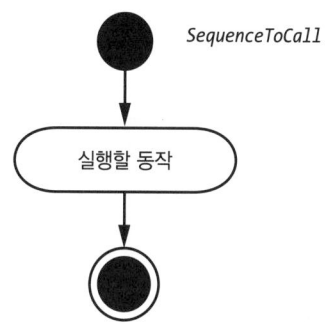

그림 5-14 UML 서브루틴(시퀀스)

5.1.10 파티션

파티션partition은 프로세스의 단계를 조직화해서 나타내기 위한 것으로, 여러 개의 박스가 수평적으로 연결된 형태를 지니되, 박스 상단에 액터, 객체, 도메인 네임 등이 표시된다.[4] 동작 다이어그램은 그림 5-15와 같이 각 박스의 제어 권한이 바뀌면서 이 박스에서 저 박스로 이동하는 흐름을 보이게 된다.

그림 5-15는 테스트 중인 코드의 프로세스를 보여준다. 작업자가 실행할 테스트를 선택하면, 테스트 소프트웨어에 제어 흐름을 넘겨준다. 그러면 이벤트와 트리거가 '테스트 #1 실행' 동작에 제어 흐름을 넘겨주고, 테스트 소프트웨어는 (세 번째 파티션의) 테스트 코드를 호출한다. 테스트 코드를 실행한 뒤, 제어 흐름은 다시 테스트 소프트웨어로 넘어오고, 테스트 통과 또는 실패를 결정한다. 테스트를 통과한 경우 테스트 코드는 작업자 화면에 '통과'를 표시하고, 실패한 경우 테스트 코드는 점검 루틴을 실행한다.

---

[4] 구 버전의 UML 호출 파티션은 수영장 레인(swim lane)이라 불렸으며, 구 버전을 다룬 다수의 책과 문서에서 해당 이름을 찾을 수 있다.

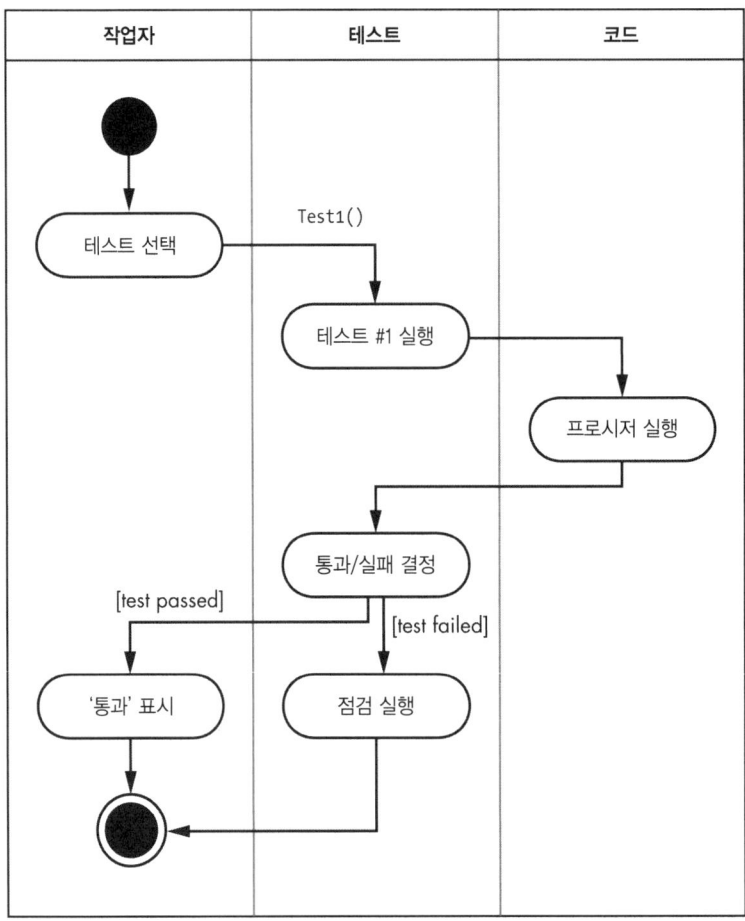

그림 5-15 UML 파티션

5.1.11 주석과 주해

UML에서 주석^{comment}과 주해^{annotation}는 그림 5-16과 같이 모서리가 접힌 작은 페이지의 형태를 지닌다. 주석을 추가하고 싶은 아이템이 있을 경우 점선으로 주석 기호와 연결하면 된다.

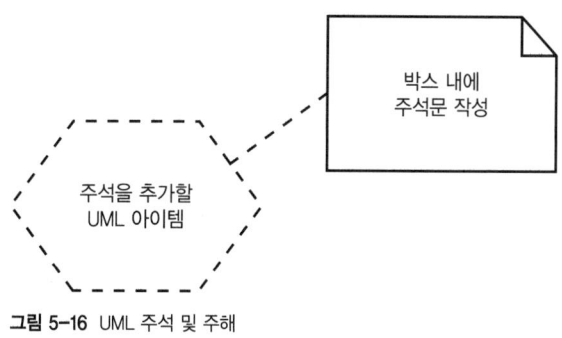

그림 5-16 UML 주석 및 주해

5.1.12 커넥터

커넥터는 내부에 숫자 등의 라벨이 있는 원형 기호로 표시하며, 그림 5-17과 같이 제어 흐름이 다이어그램 내 (해당 번호를 지닌) 특정 지점으로 이동하는 것을 보여준다. 이때, 동일한 기호를 페이지 내부 커넥터 또는 페이지 외부 커넥터로 사용할 수 있다.

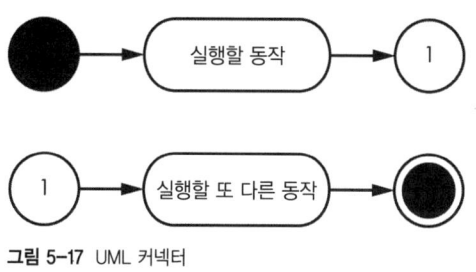

그림 5-17 UML 커넥터

UML 커넥터를 효과적으로 이용하면, 다이어그램에서 불필요하게 길고 중복되는 전환 선분을 제거해 좀 더 읽기 쉽게 작성할 수 있다. 단, UML에서의 커넥터는 프로그래밍 언어에서의 goto 명령문과 같은 의미를 지니므로 지나친 사용은 자제해야 한다.

5.1.13 기타 액티비티 다이어그램 기호

UML 2.0 명세서에는 구조화 액티비티, 리전region 및 노드node 확장, 조건부 노드, 루프 노드 등 액티비티 다이어그램에서 사용할 수 있는 더 많은 요소가 포함돼 있다. 그러나 소프트웨어 엔지니어링의 이해를 돕기 위해 UML 개요를 설명한다는 이 책의 집필 취지와 지면 제약을 고려할 때 여기서 더 많은 내용을 다루기는 어렵다. UML에 대한 좀 더 자세한 내용을 원하는 독자는 5.3절 '참고 자료'와 온라인 자료를 살펴보길 바란다.

5.2 UML 액티비티 다이어그램의 확장

때로는 기존의 UML 액티비티 다이어그램만으로 설명할 수 없는 시스템 요소가 있다. 이럴 때는 나만의 커스텀 기호를 사용해보고 싶은 마음이 들기도 할 텐데, 이는 좋지 않은 생각이다. 그 이유는 다음과 같다.

- UML은 잘 정의된 표준이다. 여러분이 나름의 필요에 따라 UML을 확장하는 순간, UML은 더 이상 잘 정의된 표준이 아니게 된다. 즉, 이미 UML을 이해하고 있던 사람들이 여러분의 액티비티 다이어그램을 보고 이해할 수 없게 된다(여러분의 문서를 보면 이해될 수도 있겠지만, 표준도 아닌 액티비티 다이어그램을 이해하려고 문서를 보려는 사람은 없을 것이다).
- 시중에는 UML 액티비티 다이어그램을 생성하고 편집할 수 있는 다양한 UML 다이어그램 작성 도구가 나와 있지만, 대부분의 경우 표준이 아닌 기호 또는 객체를 처리하는 기능은 제공하지 않는다.
- 다수의 컴퓨터 기반 소프트웨어 엔지니어링(CASE) 도구는 UML 다이어그램에서 바로 코드를 생성할 수 있는데, 이들 CASE 도구 또한 표준 UML 기호만 처리할 수 있고 표준이 아닌 확장 기호는 처리할 수 없는 경우가 많다.
- UML 액티비티 다이어그램에서 여러분이 원하는 기능을 표현하기 어렵다면, 다른 스킴을 활용하는 방안을 검토할 수 있다. 표준 도구를 이용해 쉽게 처리할 수 있는 임무를 비표준적인 방식으로 처리하면, 다른 UML 사용자는 해당 업무를 결코 쉽게 처리할 수 없을 것이다.

모든 의견을 종합해보면, UML은 결코 완벽한 도구가 아니므로 비표준적인 새 액티비티 다이어그램 객체를 추가해 여러분이 원하는 액티비티 다이어그램을 쉽게 구현할 수도 있다.

예를 들어 동시 발생적으로 작동하는 중요한 프로그래밍 섹션이 있는데, 그중 단 하나의 스레드에 있는 코드 리전만 한 번에 하나씩 실행된다고 하자. 이런 경우 사용할 수 있는 (7장에서 살펴볼) UML 시퀀스 다이어그램은 시퀀스 프래그먼트sequence fragment를 통해 중요 섹션의 동시 실행 방식을 설명한다. 그러나 여러분이 액티비티 다이어그램에 시퀀스 프래그먼트를 적용하더라도, 결과 화면은 지저분하고 읽기도 이해하기도 어려운 다이어그램만 남게 된다. 그러므로 나의 개인 프로젝트에서 위 사례를 표현하기 위한 액티비티 다이어그램을 만든 뒤, 그림 5-18과 같은 커스텀 표현식으로 중요 섹션을 나타냈다.

그림 5-18 중요 리전에 대한 비표준적인 다이어그램

그림 좌측에서 오각형 기호로 유입되는 화살표는 (다른 스레드로부터 나와서) 중요 섹션으로 향하는 전환 흐름을 나타낸다. 오각형에서 나온 하나의 화살표 선분은 중요 섹션에서 실행되는 싱글 스레드를 나타내고, 우측 오각형은 싱글 스레드 실행 흐름을 받아서 원래의 스레드로 되돌려준다(예를 들어, T1이 중요 섹션으로 유입되는 스레드라면 중요 섹션에서의 실행 결과는 다시 T1으로 나가게 된다).

그런데 위 다이어그램만 봐서는 중요 섹션에서 사용될 스레드가 다섯 개만 있는지 확실치 않다. 그 대신 (T1부터 T5까지) 다섯 개의 액티비티 다이어그램 요소의 흐름이 있고, 이들 요소가 중요 섹션으로 진입하기 위해 경쟁하는 것으로 보인다. 사실 위 그림에서 이들 흐름은 중요 섹션으로 진입하기 위해 경쟁하는 멀티 스레드 실행을 나타내는 것일 수 있으며, 세 개 스레드의 실행 결과는 모두 T1으로 이어지고, 중요 섹션이 진입 가능 상태가 될 때까지 기다리는 것일 수 있다.

멀티 스레드는 중요 섹션 다이어그램 내 동일 흐름에서 실행되므로, 그림 5-19와 같이 중요 섹션으로 진입하는 싱글 스레드 흐름으로 나타내도 무방하다.

그림 5-19 중요 리전에 대한 싱글 플로우 다이어그램

단, 위 예시는 멀티 스레드가 (T1) 동일 흐름에서 실행될 때만 성립한다.

위 사례를 통해 알 수 있듯이, 간단한 다이어그램이라도 적절한 설명을 위해서는 꽤 많은 양의 문서화 작업이 필요하다. 이와 같은 문서가 미처 준비되지 않으면(UML 액티비티 다이어그램에 적절히 반영하지 못하면), 사용자는 여러분의 다이어그램이 어떤 의미로 작성된 것인지 제대로 파악할 수 없을 것이다. 그러므로 비표준적인 객체를 사용해야 한다면, 차라리 다이어그램 본문에 직접 표시해 의미하는 바를 명확하게 전달하는 것이 낫다. 액티비티 다이어그램이 포함된 (SDD 등과 같은) 문서의 별도 섹션에 이들 문서를 첨부하거나 이들 문서만 따로 모아서 제공할 경우, 사용자는 각종 업데이트 및 수정 작업이 진행될수록 이들 문서에 접근하는 일이 매우 어려워질 수 있으므로 주의한다.

노트 | 그림 5-19의 중요 리전 다이어그램은 UML 액티비티 다이어그램을 확장하는 방식의 예시일 뿐이다. 보통의 경우 나는 커스텀 다이어그램의 작성을 결코 권하지 않으며, UML 표현식의 확장 또한 권장하지 않는다. 그러나 여러분에게 커스텀 다이어그램이 정말로 필요하다면, 비표준적인 접근 방식도 있다는 정도만 기억하자.

5.3 참고 자료

Bremer, Michael 저. *The User Manual Manual: How to Research, Write, Test, Edit, and Produce a Software Manual*. Grass Valley, CA: UnTechnical Press, 1999. 샘플 챕터 다운로드 http://www.untechnicalpress.com/Downloads/UMM%20sample%20doc.pdf.

Larman, Craig 저. *Applying UML and Patterns: An Introduction to Object-Oriented Analysis and Design and Iterative Development*. 3rd ed. Upper Saddle River, NJ: Prentice Hall, 2004.

Miles, Russ, Kim Hamilton 저. *Learning UML 2.0: A Pragmatic Introduction to UML*. Sebastopol, CA: O'Reilly Media, 2003.

Pender, Tom 저. *UML Bible*. Indianapolis: Wiley, 2003.

Pilone, Dan, Neil Pitman 저. *UML 2.0 in a Nutshell: A Desktop Quick Reference*. 2nd ed. Sebastopol, CA: O'Reilly Media, 2005.

Roff, Jason T 저. *UML: A Beginner's Guide*. Berkeley, CA: McGraw-Hill Education, 2003.

Tutorials Point. 'UML Tutorial.' https://www.tutorialspoint.com/uml/.

6

UML 클래스 다이어그램

이번 6장에서는 UML의 중요 다이어그래밍 도구$^{\text{diagramming tool}}$ 중 하나인 클래스 다이어그램$^{\text{class diagram}}$을 알아본다. UML 작성자는 클래스 다이어그램을 통해 데이터 타입, 데이터 구조, 프로그램에서의 데이터 관련 작업 등을 정의할 수 있다. 또한 클래스 다이어그램은 객체지향 분석$^{\text{Object-Oriented Analysis}}$(OOA)과 객체지향 설계$^{\text{Object-Oriented Design}}$(OOD)의 토대가 된다.

6.1 UML에서의 객체지향 분석 및 설계

초기 UML 개발자들은 객체지향 소프트웨어 설계를 통해 당시 (1990년대) 산업을 주도하던 구조화 프로그래밍 관행에 변화를 불러일으키길 원했다. 이번 절에서는 객체지향 소프트웨어 설계의 대표적인 요소인 UML 클래스(데이터 타입) 및 객체(데이터 타입의 인스턴스 변수)를 표현하는 방식을 알아본다.

전형적인 UML 클래스 다이어그램은 그림 6-1과 같다.

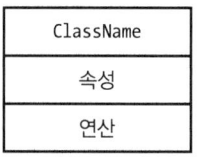

그림 6-1 전형적인 클래스 다이어그램

위 그림에서 속성attribute은 클래스의 데이터 필드(변수 및 상수) 요소이며, 클래스 내부에서 활용되는 정보를 나타낸다.

연산operation은 클래스의 동작class's behavior을 나타내는 액티비티 요소이며 메소드, 함수, 프로시저와 기타 연산 요소가 포함된다.

경우에 따라서는 클래스 다이어그램을 참조할 때 모든 속성이나 연산 내역을 알 필요가 없는(혹은 해당 속성 또는 연산 객체가 없는) 경우가 있다. 이런 경우, 그림 6-2와 같은 부분 클래스 다이어그램partial class diagram을 그려도 된다.

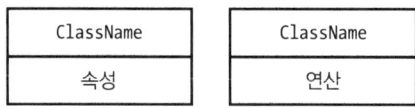

그림 6-2 부분 클래스 다이어그램

부분 클래스 다이어그램에서 특정 속성이나 연산이 표시되지 않은 경우, 이들 요소가 없다는 뜻이 아니라 현재의 맥락에서 해당 요소를 다이어그램에 표시할 필요가 없다는 의미다. 다이어그램 설계자는 이 부분을 코더가 코딩 작업을 하면서 채우도록 할 수도 있고, 문서 어딘가에 완전체인 클래스 다이어그램이 있는 경우 부분 다이어그램은 현재 진행 중인 작업에 대한 내용만 담을 수도 있다.

UML 클래스 다이어그램의 가장 간단한 형태는 그림 6-3과 같이 사각형 기호 안에 해당 클래스 이름만 추가한다.

```
className
```

그림 6-3 간단한 형태의 클래스 다이어그램

위 그림 역시 이번 클래스에 속성 또는 연산 요소가 없다는 뜻이 아니라, 현재의 맥락에서 해당 요소를 다이어그램에 표시할 필요가 없다는 의미다.

6.2 클래스 다이어그램에서의 가시성

UML 클래스는 퍼블릭^{public}, 프라이빗^{private}, 프로텍티드^{protected}, 패키지^{package}라는 네 가지 가시성 타입을 제공한다(이는 C++, 자바 등의 언어 속성을 반영한 것이며, 그 외 다른 언어(스위프트 등)도 이를 지원한다).

6.2.1 퍼블릭 클래스의 가시성

퍼블릭 클래스 멤버는 모든 클래스와 코드가 볼 수 있고, 퍼블릭 아이템을 포함한 클래스의 내부와 외부에서도 볼 수 있다. 우수한 설계의 객체지향 시스템에서 퍼블릭 아이템은 거의 대부분 (메소드, 함수, 프로시저 등) 연산 요소이며, 클래스 외부와 클래스를 이어주는 인터페이스의 역할을 수행할 수 있다. 클래스 속성도 퍼블릭 아이템으로 만들 수 있지만, 이렇게 하면 객체지향 프로그래밍의 중요한 이점인 캡슐화^{encapsulation}를 제대로 활용할 수 없게 되며, 시스템 외부에서 클래스로 유입된 값이나 액티비티를 감추기 어렵게 된다.

UML은 퍼블릭 속성과 퍼블릭 연산 단어 앞에 그림 6-4와 같이 + 기호를 추가한다. 그리고 이렇게 만들어진 퍼블릭 속성 및 퍼블릭 연산 세트는 클래스의 퍼블릭 인터페이스가 된다.

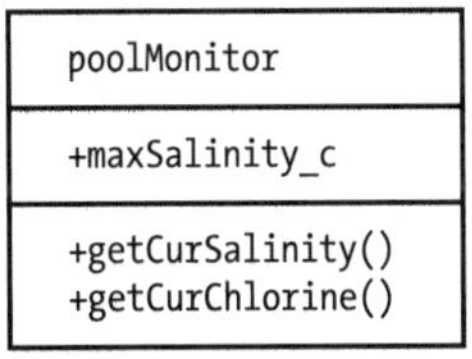

```
poolMonitor
+maxSalinity_c
+getCurSalinity()
+getCurChlorine()
```

그림 6-4 퍼블릭 속성 및 연산

위 그림에는 maxSalinity_c라는 하나의 퍼블릭 속성이 있다. 이때 _c 접미사는 변수가 아닌 상수임을 나타내는 나의 명명 규칙을 따른 것이다.[1] 설계가 잘된 상수는 클래스 내에 단 하나의 퍼블릭 속성으로만 접근할 수 있는데, 이는 외부 코드로는 해당 상수의 값을 변경할 수 없기 때문이다. 즉, (감춰지지 않고 캡슐화됐으므로) 볼 수는 있지만 수정할 수는 없다. 캡슐화를 하는 가장 큰 이유는 외부 코드가 클래스 내부의 속성을 변경하는 것을 막는 데 있다. 외부 코드는 상수의 값을 변경할 수 없으며, 이와 같은 수정 불능 속성은 캡슐화한 것과 동일한 결과를 만든다. 따라서 객체지향 설계자는 특정 클래스 상수를 (노출에 대한 걱정 없이) 퍼블릭으로 설정할 수 있다.[2]

6.2.2 프라이빗 클래스의 가시성

또 다른 가시성 속성은 프라이빗이다. 프라이빗 속성 및 연산은 오직 클래스 내에서만 접근 가능하며, 다른 클래스와 코드에서 보거나 접근할 수 없다. 프라이빗 속성 및 연산은 캡슐화의 기본 요소라 할 수 있다.

UML은 프라이빗 속성 및 연산 단어 앞에 그림 6-5와 같이 - 기호를 추가한다.

가시성이 반드시 필요한 요소가 아니라면 클래스의 기본적인 속성은 프라이빗으로 설정하며, 모든 클래스 속성(데이터 필드)은 프라이빗 속성을 지니도록 한다. 클래스 외부 요소가 해당 데이터 필드에 접근하고자 할 경우, (게터getter 및 세터setter 등) 퍼블릭 접근 함수accessor function를 이용해 프라이빗 클래스 멤버에 접근하도록 할 수 있다. 게터 함수는 프라이빗 필드의 값을 가져오고, 세터 함수는 프라이빗 필드의 값을 저장한다.

---

1   C 계열 언어의 표준은 상수를 표시할 때 모두 대문자로 나타내는 것이지만, 이는 가독성을 크게 떨어뜨린다. 나의 경우에는 대문자와 소문자를 조합해 상수를 표현하고, 유닉스 표현 기법을 일부 반영해 _c 접미사로 상수를, _t 접미사로 특정 식별자 타입을 나타낸다. 대소문자 혼용과 접두사 및 접미사 혼용은 C++ 외에도 다양한 언어가 채택하고 있는 표현 방식이다.
2   이는 변수 속성을 퍼블릭으로 설정하면 절대로 안 된다는 의미가 아니다. 모든 관행 또는 규칙이 그러하듯, 객체지향 프로그래밍의 규칙 또한 필요에 따라 규칙이 깨지는 경우도 있을 것이다. 물론 규칙을 깨는 일은 가급적 하지 말아야 한다.

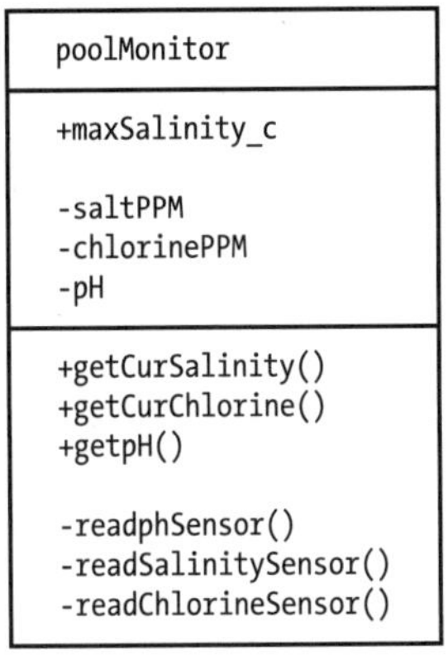

```
┌─────────────────────────┐
│      poolMonitor        │
├─────────────────────────┤
│ +maxSalinity_c          │
│                         │
│ -saltPPM                │
│ -chlorinePPM            │
│ -pH                     │
├─────────────────────────┤
│ +getCurSalinity()       │
│ +getCurChlorine()       │
│ +getpH()                │
│                         │
│ -readphSensor()         │
│ -readSalinitySensor()   │
│ -readChlorineSensor()   │
└─────────────────────────┘
```

그림 6-5 프라이빗 속성 및 연산

간단하게 해당 데이터 필드에 직접 접근하면 될 일인데, 도대체 왜 이런 접근 함수까지 사용해야 하는 것일까? 여기에는 몇 가지 이유가 있다.[3] 우선, 세터 함수는 접근 가능한 클래스 속성 객체에 값이 저장돼 있는지 확인한다는 측면에서 의미가 있다. 그다음, 클래스 내 모든 속성 객체가 서로 독립적인 것은 아니며 일부는 서로 종속적인 관계임을 나타낼 수 있다. 예를 들어 바닷물로 채워진 해수풀saltwater pool 클래스가 있을 때 염분 농도, 염소 농도, pH 레벨 속성을 나타내는 데이터 필드는 서로 완전히 독립적이지 않다. 풀에 채워진 해수의 전해 셀은 물과 염분을 염화수소와 염소로 바꾸며, 이 변환 과정에서 염분 농도는 차츰 줄어들고 염소 농도와 pH 레벨은 높아진다. 이때 외부 요소가 들어와서 임의로 염분 농도를 바꾸게 하기보다, 여러분이 직접 세터 함수를 이용해 각종 농도와 레벨 속성을 명시적으로 변경하는 것이 해수풀이라는 클래스를 관리한다는 측면에서 더욱 유리할 것이다.

6.2.3 프로텍티드 클래스의 가시성

가시성과 관련해 퍼블릭과 프라이빗으로 UML 클래스 구현에 필요한 상당 부분을 정의할 수 있지만, 상속 등의 개념을 정의하기 위해 퍼블릭과 프라이빗의 중간 속성을 지닌

---

3 애플의 스위프트와 같은 현대적인 언어는 표준 할당 연산을 통해 게터 및 세터 함수를 생성하고 호출할 수 있다. 따라서 게터와 세터를 구현하느라 별도의 번거로운 연산 작업을 하지 않아도 된다. 그렇지 않은 경우라면, 작업을 시작하면서 가장 먼저 게터와 세터를 구현한다.

프로텍티드 가시성을 사용한다.

상속inheritance은 캡슐화encapsulation 및 다형성polymorphism과 함께 객체지향 프로그래밍의 3대 주요 속성이며, 하나의 클래스는 다른 클래스로부터 그에 속한 모든 기능을 물려받을 수 있다.

기존 프라이빗 가시성의 문제는 클래스로부터 상속받은 프라이빗 필드에 (이미 상속받았음에도 불구하고!) 접근할 수 없다는 것인데, 프로텍티드 가시성은 이런 제약 사항을 넘어 상속받은 클래스에 접근할 수 있게 해준다. 단, 원본 클래스 외부의 프라이빗 필드나 이를 상속한 클래스에는 여전히 접근할 수 없다.

UML은 프로텍티드 속성 및 연산 단어 앞에 그림 6-6과 같이 # 기호를 추가한다.

```
poolMonitor
#salinityCalibration
#pHCalibration
#chlorineCalibration
#testphSensor()
#testSalinitySensor()
#testChlorineSensor()
```

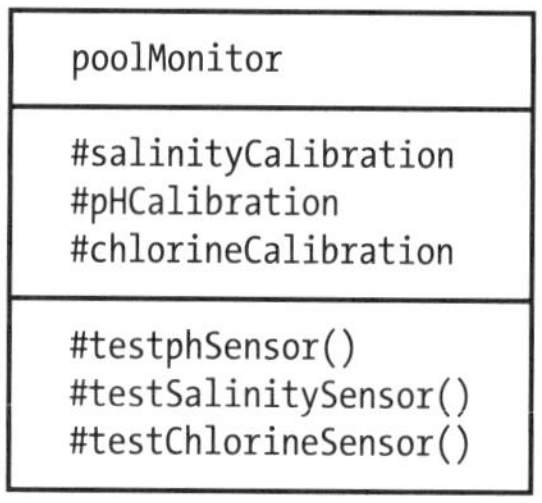

그림 6-6 프로텍티드 속성 및 연산

6.2.4 패키지 클래스의 가시성

패키지 가시성은 프라이빗과 프로텍티드의 중간 수준이며, 자바에서 널리 사용된다. 스위프트, C++, C#에도 비슷한 가시성 구현 방법이 있으며, 각 언어마다 적절한 네임스페이스를 이용해 패키지 가시성을 사용할 수 있다.

패키지 프로텍티드package-protected 필드는 동일 패키지 내 모든 클래스에서 볼 수 있지만, 패키지 외부 클래스는 (패키지 필드를 포함한 클래스를 상속한 경우에도) 해당 아이템에 접근할 수 없다.

UML은 패키지 속성 및 연산 단어 앞에 그림 6-7과 같이 ~ 기호를 추가한다. 패키지는 8장에서 UML 패키지 표현식을 다루면서 좀 더 자세히 알아본다(동일 패키지에 여러 클래스를 담는 방식 등).

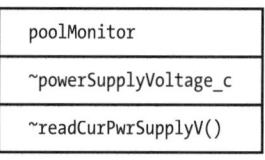

그림 6-7 패키지 속성 및 연산

6.2.5 가시성 타입 추가하기

여러분이 사용하는 프로그래밍 언어의 가시성과 UML이 지원하는 가시성이 다른 경우 어떻게 해야 할까? 사실, UML은 방금 소개한 네 가지 가시성 외에도 그림 6-8과 같이 매우 광범위한 가시성 수준(스펙트럼)을 제공한다.[4]

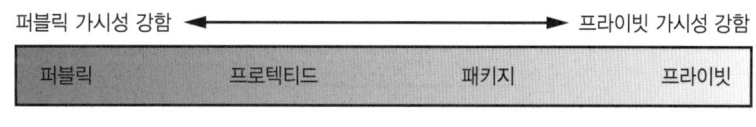

그림 6-8 가시성 스펙트럼

위와 같은 다양한 가시성 수준에 따라 여러분은 필요하면 언제든 좀 더 프라이빗하거나 좀 더 퍼블릭한 가시성을 사용할 수 있다. 예를 들어 고수준 어셈블리(High-Level Assembly)(HLA) 언어는 퍼블릭만 지원하고, C++는 (friend 선언 또는 namespace를 통해) 오직 패키지만 지원한다. 스위프트에서 동일 소스 파일에 정의된 객체 내의 모든 프라이빗 필드는 다른 모든 클래스에 자동으로 노출되는데, 이는 패키지의 가시성을 응용한 것이라 할 수 있다. 가시성이 높은 요소에 대한 불필요하거나 지나친 접근을 막기 위해, 클래스 내 속성 객체나 연산 객체의 이름에 가시성과 관련된 표현을 추가하는 방법도 있다. 예를 들어 그림 6-9와 같이 prot_ 접두사로 프로텍티드 속성을 표시하고, 해당 객체는 + 기호를 추가해 퍼블릭으로 선언하는 것이다.

---

4   패키지 및 프로텍티드 가시성은 프로그래밍 언어에 따라 다이어그램 형태가 달라질 수 있으며, 가시성 스펙트럼 내에서의 기본적인 속성은 별 차이가 없다.

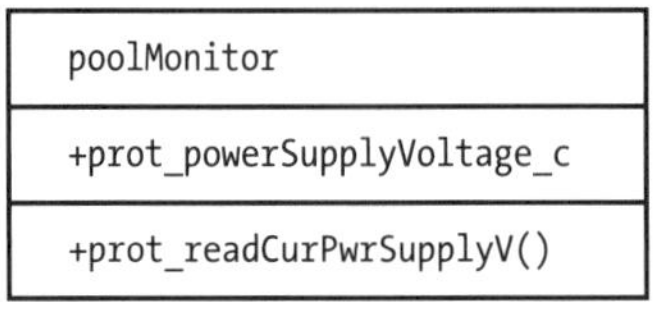

```
┌─────────────────────────────────┐
│ poolMonitor                     │
├─────────────────────────────────┤
│ +prot_powerSupplyVoltage_c      │
├─────────────────────────────────┤
│ +prot_readCurPwrSupplyV()       │
└─────────────────────────────────┘
```

그림 6-9 혼동을 주는 이름으로 가시성 제한하기

6.3 클래스 속성 요소

UML 클래스에서 '데이터 필드data field' 또는 그냥 '필드field'로도 부르는 속성attribute은 객체와 관련된 데이터를 지니고 있다. 클래스의 속성은 내부적으로 그림 6-10과 같이 가시성, 이름, 데이터 타입, 초깃값을 지닌다.

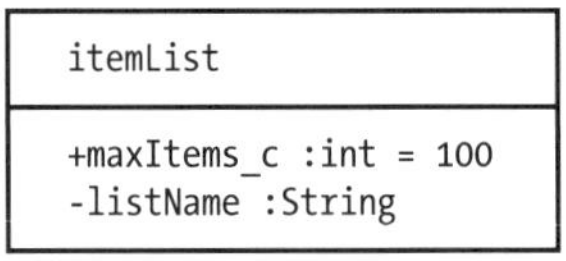

```
┌─────────────────────────┐
│ itemList                │
├─────────────────────────┤
│ +maxItems_c :int = 100  │
│ -listName :String       │
└─────────────────────────┘
```

그림 6-10 클래스의 속성

6.3.1 속성의 가시성

앞서 설명한 바와 같이, 클래스의 속성 앞에 접두사로 +, -, #, ~ 등의 기호를 추가해 퍼블릭, 프라이빗, 프로텍티드, 패키지 가시성을 나타낼 수 있다. 이에 대한 자세한 내용은 6.2절 '클래스 다이어그램에서의 가시성'에서 확인하자.

6.3.2 속성에서 파생된 값

대부분의 경우 클래스는 속성값 또는 기본값base value을 변수나 상수 데이터 필드에 저장하지만, 일부 필드는 기본값이 아닌 파생값derived value을 저장한다. 클래스는 해당 속성을 참조하는 표현을 만나면, 언제든 이들 파생값을 계산한다. 스위프트와 같은 일부 언어는 선언값을 직접 정의할 수 있는 문법을 제공하기도 하지만, (C++ 등과 같은) 다른 언어는 여러분이 직접 이와 같은 파생값을 구현하기 위해 게터 및 세터 접근 함수를 작성해야 한다.

UML에서 파생 속성derived attribute을 생성할 때는 그림 6-11과 같이 (가시성 기호를 가장 먼저 쓴 뒤) 속성 이름 앞에 / 기호를 쓰면 된다.

파생 속성을 사용할 때는 반드시 클래스 어딘가에 파생 속성의 계산식을 정의해 놓아야 한다. 그림 6-11은 이를 위해 프로퍼티 문자열property string과 함께 주석문을 사용하고 있다(프로퍼티 문자열은 잠시 후 소개한다).

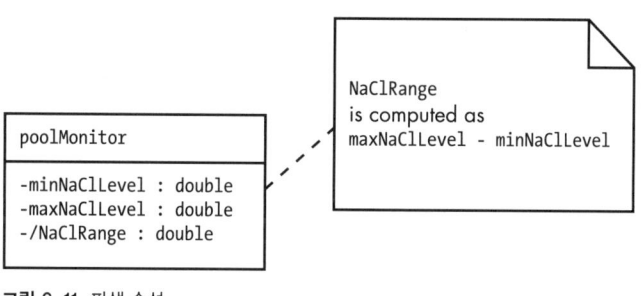

그림 6-11 파생 속성

6.3.3 속성 이름

속성 이름attribute name은 여러분이 설계 구현에 사용하려는 프로그래밍 언어와 잘 어울려야 하지만, 특정 언어로만 구현해야 한다는 요구 사항을 받지 않은 이상 가급적이면 특정 프로그래밍 언어만의 명명 문법을 따르지 않는 보편적인 것이 좋다. 보편적으로 적용할 수 있는 UML 속성 이름 명명 규칙은 다음과 같다.

- 모든 이름은 (ASCII) 알파벳 철자(a~z 또는 A~Z)로 시작한다.
- 첫 철자 다음 글자는 (ASCII) 알파벳 철자(a~z 또는 A~Z)와 숫자(0~9), 또는 밑줄 기호(_)가 오도록 한다.
- 모든 이름의 처음 6~8개 철자는 유일무이한 것으로 한다(일부 컴파일러는 임의의 길이를 지닌 이름도 허용하지만, 컴파일 과정에서는 내부 기호표에 있는 접두사만 처리한다).

- 이름은 임의의 길이보다는 짧게 한다(이번 예제에서는 32개 철자를 사용한다).
- 모든 이름은 대소문자 구분이 없다. 즉, 이름이 거의 비슷한 두 개의 속성이 있다면 대소문자만으로는 구분할 수 없고, 실제 하나 이상의 철자를 다르게 작성해야 한다. 또한 모든 속성 이름은 알파벳 대소문자를 기준으로 일관되게 사용돼야 한다.[5]

6.3.4 속성의 데이터 타입

UML 객체는 선택에 따라 연관 데이터 타입associated data type을 지닐 수 있다(그림 6-10 참조). UML은 속성과 관련해 명시적으로 특정 데이터 타입을 지정하지 않으며, 특정 속성에 데이터 타입이 없다면 속성 이름 또는 활용 방식에 따라 다이어그램 사용자가 해당 타입을 추론하거나 프로그래머가 설계를 구현하면서 타입을 결정할 수 있다.

기본 또는 내장 데이터 타입primitive data type에 대해 어떤 타입명이든 붙여도 되며, 프로그래머가 코드를 작성하면서 적절하거나 가장 가까운 데이터 타입을 선택하도록 해도 무방하다. 범용 데이터 타입과 관련된 작업에서 대부분의 개발자는 C++ 또는 자바의 타입명을 사용한다(이는 UML 설계 작업이 필요한 대규모 프로젝트 대부분에서 이들 두 언어를 주로 사용하기 때문이기도 하다). UML 속성에 부여할 수 있는 공통적인 데이터 타입은 다음과 같다.

- int, long, unsigned, unsigned long, short, unsigned short
- float, double
- char, wchar
- string, wstring

물론 사용자 정의 타입명도 문제없이 적용할 수 있다. 예를 들어 여러분의 설계에서 unsigned short와 같은 의미로 uint16_t 데이터 타입을 추가할 수 있으며, uint16_t를 속

---

5 변수명을 설정할 때, 대소문자 중립성(case neutrality)은 대소문자 구분이 있거나 대소문자 구분이 없는 모든 언어에서 유용할 수 있다. 예를 들어 'hello'와 'Hello'는 C++ 같은 대소문자 구분이 있는 언어에서는 서로 다른 이름으로 인식되고, 파스칼 같은 대소문자 구분이 없는 언어에서는 같은 이름으로 인식된다. 이들 언어 모두 대소문자 중립적이지 않으므로 UML 다이어그램에서는 모든 언어에 일관된 변수 명명법을 사용해야 한다.

성 타입으로 사용할 수 있다. 또한 UML에서 여러분이 클래스 객체로 정의한 요소의 이름 또한 데이터 타입명으로 문제없이 쓸 수 있다.

6.3.5 연산 데이터 타입(반환값)

연산 작업과 데이터 타입을 연관지을 수도 있다. 예를 들어 함수는 특정 데이터 타입의 값을 반환하며, 이때 반환 데이터 타입(그리고 파라미터 목록)을 그림 6-12와 같이 콜론 기호와 데이터 타입을 추가해 표시할 수 있다.

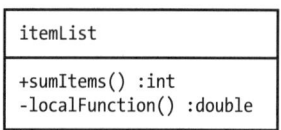

그림 6-12 반환 타입

연산 작업과 관련해서는 6.4절 '클래스 연산 요소'에서 자세히 알아본다.

6.3.6 속성의 다수성 표현

일부 속성은 (배열 또는 리스트 등과 같은) 데이터 객체 집합collection을 담을 수 있다. UML에서는 대괄호([]) 기호를 이용해 다수성multiplicity을 표현할 수 있으며, 이는 그림 6-13과 같이 다수의 고수준 언어에서 배열array을 선언하는 방식과 유사하다.

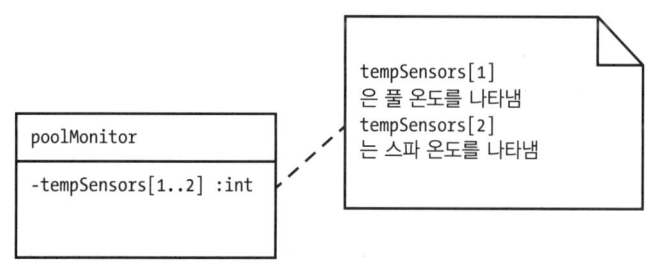

그림 6-13 속성의 다수성 표현

대괄호 속에는 다음과 같은 요소를 입력해 다양한 의미를 나타낼 수 있다.

- (예를 들어, 5와 같은) 숫자를 입력해 데이터 집합이 숫자로 구성돼 있음을 표현
- (1..5 또는 0..7과 같은) 숫자 범위를 입력해 집합 요소에 대한 적절한 범위를 나타낼 수 있음
- 애스터리스크^{asterisk}(*) 기호를 입력해 임의의 숫자를 표현
- (0..* 또는 1..*와 같이) 애스터리스크 기호로 끝나는 숫자 범위를 입력해 배열 범위의 끝이 열려 있음을 표현

위와 같은 값이 없는 경우, 다수성을 위한 기본 설정 값은 [1]이다(단일 데이터 객체임을 나타냄).

6.3.7 기본 속성값

속성의 기본값을 설정할 때는 변수 뒤에 동등 기호(=)를 추가하고, 그 뒤에 속성의 다수성 및 타입 요소를 추가한다. 이때 초깃값으로 타입을 추론할 수 있는 경우 타입은 생략하고 다수성만 추가하면 되며, 다수성 입력값이 1인 경우 그림 6-14와 같이 중괄호 속에 초깃값 목록을 쉼표로 구분해 입력한다.

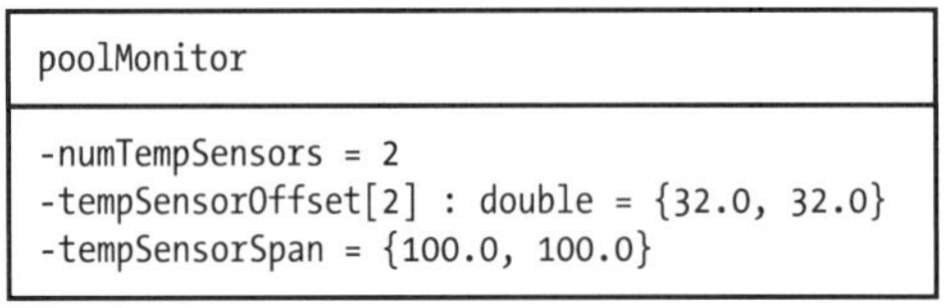

```
poolMonitor

-numTempSensors = 2
-tempSensorOffset[2] : double = {32.0, 32.0}
-tempSensorSpan = {100.0, 100.0}
```

그림 6-14 속성의 초깃값 입력

위 예시에서 numTempSensors 속성은 (초깃값 2를 통해 추론할 수 있는) 정수 타입이고, tempSensorSpan은 (중괄호 안의 숫자와 타입을 통해 추론할 수 있는) 두 개 요소를 지닌 더블 타입 숫자 배열이다.

6.3.8 프로퍼티 문자열

UML의 속성 문법은 모든 속성을 표현하는 데 부족할 수 있다. UML은 이 같은 특수한 상황에 사용할 수 있는 프로퍼티 문자열을 제공한다. 프로퍼티 문자열은 그림 6-15와 같이

속성 끝부분에 중괄호를 추가하고, 여기에 텍스트를 추가하는 방식으로 만든다.

```
poolMonitor
-minNaClLevel : double
-maxNaClLevel : double
-/NaClRange : double {maxNaClLevel - minNaClLevel}
```

그림 6-15 프로퍼티 문자열

프로퍼티 문자열은 {readOnly}, {unique}, {static} 등과 같이 다른 프로퍼티 타입을 정의하는 데도 사용할 수 있다.[6] 프로퍼티 문자열은 만능의 속성 표현 방식이라 할 수 있으며, 중괄호 속에 텍스트를 입력해 어떤 내용도 나타낼 수 있다.

6.3.9 속성 문법

속성을 표현하기 위한 공식적인 문법은 다음과 같다(중괄호 속 텍스트는 임의의 내용이며, 그중 인용 부호는 중괄호 내 텍스트를 입력할 때 필요한 요소다).

{visibility}{"/"} name { ":" type }{multiplicity}{"=" initial}{"{"property string"}"}

6.4 클래스 연산 요소

클래스 연산 요소 operations는 클래스 내에서 각종 동작을 수행하는 아이템이다. 보통의 경우, 연산 요소는 클래스 내의 실행 코드를 나타낸다(하지만 코드 중에는 속성에서 파생된 코드도 있으므로, UML 클래스에서 코드란 연산 요소만을 위한 것이 아니다).

UML 클래스 다이어그램에서 속성과 연산은 서로 다른 사각형 기호 속에 존재하지만, 이것만으로 속성 요소와 연산 요소를 적절히 구분하기는 어렵다(그림 6-2의 경우에도 부분 클래스 다이어그램은 어느 쪽이 속성만을 담고 있는지, 또 어느 쪽이 연산만을 담고 있는지 명확하

---

6 해당 속성은 UML에서 정적 객체를 정의하는 표준적인 방식으로 작성할 수 있지만, 프로퍼티 문자열을 통해 좀 더 명확하게 의미를 전달할 수 있다.

게 알기 어렵다). UML에서 연산 요소는 클래스 다이어그램 내에서 연산명 뒤에 소괄호를 붙이고 이 기호 속에 파라미터 목록을 입력하는 방식으로 작성한다(그림 6-4 참고).

앞서 살펴본 '연산 데이터 타입(반환값)'에서 설명했듯이, 파라미터 뒤에 콜론 기호를 추가하고 데이터 타입을 입력하는 방식으로 지정 가능하다. 이때 타입이 명시된 것을 함수function라 하고, 타입이 명시되지 않은 것을 프로시저procedure 또는 보이드 함수void function 라고 한다. 이번에는 파라미터를 알아보자.

파라미터를 입력하려면, 그림 6-16과 같이 연산명 뒤 괄호 속에 쉼표 기호로 구분된 속성 목록을 추가한다.

```
poolMonitor
-sumItems( count:int, items[*]:int ):int
+aveTemp( includeSpa:boolean,
         startDate:date, numDays:int ):double
+displayTemp( temp:double, in Fahrenheit:boolean )
```

그림 6-16 연산 파라미터

기본적으로, UML 연산에서 파라미터는 연산에 필요한 인수argument로 전달되는 값 파라미터value parameter를 의미한다. 이때 값 파라미터를 바꿔서 연산의 내용을 변경해도 함수에 전달되는 실제 파라미터에는 영향이 없다. 즉, 값 파라미터는 입력 파라미터를 의미한다.

또한 UML은 출력output 파라미터와 입출력input/output 파라미터를 제공한다. 이름에서 알 수 있듯이 출력 파라미터는 연산 코드에서 호출 코드로 값을 반환하고, 입출력 파라미터는 연산 코드로부터 값을 가져오거나 값을 반환한다. UML은 입력, 출력, 그리고 입출력 파라미터를 나타내기 위해 다음과 같은 문법을 사용한다.

- 입력 파라미터: in *paramName:paramType*
- 출력 파라미터: out *paramName:paramType*
- 입출력 파라미터: inout *paramName:paramType*

기본 파라미터 전달 동작은 입력이며, 파라미터 이름 앞에 구체적인 내용이 없는 경우 UML은 해당 요소를 파라미터로 간주한다.

그림 6-17은 간단한 inout 파라미터 사례를 보여준다.

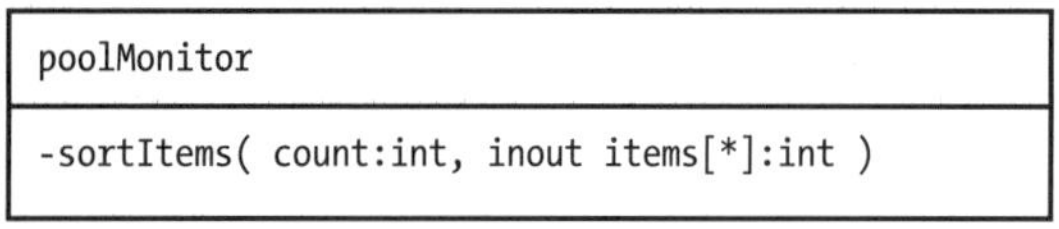

```
poolMonitor
-sortItems( count:int, inout items[*]:int )
```

그림 6-17 inout 파라미터 사례

위 그림에서 정렬할 아이템 목록은 입력 및 출력 파라미터이며, 입력 파라미터에는 정렬할 배열 아이템이 들어있고 출력 파라미터에는 인플레이스^{in-place} 정렬 방식으로 정렬된 아이템이 포함돼 있다.

UML은 가급적 높은 범용성 수준을 유지하려 하며 입력, 출력, 입출력 파라미터의 전달 지시자^{passing specifier}는 값에 의한 전달, 또는 참조에 의한 전달 등으로 구체적으로 설명하지 않는다. 이와 같은 구체적인 구현 내용은 실제 구현 단계에서 처리하도록 하는 것이 좋다. 설계의 관점에서 UML은 데이터가 어느 방향으로 흘러가는지 정도만 지정하고, 데이터의 전송 방식까지 구체적으로 설명하지는 않는다.

6.5 UML 클래스의 관련성

이번 절에서는 클래스 내에서의 의존^{dependency}, 연관^{association}, 집합^{aggregation}, 구성^{composition}, 상속^{inheritance} 등 다섯 가지 타입의 관련성^{relationship}을 알아본다.

클래스의 가시성 타입처럼, 클래스의 관련성 타입 또한 (그림 6-18처럼) 스펙트럼 형태로 표현할 수 있다. 다음 그림은 관련성의 강도에 따른 분류이자, 두 클래스 간의 내부 소통^{intercommunication} 수준에 따른 분류라 할 수 있다.

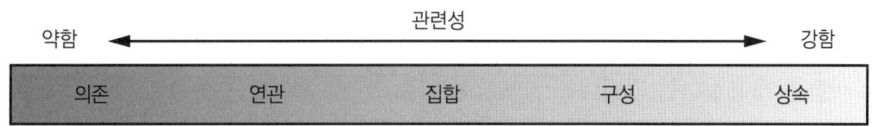

그림 6-18 클래스의 관련성 스펙트럼

관련성 강도의 범위는 약한 연결부터 강한 연결 수준으로 나눌 수 있다. 두 클래스가 강하게 연결돼 있는 경우 하나의 클래스에 대한 변경은 다른 클래스의 상태에 영향을 미칠 가능성이 크며, 두 클래스가 약하게 연결돼 있는 경우 하나의 클래스에 대한 변경은 다른 클래스의 상태에 영향을 미칠 가능성이 낮고 서로 독립적으로 작동할 가능성이 크다.

약한 클래스 관련성을 지닌 타입부터 시작해서 강한 관련성 타입까지 차례대로 살펴보자.

6.5.1 클래스 의존 관계

하나의 클래스에 있는 객체가 다른 클래스와 약간의 상호 작용이 필요하다면, 이들 두 클래스는 의존 관계^{dependency relationship}에 있다고 표현한다. 이와 같은 의존 관계는 그림 6-19와 같이 한 방향의 대시 기호 선분으로 나타낸다.

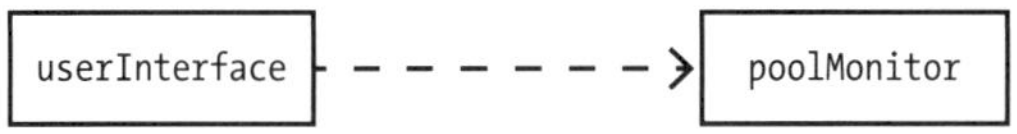

```
userInterface ------> poolMonitor
```

그림 6-19 의존 관계

위 예제에서 userInterface 클래스와 poolMonitor 클래스는 userInterface 객체가 화면에 표시해야 할 데이터를 가져와야 할 때 상호 작용한다(예: userInterface 메소드에 파라미터로 poolMonitor 객체를 전달). 그 외의 상황에서 이들 두 클래스(그리고 그에 속한 객체)는 서로 독립적으로 작동한다.

6.5.2 클래스 연관 관계

하나의 클래스에 다른 클래스에서 필요한 속성이 포함돼 있는 경우, 이들 두 클래스는 연관 관계^{association relationship}에 있다고 표현한다. UML에서 연관 관계는 인라인 속성^{inline attribute} 또는 연관 링크^{association link}를 이용해 표현한다. 인라인 속성은 앞서 '속성 문법' 절에서 일반적인 속성 정의 기법으로 살펴봤으며, 유일한 차이점은 타입명으로 다른 클래스의 이름을 사용한다는 것이다.

연관 관계를 나타내는 두 번째 표현 방식인 연관 링크는 그림 6-20과 같다.

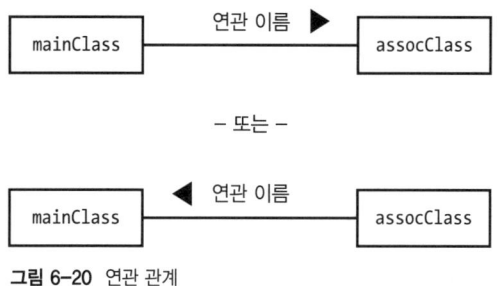

그림 6-20 연관 관계

위 그림에서 연관 이름^{association name}은 has, owns, controls, is owned by, is controlled by 등 해당 연관 관계를 설명하는 동사구로 표현하는 경우가 많다.

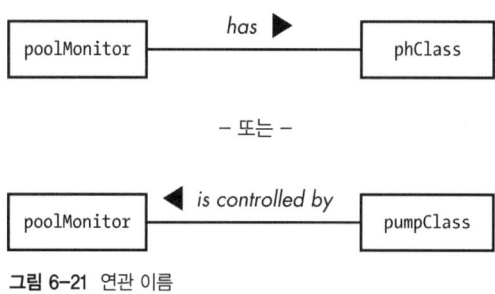

그림 6-21 연관 이름

연관 다이어그램에서 어떤 클래스가 다른 클래스의 속성과 관련이 있는지 설명하려면 어떻게 하면 될까? 위 그림에서 화살표 머리가 속성 이름의 좌측 또는 우측으로 향하는 것이 보일 것이다. 이는 속성이 이동하는 방향을 나타내며, 화살표를 통해 poolMonitor 클래스가 phClass 클래스를 포함하고 있음을 알 수 있다.

적절한 의미를 담은 연관 이름과 화살표 기호, 동사구가 속성의 방향에 대한 단서를 주긴 하지만, 우리가 파악한 의미가 정확한 것인지 확인하긴 어렵다. 그림 6-21을 보면, poolMonitor 클래스가 pumpClass 객체를 제어하거나 poolMonitor 객체가 (또 다른 클래스인) phClass 속성을 포함할 수 있으므로 약간의 혼동이 생긴다. UML은 이에 대해 (잠시 후 살펴볼) 방향 지시자^{navigability}를 통해 화살표 기호로 또 다른 클래스의 속성이 되는 클래스를 가리키도록 한다(그림 6-22 확인).

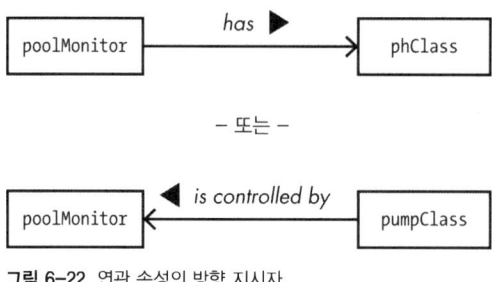

그림 6-22 연관 속성의 방향 지시자

6.5.3 클래스 집합 관계

클래스 집합 관계aggregation relationship는 연관 관계보다 좀 더 긴밀하게 연결된 관계이며, 독립적으로도 존재할 수 있고, 필요에 따라 다른 클래스의 일부가 될 수도 있다. 대부분의 경우, 집합 관계는 제어 관계로 사용된다. 즉, 제어하는 클래스(집합 클래스 또는 전체 클래스)가 하위 객체 또는 속성(부분 클래스)을 제어할 수 있는 것이다. 집합 클래스는 부분 클래스 없이 존재할 수 없지만, 부분 클래스는 집합 클래스와 무관하게 존재할 수 있다(예를 들어, 부분 클래스는 집합 클래스 및 추가 클래스와 연결될 수 있다).

집합 클래스는 부분 클래스를 제어하는 문지기와 같은 역할을 하며, (범위 확인 등의 과정을 거쳐) 적절한 파라미터와 함께 부분 클래스의 메소드가 호출될 수 있도록 하고 부분 집합의 각종 연산 작업이 일관되게 이뤄질 수 있도록 한다. 집합 클래스는 작업의 일관성을 위해 반환값을 확인하며, 부분 클래스에서 제기한 예외 상황이나 각종 오류 문제를 처리한다.

예를 들어, pHSensor 클래스는 독자적으로 작동하는 pH 미터 및 염분 전도conductivity 센서를 지닌 salinitySensor 클래스와 상호 작용하며 각종 연산 업무를 처리할 수 있다. poolMonitor 클래스는 독자적으로 작동할 수 없으며, 이들 부분 클래스의 도움이 필요하다. 반면 이들 부분 클래스는 poolMonitor의 도움을 필요로 하지 않는다. 이와 같은 관련성은 그림 6-23과 같이 집합 클래스(poolMonitor)를 부분 클래스(pHSensor와 salinitySensor)로 연결하는 속이 빈 다이아몬드 기호로 표시한다.

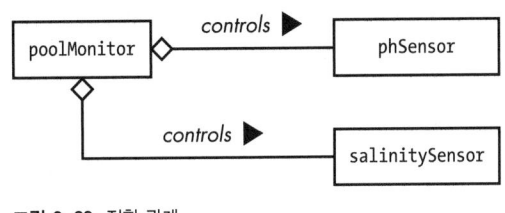

그림 6-23 집합 관계

집합 관계 선분의 끝부분에 빈 다이아몬드 기호를 지닌 클래스(집합 클래스)는 반대편 끝부분에 속성 연관 클래스(부분 클래스)를 항상 가진다.

집합 객체와 이에 연결된 부분 객체의 수명주기가 반드시 같지는 않으며, 사용자는 다수의 부분 객체를 만들어서 집합 객체에 연결할 수 있다. 집합 객체가 자신의 임무를 마치고 나면, 부분 객체가 다른 업무를 수행할 수 있도록 할당 관계를 종료한다. 저수준 프로그래밍 관점에서 보면, 시스템이 집합 객체에 속한 부분 객체에 포인터를 저장한 것이라 할 수 있다. 시스템이 집합 객체에 할당한 스토리지를 해제하면 포인터도 사라지지만, 집합 객체가 참조하던 부분 객체까지 사라지는 것은 아니다(부분 객체는 이후, 시스템 내 다른 집합 객체를 위한 역할을 수행할 것이다).

연관 관계와 집합 관계를 구현한 코드는 사실상 동일한데, 이와 같은 집합 다이어그램을 사용하는 이유는 무엇일까? 두 관계를 구분하는 이유는 이를 표현하는 설계자의 '의도'에 차이가 있기 때문이다. 집합 다이어그램에서 설계자는 부분 객체 또는 클래스가 집합 객체 또는 클래스의 제어를 받는다는 사실을 설명한다. poolMonitor 예제의 경우, 집합 관계에서 poolMonitor는 salinitySensor와 pHSensor를 제어하며 완벽하게 임무를 수행할 수 있다. 반면에 연관 관계에서 연관 클래스는 서로 동등하게 연결된 상태이며, 마스터master/슬레이브slave 관계가 아니다. 즉, 연관 관계에서 pHSensor와 salinitySensor는 poolMonitor와 독립적으로 작동하며 필요할 때만 상호 작용한다.

6.5.4 클래스 구성 관계

구성 관계composition relationship에서 소규모 클래스는 대규모 클래스에 포함되고 독립적으로 존재할 수 없다. 구성 관계에서는 오직 포함 또는 구성 요소로서만 의미가 있다. 집합 관계와 달리 구성 부분은 오직 또 다른 구성 요소에 포함된 상태로만 존재할 수 있다.

구성 객체와 부분 객체의 수명주기는 동일하며, 구성 객체가 사라지면 이에 속한 부분 객체 또한 없어진다. 구성 객체는 부분 객체의 스토리지 할당 및 해제를 결정한다.

구성 관계는 그림 6-24와 같이 속이 채워진 다이아몬드 기호로 표시한다.

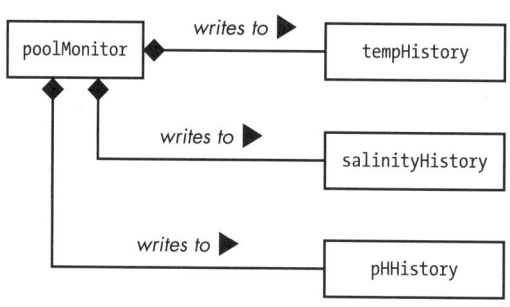

그림 6-24 구성 관계

6.5.5 클래스 관련성의 특징

UML은 의존, 연관, 집합, 구성 관계와 관련해 다음과 같은 열 가지 세분화된 관계 표현 기능을 제공한다(일부는 이미 살펴봤다).

- 속성 이름
- 역할
- 인터페이스 지시자
- 가시성
- 다수성
- 순서
- 제약 조건
- 자격 지시자
- 방향 지시자
- 변경 지시자

이들 기능은 상속 관계에는 적용되지 않으므로 상속에 대해서는 아직 언급하지 않았다. 6장 후반부에서 상속을 간략히 설명하는데, 여기서는 먼저 이들 열 가지 기능을 상세히 알아본다.

노트 | 좀 더 간단한 설명을 위해 연관 관계를 기준으로 각 기능별로 상세히 설명하며 의존, 집합, 구성 관계는 이들 내용이 동일하게 적용된다.

6.5.5.1 연관 및 속성 이름

연결선에 표시되는 연관 이름^{association name}은 연결된 두 클래스의 상호 작용의 유형 또는 소유권이 어느 쪽에 있는지를 설명해주되, 이들 두 클래스가 서로를 어떤 방식으로 참조하는지는 알려주지 않는다. 연관 링크^{association link}는 두 클래스 객체를 단순히 연결해주고, 클래스가 클래스 정의 영역 내 속성과 연산 필드를 통해 서로의 참조 방식을 (간접적으로) 설명한다.

앞서 '클래스 연관 관계'에서 언급한 것처럼, 연관 다이어그램은 클래스 내에서 서로 연결된 속성 이름 또는 연산 이름을 인라인 방식으로 설명할 때 특히 유용하다. 그림 6-25의 두 다이어그램은 같은 의미를 지닌다.

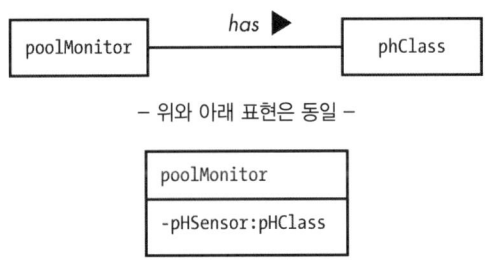

그림 6-25 연관 관계 다이어그램의 약식(위) 및 정식(아래) 표현

그림 6-25를 보면 약식 다이어그램에서 속성명 또는 연산명(이번 예제에서는 pHSensor), 그리고 가시성(-, 또는 프라이빗) 등이 빠졌다는 사실을 알 수 있지만, 이는 그림 6-26과 같이 참조 데이터를 지닌 인접 객체를 연관 링크에 (속성명으로) 추가해 제공할 수 있다.

인라인 문법처럼 속성명은 (-, ~, #, + 등의) 가시성 기호와 속성 또는 연산 이름으로 구성되며, 이와 같은 관계성 다이어그램에서는 (잠시 후 설명할) 역할^{role}에 따라 속성 이름에 차이가 생기므로 가시성 기호는 필수 요소다.

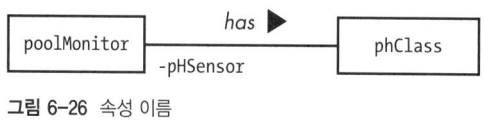

그림 6-26 속성 이름

또 다른 표현 방식은 그림 6-27과 같이 연관 및 속성 이름을 결합해 사용하는 것이다.

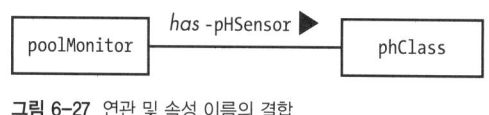

그림 6-27 연관 및 속성 이름의 결합

6.5.5.2 역할

그림 6-27에서 두 클래스가 어떤 일을 하는지는 명확하지 않다. poolMonitor 클래스는 phClass에 연결하는 pHSensor 필드를 지니고 있지만, 위 다이어그램만으로는 어떤 작업이 이뤄지는지 알 수 없다. 관련성 설명 요소인 역할은 연관 링크 양 끝에 위치해 각 클래스 또는 속성의 역할을 설명해준다.

이번 예제에서 poolMonitor 클래스 또는 객체는 (phClass에 캡슐화돼 있는) pH 센서 디바이스의 pH 값을 읽어서 가져온다. 역으로 설명하면, phClass 클래스 또는 객체는 pH 값을 제공하는 역할을 한다. UML에서는 클래스 간의 (pH 값 읽기 및 pH 값 제공하기 등) 동작을 역할로 설명할 수 있다. 그림 6-28은 이들 역할을 나타낸 것이다.

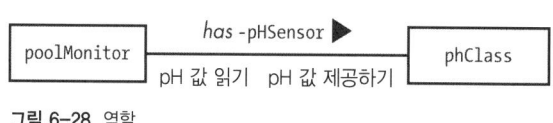

그림 6-28 역할

6.5.5.3 인터페이스 지시자

UML 액티비티 다이어그램에서 인터페이스^{interface}는 특정 클래스로부터 전달받은 일련의 연산 집합이며, 자체 인스턴스 객체를 지니지 않은 클래스와 비슷하다. 클래스는 인터페이스를 통해 전달받은 모든 연산 작업의 수행과 그 연산에 필요한 메소드의 제공을 보장한다. C++ 프로그래머에게 UML 인터페이스는 추상 멤버 함수만 지닌 추상 원본 클래스abstract base class라 할 수 있다. 자바, C#, 스위프트의 경우, 인터페이스 정의를 위한 프로토콜protocol이라 부르는 자체 문법을 제공한다.

노트 | 인터페이스 지시자(interface specifier)는 UML 1.x까지 지원됐지만, UML 2.0부터는 제외됐다. 예전에 작성된 UML 문서에서 인터페이스 지시자를 볼 수 있긴 하지만, 앞으로는 인터페이스 지시자를 사용하지 않길 바란다.

클래스가 인터페이스를 구현하는 경우, 인터페이스를 통해 모든 연산 작업을 상속할 수 있다. 즉, 인터페이스로 A, B, C 연산을 정의한 경우에 특정 클래스가 해당 인터페이스를 구현하면, 해당 클래스가 A, B, C 연산과 이들 작업이 이뤄지기 위한 구체적인 구현 방법도 제공해야 한다. 인터페이스를 정의할 때는 그림 6-29와 같이 스테레오타입 박스 또는 볼 표현법ball notation을 사용한다.

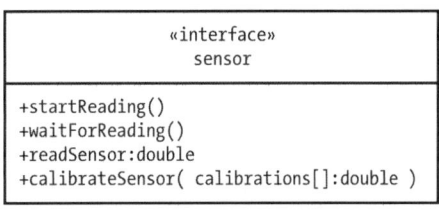

– 또는 –

sensor
+startReading()
+waitForReading()
+readSensor:double
+calibrateSensor(calibrations[]:double)

그림 6-29 인터페이스 문법: 스테레오타입 박스(위)와 볼 표현법(아래)

클래스가 해당 인터페이스를 구현했다는 것을 나타내려면, 그림 6-30과 같이 빈 화살표 머리의 대시 선분을 이용해 클래스에서 인터페이스로 연결하면 된다.

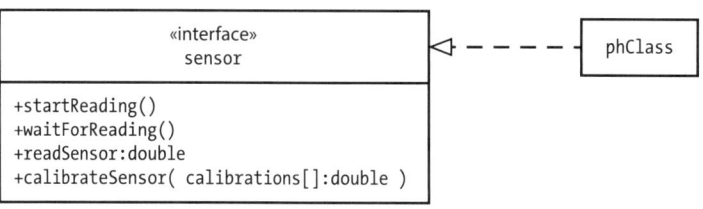

그림 6-30 인터페이스 구현 다이어그램

6.5.5.4 가시성

가시성은 연관 링크에 속성 이름을 추가하는 방식으로 나타낸다. 앞서 살펴본 바와 같이, 모든 속성 이름 앞에는 (프라이빗, 패키지, 프로텍티드, 퍼블릭 등의) 가시성을 나타내는 (-, ~, #, + 등의) 기호를 붙여야 한다.

6.5.5.5 다수성

앞서 6.3.6절 '속성의 다수성 표현'에서 인라인 속성의 다수성 표현 방식을 알아봤다. 다수성은 연관 다이어그램에서 연관 링크 양쪽 끝 또는 한쪽 끝부분에 숫자를 기입하는 방식으로 나타낼 수 있다. 이때 다수성 값은 링크 위 또는 아래에 기입하면 되고, 다수성이 적용되는 클래스 또는 객체와 가장 가까운 위치에 작성한다. 다수성 값이 없는 경우, 기본값인 1이 적용된다.

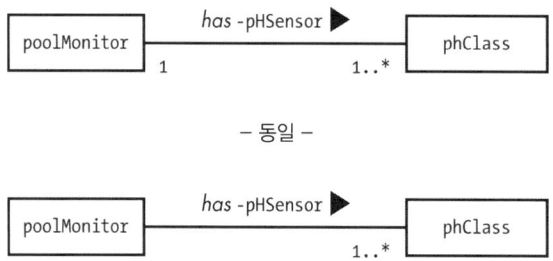

그림 6-31 연관 링크 위에 표기한 다수성 값

그림 6-31은 poolMonitor 객체 하나만 있음을 나타내고, 여기에 하나 이상의 pHSensors 객체가 연결돼 있다는 것을 나타낸다(예를 들어 pH 센서는 스파에 한 개, 수영 풀에 한 개가 있을 수 있다).

위 예시는 일대다one-to-many 관계성을 나타내며, 위 다이어그램을 다대일many-to-one 또는 다대다many-to-many 다이어그램으로 바꿀 수 있다. 예를 들어, 그림 6-32는 poolMonitor 클래스 및 객체와 phClass 클래스 및 객체의 다대다 관계성을 보여준다(이러한 다대다 관계의 상호 작용 방식을 시각화하기 어렵다면, 다수의 pH 미터를 지닌 다수의 풀을 물결 기호 등으로 나타낼 수 있을 것이다).

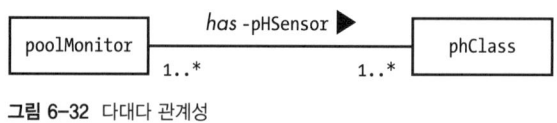

그림 6-32 다대다 관계성

6.5.5.6 순서

UML은 다수성 값이 1 이상인 어떤 연관 링크에도 추가할 수 있는 {ordered} 제약 조건을 제공한다(그림 6-33 참고).

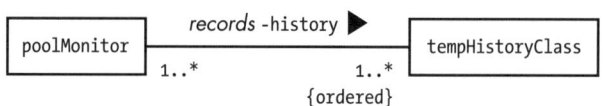

그림 6-33 순서 조건이 추가된 연관 링크

{ordered}는 말 그대로, 해당 연관 링크에 속한 아이템이 순서대로 정렬됐음을 나타낸다. 이때 어떤 순서로 정렬됐는지는 구체적으로 밝히지 않으며, 이는 개발자가 구현 단계에서 결정한다.

6.5.5.7 제약 조건

제약 조건constraint은 각 애플리케이션을 위한 텍스트로서 연관 링크에 중괄호 {} 기호를 추가해 나타낸다. (앞서 살펴본 {ordered} 등) UML이 제공하는 사전 정의 제약 조건도 있지만, 보통의 제약 조건은 UML 설계자가 자신의 애플리케이션에 필요한 내용을 구체적으로 설명한 뒤 연관 링크 아래에 추가한다. 다수의 제약 조건을 추가할 경우, 괄호 안에 여러 개의 텍스트를 입력하고 쉼표로 구분하면 된다. 예를 들어, 그림 6-33과 같이 하나의

{ordered} 제약 조건만으로는 온도 데이터를 어떻게 정렬할지 명확하게 설명할 수 없다. 이때는 다이어그램에 좀 더 구체적인 조건 텍스트를 추가해 그림 6-34와 같이 date/time 기준으로 정렬되도록 할 수 있다.

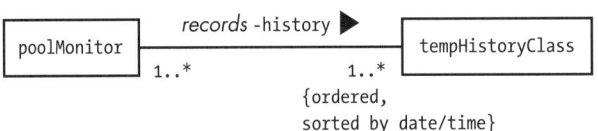

그림 6-34 커스텀 제약 조건

6.5.5.8 자격 지시자

자격 지시자qualifier는 키 값 또는 인덱스 값을 이용해, 구현 객체에게 특정 연관 링크를 우선적으로 처리해야 함을 알린다. 예를 들어 그림 6-34의 온도 기록 메커니즘은 매분마다 풀의 온도를 기록하는데, 기록 객체의 온도 기록 건수는 일주일에 10,080건, 1년에는 360여만 건이 된다. 과거 1년간의 일일 온도 기록(이를테면, 매일 정오의 온도) 데이터를 추출하려면, 거의 400만 건을 탐색한 뒤 365건 또는 366건을 가져와야 한다. 이와 같은 작업은 매우 많은 연산량을 요구하며, (대부분의 풀 모니터링 시스템과 같은) 실시간 측정 및 분석 시스템의 경우에는 성능 문제가 발생할 수 있다. 이런 경우, 읽어들이는 수백만 건의 데이터에 대해 인덱스 값을 부여하는 대신, 자격 지시자를 이용해 필요한 데이터만 추출할 수 있다.

UML 자격 지시자를 만들 때는 그림 6-35와 같이 연관 링크 한쪽 끝부분에 사각형을 추가하고 자격 조건을 입력한다.

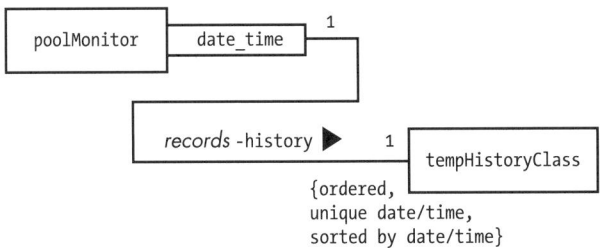

그림 6-35 자격 지시자 예시

유일무이한 자격 지시자는 유일무이한 날짜 및 기간 데이터를 지닌 모든 tempHistory Class 객체를 요구하므로, 읽어들인 날짜 및 시간 데이터 가운데 중복된 것이 없게 된다.

그림 6-35는 tempHistoryClass 객체를 사용자가 date_time 값에 따라 직접 선택하도록 하는 특수한 메커니즘을 제공한다. 이는 데이터베이스 테이블의 키와 유사한 기능을 제공한다.[7]

예를 들어 날짜와 시간이 모두 유일무이한 것이어서 다수성 값이 모두 1인 경우, date_time 자격 지시자는 특정 날짜를 선택해서 단 하나의 연관 기록을 찾을 수 있게 해준다 (기술적으로는 아무 요소도 선택되지 않을 수 있지만, 다이어그램상으로는 어떻게든 일치되는 요소가 존재한다).

히스토리 객체 가운데 date_time 키 값이 유일무이한 것이 아니라면, 다수성 값은 1 이외의 것이 된다. 예를 들어 모든 정오 시간대의 온도를 기록한 보고서를 생성하려면, 그림 6-36과 같이 다이어그램을 나타내면 된다.

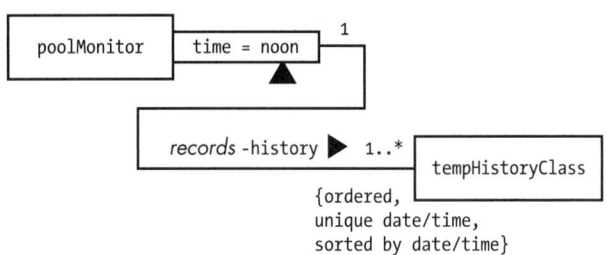

그림 6-36 자격 지시자 세트 예시

예를 들어 tempHistoryClass 객체에서 연간 기록을 가져와야 한다면 366개의 기록 중 365개의 기록을 가져오되, 동일 시간대(예를 들면 정오) 기록만 가져올 수 있다.

이처럼 동일한 연관성을 다양한 맥락에서 표현해 여러 개의 연관 다이어그램을 만들 수 있다. 예를 들어 UML 문서에서 그림 6-34, 6-35, 6-36의 다이어그램은 동일한 연관성을 지니지만, 서로 다른 맥락을 반영해 각기 다른 기능을 제공한다. 그림 6-34는 poolMonitor 클래스 또는 객체와 tempHistoryClass 객체 간의 보편적인 관련성을 보여주

---

7 데이터베이스 테이블의 키와 비슷하긴 하지만 완전히 같지는 않다. 데이터베이스는 레코드와 키를 디스크 파일로서 유지하는 반면, 자격 지시자는 기본적으로 연관 배열, 해시 테이블, 맵 등 인메모리 데이터 구조하에서 원하는 특정 레코드에 접근할 수 있도록 한다.

며, 그림 6-35는 특정 온도 조건으로 검색했을 때의 검색 연산 결과를 보여줄 수 있다. 이런 검색 연산은 자주 시행하므로, 성능을 높이기 위해 (해시 테이블과 같은) 연관 배열로 만든다. 그림 6-36은 데이터의 수집 속도를 높이기 위해 '정오 시간대'라는 조건으로 정렬한 새로운 요약 테이블을 보여준다. 이들 세 다이어그램은 각자 나름의 맥락을 반영하고 있으며, 용도상 서로 중복되지 않는다.

6.5.5.9 방향 지시자

6.3.3절 '속성 이름'에서는 연관 링크에 속성 이름을 추가하는 기법을 알아봤다. 이때 중요한 부분은 속성을 포함하고 있는 클래스 또는 객체 가까이에 (또 다른 클래스 또는 객체를 참조하기 위해) 속성 이름을 입력하는 것이다. 간단한 다이어그램에서는 이런 방식으로 (다소 암묵적으로) 소통의 방향 및 속성의 소유권 여부를 설명할 수 있지만, UML 다이어그램이 복잡해질수록 이런 방식은 혼동을 초래할 수 있다. UML 방향 지시자는 바로 이런 문제를 해결하기 위한 요소다.

방향 지시자는 다이어그램에서 정보의 흐름을 구체적으로 나타낸다(즉, 데이터가 시스템을 따라 흐르는 방향을 보여준다). 연관 링크는 기본적으로 양방향으로 이동 가능하며, 연관 링크 한쪽 끝의 객체 또는 클래스를 다른 한쪽의 데이터 필드 또는 메소드에 연결시킬 수 있다. 물론, 연관 링크로도 한쪽 방향으로 이동하는 흐름을 나타낼 수 있다.

방향 지시자를 사용하려면 연관 링크 끝부분을 화살표로 연결해 소통의 흐름을 명시하면 된다(양방향 소통의 경우, 화살표를 양쪽 끝에 추가할 필요는 없으며 그냥 선으로 연결만 하면 된다). 예를 들어, 그림 6-37을 보면 poolMonitor 클래스 또는 객체에서 출발한 소통의 흐름은 pHClass 클래스 또는 객체로 이동한다. 여기서 방향 지시자는 두 가지 의미를 지닌다. 하나는 pHSensor 속성이 poolMonitor 클래스 또는 객체의 멤버라는 것이고, 다른 하나는 pHClass의 속성 가운데 poolMonitor의 객체를 참조하는 것은 없다는 것이다.

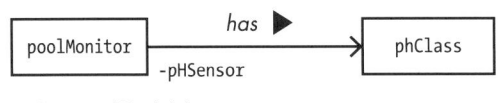

그림 6-37 방향 지시자

UML 2.x부터 반대 방향으로는 소통의 흐름이 이동할 수 없음을 명시적으로 나타내는 내용이 추가됐으며, 연관 링크에 × 기호를 추가해 명시적으로 해당 방향에 대한 소통을 금지한다(그림 6-38 참조).

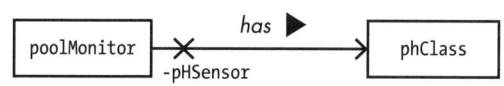

그림 6-38 명시적으로 소통을 금지하는 방향 지시자

그러나 위 소통 금지 방향 지시자는 다이어그램을 (필요 이상으로) 복잡하게 만들므로, 나는 기본 방향 지시자만 사용한다. 여러분도 각자에게 맞는 선택을 하길 바란다.

6.5.5.10 변경 지시자

UML 변경 지시자 changeability는 특정 데이터 세트가 생성된 뒤에 수정 가능한지 여부를 나타내기 위한 것이다. 그림 6-34의 히스토리 레코드 예제에서는 일단 온도 데이터가 history 데이터베이스에 저장되고 나면 시스템 또는 사용자가 임의로 해당 데이터를 수정하거나 삭제할 수 없도록 할 필요가 있다. 이때, 그림 6-39와 같이 변경 지시자로 연관 링크 하단에 {frozen} 제약 조건을 추가해 임의의 변경을 차단할 수 있다.

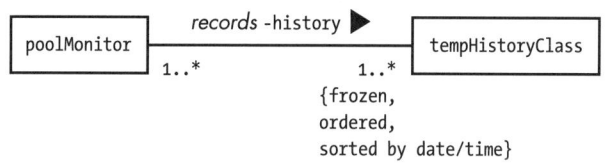

그림 6-39 변경 불능을 나타내는 {frozen} 지시자

이상으로 네 가지 관계성 타입을 알아봤다. 다음 절에서 마지막 타입인 상속을 알아보자.

6.5.6 클래스 상속 관계

상속 관계는 두 클래스 간의 가장 강하고 가장 긴밀한 상호 작용 유형이다(UML에서의 관계성은 보통 상속 관계를 의미한다). 상속 관계에서 원본 클래스 필드에서의 변경 사항은 즉

각적으로 (상속받는) 자식 클래스 또는 객체에 영향을 준다.[8] 상속은 앞서 소개한 의존, 연관, 집합, 구성과는 확연히 다른 관계성을 제시한다. 앞서 소개한 네 개의 관계성 유형은 하나의 클래스가 다른 클래스를 어떻게 활용하는지 설명하기 위한 것이지만, 상속은 하나의 클래스가 다른 클래스의 모든 것을 어떻게 포함할 수 있는지 설명하기 위한 것이다.

상속을 나타내기 위해 그림 6-40과 같이 속이 빈 화살표 머리 기호를 사용한다. 화살표 머리는 (범용 아이템인) 원본 클래스를 가리키고, 반대쪽은 (파생 아이템인) 상속받는 클래스를 가리킨다.

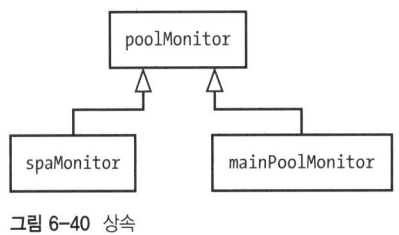

그림 6-40 상속

위 그림에서 spaMonitor와 mainPoolMonitor는 원본 클래스인 poolMonitor로부터 모든 데이터 필드를 상속받는 파생 클래스다(이후, 이들 파생 클래스에는 기능 수행에 필요한 새로운 속성과 연산 요소를 추가한다).

상속 관계에는 기존의 의존, 연관, 집합, 구성 관계에 적용되는 다수성, 역할, 방향 지시자 등의 속성이 적용되지 않는다.

6.6 객체

지금까지 UML 다이어그램의 중요한 두 가지 구성 요소인 액터와 클래스를 살펴봤으며, 특히 클래스를 상세하게 알아봤다. 그러나 객체지향 프로그래밍이란 관점에서 클래스는 데이터 타입에 불과할 뿐이며, 소프트웨어를 작동시키는 실제 데이터 아이템은 아니다. 클래스의 인스턴스인 객체[object]야말로 애플리케이션 내에서 상태를 관장하는 실제 데이터 아이템이라 할 수 있다. UML에서 객체는 (클래스의 표현 방법과 동일하게) 사각형 기호

---

8 베이스 클래스, 원본 클래스는 조상 클래스라고도 한다.

로 표시한다. 연관 클래스 이름과 객체 이름의 차이점은 그림 6-41과 같이 객체 이름에 밑줄을 추가하는 것이다.

```
pMon:poolMonitor
```

그림 6-41 객체

6.7 참고 자료

Bremer, Michael 저. *The User Manual Manual: How to Research, Write, Test, Edit, and Produce a Software Manual*. Grass Valley, CA: UnTechnical Press, 1999. 샘플 챕터 다운로드 http://www.untechnicalpress.com/Downloads/UMM%20sample%20doc.pdf.

Larman, Craig 저. *Applying UML and Patterns: An Introduction to Object-Oriented Analysis and Design and Iterative Development*. 3rd ed. Upper Saddle River, NJ: Prentice Hall, 2004.

Miles, Russ, Kim Hamilton 저. *Learning UML 2.0: A Pragmatic Introduction to UML*. Sebastopol, CA: O'Reilly Media, 2003.

Pender, Tom 저. *UML Bible*. Indianapolis: Wiley, 2003.

Pilone, Dan, Neil Pitman 저. *UML 2.0 in a Nutshell: A Desktop Quick Reference*. 2nd ed. Sebastopol, CA: O'Reilly Media, 2005.

Roff, Jason T 저. *UML: A Beginner's Guide*. Berkeley, CA: McGraw-Hill Education, 2003.

Tutorials Point. 'UML Tutorial.' https://www.tutorialspoint.com/uml/.

7

UML 인터랙션 다이어그램

인터랙션 다이어그램은 시스템 내 서로 다른 객체 또는 상호 작용 참여 요소 간의 연산 흐름을 시각화한다. UML의 세 가지 주요 인터랙션 타입은 시퀀스sequence, 커뮤니케이션communication(또는 협업collaboration), 타이밍timing이다. 이번 7장에서는 UML에서 가장 널리 사용되는 시퀀스 다이어그램을 중심으로 알아보고, 장 후반부에서는 커뮤니케이션 다이어그램을 간략히 살펴본다.

7.1 시퀀스 다이어그램

UML 인터랙션 다이어그램을 대표하는 시퀀스 다이어그램sequence diagram은 (액터, 객체 등과 같은) 참여 요소 간의 상호 작용 순서를 보여준다. 액티비티 다이어그램이 개별 객체에서 일어나는 한 가지 연산 작업에 초점을 맞춘다면, 시퀀스 다이어그램은 여러 개의 액티비티 다이어그램을 하나로 연결해 다양한 연산 작업이 어떻게 일어나는지 전반적인 흐름을 보여준다. 설계의 관점에서 시퀀스 다이어그램은 시스템 아키텍처 전반에 대한 내용을 설명하기 위해 액티비티 다이어그램보다 더 많은 정보를 담고 있다고 할 수 있다. 반면, 저수준의 액티비티 다이어그램은 소프트웨어 엔지니어가 해당 액티비티 설계의 실제 의도를 파악할 수 있을 정도로 세부적이며 구체적인 정보를 제공한다는 데 의의가 있다.

7.1.1 라이프라인

시퀀스 다이어그램 최상단에는 막대 인형 및 사각형 기호 등으로 참여 요소를 배치하고, 대시 라인을 이용해 하단 다이어그램 요소와 연결함으로써 객체의 라이프라인^{lifeline}을 나타낸다. 시퀀스 다이어그램에서 라이프라인은 화면 상단을 기준으로, 시간 흐름을 최초 시점(화면 최상단)부터 최후 시점(화면 최하단)까지 표시한다. 그러나 라이프라인 자체로는 소요되는 시간의 양을 나타낼 수 없으며, 오직 다이어그램 상단에서 하단으로의 시간 흐름만 나타낸다. 즉, 라이프라인 길이가 같다는 사실만으로 해당 연산 작업 시간이 동일하다고 판단해서는 안 된다(특정 위치에서 1cm의 라이프라인이 하루를 나타낸다면, 다른 위치에서 1cm는 밀리초를 나타낼 수 있다).

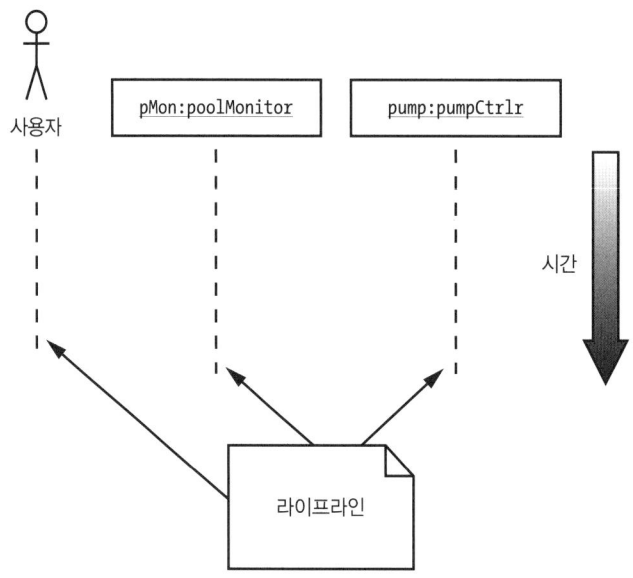

그림 7-1 기본 시퀀스 다이어그램

7.1.2 메시지 타입

참여 요소 간의 소통은 (이번 절에서는 연산이라고도 부르는) 메시지^{message} 형식으로 이뤄진다. 메시지는 라이프라인을 가로 방향으로 잇는 다양한 형태의 화살표 선분으로 표시하며, 때로는 라이프라인 자체로 돌아오기도 한다.

시퀀스 다이어그램은 그림 7-2와 같이 동기적synchronous, 비동기적asynchronous, 리턴return, 플랫flat 등과 같은 네 가지 메시지 타입을 제공한다.

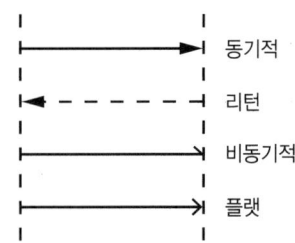

그림 7-2 시퀀스 다이어그램의 네 가지 메시지 타입

동기적 메시지는 대부분의 프로그램이 (객체 메소드, 함수, 프로시저 실행을 위해) 사용하는 전형적인 호출/반환 연산을 나타낸다. 센더sender, 즉 발신 객체는 리시버receiver, 즉 수신 객체로부터 제어권을 반환받을 때까지 연산 실행을 중단한다.

리턴 메시지는 각자의 선택에 따라 사용할 수 있는 메시지 타입으로, 동기적 메시지가 발신 객체로 돌아와서 연산에 대한 제어권이 반환됐음을 나타낸다. 보통의 객체는 동기적 메시지가 완료되기 전까지는 해당 작업을 지속할 수 없으므로, 동일 시간대에 다른 메시지를 확인하고 리턴 연산을 수행한다. 너무 많은 수의 리턴 기호는 시퀀스 다이어그램을 복잡하게 만들 수 있으므로, 다이어그램 작성 초기부터 사용 빈도를 줄이는 것이 좋다. 하지만 다이어그램이 비교적 단순 명료하게 유지되고 있다면, 리턴 메시지를 추가해서 연산 작업의 흐름을 좀 더 명확하게 나타낼 수 있다.

비동기적 메시지는 수신 객체에 존재하는 특정 코드를 실행하지만, 발신 객체는 수신 객체로부터 메시지를 반환받을 때까지 기다리지 않고 다음 작업을 실행할 수 있다. 이런 이유로, 시퀀스 다이어그램에서 비동기적 호출을 사용하는 경우 명시적으로 반환 화살표 선분을 그리지 않아도 된다.

플랫 메시지는 동기적 방식이나 비동기적인 방식으로 사용할 수 있다. 플랫 메시지는 설계 작업 단계에서 메시지 타입을 고려하지 않아도 되는 경우, 코드를 작성하는 엔지니어에서 구현 방식을 일임할 때 유용하다. 일반적으로 플랫 메시지에 반환 화살표를 그리지 않았다면 이는 구현 담당자가 동기적 호출을 해야 함을 의미한다.

노트 | 플랫 메시지는 UML 1.x에서만 사용된다. UML 2.0부터는 플랫 메시지 대신 화살표 기호가 (양쪽 모두) 없는 비동기적 메시지를 사용한다.

7.1.3 메시지 라벨

메시지를 그릴 때는 메시지 화살표와 함께 메시지 라벨을 붙여야 한다. 메시지 라벨은 그림 7-3과 같이 메시지의 내용을 간단히 설명한다.

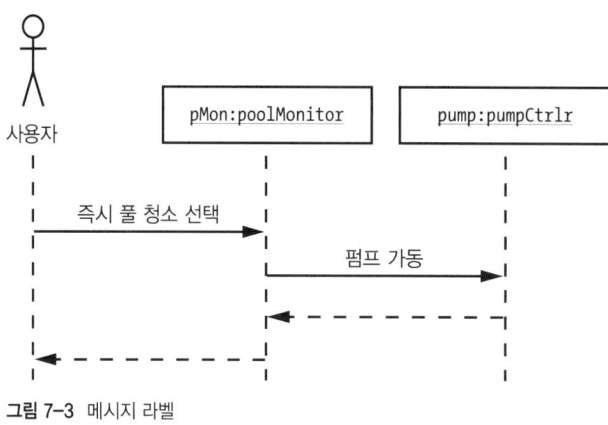

그림 7-3 메시지 라벨

메시지의 연속성은 수직적인 위치로 나타낼 수 있다. 그림 7-3에서 '즉시 풀 청소 선택'은 다이어그램의 첫 번째 메시지 라벨이며, 위 다이어그램에서 가장 먼저 실행된다. 바로 아래, 두 번째 메시지 라인에 '펌프 가동' 라벨이 있으며 다음으로 실행된다. '펌프 가동' 메시지 전달 결과는 세 번째 메시지로 반환되며, 마지막 네 번째 메시지를 통해 '즉시 풀 청소 선택'에 대한 메시지를 반환한다.

7.1.4 메시지 번호

시퀀스 다이어그램이 복잡해질수록 메시지 위치만으로는 실행 순서를 파악하기 어려워진다. 이때는 메시지 라벨 앞에 번호를 붙여서 실행 순서를 좀 더 명확히 제시할 수 있다. 그림 7-4는 정수형 순번을 사용해 라벨의 실행 순서를 보여준다. 이와 같은 정수형 순번 사용이 UML의 필수 사항은 아니며, 3.2.4와 같은 순번 체계나 A, B, C 등과 같은 알파벳을 사용해도 된다. 어쨌든 메시지 번호 사용에서 가장 중요한 점은 메시지의 순서를 명확하게 나타내는 것이며, 너무 복잡하거나 화려한 순번 체계는 사용하지 않는 것이 좋다.

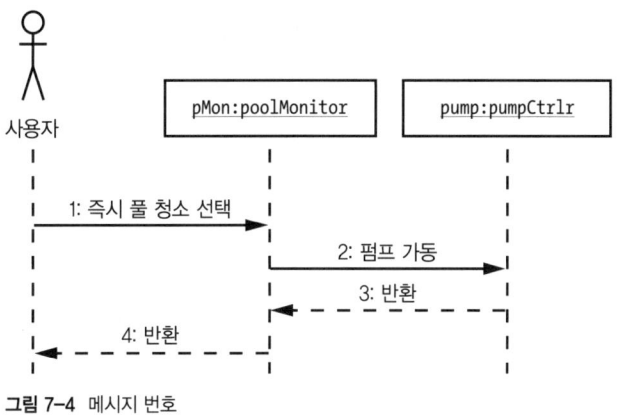

그림 7-4 메시지 번호

메시지 라벨은 해당 메시지를 설명할 수 있는 간결하면서도 직관적인 키워드로 작성하는 것이 기본이지만, 그림 7-5와 같이 실제 연산명, 파라미터, 반환값 등을 사용하는 경우도 적지 않다.

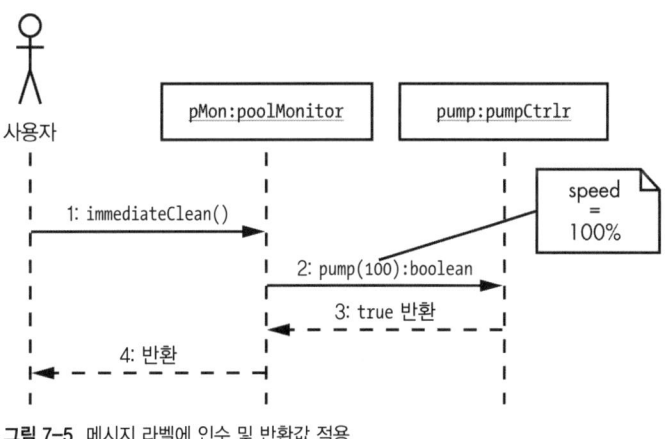

그림 7-5 메시지 라벨에 인수 및 반환값 적용

7.1.5 보호 조건

메시지 라벨에는 그림 7-6과 같이 대괄호 안에 불리언 표현식을 넣어서 사용하는 보호 조건guard condition도 포함시킬 수 있다. 보호 조건 실행 결과가 true인 경우 시스템은 메시지를 전송하고, 보호 조건 실행 결과가 false인 경우 시스템은 메시지를 전송하지 않는다.

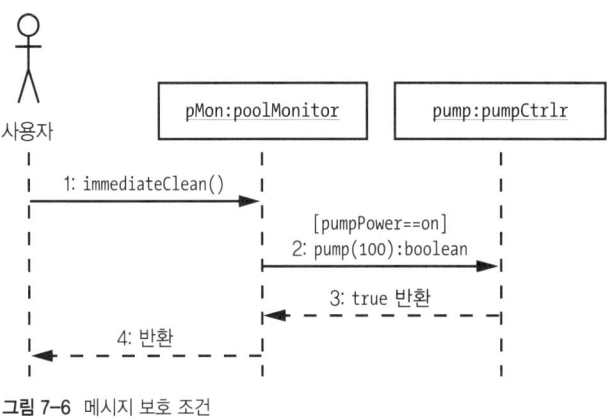

그림 7-6 메시지 보호 조건

그림 7-6에서 pMon 객체는 pumpPower가 on (true) 상태일 때만 pump(100) 메시지를 전송한다. pumpPower가 off (false) 상태인 경우 pump(100) 메시지를 실행하지 않고, 그에 대응하는 (세 번째 아이템) 반환 연산도 실행하지 않으며, 제어 흐름은 (사용자 객체에 제어권을 반환하는 네 번째 아이템이 있는) 바로 다음 pMon 라이프라인으로 이동한다.

7.1.6 반복 시행

시퀀스 다이어그램에 반복 횟수를 입력해 메시지의 반복 시행 횟수iteration count를 지정할 수 있다. 반복 시행 횟수를 지정할 때는 그림 7-7과 같이 보호 조건 다음에 애스터리스크 기호(*)를 추가하거나 보호 조건 내에 for 순환문을 추가하면 된다. 그러면 시스템은 보호 조건이 true인 동안 해당 메시지를 반복적으로 전송한다.

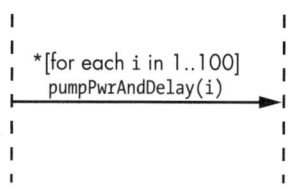

그림 7-7 반복 시행 횟수가 지정된 부분 시퀀스 다이어그램

그림 7-7에서 변수 i가 1부터 100까지 세는 동안, 메시지는 100회 반복해서 시행된다. pumpPwrAndDelay 함수가 인수로 퍼센트 단위의 파워를 적용하는 경우, (1초마다 파워를 올려서) 약 1분 40초 후 최대 출력으로 펌프가 작동한다.

7.1.7 롱 딜레이 및 시간 제약 조건

보통의 경우에 시퀀스 다이어그램은 메시지의 순서만 나타낼 뿐이며, 메시지의 실행 소요 시간까지 표시하지는 않는다. 그러나 다른 작업에 비해 훨씬 긴 시간이 소요되는 작업 등, 특정 연산 작업에 소요되는 시간을 명시하는 것이 필요한 경우도 있다. 특히 인터넷을 통해 원격 서버에 메시지를 전달해야 하는 경우와 같이, 현 시스템 경계 외부에 있는 또 다른 객체에 메시지를 보내는 경우에는 연산 소요 시간을 표시하는 것이 일반적이다 (이는 잠시 후 다시 설명한다). 연산 시간이 좀 더 긴 메시지의 경우, 롱 딜레이^{long delay}의 의미로 화살표의 한쪽을 좀 더 밑으로 기울여서 그린다. 그림 7-8의 경우, scheduledClean() 연산은 다른 연산에 비해 좀 더 많은 시간이 소요될 것이라 예상할 수 있다.

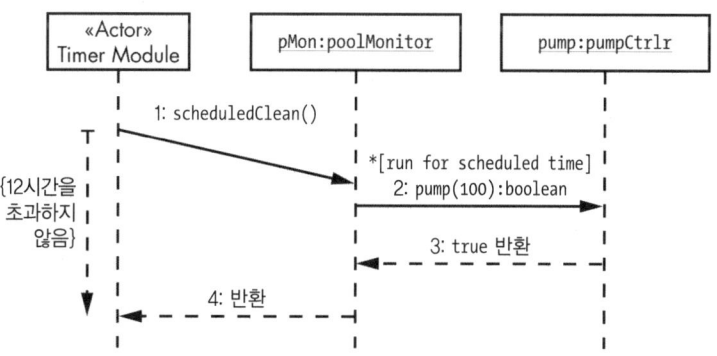

그림 7-8 시간 제약 조건을 추가한 메시지

이때 다이어그램에 제약 조건을 추가해 각 메시지의 예상 소요 시간을 명시해야 한다. 그림 7-8에서 수직의 대시 라인은 scheduledClean() 연산에서 시작해 (풀 모니터 시스템의 물리 타이머와 같은) Timer Module 액터에게 제어권을 반환할 때까지 연결되며, 시간 제약 조건은 대시 라인 좌측 면에 표시했다.

7.1.8 외부 객체

시퀀스 다이어그램에는 시스템 외부 객체와 소통할 수 있는 요소도 필요하다. 예를 들어 풀 모니터의 일부 코드가 염분 농도를 측정한 뒤, 농도가 너무 낮으면 소유자에게 SMS 메시지를 전송할 수 있다. 이때 사용되는 코드는 SMS 메시지를 전송하기 위해 IoT 기기를 작동시켜야 할 수 있으며, 풀 모니터 소프트웨어를 벗어나게 된다. 결국, SMS 전송 코드가 외부 객체가 되는 셈이다.

외부 객체와 그에 연결된 라이프라인은 그림 7-9와 같이 굵고 진한 직선을 이용해 표시한다.

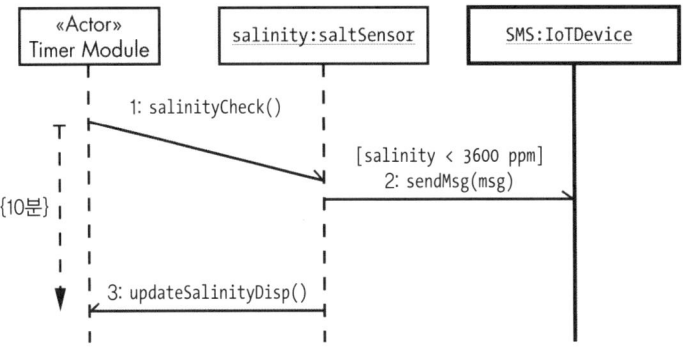

그림 7-9 시퀀스 다이어그램에 표시된 외부 객체

그림 7-9에서 Timer Module은 염분 농도 객체를 비동기적으로 호출하며, salinityCheck() 연산 후에 별도의 값을 반환받지 않는다. 해당 호출 뒤에 Timer Module은 (다이어그램에는 표시하지 않은) 다른 작업으로 넘어간다. 시간 제약 조건에 명시된 것과 같이, 10분 후에 염분 농도 객체는 Timer Module 액터를 비동기적으로 호출하고, 화면상에 염분 농도 값을 갱신해 표시한다.

sendMsg() 작업에는 별도의 명시적인 시간 제약 조건이 없으므로 salinityCheck() 작업 후, 그리고 updateSalinityDisp() 작업 전에 언제든 실행될 수 있다. 이는 sendMsg() 메시지의 화살표 위치가 다른 두 메시지 사이에 위치한 것으로 알 수 있다.

7.1.9 액티베이션 바

액티베이션 바^{activation bar}는 초기화되고 활성화된 객체를 나타내며, 그림 7-10과 같이 라이프라인 위에 좁고 긴 사각형으로 표시한다. 액티베이션 바는 선택적으로 사용할 수 있으며, 이들 바 사이를 오가는 메시지를 통해 객체의 수명주기를 추론할 수 있다.

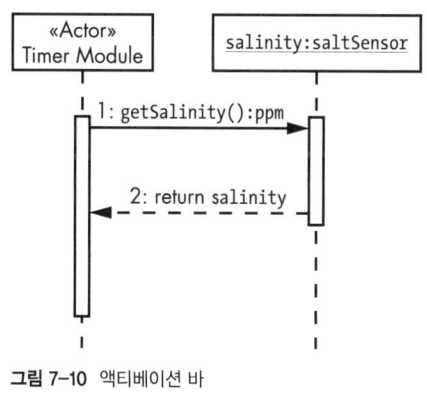

그림 7-10 액티베이션 바

노트 | 대부분의 경우, 액티베이션 바는 시퀀스 다이어그램을 복잡하게 만드는 경향이 있으므로 이 책에서는 사용하지 않지만, 다른 자료에서 이 요소를 보게 될 경우를 대비해 소개한다.

7.1.10 브랜칭

7.1.5절 '보호 조건'에서 설명했듯이, 메시지에 보호 조건을 추가해 '참이면 메시지를 실행하고, 거짓이면 라이프라인을 따라 (실행 작업 없이) 아래로 내려간다.'는 의미를 전달할 수 있다. 이와 같은 역할을 할 수 있는 또 다른 도구가 바로 브랜칭^{branching} 또는 분기다. 브랜칭은 C 언어 스타일의 switch/case 문으로서, 보호 조건에 따라 여러 개의 메시지

중 하나를 골라서 실행할 수 있고, 각 메시지마다 하나의 보호 조건을 적용한다. 풀장의 소독제로 클로린chlorine 또는 브로민bromine을 사용하는지 여부에 따라 서로 다른 메시지를 실행하려면, 그림 7-11과 같이 브랜칭 로직을 추가하면 된다.

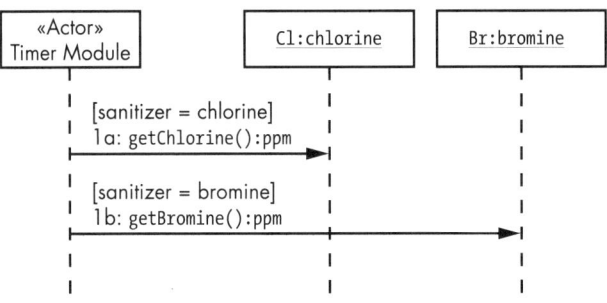

그림 7-11 브랜칭 로직의 잘못된 구현 사례

얼핏 보면, 위 다이어그램은 나름 잘 작성됐다. 위 풀장에 클로린 대신 브로민을 사용하는 경우, 첫 번째 메시지는 실행되지 않고, 제어 흐름은 바로 두 번째 메시지로 이동해 실행하게 된다. 그러나 두 개의 메시지가 라이프라인에서 서로 다른 시점에 등장하므로, 실행 시점 또한 서로 다를 수밖에 없다. 여러분의 시퀀스 다이어그램이 좀 더 복잡해져서, 이들 두 메시지 사이에서 또 다른 메시지가 호출되는 경우에는 해당 메시지가 getBromine() 메시지보다 항상 먼저 실행되는 문제가 생긴다. 위와 같이 하는 대신, 소독제가 클로린이 아닌 것을 확인한 즉시, 브로민인지 확인한다면 다른 메시지에 의한 간섭을 피할 수 있다. 그림 7-12는 올바른 브랜칭 로직을 보여준다.

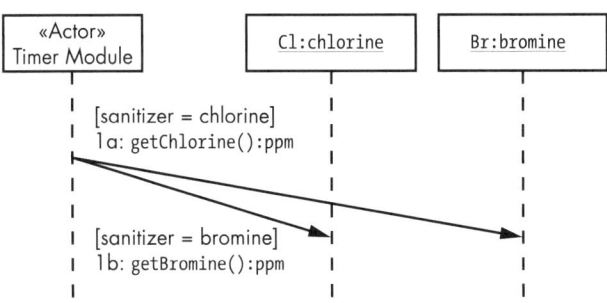

그림 7-12 브랜칭 로직의 올바른 구현 사례

위 다이어그램에서 브랜칭 로직 화살표는 동일한 수직점에서 시작해 반대편의 동일한 수직선상에 도달하므로, 실행 순서에 대해 혼동을 일으킬 여지가 줄어든다(이때 보호 조건이 서로 배타적이므로, 두 조건이 동시에 참이 될 수는 없다고 가정한다).

브랜칭 또한 롱 딜레이처럼 기울어진 화살표 직선을 사용하지만, 롱 딜레이의 경우 시간 제약 조건을 병기한다는 차이점이 있다.[1]

7.1.11 대체 흐름

브랜칭과 관련해 해결해야 할 또 다른 문제가 있다. 하나의 목표 객체에 서로 다른 두 개의 메시지를 보내야 할 때는 어떻게 해야 할까? 브랜칭은 화살표의 머리와 꼬리로 도착점과 출발점을 알리므로, 수직선상의 동일한 지점에서 두 개의 화살표가 출발해 동일한 목표 지점에 도착하게 되면 두 개의 메시지가 겹쳐 보이게 되므로 서로 다른 메시지를 구분할 수 없게 된다. 이에 대한 해법이 바로 대체 흐름alternative flow이다.

대체 흐름은 그림 7-13과 같이 하나의 라이프라인이 특정 지점에서 두 개의 라이프라인으로 갈라지는 것이다.

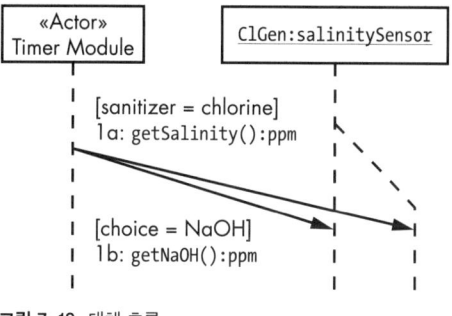

그림 7-13 대체 흐름

이번 예제에서 Timer Module은 현재의 염분 농도(NaCl)나 수산화나트륨의 농도(NaOH) 중 하나를 가져와야 한다. getSalinity() 및 getNaOH() 연산은 모두 동일한 클래스에 존재하는 메소드에서 일어나므로, 이 두 객체의 메시지는 ClGen 라이프라인의 동일

---

1 이것은 UML 언어를 활용하는 그리 좋지 못한 예라고 생각한다면, 여러분의 생각이 옳다. UML의 발전 과정과 위원회 중심의 설계 의사 결정으로 인해 명확하지 못한 부분이 존재한다.

지점을 가리키게 된다. 이때 이들 두 객체의 메시지 선분이 겹치지 않도록, 그림 7-13과 같이 ClGen 라이프라인을 원본 흐름과 대체 흐름이라는 두 개의 선분으로 나눈다.

메시지 호출이 끝나고 나면, 두 개의 흐름은 여러분의 필요에 따라 하나로 합칠 수 있다.

7.1.12 객체 생성 및 제거

지금까지의 예제에서 객체는 시퀀스 다이어그램의 수명주기 동안 계속 존재할 수 있었다. 즉, 모든 객체는 (연산을 위한) 첫 번째 메시지 실행 이전부터 존재했고, 마지막 메시지 실행 후에도 유지됐다. 그러나 실제 설계 작업에서는 프로그램이 실행되는 전 주기 동안 객체를 생성하거나 제거해야 할 경우가 많다.

객체 생성 및 제거 작업도 기존의 메시지 활용 방식과 다르지 않다. UML에서 널리 사용되는 방법은 그림 7-14와 같이 ≪create≫와 ≪destroy≫라는 특수 메시지를 이용해 시퀀스 다이어그램에서 객체의 수명주기를 나타내는 것이다. 이때 메시지 이름은 임의로 붙일 수 있다. cleanProcess 라이프라인의 끝부분에 ≪destroy≫ 메시지를 연결한 뒤 X 기호를 추가해, 이후 또 다른 객체가 존재하지 않음을 명시적으로 밝혀서 해당 라이프라인이 종료됨을 나타낼 수 있다.

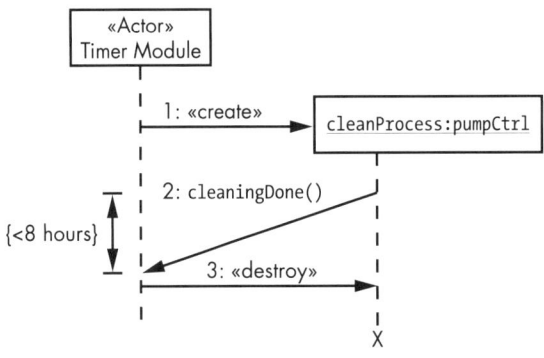

그림 7-14 객체 생성 및 제거

위 그림은 액터에 비해 약간 아래로 내린 박스를 통해 새로 생성된 객체의 라이프라인이 시작됨을 알린다. 그러나 러스 마일스Russ Miles와 킴 해밀턴Kim Hamilton이 『Learning UML 2.0』(O'Reilly, 2003)에서 밝혔듯이, 다수의 표준화된 UML 도구는 위와 같이 수직선상에서 위치가 서로 다른 박스를 지원하지 않는다. 대부분의 표준화된 UML 도구를 갖고 위와 같은 표현을 할 수 있는 몇 가지 방법이 있다.

우선 그림 7-15와 같이 다이어그램 상단에 객체를 추가하고, 객체 생성 지점에 이와 관련된 주석을 추가한다. 다음으로, 객체 제거 지점에 ≪destroy≫ 메시지와 X 기호를 추가해 해당 객체를 제거한다.

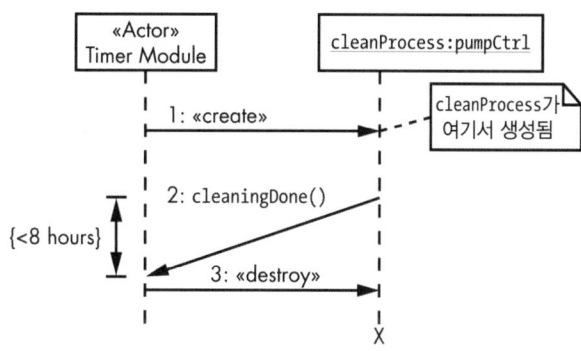

그림 7-15 주석을 이용한 객체 수명주기 표시 방법

또한 그림 7-16과 같이 대체 흐름을 이용해 객체의 수명주기를 나타낼 수 있다.

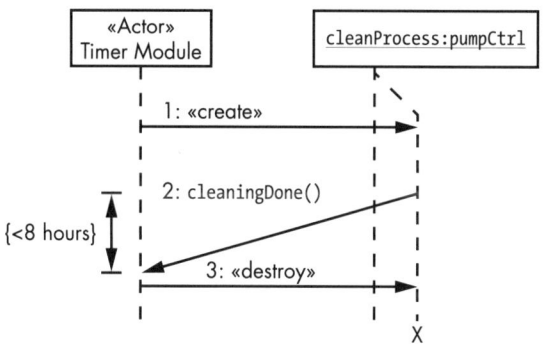

그림 7-16 대체 흐름을 이용한 객체의 수명주기 표시 방법

위와 같은 경우에는 액티베이션 바가 객체의 수명주기를 표시하기 위한 세 번째 방식이 될 수 있다.

7.1.13 시퀀스 프래그먼트

UML 2.0 이후의 시퀀스 다이어그램은 좀 더 풍부한 표현을 할 수 있도록 순환문, 분기문 등의 기능을 통합적으로 구현한 시퀀스 프래그먼트sequence fragment를 제공한다. UML이 제공하는 표준 시퀀스 프래그먼트 타입의 개요는 표 7-1과 같다(상세한 내용은 이번 7장 후반부에서 소개한다).

표 7-1 표준 시퀀스 프래그먼트 타입의 개요

Alt	대체 프래그먼트가 참일 때만 실행(if/else 또는 switch 문에 대응)
assert	보호 조건이 참이면, 프래그먼트에 포함된 연산을 실행
break	(보호 조건에 따라) 순환 프래그먼트를 빠져나감
consider	시퀀스 프래그먼트에서 올바른 메시지 목록을 제공
ignore	시퀀스 프래그먼트에서 잘못된 메시지 목록을 제공
loop	프래그먼트의 시행 횟수 보호 조건에 따라 반복 시행함
neg	결코 실행하지 않음
opt	연관 조건이 참일 때만 실행(alt와 달리 단 하나의 대체 프래그먼트만 사용)
par	병렬적으로 다수의 프래그먼트 실행
ref	다른 시퀀스 다이어그램을 호출함
region	critical이라고도 부르며, 단 하나의 스레드만 실행할 수 있는 중요 영역 정의
seq	(멀티태스킹 환경 등) 특정 시퀀스에서만 연산 작업이 이뤄져야 함
strict	seq의 좀 더 엄격한 버전

일반적으로 시퀀스 프래그먼트는 메시지를 감싼 사각형으로 표현하며, 이 사각 영역 속 좌측 상단에는 (우측 하단이 잘린) UML 프래그먼트의 이름 또는 타입을 기입한 오각형 기호가 있다(그림 7-17을 보면, 실제 프래그먼트 타입 대신 *typ*가 기입된 것을 볼 수 있다).

예를 들어, 메시지 시퀀스를 여러 번 반복하고 싶다면 여러분은 메시지를 순환 시퀀스 프래그먼트에 넣으면 된다. 그러면 개발자가 해당 순환 프래그먼트에서 지정한 횟수만큼 메시지를 반복하는 프로그램을 구현하게 된다.

여기에 보호 조건 또는 반복 시행 횟수 등의 형식으로 추가 정보를 입력할 수 있다. 이제부터 표 7-1의 시퀀스 프래그먼트 타입을 다양한 예시와 사용 시나리오를 이용해 상세히 알아보자.

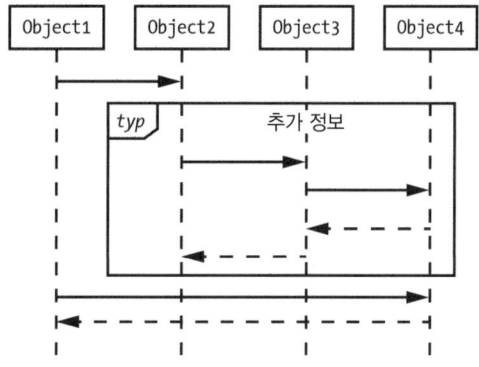

그림 7-17 일반적인 시퀀스 프래그먼트의 형식

7.1.13.1 ref

ref 시퀀스 프래그먼트는 UML 인터랙션 발생 및 인터랙션 참조라는 두 개 요소로 구성된다. '인터랙션 발생interaction occurrence'은 코드의 (프로시저 또는 함수 등의) 서브루틴과 같은 독자적인 시퀀스 다이어그램이며, 시퀀스 프래그먼트 박스 속에 작성한다. 박스 영역 좌측 상단의 오각형에는 (시퀀스 다이어그램sequence diagram의 약자인) sd를 입력하고, ref 프래그먼트의 이름과 할당하려는 인수를 입력한다(그림 7-18 참조).

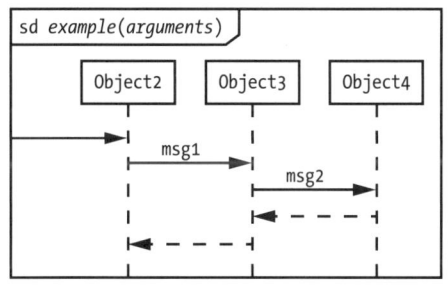

그림 7-18 인터랙션 발생 예시

위 그림의 좌측 가장자리에서 유입되는 화살표는 서브루틴의 엔트리 포인트에 해당한다. 이와 같은 유입 화살표가 없더라도 라이프라인 상단에 있는 맨 좌측의 참여 요소로 제어 흐름이 유입된다고 생각하면 된다.

ref 시퀀스 프래그먼트의 두 번째 요소인 '인터랙션 참조^{interaction reference}'는 그림 7-19와 같이 다른 시퀀스 다이어그램에서 이번 인터랙션 발생 객체를 참조하기 위한 것이다.

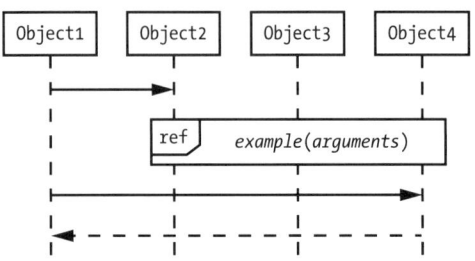

그림 7-19 ref 시퀀스 프래그먼트 예시

인터랙션 참조는 코드를 통한 (프로시저 또는 함수 등과 같은) 서브루틴 호출에 해당된다.

7.1.13.2 consider와 ignore

consider 시퀀스 프래그먼트는 시퀀스 다이어그램 영역 내에서 검증된 (올바른) 모든 메시지의 목록을 작성하며, 이 외의 모든 메시지 또는 연산은 검증되지 못한 것이 된다. ignore 연산자는 시퀀스 다이어그램 영역 내에서 검증되지 못한 모든 메시지의 목록을 작성하며, 이 외의 모든 메시지 또는 연산은 검증된 (올바른) 것이 된다.

consider와 ignore는 기존 시퀀스 프래그먼트를 결합하는 연산자 또는 그 자체로서 새로운 시퀀스 프래그먼트로서의 역할을 수행한다. consider 및 ignore 연산자는 다음과 같은 형식으로 작성한다.

```
consider{ comma-separated-list-of-operators }
ignore{ comma-separated-list-of-operators }
```

consider 및 ignore 연산자는 (그림 7-20과 같이) 인터랙션 발생 요소 내의 sd 프래그먼트 이름 아래에 입력하며, 이 경우 전체 다이어그램에 관련 연산 내용이 적용된다.

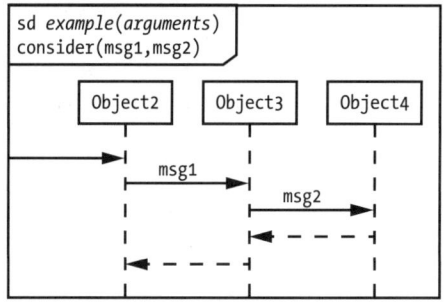

그림 7-20 consider 연산자 활용 예시

시퀀스 프래그먼트를 다른 시퀀스 다이어그램에 작성하고 해당 프래그먼트의 이름에 consider 또는 ignore 연산과 관련된 라벨을 붙일 수 있다. 이 경우, consider 또는 ignore 연산은 해당 시퀀스 프래그먼트에만 적용된다(그림 7-21 참조).

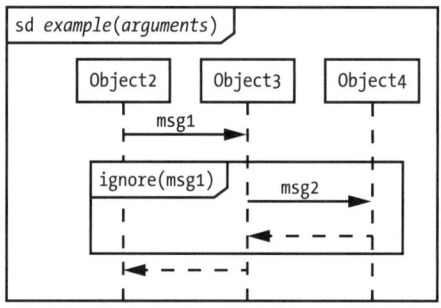

그림 7-21 ignore 시퀀스 프래그먼트 예시

이들 프래그먼트 타입이 다소 낯설다면 특정 메시지만 처리하되, 여러 지점에서 처리된 메시지와 처리되지 못한 메시지를 함께 전달하는 범용 ref 프래그먼트를 작성한다고 생각하면 된다. ref 프래그먼트에 consider 또는 ignore 연산자를 추가하면, 명시적으로 처리하지 않은 메시지는 무시할 수 있으므로 추가적인 설계 작업 없이 ref 프래그먼트를 사용할 수 있다.

7.1.13.3 assert

assert 시퀀스 프래그먼트는 시스템 개발자에게 메시지에 포함된 내용은 특정 보호 조건이 참일 때만 올바르다고 알려줄 수 있다. assert 프래그먼트 하단에 (보호 조건인) 불리언 조건문을 추가해, 이 조건문이 참인 경우에만 시퀀스 실행이 완료되도록 한다. assert 프래그먼트 실행이 완료된 뒤에 해당 조건문이 참이 아닌 것으로 확인된 경우, 올바른 결과를 보장하지 못한다. assert 프래그먼트는 C++의 assert 매크로 호출과 같이 엔지니어로 하여금 이 조건이 참인지를 반드시 확인해야 한다는 점을 상기시킨다(다른 언어도 간단한 if 조건문, 또는 유사한 기능을 제공한다).

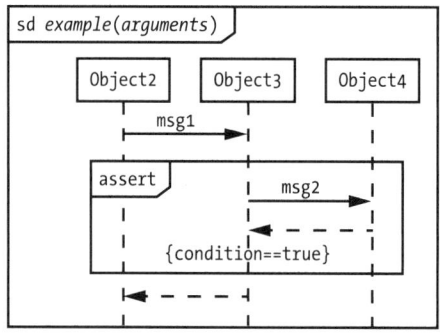

그림 7-22 assert 시퀀스 프래그먼트 예시

그림 7-22의 시퀀스는 C/C++ 코드를 이용해 다음과 같이 구현할 수 있다.

```
Object3->msg1();           // Inside example
Object4->msg2();           // Inside Object3::msg1
assert( condition == TRUE ); // Inside Object3::msg1
```

7.1.13.4 loop

loop 시퀀스 프래그먼트는 반복 시행을 나타낸다. 시퀀스 프래그먼트 박스 내의 좌측 오각형 영역에 loop 텍스트를 추가하고, 시퀀스 프래그먼트 상단에 대괄호를 이용해 보호 조건을 입력할 수 있다. loop 연산자와 보호 조건을 조합해 반복 시행 횟수를 조절할 수 있다.

가장 간단한 loop 시퀀스 프래그먼트는 무한 루프infinite loop이며, (그림 7-23과 같이) 별도의 인수나 보호 조건 없이 loop 연산자만으로 표시한다. 대부분의 무한 루프는 실제로 무한하게 순환하지는 않으며, 특정 조건이 참이 되는 순간 (잠시 후 소개할) break 시퀀스 프래그먼트를 이용해 중지시킨다.

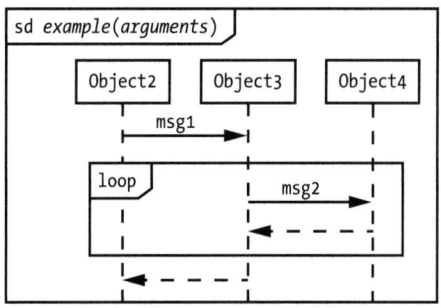

그림 7-23 무한 루프

그림 7-23의 시퀀스는 C/C++ 코드를 이용해 다음과 같이 구현할 수 있다.

```
// 이 루프는 Object3::msg1에 구현
for(;;)
{
    Object4->msg2();
} // endfor
```

또는 다음과 같이 나타낼 수 있다.

```
while(1)
{
    Object4->msg2()
} // end while
```

노트 | 나는 개인적으로 다음 코드를 선호한다.

```
#define ever ;;
    .
    .
    .
```

```
for(ever)
{
    Object4->msg2();
} // endfor
```

위 코드가 가장 가독성이 높다고 생각하지만, '매크로 사용 결사 반대'라는 개발 철학을 가진 독자라면 내 의견에 동의하지 않을 수도 있다.

유한 루프^{definite loop}는 일정 횟수만 반복되며 두 가지 형식으로 작성할 수 있다. 첫 번째는 loop(*integer*) 형식이며, loop(0, *integer*)의 단축형 표현이다. 최소 0번, 최대 정수로 지정한 횟수만큼 반복된다. 두 번째는 loop(*minInt, maxInt*) 형식이며, 최소 *minInt*만큼, 최대 *maxInt*만큼 반복 시행된다. 보호 조건이 없는 루프의 경우, 최소 횟수는 상관없이 *maxInt*만큼 시행된다. 즉, 대부분의 유한 루프는 loop(*integer*) 형식을 통해 지정 횟수만큼 반복 시행된다(그림 7-24 참조).

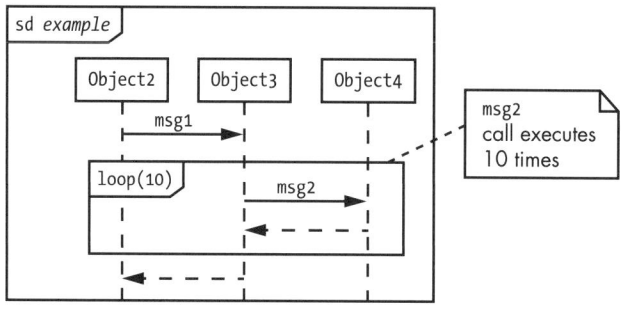

그림 7-24 유한 루프

그림 7-24의 유한 루프는 C/C++ 코드를 이용해 다음과 같이 구현할 수 있다.

```
// 이 코드는 Object3::msg1에 구현
for( i = 1; i<=10; ++i )
{
    Object4->msg2();
} // end for
```

다수성 기호 *를 사용해 무한 루프를 구현할 수 있다. 즉, loop(*)는 loop(0, *)와 같은 의미이며 무한 반복된다.

무기한 루프indefinite loop는 프로그래밍 언어에서 while, do/while, repeat/until 등으로 구현하는 구체적인 반복 시행 횟수를 지정하지 않은 미확정indeterminate 루프다.[2] 무기한 루프에는 loop 시퀀스 프래그먼트의 일부로서 보호 조건을 포함한다.[3] 즉, loop 시퀀스 프래그먼트는 항상 *minInt*만큼(*minInt*를 지정하지 않은 경우는 0회) 반복 시행된다. loop 시퀀스 프래그먼트가 *minInt*만큼 반복 시행된 후에는 보호 조건이 참이기만 하면 반복 시행을 지속한다. 또한 loop 시퀀스 프래그먼트는 (*minInt* 값을 더하지 않은) 최대 *maxInt*만큼 반복 시행된다. 그림 7-25는 전통적인 while 타입의 루프를 보여주며, 보호 조건이 참이기만 하면([cond == true]) 최소 0회, 최대 무한대로 반복 시행된다.

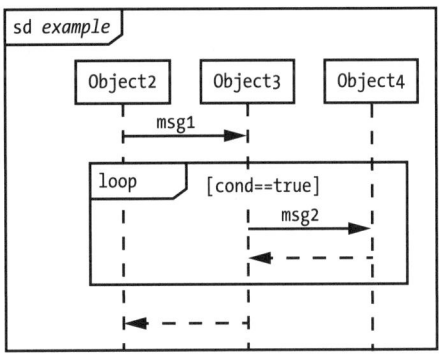

그림 7-25 무기한 while 루프

그림 7-25의 루프는 C/C++ 코드를 이용해 다음과 같이 구현할 수 있다.

```
// 이 코드는 Object3::msg1에 구현
while( cond == TRUE )
{
    Object4->msg2();
} // end while
```

---

2 루프가 첫 번째 반복 시행을 시작할 때까지 미확정이다.
3 break 시퀀스 프래그먼트를 포함한 무한 루프는 엄밀한 의미에서는 무한 루프가 아닌 무기한 루프다.

minInt 값을 1로 하고 *maxInt* 값을 *로 하면 do..while 루프를 표현할 수 있으며, 불리언 표현식으로 루프의 반복 시행 여부를 결정하면 된다(그림 7-26 참조).

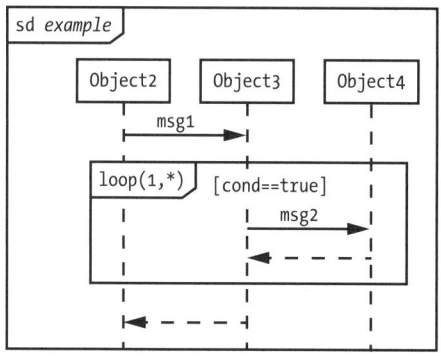

그림 7-26 무기한 do..while 루프

그림 7-26의 루프는 C/C++ 코드를 이용해 다음과 같이 구현할 수 있다.

```
// 이 코드는 Object3::msg1에 구현
do
{
    Object4->msg2();
} while( cond == TRUE );
```

또 다른 복잡한 루프 타입의 표현 연습은 독자 여러분에게 맡긴다.

7.1.13.5 break

break 시퀀스 프래그먼트는 오각형 내에 break 라벨을 추가하고 보호 조건을 입력해 작성한다. 보호 조건이 참이면, 시스템은 기존의 시퀀스 프래그먼트를 즉시 빠져나온 후 break 시퀀스 프래그먼트 내부의 시퀀스를 실행한다. 포함된 시퀀스 프래그먼트가 루프인 경우, (스위프트, C/C++, 자바 언어의 break 문과 같이) 제어 흐름은 즉시 루프 밖의 첫 번째 메시지를 실행한다.

그림 7-27은 이와 같은 루프를 보여준다.

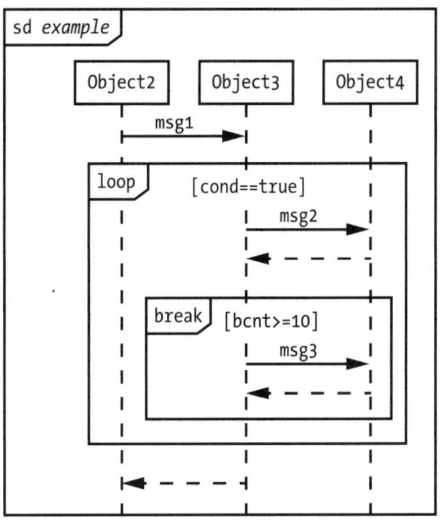

그림 7-27 break 시퀀스 프래그먼트 예시

그림 7-27의 루프는 C/C++ 코드를 이용해 다음과 같이 구현할 수 있다.

```
// 이 코드는 Object3::msg1에 구현
while( cond == TRUE )
{
    Object4->msg2();
    if( bcnt >= 10 )
    {
        Object4->msg3();
        break;
    } // end if
    Object4->msg4();
} // end while loop
```

가장 최근의 break 시퀀스가 루프가 아닌 서브루틴인 경우, break 시퀀스 프래그먼트는 서브루틴 연산에서 반환된 값처럼 작동한다.

7.1.13.6 opt와 alt

opt 및 alt 시퀀스 프래그먼트는 단일 보호 조건으로 일련의 메시지에 대한 실행 여부를 제어할 수 있으며, 특히 보호 조건에 의해 생성된 값은 시퀀스 실행을 통해 변경할 수 있다.

opt 시퀀스 프래그먼트는 else가 없는 간단한 if 문과 같다. 보호 조건을 추가하면, 시스템은 그림 7-28과 같이 해당 보호 조건이 참일 때만 opt 프래그먼트에 포함된 시퀀스를 실행한다.

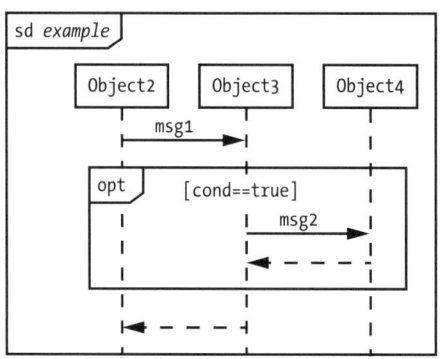

그림 7-28 opt 시퀀스 프래그먼트 예시

그림 7-28의 시퀀스는 C/C++ 코드를 이용해 다음과 같이 구현할 수 있다.

```cpp
// 가정: Class2는 Object2의 데이터 타입임
// 제어 흐름은 라이프라인 상단의 Object2 시퀀스로 이동하므로,
// 위 예제는 Object2/Class2의 멤버 함수여야 함

void Class2::example( void )
{
    Object3->msg1();
} // end example
--snip--
//      이 코드는 Object3::msg1에 구현
if( cond == TRUE )
{
    Object4->msg2();
} // end if
```

좀 더 복잡한 로직의 경우, if/else 또는 switch/case에 대응되는 alt 시퀀스 프래그먼트를 사용한다. alt 시퀀스 프래그먼트는 여러 개의 사각형을 겹쳐 올려서 각자의 보호 조건을 지니도록 하고, 다중 의사 결정을 위해 else를 추가해서 작성한다(그림 7-29 참조).

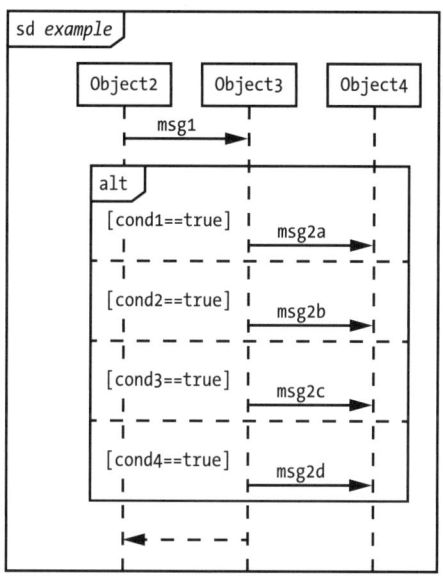

그림 7-29 alt 시퀀스 프래그먼트

그림 7-29의 인터랙션 발생은 C/C++ 코드를 이용해 다음과 같이 구현할 수 있다.

```
// 가정: Class2는 Object2의 데이터 타입임
// 제어 흐름은 라이프라인 상단의 Object2 시퀀스로 이동하므로,
// 위 예제는 Object2/Class2의 멤버 함수여야 함

void Class2::example( void )
{
    Object3->msg1();
} // end example

--snip--
//     이 코드는 Object3::msg1에 구현
if( cond1 == TRUE )
{
```

```
        Object4->msg2a();
}
else if( cond2 == TRUE )
{
        Object4->msg2b();
}
else if( cond3 == TRUE )
{
        Object3->msg2c();
}
else
{
        Object4->msg2d();
} // end if
```

7.1.13.7 neg

neg 시퀀스 프래그먼트를 이용해 최종 설계에 포함되지 않을 시퀀스를 구분해 둘 수 있다. 즉, neg 제목이 붙은 시퀀스 영역은 주석과 같은 역할을 하게 된다. 최종 설계에 포함시키지 않을 시퀀스를 UML 설계 문서에 포함시키는 이유는 코드 생성과 장래에 구현할 기능이라는 두 가지 측면에서 생각해볼 수 있다.

UML은 자바 또는 스위프트 등의 언어로 프로그래밍 작업을 하기 전에 시스템 설계 작업을 돕기 위한 다이어그램 작성 언어이며, UML 다이어그램을 코드로 바꿔주는 UML 도구가 이미 여럿 출시돼 있다. 개발이 진행되는 동안(실행 코드 작성 전에), 아직 완성된 것은 아니지만 미리 다이어그램에 반영하고 싶은 기능 요소가 있을 수 있다. 이런 경우, neg 시퀀스 프래그먼트로 해당 기능 요소를 구현하면 (기능 정의가 완료될 때까지) 불필요한 코드 생성을 막을 수 있다.

UML 다이어그램에서 직접 코드를 생성할 생각이 없는 경우에도, 장래에 구현할 기능을 설명하기 위해 neg 시퀀스 프래그먼트를 사용할 수 있다. 여러분이 설계를 코드로 구현하는 임무를 맡은 엔지니어에게 UML 다이어그램을 제시하면, 그는 "이런 방식으로 코드를 작성합니다."라고 설명할 것이다. 하지만 때로는 소프트웨어의 미래 버전에 포함될 기능을 다이어그램으로 제시하는 정도만 원할 수 있다. 이런 내용을 neg 시퀀스 프래그먼트로 작성하면, 구현 담당 엔지니어는 neg 박스에 포함된 내용을 무시하고 넘어가게 된다. 그림 7-30은 neg 시퀀스 프래그먼트의 간단한 형태를 보여준다.

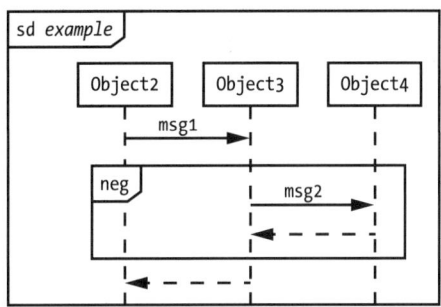

그림 7-30 neg 시퀀스 프래그먼트 예시

그림 7-30의 시퀀스는 C/C++ 코드를 이용해 다음과 같이 구현할 수 있다.

```
// 가정: Class2는 Object2의 데이터 타입임
// 제어 흐름은 라이프라인 상단의 Object2 시퀀스로 이동하므로,
// 위 예제는 Object2/Class2의 멤버 함수여야 함

void Class2::example( void )
{
    Object3->msg1();
} // end example
```

7.1.13.8 par

par 시퀀스 프래그먼트는 그림 7-31과 같이, 박스 속에 포함된 다수의 시퀀스가 병렬적으로 실행될 수 있음을 나타낸다.[4]

4　두 개 이상의 시퀀스가 수평의 대시 라인으로 분리돼 있으며, alt 시퀀스 프래그먼트와 비슷한 모습이다.

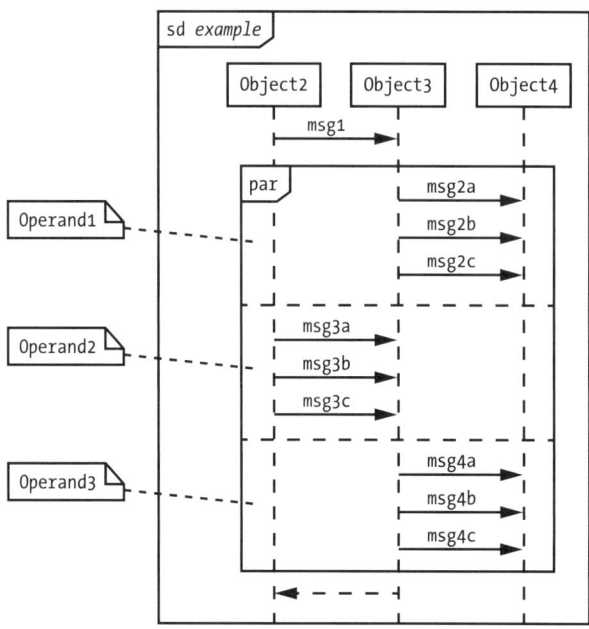

그림 7-31 par 시퀀스 프래그먼트 예시

그림 7-31에는 {msg2a, msg2b, msg2c} 시퀀스, {msg3a, msg3b, msg3c} 시퀀스, {msg4a, msg4b, msg4c} 시퀀스라는 세 개의 피연산자operand가 있다. par 시퀀스 프래그먼트는 상단부터 하단까지 입력 순서대로 연산이 실행된다(예를 들면 msg2a, msg2b, msg2c 순서로 연산이 진행된다). 또한 이들 피연산자의 내부적인 연산 순서만 유지된다면, 다른 시퀀스에 속한 피연산자를 가져와 연산하는 것도 가능하다. 즉, 그림 7-31에서 박스 내 시퀀스 순서를 따르는 {msg2a, msg3a, msg3b, msg4a, msg2b, msg2c, msg4b, msg4c, msg3c} 순서의 연산도 가능하고, {msg4a, msg4b, msg4c, msg3a, msg3b, msg3c, msg2a, msg2b, msg2c} 순서의 연산도 가능하다. 하지만 {msg2a, msg2c, msg4a, msg4b, msg4c, msg3a, msg3b, msg3c, msg2b} 순서의 연산은 msg2c가 msg2b 앞에 나오므로 연산을 실행할 수 없다.

7.1.13.9 seq

앞서 살펴본 par 시퀀스 프래그먼트는 다음과 같은 제약 사항을 지닌다.

- 시스템은 피연산자 간의 연산 순서를 유지한다.

- 시스템은 다른 라이프라인에 있는 피연산자의 경우, 순서에 상관없이 시퀀스 실행을 허용한다.

seq 시퀀스 프래그먼트는 위 제약 사항에 한 가지를 더 추가한다.

- 동일 라이프라인에서 다른 피연산자에 의한 연산은 반드시 다이어그램에 제시된 순서대로 (위에서 아래로) 실행돼야 한다.

그림 7-32의 경우, Operand1과 Operand3는 동일 객체 또는 동일 라이프라인에 전달하는 메시지를 지닌다. 이때, seq 시퀀스 프래그먼트는 하단의 msg4a가 실행되기 전에 msg2a, msg2b, msg2c를 반드시 모두 실행해야 한다.

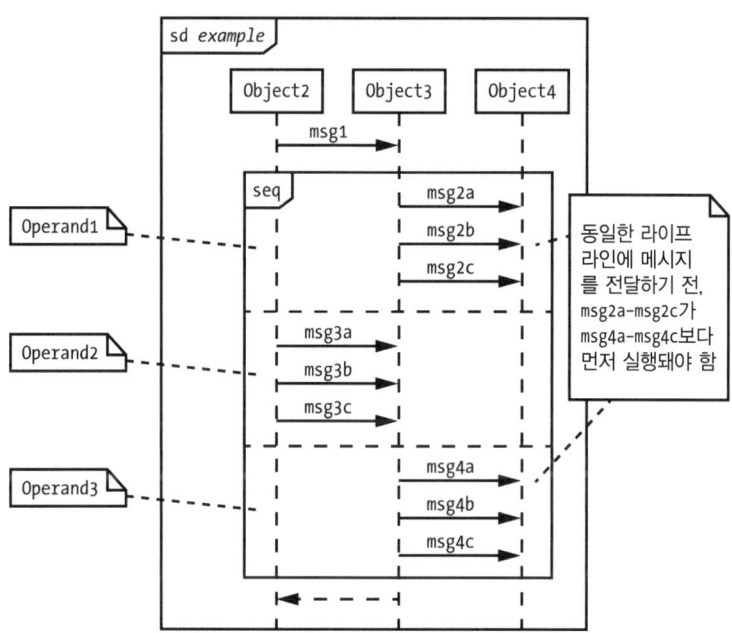

그림 7-32 seq 시퀀스 프래그먼트 예시

그림 7-32는 독자적인 seq 시퀀스 프래그먼트를 보여주지만, 전형적인 seq 시퀀스 프래그먼트는 par 프래그먼트 내부에 구현해 par 프래그먼트의 피연산자 실행을 제어한다.

7.1.13.10 strict

strict 시퀀스 프래그먼트는 각 피연산자에 나타난 순서대로 연산이 실행되도록 강제하고, 피연산자를 건너뛰어서 연산하는 것은 허용되지 않는다. strict 시퀀스 프래그먼트는 앞서 살펴본 par 및 seq 프래그먼트와 유사하다(그림 7-33 참조).

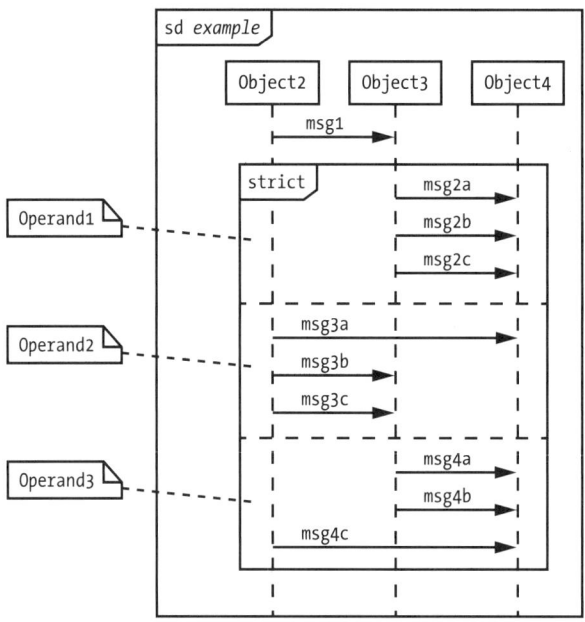

그림 7-33 strict 시퀀스 프래그먼트 예시

strict 병렬 연산은 피연산자가 어떤 순서대로 연산을 실행해도 되지만, 특정 순서의 피연산자가 실행을 시작하면 그 속에 포함된 모든 연산이 끝난 뒤에야 다른 피연산자가 실행될 수 있다.

그림 7-33의 경우, 다음과 같은 여섯 가지 연산 시퀀스 조합이 가능하다.

{Operand1, Operand2, Operand3}

{Operand1, Operand3, Operand2}

{Operand2, Operand1, Operand3}

{Operand2, Operand3, Operand1}

{Operand3, Operand1, Operand2}

```
{Operand3, Operand2, Operand1}
```

그러나 피연산자 내부의 연산 순서는 변경될 수 없으며, 반드시 위에서 아래로 모두 실행돼야 한다.

7.1.13.11 region

5장의 5.2절 'UML 액티비티 다이어그램의 확장'에서는 우리의 필요에 따라 임의로 만든 중요 섹션을 액티비티 다이어그램에 적용하는 예제를 살펴봤다. 이는 그리 좋지 않은 방법이고 우리가 필요로 하는 기능을 표준 UML 요소를 갖고도 구현할 수 있다고 당시 설명했는데, region 시퀀스 프래그먼트가 바로 그 요소다. UML 액티비티 다이어그램은 크리티컬 섹션을 지원하지 않지만, region 시퀀스 프래그먼트는 지원한다.

region 시퀀스 프래그먼트는 실행 흐름이 region에 진입하면, 동일한 병렬 실행 조건에 있는 다른 어떤 연산도 기존의 실행 흐름이 완료될 때까지 먼저 실행될 수 없다. region 시퀀스 프래그먼트는 (par 또는 seq 프래그먼트 등과 같은) 다른 병렬 시퀀스 프래그먼트 내에 구현해야 한다(strict 프래그먼트 내에도 구현할 수는 있지만, 기능이 중복될 수 있다).

그림 7-34의 경우 시스템은 par 시퀀스 프래그먼트의 규칙하에서 어떤 피연산자의 메시지라도 실행할 수 있지만, 시스템이 (msg4a 실행과 함께) region에 진입하면 par 시퀀스 프래그먼트에 있는 다른 어떤 스레드도 실행할 수 없다.

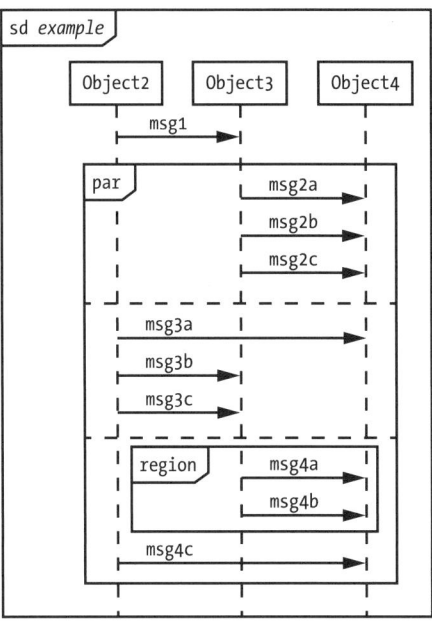

그림 7-34 region 시퀀스 프래그먼트 예시

7.2 커뮤니케이션 다이어그램

협업collaboration 다이어그램(또는 커뮤니케이션communication 다이어그램)은 시퀀스 다이어그램과 동일한 정보를 제공하지만 좀 더 간소한 형식을 제공한다. 즉, 라이프라인 사이에 화살표 선분을 그어서 표현하는 대신에 커뮤니케이션 다이어그램 소통이 필요한 객체 사이를 직접 화살표 선분으로 연결해서 표현하며, 메시지에 번호를 붙여 시퀀스의 순서를 나타낸다(그림 7-35 참조).

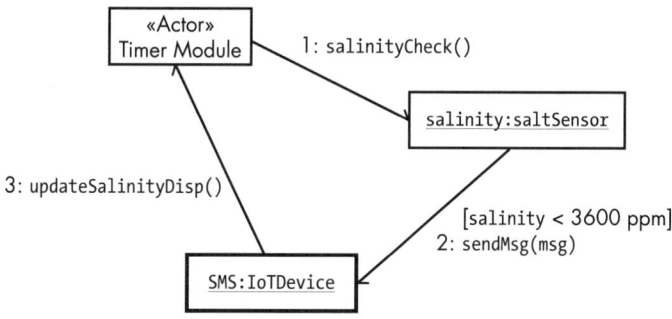

그림 7-35 커뮤니케이션 다이어그램 예시

그림 7-35의 다이어그램은 (10분의 시간 제약 조건이 없는 점만 빼면) 그림 7-9의 다이어그램과 유사하다. 그림 7-35에서 salinityCheck 메시지가 가장 먼저 실행되고, 두 번째로 sendMsg가 실행되며, 마지막으로 updateSalinityDisplay가 실행된다.

그림 7-36은 간소함을 유지한 가운데, 좀 더 복잡한 커뮤니케이션 다이어그램의 모습을 보여준다. 여섯 개의 메시지가 있는 경우 이를 시퀀스 다이어그램에 표현하려면 여섯 개의 라인이 필요한데, 다음 그림에서는 단지 세 개의 커뮤니케이션 라인만으로 표현할 수 있다.

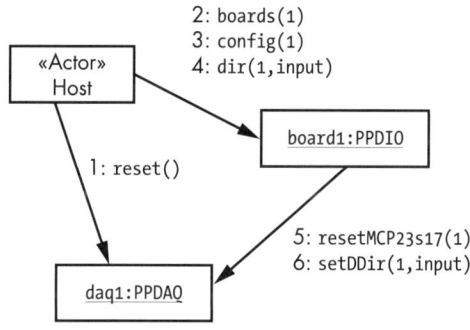

그림 7-36 좀 더 복잡한 커뮤니케이션 다이어그램 예시

노트 | 커뮤니케이션 다이어그램과 시퀀스 다이어그램을 모두 사용하는 경우는 이미 서로 다른 형식으로 작성된 다이어그램을 병합할 때 정도일 것이다. 이때 어느 쪽을 택할지는 여러분의 선택에 달려 있다. 그러나 다이어그램에 표현해야 할 내용이 많아질수록 커뮤니케이션 다이어그램은 사용하기가 더욱 어려워진다는 점에 유의해야 한다.

7.3 참고 자료

Bremer, Michael 저. *The User Manual Manual: How to Research, Write, Test, Edit, and Produce a Software Manual*. Grass Valley, CA: UnTechnical Press, 1999. 샘플 챕터 다운로드 http://www.untechnicalpress.com/Downloads/UMM%20sample%20doc.pdf.

Larman, Craig 저. *Applying UML and Patterns: An Introduction to Object-Oriented Analysis and Design and Iterative Development*. 3rd ed. Upper Saddle River, NJ: Prentice Hall, 2004.

Miles, Russ, Kim Hamilton 저. *Learning UML 2.0: A Pragmatic Introduction to UML*. Sebastopol, CA: O'Reilly Media, 2003.

Pender, Tom 저. *UML Bible*. Indianapolis: Wiley, 2003.

Pilone, Dan, Neil Pitman 저. *UML 2.0 in a Nutshell: A Desktop Quick Reference*. 2nd ed. Sebastopol, CA: O'Reilly Media, 2005.

Roff, Jason T 저. *UML: A Beginner's Guide*. Berkeley, CA: McGraw-Hill Education, 2003.

Tutorials Point. 'UML Tutorial.' https://www.tutorialspoint.com/uml/.

8

그 외 다양한 UML 다이어그램

이번 8장은 UML에 대한 마지막 장으로, 컴포넌트 다이어그램, 패키지 다이어그램, 배포 다이어그램, 결합 구조 다이어그램, 스테이트차트 다이어그램 등 UML 문서화에 유용한 다섯 가지 다이어그램을 알아본다.

8.1 컴포넌트 다이어그램

UML은 컴포넌트 다이어그램을 이용해 라이브러리나 프레임워크 등 재활용 요소의 캡슐화를 표현할 수 있다. 컴포넌트는 클래스보다 크고 복잡한 체계를 가리키지만, 주요 기능은 클래스와 크게 다르지 않다.

- 일반화와 다른 클래스 및 컴포넌트와의 연계
- 연산 작업
- 인터페이스

UML은 (그림 8-1과 같이) ≪component≫ 타이틀이 있는 스테레오타입 사각형으로 컴포넌트를 표현한다. 일부 사용자(그리고 CASE 도구)는 스테레오타입 사각형에

≪subsystem≫ 타이틀을 붙여서 컴포넌트를 나타내기도 한다.

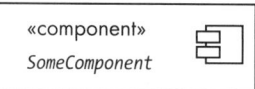

그림 8-1 UML 컴포넌트

컴포넌트는 인터페이스interface나 프로토콜protocol을 이용해 캡슐화하거나 다른 객체와의 느슨한 연결 상태를 유지한다. 인터페이스는 외부 객체와 해당 컴포넌트를 독립적으로 관리할 수 있다는 측면에서 사용성을 높여준다. 컴포넌트는 시스템의 다른 요소와 '제공provided' 및 '필수required'라는 미리 정의된 두 가지 타입으로 소통한다. 제공 인터페이스provided interface는 컴포넌트가 외부 코드와의 상호 작용을 위해 제공하는 인터페이스다. 필수 인터페이스required interface는 외부 코드가 컴포넌트를 위해 필수적으로 제공해야 하는 인터페이스이며, 컴포넌트가 호출하는 외부 함수 등이 될 수 있다.

UML에서 컴포넌트를 나타낼 때는 스테레오타입 표현식stereotype notation(두 가지 버전), 볼과 소켓 표현식ball and socket notation 등과 같은 다양한 방법을 사용할 수 있다.

그중 인터페이스를 지닌 컴포넌트를 표현할 수 있는 가장 간단한 방법은 그림 8-2와 같이 스테레오타입으로 나타내는 것이며, 컴포넌트 내부에 인터페이스 목록을 표시한다.

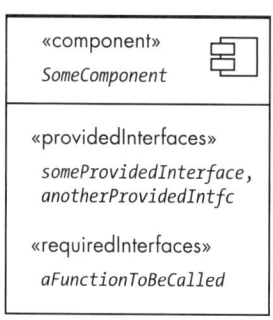

그림 8-2 간단한 스테레오타입 표현식

그림 8-3은 여러 개의 인터페이스 객체를 지닌 컴포넌트를 스테레오타입 박스로 나타내는 좀 더 복잡한 방법을 보여준다. 이번 방법은 인터페이스에 포함된 개별 속성을 좀 더 상세히 설명하고자 할 때 유용하다.

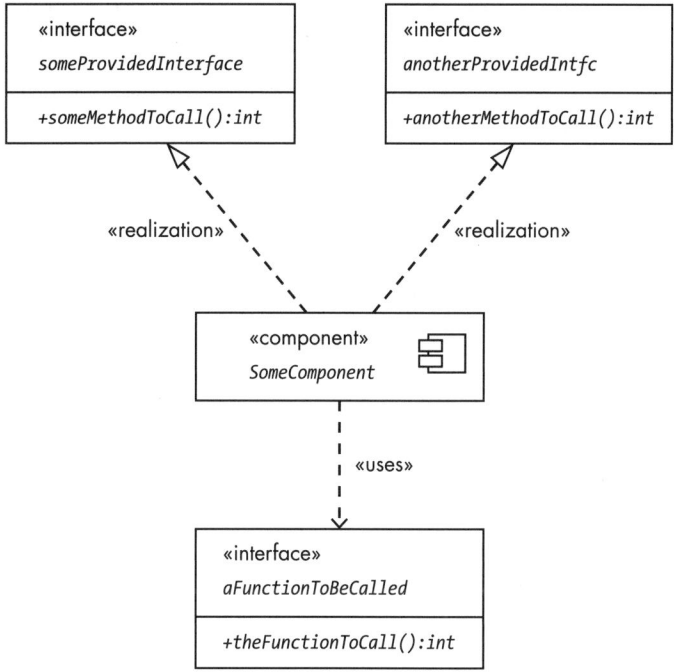

그림 8-3 좀 더 복잡한 스테레오타입 표현식

볼과 소켓 표현식은 스테레오타입의 대안으로, 제공 인터페이스를 나타내는 원형 기호(볼)와 필수 인터페이스를 나타내는 반원형 기호(소켓)를 사용한다(그림 8-4 참조).

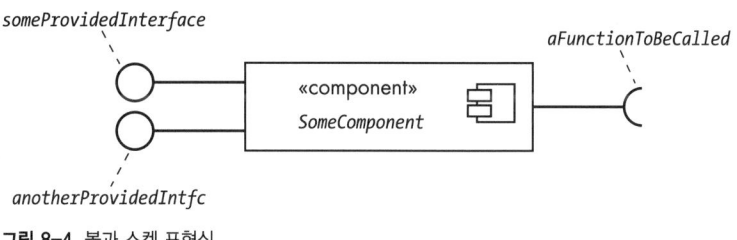

그림 8-4 볼과 소켓 표현식

볼과 소켓 표현식의 장점은 그림 8-5와 같이 볼과 소켓을 이용한 컴포넌트 연결 표현이 시각적으로 매우 이해하기 쉽다는 것이다.

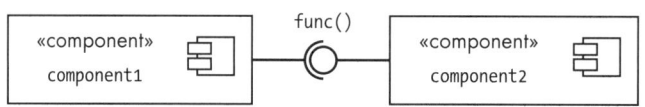

그림 8-5 두 개의 볼과 소켓을 이용한 연결 표현

다이어그램에서 component1의 필수 인터페이스는 component2의 제공 인터페이스와 멋지게 연결된다. 볼과 소켓 표현식은 스테레오타입 표현식보다 간결하고 세련된 느낌을 줄 수 있지만, 인터페이스의 수가 증가할 때 확장성 부족이 나타난다. 다수의 필수 및 제공 인터페이스가 추가돼야 하는 경우에는 스테레오타입이 좀 더 나은 대안이 된다.

8.2 패키지 다이어그램

UML 패키지는 다른 UML 아이템 및 패키지를 담을 수 있는 컨테이너와 같으며, 파일시스템의 서브디렉터리subdirectory, C++와 C#의 네임스페이스namespace, 또는 자바와 스위프트의 패키지package와 같은 개념이다(그림 8-6 참조).

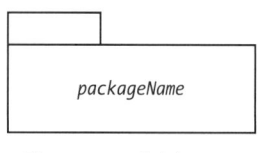

그림 8-6 UML 패키지

좀 더 구체적인 예시를 위해 앞서 살펴본 풀 모니터 애플리케이션을 생각해보자. 풀 모니터링을 위해 sensors 패키지를 만든 뒤, 클래스 및 객체, 그리고 이와 연관된 pH 센서 및 염분 센서 객체 등을 포함시킬 수 있다. 그림 8-7은 UML에서 구현한 sensors 패키지의 모습을 보여준다. phSensors와 saltSensor 앞에 있는 + 기호는 이들이 퍼블릭 객체로서 패키지 외부에서 접근할 수 있음을 나타낸다.[1]

---

1   프로텍티드, 프라이빗, 패키지 등과 같은 가시성 요소는 이번 예제에도 그대로 적용된다.

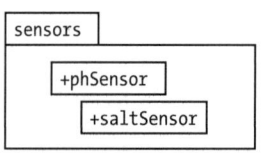

그림 8-7 sensors 패키지

패키지 외부에서 이들 퍼블릭 객체를 참조하려면 *packageName::objectName* 형식으로 접근하면 된다. 예를 들어, sensors 패키지 외부에서 sensors::pHSensor 또는 sensors::salt Sensor 등의 형식으로 내부 객체에 접근할 수 있다. 하나의 패키지에 또 다른 패키지가 포함돼 있는 경우, 가장 안에 들어있는 패키지는 *outsidePackage::internalPackage::object* 형식의 시퀀스로 접근할 수 있다. 예를 들어, (지난 4장의 예제와 같이) NP와 NPP라는 두 개의 원자력 전원 채널이 있는 경우를 생각해보자. NP와 NPP, 이 두 개의 패키지를 담을 수 있는 instruments라는 이름의 패키지를 만들 수 있다. NP 및 NPP 패키지는 NP 및 NPP instruments에 직접 연결되는 객체를 각각 담을 수 있다.

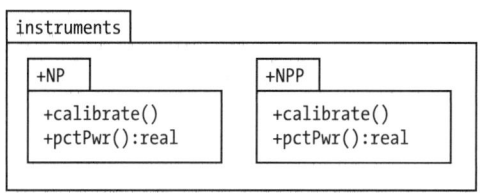

그림 8-8 중첩 패키지

NP 및 NPP 패키지 모두 calibrate()와 pctPwr()이라는 이름의 함수를 포함하고 있다는 점에 주목하자. 이렇게 구체적인 이름을 붙이면 외부에서 이들 패키지의 함수를 호출할 때 기능을 혼동할 가능성이 줄어든다. 예를 들어, instruments 패키지 외부에서 instruments::NP::calibrate 또는 instruments::NPP::calibrate 같은 이름으로 접근할 수 있으므로 의미를 명확히 알 수 있다.

8.3 배포 다이어그램

배포 다이어그램^{deployment diagram}은 시스템의 물리적 형태를 보여준다. 물리적 형태를 나타내는 구성 요소에는 PC, 프린터, 스캐너, 서버, 플러그인 인터페이스 보드, 모니터 등이 포함된다.

    UML은 이들 물리적 객체를 나타낼 때 3D 박스 기호를 사용하며, 박스 안에는 스테레오타입 ≪device≫ 텍스트와 물리적 노드명을 기입한다. 그림 8-9는 DAQ 데이터 획득 시스템에 대한 간단한 예시를 보여준다. 호스트 PC는 DAQ_IF에 연결되고, 이는 다시 (플랜테이션 프로덕션^{Plantation Productions}의 96 채널을 지닌) PPDIO96 디지털 I/O 보드에 연결된다.

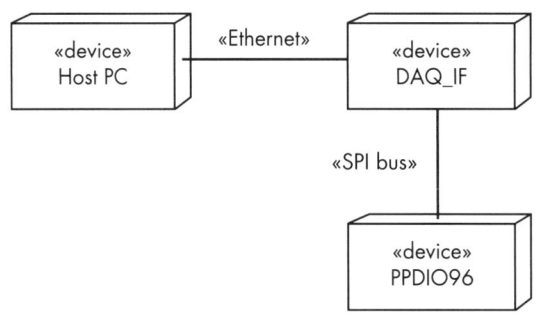

그림 8-9 배포 다이어그램

    위 그림에서 빠진 중요한 요소는 시스템에 설치된 실제 소프트웨어다. 위 시스템에서는 호스트 PC와 DAQ_IF 모듈의 소통을 돕는 (daqtest.exe라고 부르는) 프로그램과 DAQ_IF에서 실행되는 (frmwr.hex라고 부르는) 펌웨어 프로그램 등, 최소 두 개의 애플리케이션 프로그램이 실행될 것으로 보인다(이는 위 다이어그램을 실제로 구현할 때 필요한 소프트웨어 시스템이다). 그림 8-10은 기존 배포 다이어그램에 각 기기에 설치된 소프트웨어까지 표시한 확장 버전으로, ≪artifact≫ 라벨을 통해 바이너리 머신 코드^{binary machine code}임을 나타낸다.

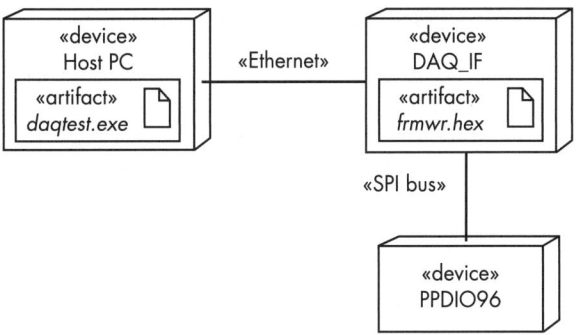

그림 8-10 소프트웨어를 추가한 확장형 배포 다이어그램

위 그림에서 호스트 PC가 아닌, DAQ_IF 보드가 PPDIO96 보드를 직접 제어하는 이유는 PPDIO96 보드에는 CPU가 없어서 호스트 PC와의 상호 작용을 위한 소프트웨어를 설치할 수 없기 때문이다.

배포 다이어그램과 관련해 설명할 내용이 좀 더 남아있지만, 지면 제약을 고려해 이 정도로 마무리한다. 배포 다이어그램에 대한 좀 더 상세한 내용은 8.7절 '참고 자료'에서 확인하길 바란다.

8.4 결합 구조 다이어그램

소수의 인스턴스, 클래스, 시퀀스 다이어그램만으로는 클래스 내에서의 관계성 및 요소 간의 상호 작용 방식을 명확하게 나타내기 어려운 경우가 있으며, 이때 컴포지트 스트럭처 다이어그램composite structure diagram 또는 결합 구조 다이어그램을 사용할 수 있다. PPDIO96 클래스를 나타낸 그림 8-11을 살펴보자.

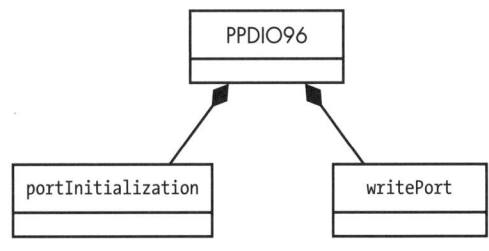

그림 8-11 PPDIO96 클래스 결합

위 클래스 결합 다이어그램은 PPDIO96 클래스에 portInitialization과 writePort라는 두 개의 서브클래스가 연결돼 있음을 보여준다. 그러나 위 다이어그램을 통해서는 PPDIO96이 두 서브클래스와 어떻게 상호 작용하는지 알 수 없다. 예를 들어, portInitialization 클래스를 통해 포트를 초기화할 때 portInitialization 클래스가 writePort에 포함된 메소드를 호출해 해당 포트를 기본 설정값(예를 들면, 0)으로 초기화해야 할 수도 있다. 하지만 위와 같은 기본적인 클래스 다이어그램만으로는 이런 내용을 설명하기 어려우며, 클래스 다이어그램의 속성상 그런 자세한 설명을 하지 않는다. 또한 portIntialization 클래스가 writePort 클래스 메소드 호출을 통해 기본값을 설정하는 작업은 PPDIO96 클래스에서 일어나는 무수한 작업 중 단 하나에 불과할 수 있다. PPDIO96 클래스에서 일어날 수 있는 모든 상호 작용 요소를 표시하면 엄청나게 복잡하며, 우리가 읽을 수 없는 다이어그램이 만들어질 수도 있다.

결합 구조 다이어그램은 우리가 필요로 하는 커뮤니케이션 링크에만 집중할 수 있는 방법을 제공한다(링크 수는 하나 또는 소수로 한정하는 것이 좋으며, 일정 수준 이상이 되면 이해할 수 없게 된다).

(문제 발견을 위한) 첫 번째 결합 구조 다이어그램은 그림 8-12와 같다.

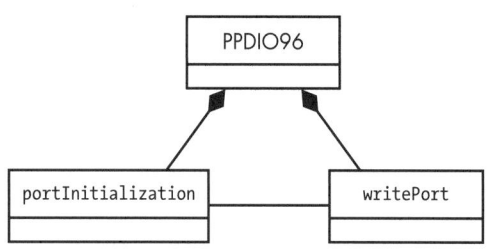

그림 8-12 결합 구조 다이어그램 작성 준비

위 다이어그램의 문제는 어떤 writePort 객체가 portInitialization 객체와 소통하는지 명확하게 알 수 없다는 것이다. 클래스는 단지 범용 데이터 타입일 뿐이며, 실제 시스템 작동에 필요한 상호 작용은 명시적으로 초기화된 객체 간에 이뤄진다. 그림 8-12를 실제 시스템의 구현 의도를 반영해 그림 8-13과 같이 나타낼 수 있다.

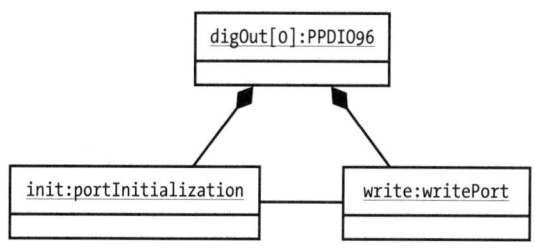

그림 8-13 초기화된 결합 구조 다이어그램

그러나 그림 8-12, 8-13 모두 portInitialization과 writePort의 초기화된 객체가 PPDIO96 객체의 어느 부분에 속하는지 불분명하다. 이때 만일 두 세트의 PPDIO96, portInitialization, writePort 객체가 있다면, 그림 8-12의 실제 구현 의도는 그림 8-14와 같이 구체적으로 나타낼 수 있다.

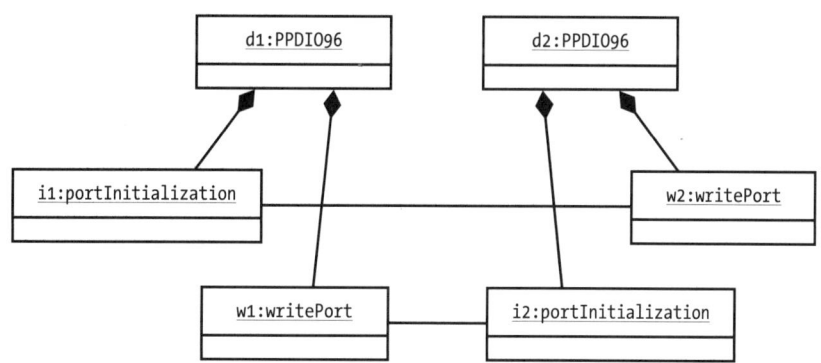

그림 8-14 깔끔하지는 않지만, 구현 의도를 제대로 반영한 커뮤니케이션 링크

위 그림에서 (d1 객체에 속한) i1은 (d2 객체에 속한) w2를 호출해 포트에 디지털 값을 입력하고, (d2 객체에 속한) i2는 w1을 호출해 포트에 초깃값을 입력한다. 이는 그림 8-12에서 구현해야 할 기술적인 내용을 어느 정도 잘 반영한 결합 구조 다이어그램이지만, 설계자가 원하는 수준과는 차이가 있을 수 있다. 합리적인 사고를 할 수 있는 프로그래머라면 i1이 w1을 호출하고, i2가 w2를 호출해야 하지만, 이번 결합 구조 다이어그램에서는 이 부분이 명확하지 않다. 우리의 설계 문서에서는 이와 같은 불명확한 부분을 최대한 제거해야 한다.

이런 문제를 해소하고자 UML 2.0은 (진정한) 결합 구조 다이어그램을 통해 그림

8-15와 같이 클래스 다이어그램 속에 직접 멤버 속성을 포함시킨다.

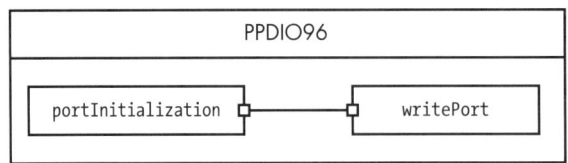

그림 8-15 (진정한) 결합 구조 다이어그램

위 다이어그램은 PPDIO96의 초기화된 객체가 portInitialization 클래스와 writePort 클래스의 상호 작용을 제어한다는 사실을 명확하게 보여준다.

위 그림에서 portInitialization과 writePort 측면에 있는 작은 사각형은 포트를 나타낸다. 여기서 포트란 writePort 객체 또는 PPDIO96에 있는 하드웨어 포트와 다른 개념이며, UML 도면 내에서 두 객체가 소통하는 장소임을 나타낸다. 포트는 결합 구조 다이어그램과 (앞서 언급한) 컴포넌트 다이어그램에서 볼 수 있으며, 객체의 필수 인터페이스나 제공 인터페이스를 정의하는 데 사용된다. 그림 8-15에서 portInitialization의 측면에 있는 포트는 (아마도) 필수 인터페이스 역할을 하고, writePort의 측면에 있는 포트는 (아마도) 제공 인터페이스 역할을 한다.

노트 | 일반적으로 두 개 포트 중 하나는 필수 인터페이스이고, 다른 하나는 제공 인터페이스인 경우가 많다.

그림 8-15에서 포트는 익명을 사용하지만, (시스템에 적용되는 인터페이스 목록이 있는) 다수의 다이어그램에서는 포트에 이름을 붙여서 사용한다(그림 8-16 참조).

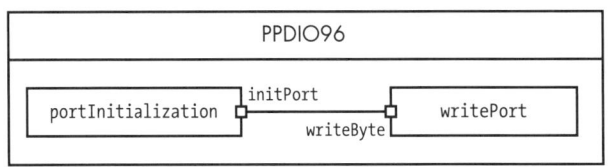

그림 8-16 포트명이 있는 결합 구조 다이어그램

여기에 볼과 소켓 표현식을 추가해 커뮤니케이션 링크 중 어느 쪽이 제공 인터페이스이고 어느 쪽이 필수 인터페이스인지 나타낼 수 있다(기억하겠지만, 볼이 있는 쪽이 제공 인

터페이스이고 소켓이 있는 쪽이 필수 인터페이스다). 이때 그림 8-17과 같이 커뮤니케이션 링크에도 이름을 붙일 수 있다. 전형적인 커뮤니케이션 링크는 *name:type* 형식으로 작성한다. *name*은 (해당 컴포넌트 내에서) 유일한 이름이고, *type*은 해당 커뮤니케이션 링크의 타입을 의미한다.

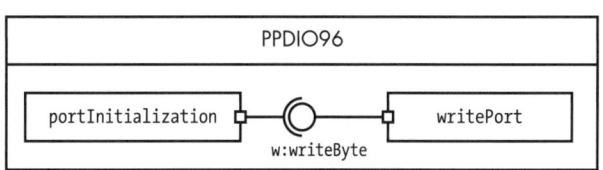

그림 8-17 결합 구조 다이어그램에 제공 및 필수 인터페이스 표시하기

8.5 스테이트차트 다이어그램

UML 스테이트차트statechart(또는 스테이트 머신state machine) 다이어그램은 시스템 내에서 제어의 흐름을 나타낸다는 측면에서 액티비티 다이어그램과 매우 비슷하다. 스테이트차트 다이어그램의 가장 큰 차이점은 시스템에서 취할 수 있는 다양한 상태를 간단히 나타내고, 시스템이 이번 상태에서 다음 상태로 어떻게 전환되는지를 보여준다는 것이다.

스테이트차트 다이어그램을 작성하기 위해 새로운 기호를 추가할 필요는 없으며, 그림 8-18과 같이 시작 상태 기호, 종료 상태 기호, 상태 전환 기호, 상태 기호, 결정 기호 등 액티비티 다이어그램에서 사용하는 기존의 기호만 활용하면 된다.

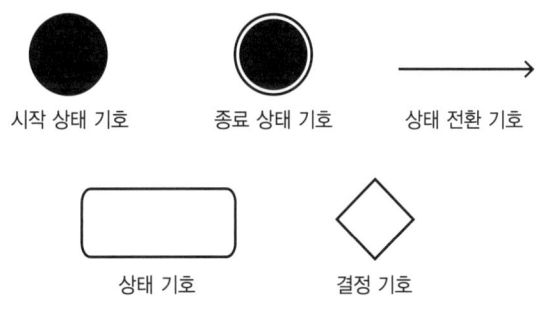

그림 8-18 스테이트차트 다이어그램의 주요 기호

간단한 스테이트차트 다이어그램에는 단 하나의 시작 상태 기호만 있는 경우도 있으며, 여기서 액티비티가 시작된다. 스테이트차트 다이어그램에서 상태 기호는 항상 (현재 상태를 설명하는) 연관 상태 이름을 지닌다. 스테이트차트 다이어그램은 하나 이상의 종료 상태 기호를 사용하며, 이는 액티비티의 종료 지점을 나타낸다(제어 흐름이 어떤 종료 상태 기호에 진입하든, 해당 스테이트 머신은 연산을 중단한다). 상태 전환 화살표 기호는 머신 내에서 상태의 흐름 변화를 나타낸다(그림 8-19 참조).

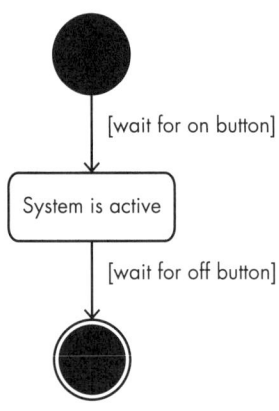

그림 8-19 간단한 스테이트차트 다이어그램

시스템에서 (상태) 전환은 외부 이벤트 또는 트리거에 대한 반응으로 일어나는 경우가 많다. 트리거란 시스템에서 하나의 상태가 또 다른 상태로 전환되도록 하는 원인 또는 유발자^{stimuli}다. 그림 8-19처럼, 전환에 보호 조건을 추가해 해당 트리거가 전환이 일어나도록 하는 것을 나타낼 수 있다.

전환 화살표는 머리와 꼬리가 있다. 스테이트차트 다이어그램에서 어떤 동작이 일어날 때, 화살표 꼬리에 해당하는 하나의 상태로부터 화살표 머리에 해당하는 또 다른 상태로의 전환이 일어난다.

제어 흐름이 특정 상태에 있는 상황에서 특정 이벤트가 발생했지만, 어떤 상태 변화도 나타나지 않으면 스테이트 머신은 해당 이벤트를 무시한다.[2] 예를 들어, 그림 8-19와 같이 제어 흐름이 이미 'System is active' 상태에 있을 때는 버튼 이벤트가 발생해도 별

---

2   좀 더 엄밀히 말하면, 상태로부터 출발한 전환 화살표는 (다른 상황 발생에 대비해) else라는 라벨을 붙여서 다시 해당 상태로 돌려보내야 한다. 하지만 UML 스테이트차트 다이어그램에는 이와 같은 else의 의미가 이미 반영돼 있다.

다른 변화는 생기지 않으며, 시스템은 'System is active' 상태를 그대로 유지하게 된다.

하나의 상태에서 발생할 수 있는 두 개의 전환 동작이 동일한 보호 조건을 따르는 경우, 스테이트 머신은 비결정적nondeterministic으로 작동한다. 즉, 전환 방향이 임의로 결정되며 무작위적인 선택을 하게 된다. 하지만 이런 비결정적 동작은 (그 자체로 모호함을 지니고 있어서) UML 스테이트차트 다이어그램을 작성하는 데 도움이 되지 않는다. UML 스테이트차트 다이어그램을 작성할 때는 전환 동작이 서로 배타적인 보호 조건을 지니고 최대한 결정적deterministic으로 작동하도록 해야 한다. 이론적으로는 모든 이벤트 발생 시 해당 상태로부터 빠져나올 수 있는 탈출 전환을 반드시 하나씩은 지녀야 하지만, 실무적으로는 탈출 전환 동작이 없는 이벤트가 발생하면 해당 상태는 이벤트를 무시하고 따르지 않게 된다.

보호 조건 없이, 하나의 상태에서 또 다른 상태로 전환할 수도 있다. 이는 시스템이 임의로 하나의 상태(전환 꼬리)에서 또 다른 상태(전환 머리)로 이동할 수 있음을 의미한다. 이런 원리는 스테이트 머신에 결정 기호decision symbol를 적용했을 때 특히 유용하다(그림 8-20 참조). 스테이트차트 다이어그램에서 결정 기호는 액티비티 다이어그램과 같이, 설계자의 필요에 따라 선택적으로 사용할 수 있다. 결정 기호를 이용해 (그림 8-20의 'System is active' 상태와 같은) 하나의 상태에서 직접 여러 개의 전환 동작으로 나눌 수 있다. 단, 결정 기호를 사용할 때는 다이어그램이 너무 복잡해지지 않도록 주의한다.

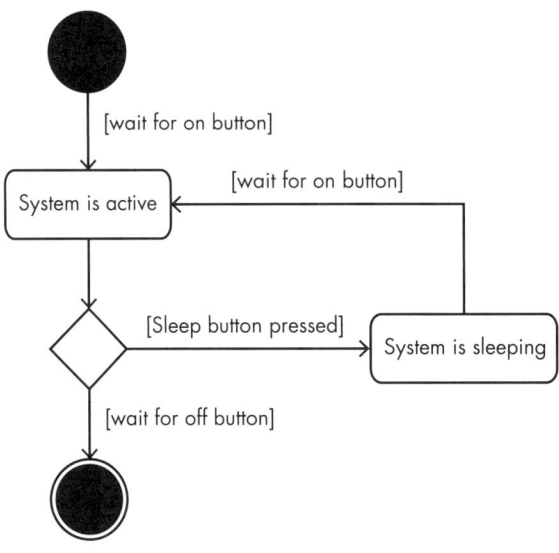

그림 8-20 스테이트차트 다이어그램에 사용된 결정 기호

8.6 UML에 대한 관심의 확장

지난 4장부터 이번 8장까지는 UML이라는 단일 주제로 꽤 많은 내용을 살펴봤다. 그러나 지금까지 살펴본 내용은 UML 입문을 위한 개론에 해당하는 내용이며, UML 생태계는 이번에 소개한 내용보다 훨씬 많은 OCL$^{Object\ Constraint\ Language}$ 등과 같은 다이어그램과 기능을 제공한다.

이 책에서는 소프트웨어 엔지니어링의 주제별 비중과 지면 제약을 고려해 이 정도로 UML에 대한 소개를 마치지만, UML에 관심을 갖게 된 독자 여러분은 8.7절 '참고 자료'를 이용해 좀 더 전문적이면서 깊이 있는 내용을 살펴보길 바란다. 이제 3부 '문서화'로 넘어가자.

8.7 참고 자료

Bremer, Michael 저. *The User Manual Manual: How to Research, Write, Test, Edit, and Produce a Software Manual*. Grass Valley, CA: UnTechnical Press, 1999. 샘플 챕터

다운로드 http://www.untechnicalpress.com/Downloads/UMM%20sample%20doc.pdf.

Larman, Craig 저. *Applying UML and Patterns: An Introduction to Object-Oriented Analysis and Design and Iterative Development*. 3rd ed. Upper Saddle River, NJ: Prentice Hall, 2004.

Miles, Russ, Kim Hamilton 저. *Learning UML 2.0: A Pragmatic Introduction to UML*. Sebastopol, CA: O'Reilly Media, 2003.

Pender, Tom 저. *UML Bible*. Indianapolis: Wiley, 2003.

Pilone, Dan, Neil Pitman 저. *UML 2.0 in a Nutshell: A Desktop Quick Reference*. 2nd ed. Sebastopol, CA: O'Reilly Media, 2005.

Roff, Jason T 저. *UML: A Beginner's Guide*. Berkeley, CA: McGraw-Hill Education, 2003.

Tutorials Point. 'UML Tutorial.' https://www.tutorialspoint.com/uml/.

3부

문서화

9

시스템 문서화

시스템 문서화는 시스템 요구 사항, 소프트웨어 설계, 테스트 케이스, 테스트 프로시저 등을 정의해 문서화하는 것이다. 대규모 소프트웨어 시스템에서 시스템 문서화는 가장 많은 비용이 소요되는 부문이며, 워터폴 소프트웨어 시스템의 경우 코드의 양보다 문서의 양이 더 많은 경우도 흔하다. 또한 시스템 문서화 작업은 수작업으로 유지 보수해야 하는 경우가 많으며, 하나의 문서에 있는 내용을 변경하려면 일관성을 유지하기 위해 전체 시스템 문서에서 해당 내용을 낱낱이 검색한 후 참조된 모든 영역에서 해당 내용을 업데이트해야 한다. 이는 시간과 금전 측면에서 많은 비용이 소모되는 일이다.

이번 9장에서는 공통적으로 활용되는 시스템 문서의 유형과 시스템 문서의 일관성 유지 전략, 개발 관련 비용을 절감할 수 있는 문서화 전략을 알아본다.

노트 | 이번 9장의 주제는 시스템 문서화이지, 사용자 문서화가 아니다. 사용자 문서화에 대한 내용은 9.5절 '참고 자료'에서 확인하길 바란다.

9.1 시스템 문서화 유형

전통적인 소프트웨어 엔지니어링은 다음과 같은 유형의 시스템 문서를 사용한다.

시스템 요구 사항 명세서(SyRS^{System Requirements Specification})

SyRS는 시스템 레벨의 요구 사항을 정의한 문서이며 소프트웨어에 대한 요구 사항 외에 하드웨어, 비즈니스, 작동 절차 안내, 그리고 소프트웨어와 직접적인 관계가 없는 요구 사항 등을 반영한다. SyRS는 고객, 관리자, 의사 결정자를 위해 작성하며 시스템에 대한 전반적인 요구 사항을 정의한다. 자세한 내용은 10장에서 살펴본다.

소프트웨어 요구 사항 명세서(SRS^{Software Requirements Specification})

SRS는 SyRS에서 가져온 소프트웨어에 대한 요구 사항을 매우 세분화된 수준으로 기술하며 고객, 관리자, 의사 결정자보다는 소프트웨어 엔지니어를 위한 문서다. 자세한 내용은 10장에서 살펴본다.[1]

노트 | SyRS와 SRS는 요구 사항 문서라는 공통점이 있지만, 이들 문서에서 다루는 범위와 구체화 수준은 기업과 부서에 따라 크게 다를 수 있다. 다수의 기업에서는 이들 문서를 두 개가 아닌 하나로 관리하는 경우가 많지만, SyRS 문서가 SRS 문서보다 (하드웨어 및 비즈니스 요구 사항까지 포함한) 훨씬 넓은 범위의 요구 사항을 다루므로 이 책에서는 이들 두 문서를 분리해 설명한다.

소프트웨어 설계 명세서(SDD^{Software Design Description})

SDD는 시스템의 구성 방법, 즉 어떻게 그 임무를 수행할 수 있는지를 설명한다(반면 SyRS와 SRS는 시스템이 어떤 일을 하는지에 초점을 맞춘다). 이상적으로는 프로그래머라면 누구든 SDD를 사용할 수 있고, 소프트웨어 시스템 구현에 필요한 코드를 작성할 수 있어야 할 것이다. 자세한 내용은 11장에서 살펴본다.

소프트웨어 테스트 케이스(STC^{Software Test Case})

STC는 시스템이 모든 요구 사항을 적절하게 통합하고 각종 연산이 요구 수준을 초과

---

1 하드웨어 요구 사항은 HRS에서 추출할 수 있고 다른 요구 사항 문서 또한 각기 특화된 문서에서 추출할 수 있지만, 이에 대한 내용은 이 책의 범위를 넘어서므로 추가 설명은 생략한다.

하는 수준으로 정확하게 실행됐는지를 검증하기 위한 각종 테스트 수치를 제시한다. 자세한 내용은 12장에서 살펴본다.

소프트웨어 테스트 프로시저(STP$^{\text{Software Test Procedure}}$)

STP는 시스템의 올바른 작동 여부를 검증하기 위한 소프트웨어 테스트 케이스의 효율적 실행 절차 및 형식, 즉 프로시저를 설명한다. 자세한 내용은 12장에서 살펴본다.

요구 사항 (역)추적 매트릭스(RTM$^{\text{Requirements/Reverse Traceability Matrix}}$)

RTM은 요구 사항이 실제 설계, 테스트 케이스, 코드로 어떻게 구현됐는지를 보여주는 문서로서, 의사 결정자는 요구 사항이 과연 설계와 코드로 제대로 구현됐는지를 검증할 수 있다. 자세한 내용은 잠시 후 살펴본다.

노트 | 일부 부서에서는 외부 고객의 요구 사항을 정리한 기능 요구 사항 명세서(Functional Requirements Specification)를 작성하기도 하지만, 이는 SRS 또는 SyRS와 동의어로 간주되므로 별도의 언급은 생략한다.

이들 문서 외에도 다양한 개발자 문서가 존재하지만, 그림 9-1에서 보는 것과 같은 이들 시스템 문서는 (비XP 프로젝트를 포함해) 거의 모든 프로젝트 유형에서 공통적으로 사용되며, 워터폴 모델의 다양한 단계를 반영한다(3.2.2절 '워터폴 모델' 참고).

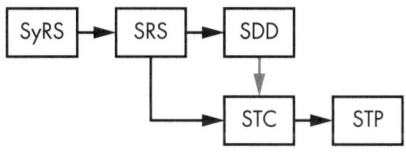

그림 9-1 시스템 문서 간의 의존 관계

그림 9-1에서 알 수 있듯이, SyRS는 SRS의 토대가 되고, SRS는 SDD와 STC의 토대가 되며, STC는 STP의 토대가 된다. 위 그림에서 회색 화살표 선분으로 나타낸 것처럼, SDD는 특정한 경우에 STC에 영향을 미친다.[2]

---

2 STC가 SDD의 영향을 받는 것은 맞지만, STC는 애초에 설계 문서가 아닌, 요구 사항이 정의된 SRS로부터 나온 것이라는 사실을 잊어서는 안 된다. SDD로부터 나온 모든 테스트 케이스는 결국 SDD의 토대가 되는 요구 사항으로부터 나온 것임을 명심하자.

9.2 변경 이력 추적 기능

시스템 문서화에서 문서 간의 관계성 및 흐름과 관련된 주요 문제 중 하나는 일관성consistency의 문제다. 일반적으로 하나의 요구 사항은 설계 아이템 및 테스트 케이스로 구체화된다(이는 STP에서 테스트 프로시저의 일부가 된다). 이는 여러분이 워터폴 모델을 준수하는 경우 SRS에서 SDD와 STC로, 그리고 다시 SDD로 이어지는 직관적이면서 자연스러운 흐름이다. 그러나 이와 같은 관계 연쇄에서 SRS 등과 같은 초기의 문서를 수정하게 되면 복잡한 문제가 발생하기 시작한다. 예를 들어, 요구 사항이 바뀌면 SDD, STC, STP 문서에서 해당 내용을 수정해야 한다. 이때 가장 좋은 방법은 추적 기능traceability을 이용해 하나의 문서에 있는 특정 아이템이 다른 문서의 어디에 있는지 확인하고 이를 수정하는 것이다. 요구 사항 변경에 따른 설계 요소의 변경, 테스트 케이스의 변경, 테스트 프로시저의 변경 흐름을 추적할 수 있으면 요구 사항이 어떻게 변경되더라도 신속하게 시스템 문서 전반에 걸쳐 해당 내용을 반영할 수 있다.

특히 역추적 기능reverse traceability은 테스트 프로시저에서 역으로 테스트 케이스를 추적하고, 여기서 다시 설계 아이템으로, 그리고 이에 대응하는 요구 사항으로 추적해 나갈 수 있다. 예를 들어 테스트 프로시저에 대한 변경이 필요한 테스트가 발생하는 경우, 여러분은 테스트 케이스 및 요구 사항 문서에서 해당 내용을 확인하고, 테스트 프로시저 수정에 필요한 전 단계 문서의 내역을 한눈에 파악할 수 있다. 결국 역추적 기능은 테스트 케이스 또는 요구 사항 변경 내역을 결정하는 데 많은 도움을 준다.

9.2.1 개발자 문서에 추적 기능 적용하기

추적 기능이나 역추적 기능을 구현하는 몇 가지 방법이 있다. 한 가지 방법은 요구 사항, 설계 요소, 테스트 케이스, 테스트 프로시저 문서 등에 태그tag와 같은 식별자를 추가해 추적 기능을 지니도록 하는 것이다. 태그로는 문단 번호, 아이템 번호, 설명형 단어, 또는 다른 참조 요소와 구분할 수 있는 기호 등을 사용할 수 있다. 소프트웨어 문서에 태그를 사용하면, 다른 연관 문서를 언급하는 데 필요한 공간의 낭비를 줄일 수 있다.

개발자 문서 작성자는 워드 프로세서 등으로 입력하기 쉬운 숫자를 태그로 사용하지만, 워드 프로세서 중 상당수는 다수의 문서 유형에 대한 교차 참조cross-referencing 기능을 제공하지 않으므로 주의해야 한다. 또한 개발자 문서에 필요한 태그 작성 메커니즘 또는 포맷을 해당 워드 프로세서가 지원하지 않을 수 있다.

태그 작성에 최적화된 커스텀 소프트웨어를 개발하거나 정보의 교차 참조 및 추출을 돕는 데이터베이스 애플리케이션을 사용할 수도 있지만, 가장 널리 쓰이는 방법은 태그를 수작업으로 관리하는 것이다. 수많은 태그를 직접 관리한다니 부담스러울 수도 있겠지만, 약간의 계획만 세운다면 그리 어려운 일은 아니다.

태그 관리를 위한 최고의 도구는 RTM이며, 이를 통해 시스템 문서 내의 각종 아이템에 대한 이력을 추적할 수 있다. RTM은 유지 보수가 필요한 또 하나의 개발자 문서이긴 하지만, 시스템 내 모든 요소를 완벽하고도 손쉽게 추적할 수 있는 메커니즘을 제공한다.

다음 절에서는 먼저 일반적으로 사용되는 태그 포맷을 살펴보고, 이어서 RTM 생성 방식을 알아본다.

9.2.2 태그 형식

태그를 작성하기 위한 별도의 문법이 있는 것은 아니며, 문법에 일관성이 있고 태그가 유일무이한 속성만 지니고 있다면 어떤 내용으로 작성해도 무방하다. 이 책에서는 태그에 직접 추적 기능을 부여한 문법을 사용하려 하며, 문서 유형에 따라 조직화할 수 있는 태그 형식을 사용한다.

9.2.2.1 SyRS 태그

SyRS 문서에는 [*productID*_SYRS_*xxx*] 형식의 태그를 사용한다.

productID: 제품 또는 프로젝트를 가리킨다. 예를 들어, 수영 풀 모니터 애플리케이션의 경우 *productID*는 'POOL'로 한다. 이보다 긴 ID는 가독성이 떨어지며, 최대 4~5개의 철자를 사용하는 것이 좋다.

SYRS: SyRS 문서의 태그임을 나타낸다(시스템 요구와 관련된 태그다).

xxx: SyRS 내에서 유일무이한 태그 번호이며 한 개 이상의 숫자 조합으로 구성된다.

모든 SyRS 요구 사항은 1부터 시작해 순차적으로 증가하는 정수로 하는 것이 좋으며,

이때 정수 자체로는 서로의 관련성을 설명하지 않고 특정 텍스트 블록을 참조하는 의미로만 사용된다.

SyRS 문서에 다음과 같은 두 가지 요구 사항이 있는 경우를 생각해보자.

[POOL_SYRS_001]: 풀 온도 모니터링
시스템은 수영 풀의 온도를 모니터링할 수 있다.

[POOL_SYRS_002]: 풀 최대 온도
수영 풀 온도가 화씨 86도를 초과하는 경우, 시스템은 '고온' LED 램프를 켤 수 있다.

이때 [POOL_SYRS_002]와 관련된 150개의 추가 요구 사항이 있다고 해보자.
누군가의 제안으로 풀 온도가 70도 미만이 되면 풀 히터를 가동시키기로 했다면, 다음과 같은 요구 사항을 추가할 수 있다.

[POOL_SYRS_153]: 풀 최소 온도
수영 풀 온도가 화씨 70도 미만이 되는 경우, 시스템은 풀 히터를 켤 수 있다.

[POOL_SYRS_154]: 풀 온도 대비 최대 히터 온도
수영 풀 온도가 화씨 70도를 초과하는 경우, 시스템은 풀 히터를 끌 수 있다.

SyRS에서 서로 관련성이 높은 요구 사항은 가까이 배치해 특정 기능 구현과 관련된 모든 내용을 문서의 특정 지점에서 한 번에 볼 수 있도록 하는 것이 좋다. 여러분은 위 요구 사항을 정의할 때, 이번 태그를 기준으로 한 정렬에 어떤 문제가 있는지 알게 됐을 것이다. 풀 온도에 대한 내용은 문서 초반에 나오는 반면, 풀 히터에 대한 내용은 문서 마지막에 나오게 되는 문제가 있다.

그러나 태그는 텍스트일 뿐이므로 다음과 같이 비슷한 요구 사항끼리 모을 수도 있다.

[POOL_SYRS_001]: 풀 온도 모니터링
시스템은 수영 풀의 온도를 모니터링할 수 있다.

[POOL_SYRS_153]: 풀 최소 온도
수영 풀 온도가 화씨 70도 미만이 되는 경우, 시스템은 풀 히터를 켤 수 있다.

[POOL_SYRS_154]: 풀 온도 대비 최대 히터 온도

　　수영 풀 온도가 화씨 70도를 초과하는 경우, 시스템은 풀 히터를 끌 수 있다.

[POOL_SYRS_002]: 풀 최대 온도

　　수영 풀 온도가 화씨 86도를 초과하는 경우, 시스템은 '고온' LED 램프를 켤 수 있다.

　　그러나 이렇게 모아놓고 보니 태그 번호의 일관성이 없어졌다. 이에 대한 대안은 닷 시퀀스$^{dotted\ sequence}$ 기법으로 기존 번호 체계를 확장하는 것이다. 닷 시퀀스는 두 개 이상의 정수를 마침표 또는 닷^{dot} 기호로 연결한 것이다.

[POOL_SYRS_001]: 풀 온도 모니터링

　　시스템은 수영 풀의 온도를 모니터링할 수 있다.

[POOL_SYRS_001.1]: 풀 최소 온도

　　수영 풀 온도가 화씨 70도 미만이 되는 경우, 시스템은 풀 히터를 켤 수 있다.

[POOL_SYRS_001.2]: 풀 온도 대비 최대 히터 온도

　　수영 풀 온도가 화씨 70도를 초과하는 경우, 시스템은 풀 히터를 끌 수 있다.

[POOL_SYRS_002]: 풀 최대 온도

　　수영 풀 온도가 화씨 86도를 초과하는 경우, 시스템은 '고온' LED 램프를 켤 수 있다.

　　이렇게 하면 기존 요구 사항을 변경하거나 새로운 요구 사항을 추가하기가 쉬워진다. 단, 001.1과 001.10은 다른 의미를 지닌다는 점을 기억해야 한다. 여기서 사용하는 숫자는 소수점이 있는 실수가 아니며, 단지 두 개의 정수를 마침표나 점으로 구분한 것뿐이다. 닷 시퀀스에서 001.10은 001.1의 열 번째 숫자라고 할 수 있다. 같은 이유로, 001과 001.0 역시 다른 의미를 지닌다.

　　001.1과 001.2 사이에 요구 사항을 추가해야 하는 경우, 닷 시퀀스 기법으로 자릿수를 추가해 001.1.1과 같이 나타내면 된다. 이때 다음과 같이 숫자 사이에 일정한 간격을 둬서 미래에 태그를 추가하는 상황에 대비할 수 있다.

[POOL_SYRS_010]: 풀 온도 모니터링

　시스템은 수영 풀의 온도를 모니터링할 수 있다.

[POOL_SYRS_020]: 풀 최대 온도

　수영 풀 온도가 화씨 86도를 초과하는 경우, 시스템은 '고온' LED 램프를 켤 수 있다.

　그리고 그 사이에 두 개의 요구 사항을 추가할 수 있다.

[POOL_SYRS_010]: 풀 온도 모니터링

　시스템은 수영 풀의 온도를 모니터링할 수 있다.

[POOL_SYRS_013]: 풀 최소 온도

　수영 풀 온도가 화씨 70도 미만이 되는 경우, 시스템은 풀 히터를 켤 수 있다.

[POOL_SYRS_017]: 풀 온도 대비 최대 히터 온도

　수영 풀 온도가 화씨 70도를 초과하는 경우, 시스템은 풀 히터를 끌 수 있다.

[POOL_SYRS_020]: 풀 최대 온도

　수영 풀 온도가 화씨 86도를 초과하는 경우, 시스템은 '고온' LED 램프를 켤 수 있다.

　이때 모든 태그는 개발자 문서 내에서 항상 유일무이해야 함을 기억하자.

노트 | 지금까지는 태그가 문단 제목의 일부로 사용되는 사례만 살펴봤으며, 이들 태그는 문서(특히 종이 등에 인쇄된 문서) 내의 각종 요소를 찾을 때 특히 유용하다. 하지만 태그는 문단 속에 사용되기도 한다.

9.2.2.2 SRS 태그

　시스템 문서에는 요구 사항 문서로 (SyRS가 아닌) SRS만을 포함시키며, 이때는 기존 SyRS 태그에서 'SYRS' 대신 'SRS'만 사용하면 된다.

　　[POOL_SRS_010]: 풀 온도 모니터링

　하지만 프로젝트 문서에 SyRS와 SRS를 모두 포함시켜야 하는 경우, (이 책에서는) SRS에서 SyRS 방향으로 거슬러 올라갈 수 있도록 하며, 이와 같은 역추적 기능을 지닌 SRS

태그 형식은 다음과 같다.

[*productID*_SRS_*xxx*_*yyy*]

위 *productID*는 SyRS 태그의 것과 같으며, 그다음에 나오는 SRS는 소프트웨어 요구 사항 명세서 태그임을 나타낸다. 마지막에 있는 *xxx*와 *yyy*는 정수형 숫자이며, *xxx*는 SyRS 태그에 대응된다.

부모 태그인 SyRS의 태그 번호를 통해 그와 관계된 SRS 요구 사항을 직접 역추적할 수 있다. SRS의 거의 모든 요구 사항은 그에 대응하는 SyRS 태그에서 파생된 것이고, SyRS 요구 사항과 SRS 요구 사항은 일대다 관계를 맺고 있으므로 하나의 SyRS 요구 사항은 하나 이상의 SRS 요구 사항을 생성하게 된다. 따라서 SRS 요구 사항을 역으로 추적하면 그 근원이 되는 SyRS 요구 사항에 도달할 수 있다(그림 9-2 참조).

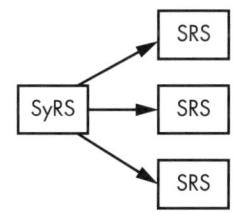

그림 9-2 SyRS와 SRS의 일대다 관계

yyy 요소는 SRS 태그 값이다. 보통의 경우 *yyy*는 전체 SRS 태그 가운데 유일무이할 필요가 없지만, *xxx*_*yyy*는 유일무이한 숫자 조합이어야 한다. 다음은 이런 기준에 적합한 SRS 태그다.

[POOL_SRS_020_001]
[POOL_SRS_020_001.5]
[POOL_SRS_020_002]
[POOL_SRS_030.1_005]
[POOL_SRS_031_003]

이 책 또한 *xxx* 값을 기준으로 *yyy* 값을 새로 시작해 유일무이한 숫자 조합을 만드는 방식을 사용한다.

이런 방식으로 SRS 태그를 만들면, SRS에서 SyRS 방향으로 향하는 역추적 기능이 자동으로 만들어진다. SRS 요구 사항과 관련된 SyRS 요구 사항의 위치를 확인하고 싶다면, *xxx* 값만 추출해 SyRS 문서에서 해당 번호를 조회하면 된다. SRS 문서에서 SyRS 태그와 연결된 SRS 태그의 위치를 찾는 것 또한 간단하다. 예를 들어 POOL_SYRS_030과 관련된 모든 SRS 요구 사항을 찾고 싶다면, SRS 문서에서 SRS_030 태그 요소를 사용한 모든 요구 사항을 찾으면 된다.

때로는 SyRS 요구 사항과 상관없이, SRS 문서에서만 독자적으로 언급되는 요구 사항이 있을 수 있다. 이때는 SRS 태그에 *xxx* 번호를 사용할 필요가 없으며, 이 책은 역추적을 위한 SyRS 태그 번호로 000을 사용한다(SyRS에는 [*productID*_SYRS_000] 태그 요소가 존재하지 않기 때문이다). 즉, SyRS 요구 사항과 무관한 새로운 모든 SRS 요구 사항은 [*productID*_SRS_000_*yyy*] 태그로 표시한다.

노트 | 이 책에서는 000 값 대신 애스터리스크 기호(*)도 사용한다.

모든 소프트웨어 관련 요구 사항을 SyRS와 SRS로 직접 연관지을 수 있는 것은 훌륭한 아이디어이며, SRS는 이런 방식으로 소프트웨어 개발자를 위한 독자적인 개발 문서로서 역할을 할 수 있게 된다.[3] SyRS 요구 사항을 바로 SRS에 복사해 넣는 경우, 복사된 요구 사항은 [*productID*_SRS_*xxx*_000] 태그를 부여한다. 즉, 복사된 태그란 의미로 *yyy* 값에 000을 입력한다.

9.2.2.3 SDD 태그

아쉽게도, SRS 요구 사항과 SDD 설계 요소는 일대다 관계가 아니다. 즉, SDD 태그 문법만으로는 SDD 태그와 그에 대응하는 SRS 태그를 파악할 수 있는 역추적 기능을 구현하기가 어렵다는 것이다.[4] SRS와 SDD 문서 간의 관련성을 설명하려면 RTM이라는 외부 참

---

3 SyRS에는 SRS에 복사해 넣을 수 없는 하드웨어나 소프트웨어와 무관한 요구 사항이 있을 수 있으며, 이는 9.2.3.1절 '별도의 칼럼 추가하기'에서 상세히 설명한다.

4 잘 설계된 시스템에서는 요구 사항과 설계 아이템이 다대일 관계를 지니지만, 그렇지 못한 시스템에서는 다대다 관계를 지닌다.

조 문서가 필요하다.

하지만 이런 방식으로 구현된 역추적 기능은 SDD 태그를 통해 실용적으로 사용하기 어려우므로, 이 책에서는 SDD 태그를 간소화한 [*productID*_SDD_*ddd*] 형식을 사용한다. *productID*는 기존 의미와 동일하고, *ddd*는 다른 요구 사항 문서에서 사용되는 것과 같은 유일무이한 식별자 번호다.

9.2.2.4 STC 태그

SRS 요구 사항과 STC 테스트 케이스 간에도 일대다 관계가 성립한다(그림 9-3 참조).

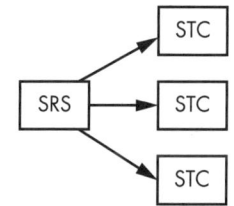

그림 9-3 SRS와 STC의 일대다 관계

이는 앞서 살펴본 SRS와 SyRS의 관계처럼, 태그를 통해 STC에서 SRS로 역추적이 가능하다는 것이다. 이 책에서 사용하는 STC 태그 형식은 다음과 같다.

[*productID*_STC_*xxx*_*yyy*_*zzz*]

기능적으로는 (*xxx_yyy* 조합이 아닌) *yyy* 값이 유일무이한 것이라면 *xxx* 값은 삭제해도 되지만, *xxx_yyy*는 SRS와 SyRS의 역추적 기능을 지니고 있으므로 편의성 측면에서 그냥 놔둬도 된다.

매우 드물긴 하지만, SRS 요구 사항에 없는 테스트 케이스를 만들어야 하는 경우도 있다.[5] 예를 들어, 소프트웨어 엔지니어가 SDD를 이용해 코드를 작성하던 중에 자신이 작성한 소스 코드에 대한 테스트 케이스를 만드는 경우다. 이런 경우에는 SyRS에 기

---

5 일반적으로 뭔가를 테스트해야 한다는 것은 어떤 요구 사항에 부합하는지를 테스트한다는 의미일 것이다. 그러나 실무적으로는 SRS가 아니라 SDD로부터 테스트 케이스가 도출되는 경우도 존재한다. 예를 들어, SRS 요구 사항에서는 특정 연산 작업을 구현할 때 배열이나 딕셔너리의 사용 여부를 구체적으로 언급하지 않고, SDD에서 배열과 같이 특정 데이터 구조를 구체적으로 지정할 수 있다. 이때는 배열 데이터 구조에 맞춰 인덱스 연산 등 테스트 케이스를 작성해야 한다.

초하지 않은 SRS 요구 사항 태그를 작성하는 것과 같은 기법을 사용한다. *xxx_yyy* 값에 000_000 또는 *_*를 입력해, 기존 요구 사항과 무관한 새로운 STC 태그에 적용한다. 여기서 *xxx_000*은 SyRS와는 관련이 있지만 SRS와는 무관한 것임을 나타낸다(또는 SyRS를 그대로 복사한 SRS 태그에 기초한 것이라는 의미도 있다). 이 경우, 독자적으로 존재하는 테스트 케이스의 의미는 아니다.

STC 태그의 000_000 형식 속에는 추적 가능 정보가 들어있지 않다. 이럴 때는 테스트 케이스의 원본 문서를 가리키는 링크를 명시적으로 추가하는 것이 좋으며, 이를 위한 몇 가지 방법을 소개한다.

- 태그 뒤에 *:source* 요소를 추가해 테스트 케이스의 소스를 설명한다(소스가 테스트 케이스의 원본 문서를 가리키는 파일명 또는 문서명인 경우).
- RTM을 통해 소스 정보를 제공한다(9.2.3절 '요구 사항 이력 추적 매트릭스'에서 상세히 설명한다).
- 관련 문서에 STC 태그에 대한 내용을 주석문이나 링크 등으로 포함시켜 테스트 케이스의 소스를 구체적으로 설명한다.

9.2.2.5 STP 태그

STC 테스트 케이스는 STP 테스트 프로시저와 다대일 관계성을 지닌다(그림 9-4 참조).

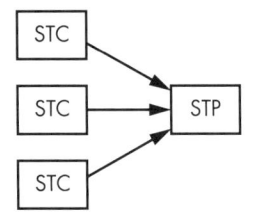

그림 9-4 STC와 STP의 다대일 관계

위 그림은 SDD와 같이 STP 태그에 역추적 기능을 넣을 수 없다는 의미다. 이 책에서는 STP 태그의 형식으로 [*productID*_STP_*ppp*]를 사용한다. *productID*는 기존과 동일한 의미이고 *ppp*는 유일무이한 STP 태그 값이다.

9.2.3 요구 사항 이력 추적 매트릭스

앞서 살펴본 바와 같이, 다대일 관계를 지닌 SDD 또는 STP 등은 태그에 역추적 기능을 적용할 수 없으며, 외부 문서인 요구 사항 이력 추적 매트릭스$^{\text{Requirements/Reverse Traceability Matrix}}$(RTM)를 사용해야 한다.

RTM은 매트릭스라는 이름에서 알 수 있듯이 2차원 테이블 형식이며, 다음과 같은 속성을 지닌다.

- 각 열^{row}은 요구 사항, 설계 아이템, 테스트 케이스, 테스트 프로시저 등의 연결 관계를 나타낸다.
- 각 행^{column}은 (SyRS, SRS, SDD, STC, STP 등과 같은) 특정 문서를 나타낸다.
- 각 셀^{cell}에는 연관 문서 유형을 가리키는 태그가 들어있다.

RTM 테이블의 전형적인 열에는 아이템이 다음과 같은 모습으로 들어있다.

POOL_SYRS_020	POOL_SRS_020_001	POOL_SDD_005	POOL_STC_020_001_001	POOL_STP_005

일반적으로 RTM에는 SyRS 또는 SRS 요구 사항 태그가 입력돼 있으며, 사용자는 이들 행을 정렬하며 테이블 요소를 활용한다.

SyRS와 SRS는 일대다 관계이므로, SyRS 요구 사항을 열 단위로 복사해 다음과 같이 여러 개의 테이블 요소를 만들 수 있다.

1	POOL_SYRS_020	POOL_SRS_020_001	POOL_SDD_005	POOL_STC_020_001_001	POOL_STP_005
2	POOL_SYRS_020	POOL_SRS_020_002	POOL_SDD_005	POOL_STC_020_002_001	POOL_STP_005
3	POOL_SYRS_020	POOL_SRS_020_003	POOL_SDD_005	POOL_STC_020_003_001	POOL_STP_004
4	POOL_SYRS_020	POOL_SRS_020_003	POOL_SDD_005	POOL_STC_020_003_002	POOL_STP_006
5	POOL_SYRS_030	POOL_SRS_030_001	POOL_SDD_006	POOL_STC_030_001_001	POOL_STP_010

위 테이블에서 1, 2, 3 열은 SyRS 태그가 동일하고 SRS 태그만 다르다. 3, 4열은 SyRS 및 SRS 태그가 동일하고 STC 태그만 다르다(하지만 반복 요소가 너무 많다 보니 관계성이 명확하게 보이지 않는다).

위에 있는 열을 통해 아래 열의 내용을 추측할 수 있으면, 반복적인 SyRS 및 SRS 태그를 생략해서 테이블을 좀 더 명확하게 나타낼 수 있다.

1	POOL_SYRS_020	POOL_SRS_020_001	POOL_SDD_005	POOL_STC_020_001_001	POOL_STP_005
2		POOL_SRS_020_002	POOL_SDD_005	POOL_STC_020_002_001	POOL_STP_005
3		POOL_SRS_020_003	POOL_SDD_005	POOL_STC_020_003_001	POOL_STP_004
4			POOL_SDD_005	POOL_STC_020_003_002	POOL_STP_006
5	POOL_SYRS_030	POOL_SRS_030_001	POOL_SDD_006	POOL_STC_030_001_001	POOL_STP_010

RTM은 (마이크로소프트 워드Microsoft Word 또는 애플 페이지스Apple Pages 등과 같은) 워드 프로세서로 작성할 수도 있지만, 현재 요구 사항에 따라 테이블을 간편하게 정렬할 수 있는 (마이크로소프트 엑셀Microsoft Excel 또는 애플 넘버스Apple Numbers 등과 같은) 스프레드시트나 데이터베이스 애플리케이션이 훨씬 더 적합한 작성 도구다. 이 책은 여러분이 스프레드시트를 사용해 RTM을 작성한다고 가정한다.

9.2.3.1 별도의 칼럼 추가하기

보통의 경우, 여러분은 RTM에서 하나의 칼럼 또는 행에 SyRS, SRS, SDD, STC, STP 등과 같은 각 시스템 문서 유형을 하나씩 입력하겠지만, 이들 문서 유형 외의 정보를 RTM에 추가해야 할 경우도 있다. 예를 들어, '상세 설명Description' 칼럼을 추가해 태그에 대한 부연 설명을 포함시킬 수 있다.

또는 SyRS 문서에서 '할당 자원Allocations' 칼럼을 추가해 해당 SyRS 아이템이 하드웨어인지, 소프트웨어인지 표시할 수 있다. 이때 SRS, SDD, STP, STC 모두 소프트웨어와 관련된 자원이므로, 할당 자원 칼럼에 이들 요소는 'N/A' 또는 'software' 등으로 표시할 수 있을 것이다.

또 다른 유용한 칼럼으로 '검토Verification'를 추가해 시스템에서 해당 요구 사항이 어떻게 테스트될 수 있는지 설명할 수 있다. 이때 각 셀에 입력할 수 있는 검증 유형으로는 test, review, inspection, design, analysis 등이 있다. 테스트를 실시할 수 없는 경우, '테스트 불가no test possible'를 입력할 수 있다.

신속한 데이터 정렬 방식을 제공하기 위해 칼럼을 추가하고 '열 번호'를 입력하는 것도 가능하다. 예를 들어 칼럼을 하나 추가하고 1번부터 n번까지 열 번호를 부여한 뒤, 이들 열 번호를 이용해 요구 사항을 순서대로 정렬할 수 있다. 그리고 또 다른 칼럼을 추가해서 1번부터 n번까지 열 번호를 부여한 뒤, SDD 태그 정렬용으로 사용할 수 있다.

9.2.3.2 RTM 정렬하기

테이블의 모든 셀에 값을 채웠다면, (하나 또는 다수의) 칼럼을 기준으로 정렬할 수 있다. 예를 들어, 마이크로소프트 엑셀을 이용해 다음과 같은 칼럼 요소를 정렬할 수 있다.

- A: 상세 설명
- B: SyRS 태그
- C: 할당 자원
- D: SRS 태그
- E: 테스트 방식
- F: SDD 태그
- G: STC 태그
- H: STP 태그

B, D, G 칼럼 순서로 정렬하면 요구 사항순으로 문서를 정렬할 수 있고 F, B, D 칼럼 순서로 정렬하면 설계 요소순으로 문서를 정렬할 수 있다. 그리고 H, D, G 칼럼 순서로 정렬하면 테스트 프로시저순으로 문서를 정렬할 수 있다.

RTM을 이용해 SyRS 요구 사항에서 SRS 요구 사항으로, SDD 설계 아이템으로, STC 테스트 케이스로, 그리고 STP 테스트 프로시저 순서로 추적하려면, 요구 사항순으로 정렬한 후 여러분이 찾으려는 SyRS 또는 SRS 태그를 확인한다. 그러면, 이들 요구 사항 태그와 동일한 열에서 여러분이 원하는 연관 문서를 찾을 수 있다. 이런 방식으로 (요구 사항 정렬을 통해 테스트 케이스 태그도 정렬되므로) STC 태그에 대응되는 테스트 프로시저 요소도 찾을 수 있다.

STC에서 SRS로, 그리고 다시 SyRS로 거슬러 올라가는 역추적 기능은 태그 문법의 기본 속성이므로 우리가 별다른 일을 할 필요는 없지만, SDD에서 SRS(또는 SyRS)로, 그리고 STP에서 TC/SRS/SyRS로 거슬러 올라가려 할 때는 몇 가지 작업이 필요하다. 우선, RTM 테이블을 SDD 태그나 STP 태그를 기준으로 정렬한다. 이렇게 하면 모든 SDD 태그 또는 STP 태그 목록이 (사전순lexicographical order으로) 나타난다. 이제 열에 있는 모든 SDD 또는 STP 태그를 여러분의 관심을 기준으로 확인할 수 있다. 다음은 RTM 테이블을 테스트 프로시저를 기준으로 정렬한 결과다.

3	POOL_SYRS_020	POOL_SRS_020_003	POOL_SDD_005	POOL_STC_020_003_001	POOL_STP_004
1	POOL_SYRS_020	POOL_SRS_020_001	POOL_SDD_005	POOL_STC_020_001_001	POOL_STP_005
2	POOL_SYRS_020	POOL_SRS_020_002	POOL_SDD_005	POOL_STC_020_002_001	POOL_STP_004
4	POOL_SYRS_020	POOL_SRS_020_003	POOL_SDD_005	POOL_STC_020_003_002	POOL_STP_006
5	POOL_SYRS_030	POOL_SRS_030_001	POOL_SDD_006	POOL_STC_030_001_001	POOL_STP_010

위 테이블을 보면, 테스트 프로시저 005가 SyRS 태그 020, SRS 태그 020_001 및 020_002와 관련이 있음을 한눈에 알 수 있다.

이번 예제에서는 테스트 프로시저와의 연결성을 확인하기 위해 추가로 데이터를 정렬할 필요가 없지만, (수십, 수백, 수천 개의 요구 사항을 지닌) 좀 더 복잡한 RTM의 경우 STP 태그로 정렬할 수 없을 때는 여러 번의 수작업을 통해서만 테스트 프로시저와의 연결성을 확인할 수 있다.

9.3 검증, 검토, 확인

지난 3장의 3.2.4절 '반복형 모델'에서 살펴본 검증validation은 완성된 제품이 최종 사용자의 니즈를 충족하는지('올바른 제품을 만든 것인가?')를 확인하는 과정이다. 반면, 검토verification는 우리가 구현한 것이 프로젝트 명세서를 충족하는지('올바른 과정을 거쳐서 제품을 만들었는가?')를 확인하는 과정이다. 검증은 요구 사항 마지막 부분 그리고 전체 개발 주기의 최종 단계에서 시행하는 반면, 검토는 소프트웨어 개발의 각 단계가 마무리될 때마다 시행해 모든 입력된 요구 사항을 충족하는지 확인한다. 예를 들어, SDD 검토 작업은 SRS 문서에 정의된 모든 요구 사항을 충족하는지 확인하는 내용으로 구성된다(SRS 요구 사항이 SDD의 입력 데이터가 된다).

각 단계별 검토 작업은 다음과 같다.

SyRS/SRS: UML 유스 케이스(4장의 4.2절 'UML 유스 케이스 모델' 참조)나 고객 작성 기능 명세서 등, 고객이 제공한 문서에 포함된 모든 요구 사항을 충족하는지 확인한다.

SDD: 설계 내역이 모든 요구 사항을 충족하는지 확인한다. 이때 입력 데이터는 SRS 요구 사항이다.

STC: (테스트 가능한) 각 요구 사항에 대해 최소 하나 이상의 테스트 케이스가 존재하는지 확인한다. 이때 입력 데이터는 SRS 요구 사항이다.

STP: 모든 테스트 케이스가 테스트 프로시저로 검증될 수 있는지 확인한다. 이때 입력 데이터는 STC 테스트 케이스다(간접적으로는 해당 테스트 케이스의 토대가 되는 요구 사항도 해당된다).

이전 단계를 적절한 방식으로 검토하려면, 이전 단계를 설명하는 문서를 확인하거나 리뷰해야 하며, RTM은 이런 확인 작업을 위한 유용한 도구다. 예를 들어 SDD를 리뷰할 때 SRS에 있는 각 요구 사항을 확인해 SDD 태그에 대응되는 요소를 살펴본 뒤, 특정 요구 사항을 개별 설계 요소가 적절하게 구현했는지 검토한다. 이런 과정은 STC를 리뷰할 때, 테스트 케이스가 모든 요구 사항을 충족하는지 확인할 경우에도 동일하게 적용된다.

코드를 리뷰할 때, 가장 안전한 방법은 모든 입력 데이터를 각 단계에 대입해보는 것이다. 즉, 모든 요구 사항을 SDD와 STC에 적용해보고, 모든 테스트 케이스를 STP에 적용해보는 것이다. 그렇게 해서 적절하게 처리하는 부분을 검토해 하나씩 완료해 나가면 되며, 이렇게 만들어진 최종 결과물은 해당 단계의 리뷰 문서를 구성하게 된다.

리뷰 단계에서는 각 구현 단계로부터 나오는 결괏값이 올바른지 확인해야 한다. SRS를 리뷰할 때는 각 요구 사항이 충분한 유용성을 지니는지 확인해야 한다(10장의 10.4절 '소프트웨어 요구 사항 명세서' 참조). SDD를 리뷰할 때는 각 설계 아이템이 (적절한 알고리즘의 사용, 동시 발생 연산에 대한 올바른 처리 등을 고려해) 올바른 방향으로 설계됐는지 확인해야 하고, STC를 리뷰할 때는 각 테스트 케이스가 관련 요구 사항을 적절하게 테스트할 수 있는지 확인해야 하며, STP를 리뷰할 때는 각 테스트 프로시저가 관련 테스트 케이스를 적절하게 검증할 수 있는지 확인해야 한다.

모든 가능성을 고려하고 최선의 결과를 도출하기 위해 개발자 문서 작성자인 엔지니어가 최종 및 공식 리뷰를 실시하거나 또 다른 엔지니어가 리뷰 과정에 참여해야 한다.

문서 작성자는 일부 누락된 내용에 대해 스스로 관대한 입장을 보이는데, 이는 본인이 프로젝트의 일부가 된 나머지, 리뷰 단계에서 발견한 누락 내용을 사소한 것으로 판단하는 경향이 있기 때문이다. 또한 문서를 작성한 엔지니어는 공식 리뷰 문서를 제출하기 전에 직접 해당 문서를 리뷰해야 한다.

9.4 문서화를 통한 개발 비용 절감

문서화 비용은 전체 프로젝트 비용 내역에서 적지 않은 부분을 차지한다. 문서화 비용이 높은 이유 중 하나는 프로젝트 수행과 관련해 작성해야 할 문서의 양 자체가 많기 때문이다. 또 다른 이유는 방대한 문서가 상호 의존 관계^{interdependent}에 있으므로 이를 업데이트하거나 유지 보수하기가 어렵기 때문이다. 스티브 맥코넬^{Steve McConnell}이 저술한 『Code Complete』(Microsoft Press, 2004)를 보면, 설계 단계에서 오류를 수정하는 것은 이전 단계인 요구 사항 단계에서 오류를 수정하는 것보다 세 배 이상의 비용이 소요되는 것을 알 수 있다. 코드 작성 단계에서는 5~10배 많은 비용이 들고, 테스트 단계에서는 열 배 이상의 비용이 든다.

후속 단계로 갈수록 오류 수정에 높은 비용이 발생하는 이유는 다음과 같다.

- 개발 초기 단계에서 오류를 수정하게 되면, 후속 단계에서 이를 수정하면서 해야 할 문서화 작업, 코드 작성, 테스트 작업을 하지 않아도 된다. 예를 들어 요구 사항이 확정되면 SDD 문서화 작업을 해야 하고, 해당 요구 사항을 코드로 작성해야 하며, 해당 요구 사항에 대한 테스트 케이스와 테스트 프로시저를 작성해야 하고, 마지막으로 테스트도 시행해야 한다. 그런데 요구 사항이 처음부터 잘못된 경우라면, 그 뒤에 이어지는 모든 작업에 투자된 시간과 비용이 낭비되는 것이다.
- 시스템의 특정 단계에서 문제 아이템을 발견했다면, 전체 시스템에서 해당 문제점과 관련된 모든 요소를 찾아내서 수정해야 한다. 이 작업은 상당한 주의와 세심함을 요구하며, 문제 아이템과 관련된 요소 중 일부가 수정되지 않은 채 시스템에 남아있는 경우가 종종 발생한다. 이는 장기적으로 시스템 전체 요소의 일관성을 해치며, 새로운 문제점을 파생시킬 수 있다.

9.4.1 사용자 니즈 검증을 통한 비용 절감

사용자 니즈의 검증이 가장 중요한 단계는 SyRS와 SRS를 작성하는 요구 사항 단계다. 다음 단계로 넘어가기 전에 모든 요구 사항에 대한 고객의 이해와 승인이 필요하다면, (필수 요구 사항만 남기고) 불필요한 요구 사항이 모두 제거됐는지 여부와 고객의 진정한 문제를 해소할 수 있는지 여부를 확인해야 한다. 수개월간의 고된 문서화, 코드 작성, 테스트 작업이 끝난 시점에 고객으로부터 "음, 이건 내가 요청한 것과 다른데요."라는 말을 듣는 것보다 힘든 일은 없을 것이다. 고객 니즈에 대한 적절한 검증 프로세스를 통해 이와 같은 문제 상황이 발생하는 것을 줄일 수 있다.

사용자 니즈 검증 작업은 요구 사항 문서화 마지막 단계와 개발 주기 마지막 단계에서 이뤄져야 하며, 다음과 같은 주요 질문을 포함한다.

SyRS
1. 기존의 각 요구 사항이 중요한가? 해당 요구 사항이 고객이 원하는 특정 기능을 명시하고 있는가?
2. 각 요구 사항은 올바르게 정의됐는가? 고객의 니즈가 명확하고 간결하게 나타나 있는가?
3. 누락된 요구 사항은 없는가?

SRS
1. 모든 소프트웨어 요구 사항이 SyRS와 SRS에 명기돼 있는가?
2. 기존의 각 요구 사항이 중요한가? 이들 기능이 시스템 아키텍트에게 유의미하고, 고객도 이에 동의했는가?
3. 각 요구 사항은 올바르게 정의됐는가? 소프트웨어로 구현해야 할 내용이 명확하고 간결하게 나타나 있는가?
4. 누락된 요구 사항은 없는가?

최종 인수 테스트에서 테스트 엔지니어는 SRS에 명기된 모든 요구 사항 목록을 체크리스트 형태로 작성한다. 그런 다음, 소프트웨어가 각 요구 사항을 정확하게 구현하고 있는지 (STP에 명시된 테스트 프로시저에 따라) 테스트하고 해당 항목에 적합 여부를 체크한다.

9.4.2 요구 사항 부합 여부 검토를 통한 비용 절감

앞서 (9.3절 '검증, 검토, 확인'에서) 설명한 것과 같이 요구 사항 검토는 소프트웨어 개발 프로세스의 각 단계마다 실시한다. 특히, SRS 문서가 도출된 뒤에는 각 시스템 문서마다 요구 사항의 부합 여부를 검토해야 한다. 각 문서화 작업을 완료한 직후, 검토 단계에서 해야 할 주요 질문은 다음과 같다.

SDD
1. 이번 설계 요소가 SRS의 모든 요구 사항을 완벽하게 구현하는가?
2. 요구 사항과 소프트웨어 설계 요소가 다대일(또는 일대일)의 관계인가? (하나의 설계 아이템이 다수의 요구 사항을 충족시켜도 되지만, 다수의 설계 아이템으로 하나의 요구 사항을 충족시켜서는 안 된다.)
3. 소프트웨어 설계 요소가 요구 사항을 구현하기 위한 명확한 설계를 제공하는가?

STC
1. 요구 사항과 테스트 케이스가 일대다(또는 일대일)의 관계인가? (하나의 요구 사항에는 여러 개의 테스트 케이스가 연관될 수 있지만, 여러 개의 요구 사항이 동일한 테스트 케이스를 공유하면 안 된다.[6])
2. 테스트 케이스가 그와 관련된 요구 사항을 정확하게 테스트하는가?
3. 요구 사항과 관련된 모든 테스트 케이스가 요구 사항을 기반으로 구현된 결과물을 완벽하게 테스트하는가?

STP
1. STC의 테스트 케이스와 STP의 테스트 프로시저가 다대일의 관계인가? (하나의 테스트 프로시저로 여러 개의 테스트 케이스를 처리할 수 있는가?)
2. 테스트 프로시저가 그와 관련된 모든 테스트 케이스를 정확하게 구현하는가?

---

6 하나의 테스트 케이스가 다수의 요구 사항을 검증하는 데 유용할 수도 있지만, 테스트 케이스는 기본적으로 독립성이 유지돼야 한다. 이와 같은 테스트 케이스의 중복성은 이후 테스트 프로시저를 구현할 때 제거할 수 있다.

9.5 참고 자료

Bremer, Michael 저. *The User Manual Manual: How to Research, Write, Test, Edit, and Produce a Software Manual*. Grass Valley, CA: UnTechnical Press, 1999. 샘플 챕터 다운로드 http://www.untechnicalpress.com/Downloads/UMM%20sample%20doc.pdf.

IEEE 발간. 'IEEE Standard 830-1998: IEEE Recommended Practice for Software Requirements Specifications.' October 20, 1998. https://doi.org/10.1109/IEEESTD.1998.88286.

Leffingwell, Dean, Don Widrig 저. *Managing Software Requirements*. Boston: Addison-Wesley Professional, 2003.

McConnell, Steve 저. *Code Complete*. 2nd ed. Redmond, WA: Microsoft Press, 2004.

Miles, Russ, Kim Hamilton 저. *Learning UML 2.0: A Pragmatic Introduction to UML*. Sebastopol, CA: O'Reilly Media, 2003.

Pender, Tom 저. *UML Bible*. Indianapolis: Wiley, 2003.

Roff, Jason T 저. *UML: A Beginner's Guide*. Berkeley, CA: McGraw-Hill Education, 2003.

Wiegers, Karl E 저. *Software Requirements*. Redmond, WA: Microsoft Press, 2009.

Wiegers, Karl E 저. 'Writing Quality Requirements.' *Software Development* 7, no. 5 (May 1999): 44–48.

10

요구 사항 문서화

요구 사항requirement이란 고객의 니즈를 충족시키기 위해 소프트웨어가 어떤 역할을 해야 하는지에 대한 설명이며, 다음과 같은 내용을 포함한다.

- 시스템이 수행해야 하는 기능(기능적 요구 사항)
- 시스템이 해당 업무를 얼마나 잘 수행해야 하는지에 대한 설명 또는 지표(비기능적 요구 사항)
- 소프트웨어 연산에 필요한 리소스 또는 설계 파라미터(제약 사항, 비기능적 요구 사항에 포함)

소프트웨어를 통해 요구 사항 중 일부가 충족되지 못하는 경우, 해당 소프트웨어는 아직 완성되지 못한 것으로 간주된다. 따라서 소프트웨어 요구 사항은 소프트웨어 개발의 토대가 되는 중요한 출발점이라 할 수 있다.

10.1 요구 사항의 근원과 추적 가능성

모든 소프트웨어 요구 사항은 근원origin 요소에서 출발한다. 이때 근원 요소는 주로 해당 요구 사항 문서보다 상위 수준의 문서가 된다(예를 들어 SRS의 경우 SyRS가 근원 문서이고,

SyRS의 경우 고객이 제공한 기능 요구 사항이 근원 문서가 될 수 있다). 또한 특정 유스 케이스 문서, 고객이 작성한 '업무 정의서', 고객과의 구두 합의 내용, 또는 브레인스토밍 미팅 내역 등도 근원 요소가 될 수 있다. 그리고 이와 같은 근원 요소는 요구 사항으로부터 역으로 추적할 수 있어야 하며, 역추적이 불가능하다면 프로젝트 수행에 필수적인 요소가 아니거나 제거해야 하는 요소일 수 있다.

역추적 가능성은 요구 사항 흐름을 거슬러 올라가서 근원 요소를 추적할 수 있는 속성이다. 9장에서 소개한 것처럼 역추적 매트릭스, 즉 RTM$^{Reverse\ Traceability\ Matrix}$은 모든 요구 사항과 그 근원 문서를 망라한 문서 또는 데이터베이스다. RTM을 이용해 근원 요구 사항을 쉽게 찾아서 중요성 여부를 판단할 수 있다(9장의 9.2.3절 '요구 사항 이력 추적 매트릭스' 참조).

10.1.1 요구 사항 형식 권장안

요구 사항은 다음과 같은 형식을 따른다.

- [**트리거**] **액터**는 **객체**에 대해 **액션**을 할 수 있음 [**조건**]
- [**트리거**] **액터**는 **객체**에 대해 **액션**을 해야 함 [**조건**]

여기서 대괄호 속 아이템은 선택적으로 사용할 수 있다. '할 수 있음^{shall}'이란 표현은 기능적 요구 사항$^{functional\ requirement}$을 의미하고, '해야 함^{must}'이란 표현은 비기능적 요구 사항$^{nonfunctional\ requirement}$을 의미한다. 각 아이템은 다음과 같은 현실적인 요구 사항에 적용될 수 있다.

> 외기 온도가 화씨 90도를 넘지 않는 한, 수영 풀 온도가 화씨 40~65도 범위에 있을 때 풀 모니터는 '온도 적정' 표시를 켜둘 수 있음

트리거^{trigger}: 트리거는 요구 사항이 적용되는 때를 가리킨다. 트리거가 없는 경우, 해당 요구 사항은 기본적으로 항상 적용된다. '수영 풀 온도가 화씨 40~65도 범위에 있을 때'가 트리거에 해당된다.

액터actor: 액터는 액션을 취하는 사람 또는 사물이다. 위 내용에서는 '풀 모니터'가 해당된다.

액션action: 요구 사항을 일으키는 동작이 액션이다. 위 내용에서는 '끄다'가 해당된다.

객체object: 액션의 대상이 되는 것을 객체라 부른다. 위 내용에서는 '온도 적정 표시'가 해당된다.

조건condition: 조건은 주로 액션을 중단시키는 부정적 요건negative contingency을 나타낸다(트리거는 액션을 유발하는 긍정적인 요건이다). '외기 온도가 화씨 90도를 넘지 않는 한'이 해당된다.

저자에 따라 '할 수 있음' 또는 '해야 함' 등에 대해 약간 다른 표현을 쓰기도 하지만, 이들 동사를 구분해 사용하는 이유는 해당 요구 사항이 선택적인지, 필수적인지를 설명하기 위한 것이다. 이 책에서는 모든 요구 사항을 필수적인 것으로 간주하므로 '할 수 있음' 또는 '해야 함'이라는 두 가지 표현만 사용한다.

10.1.2 우수한 요구 사항의 특징

이번 절에서는 우수한 요구 사항의 특징을 알아본다.

10.1.2.1 정확성

요구 사항은 (당연히) 정확해야 하지만, 일부 조사에 따르면 프로젝트 비용 중 40% 정도가 요구 사항 관련 실수로 발생한다고 한다. 따라서 요구 사항을 세심하게 살펴보고 오류를 최대한 바로잡는 일이야말로 고품질의 소프트웨어를 비용 효율적으로 만드는 최고의 방법이라 할 수 있다.

10.1.2.2 일관성

요구 사항은 서로 일관성이 있어야 하며, 하나의 요구 사항이 다른 것과 배치돼서는 안 된다. 예를 들어 하나의 요구 사항에서는 풀 온도 모니터가 70도 이하일 때 알람이 울리게 하고, 또 다른 요구 사항에서는 65도 이하일 때 알람이 울리게 한다면 이들 두 요구 사항은 일관성이 결여된 것이다.

이때 일관성은 동일 문서 내에 있는 요구 사항 간의 일관성을 의미한다는 점에 유의한다. 서로 수준이 다른 요구 사항 문서에서 일관되지 않은 내용이 나온다면, 이는 일관성의 문제가 아니라 정확성 측면에서 살펴볼 문제다.

10.1.2.3 구현 가능성

소프트웨어 요구 사항을 현실에서 구현할 수 없다면, 해당 요구 사항은 애초에 잘못 정의된 것이다. 결국 요구 사항은 소프트웨어 솔루션으로 만들어지기 위한 것이기 때문이다. 특정 요구 사항의 구현이 불가능하다면, 소프트웨어 솔루션 또한 출시될 수 없을 것이다.

10.1.2.4 필요성

소프트웨어 요구 사항에서 필요성이 결여돼 있다면, 그것은 요구 사항이 될 수 없다. 요구 사항의 구현에는 문서화, 코드 작성, 테스트, 유지 보수 등의 다양한 비용 요소가 포함되며, 필요하지 않은 아이템을 요구 사항에 포함시킨다는 것은 이치에 맞지 않다. 누군가 "멋지지 않을까?"라는 생각만으로 구현한 결과물은 필요성이 결여되기 마련이고, 이와 같은 요구 사항은 종종 '겉만 번지르르한 장식품'이 될 가능성이 높다.

필요성을 갖춘 요구 사항은 다음과 같은 속성을 지닌다.

- 제품의 시장 경쟁력을 높여준다.
- 고객, 최종 소비자, 의사 결정자 등이 해당 기능의 필요성을 제기한다.
- 다른 제품 또는 사용 모델과 더 차별화되게 해준다.
- 비즈니스 전략, 로드맵, 지속 가능 경영 차원에서 요구되는 기능이다.

10.1.2.5 우선순위 부여

소프트웨어 요구 사항은 목표하는 애플리케이션이 만들어지기 위한 모든 사항을 언급하지만, (시간, 예산 등과 같은) 개발 프로젝트의 제약 사항을 고려할 때 첫 번째 배포판부터 모든 요구 사항을 반영할 수는 없다. 또한 시간이 흐를수록(예산이 줄어들수록) 일부 요구 사항은 변경되거나 폐기된다. 따라서 요구 사항 간에 우선순위를 매길 수 있도록 할 필요가 있다. 우선순위를 기준으로 개발 팀은 일정을 조절해 가장 중요한 기능을 가장 먼저 구현하고, 덜 중요한 요소는 프로젝트 개발 주기 마지막에 배치할 수 있다. 이때 필수 기능$^{critical/mandatory}$, 중요 기능^{important}, 편의 기능^{desirable}, 구현 검토^{optional} 등과 같은 세 단계나 네 단계의 우선순위를 두는 것이 적당하다.

10.1.2.6 완결성

좋은 요구 사항 문서는 완결성을 지니며 TBD$^{To\ Be\ Determined}$, 즉 미확정 아이템은 포함시키지 않는다.

10.1.2.7 명료성

요구 사항을 이해하는 데 별도의 해석 도구를 써야 할 정도로 복잡하면 안 된다(TBD도 그런 문제 요소 중 하나다). 여기서 명료성이란 하나의 요구 사항에 대해 단 하나의 해석만 존재하도록 해야 한다는 것이다.

대부분의 요구 사항은 (한국어, 영어 등과 같은) 자연어로 작성되는데, 자연어는 일정 수준의 모호함^{ambiguity}을 지니고 있으므로 요구 사항을 작성할 때는 이와 같은 모호한 표현이 들어가지 않도록 신중해야 한다.

모호한 요구 사항은 다음과 같다.

> 풀 온도가 너무 차가우면, 소프트웨어가 알람을 켤 수 있다.

반면 명료한 요구 사항은 다음과 같다.

> 풀 온도가 화씨 65도 미만이 되면, 소프트웨어가 알람을 켤 수 있다.

자연어로 작성된 요구 사항에는 다음과 같은 모호함이 나타날 수 있다.

모호성^{vagueness}: 요구 사항 작성에 (간결한 의미를 지니지 않은) 의미 전달성이 약한 단어를 사용했을 때 나타난다. '약한 단어$^{weak\ word}$'는 잠시 후에 설명한다.

주관성^{subjectivity}: 사람마다 지닌 개인적인 경험과 견해에 따라 하나의 (약한) 단어에 대해 다른 의미를 부여할 때 나타난다.

비완결성incompleteness: 요구 사항에 TBD 아이템, 부문 명세서, 경계가 모호한 목록 등이 포함됐을 때 나타난다. '경계가 모호한 목록unbounded list'은 잠시 후에 설명한다.

임의성optionality: 필수적인 요구 사항이 아닌, 넣어도 되고 빼도 되는 요구 사항을 포함시켰을 때 나타난다(이와 관련된 표현으로는 '~이 가능할 때', '~에 적합하면', '가급적이면' 등이 있다).

명료성 부족underspecification: 요구 사항이 완벽하게 구체화되지 못했을 때, 특히 약한 단어를 사용했을 때 나타난다(이와 관련된 표현으로는 '지원하는', '분석된', '의거해' 등이 있다).

다음 요구 사항을 살펴보자.

풀 모니터는 화씨와 섭씨 단위를 지원할 수 있다.

이때 '지원'할 수 있다는 것이 어떤 의미일까? 어떤 개발자는 최종 사용자가 화씨와 섭씨 단위로 입력하고 출력하는 것을 선택할 수 있다는 의미로 이해할 것이다. 다른 개발자는 풀의 온도가 화씨 및 섭씨, 모든 단위로 출력되고 입력값으로 두 개의 온도 단위 중 어떤 것이든 쓸 수 있다고 생각할 것이다. 이 표현을 좀 더 명확하게 바꿔보자.

풀 모니터 설정에서 사용자는 화씨와 섭씨 단위를 모두 선택할 수 있다.

참고 자료 부족underreference: 요구 사항에서 (요구 사항 근원 등과 같은) 다른 문서를 참고할 수 있는 내용이 미완성일 때, 혹은 누락됐을 때 나타난다.

일반화 과잉overgeneralization: 요구 사항에 '전부', '항상', '모든' 등과 같은 범용 지시자가 포함되거나 '아무것도', '결코', '오직' 등과 같은 부정 지시자가 포함될 때 나타난다.

수준 미달nonintelligibility: 문법 오류, 정의되지 않은 단어, (이중 부정 등의) 난해한 논법, 미완성 표현 등이 사용될 때 나타난다.

수동적 태도passive voice: 요구 사항은 액터로 하여금 어떤 액션을 취하도록 해야 하는데, 그렇지 못한 것이다(요구 사항 정의 시, 수동적 표현이 아닌 능동적 표현 사용). 수동적 느낌을 주는 바람직하지 못한 요구 사항은 다음과 같다.

온도가 화씨 65도 아래로 떨어지면, 알람이 울리도록 할 수 있다.

알람을 울리도록 하는 것은 누구인가? 사람마다 해석이 다를 수밖에 없는 표현이다. 좀 더 나은 표현은 다음과 같다.

온도가 화씨 65도 아래로 떨어지면, 풀 모니터 소프트웨어가 알람을 울릴 수 있다.

요구 사항에 '약한 단어'를 사용하면 모호함이 커진다. 요구 사항에 자주 등장하는 대표적인 약한 단어는 다음과 같다.

지원한다, 보통은, 비슷한, 대부분, 꽤, 약간, 어떤 면에서는, 일종의, 다양한, 거의, 신속하게, 쉽게, 때마침, 전에, 후에, 사용자 친화적인, 효과적인, 다수의, 가능하면, 적절한, 보통의, 능력, 믿을 만한, 최신의, 간단하게, 여러

예를 들어, '풀 모니터는 다수의 센서를 제공할 수 있다.'는 요구 사항에서 '다수의'가 바로 약한 단어다. 여기서 다수란 몇 개를 의미하는가? 두 개? 세 개? 아니면 12개?

요구 사항에 '경계가 모호한 목록'을 사용해도 모호함이 커진다. 요구 사항에서 모호한 목록이란 시작점 또는 종료점을 알 수 없는 목록을 말하며, 대표적인 모호한 목록 사례는 다음과 같다.

최소한, 포함해, 한정되지 않는, 나중에, 좀 더, 그런 등등

예를 들어 '풀 모니터는 세 개 또는 그 이상의 센서를 지원할 수 있다.'는 요구 사항을 보면, 센서 네 개를 지원할 수 있는지, 혹은 열 개까지도 지원할 수 있는지 모호하다. 이는 최댓값이 모호한 목록의 사례다. 이를 개선한 표현은 다음과 같다.

풀 모니터는 세 개에서 여섯 개의 센서를 지원해야 한다.

경계가 모호한 목록은 설계 또는 테스트가 불가능하다(결국 구현 가능성과 검증 가능성 측면에서 실패한 요구 사항 문서가 된다).

10.1.2.8 구현 독립성

요구 사항은 오직 시스템의 입력 및 출력 데이터에 근거해 작성돼야 하며, 애플리케이션 구현을 위한 세부적인 내용까지 설명하지 않는다(그것이 바로 SDD의 작성 목적이기 때문이다). 요구 사항은 시스템이라는 블랙박스에 어떤 데이터가 입력되고 그 결과로 어떤 데이터가 출력되는지 나타내는 것이다.

예를 들어, 요구 사항은 '시스템에 임의의 숫자 목록이 입력되면 정렬된 숫자 목록이 출력된다.'와 같이 작성하면 되는 것이지, '숫자 정렬에 퀵소트^{quicksort} 알고리즘을 사용할 수 있다.'와 같이 세부적인 내용까지 언급하지는 않는다. 물론, 소프트웨어 설계자가 특정 알고리즘을 사용하려는 이유도 있겠지만, 요구 사항은 기본적으로 다른 소프트웨어 설계자나 프로그래머에게 작업지시서와 같은 역할을 하면 안 된다.

10.1.2.9 검증 가능성

'검증할 수 없다면, 그것은 요구 사항이 아니다.' 이는 요구 사항을 작성하는 사람이면 누구나 가슴에 새겨야 하는 말이다. 요구 사항을 검증할 수 없다면, 완성된 제품을 검증할 적절한 방법 또한 없다는 것이다. 테스트할 방법이 없는 경우, 요구 사항은 구현할 수 없게 된다.

최종 소프트웨어 제품에 대한 실질적인 테스트를 할 수 없다는 말은 요구 사항이 시스템에 대한 입력 및 출력 데이터에 근거하지 않고 작성된 부분이 있다는 의미다. 예를 들어 '시스템은 데이터 정렬에 퀵소트 알고리즘을 사용할 수 있다.'라는 요구 사항이 있을 때, 이를 검증할 방법을 제시할 수 있어야 한다. 검증 방법에 대해 '이 요구 사항은 코드 리뷰를 통해 검증한다.'라고 설명한다면, 요구 사항으로는 부족함이 있는 것이다. 이는 요구 사항을 코드 리뷰 또는 분석 등의 방식으로 검증하면 안 된다는 뜻이 아니라 요구 사항 검증의 기본적인 방식은 실제 정상 작동 여부를 확인 가능해야 한다는 뜻이며, 그래야만 검증 작업을 자동화할 수 있다.

10.1.2.10 세분화

좋은 요구 사항 표현은 여러 개의 요구 사항을 포함하지 않아야 한다. 즉, 복합적 요구 사항$^{compound\ requirement}$이 돼서는 안 된다. 요구 사항 구성 항목은 가급적 서로 독립적이어야 하며, 이들 요소의 구현 또한 다른 요구 사항으로부터 영향을 받지 않도록 해야 한다.

어떤 개발자 문서 작성자는 요구 사항에 '그리고'나 '또는' 같은 단어를 아예 쓸 수 없게 해야 한다고 주장하기도 하는데, 사실 그런 단어 자체는 문제가 되지 않는다. 요구 사항 작성자가 ('그리고', '그러나', '또는', '그래서' 등과 같은) 접속사를 무분별하게 사용해 여러 개의 요구 사항을 하나의 표현에 모두 넣을 때 문제가 되는 것이다. 예를 들어 다음은 복합적 요구 사항이 아니다.

풀 온도가 화씨 70도 그리고 85도 사이일 때, 풀 모니터는 '좋음' 표시를 켤 수 있다.

위 요구 사항은 두 줄로 나눠져 있긴 하지만, 두 개가 아닌 하나의 요구 사항이다. '그리고'라는 단어를 썼지만, 하나의 요구 사항이라는 점은 변함이 없다. 그럼에도 '그리고'라는 단어를 원치 않는다면, 다음과 같이 바꿀 수 있다.

풀 온도 범위가 화씨 70도부터 85도까지일 때, 풀 모니터는 '좋음' 표시를 켤 수 있다.

위 표현도 좋지만, 첫 번째 요구 사항 표현 또한 매우 정상적인 표현이다. 그러나 다음은 복합적 요구 사항이다.

풀 온도가 화씨 70도 미만 또는 85도 초과일 때, 풀 모니터는 '좋음' 표시를 끌 수 있다.

위 문장은 두 개의 요구 사항으로 나눠야 한다.[1]

풀 온도가 화씨 70도 미만일 때, 풀 모니터는 '좋음' 표시를 끌 수 있다.

풀 온도가 화씨 85도 초과일 때, 풀 모니터는 '좋음' 표시를 끌 수 있다.

이와 같은 복합적 요구 사항은 추적 매트릭스 작업을 할 때 문제를 일으킨다. 이에 대

---

1 다소 이견은 있겠지만, 이 복합적 요구 사항은 다음과 같이 단일 요구 사항으로 바꿀 수 있다. '풀 온도 범위가 화씨 70도에서 85도를 벗어날 때 풀 모니터는 '좋음' 표시를 끌 수 있다.'

한 내용은 10장의 10.9절 '요구 사항 정보를 이용한 RTM 업데이트'에서 상세히 알아본다. 또한 복합적 요구 사항은 테스트 과정에서도 문제를 일으킨다. 요구 사항 테스트의 답은 '합격pass'이나 '불합격fail' 중 하나여야 하기 때문이다. 여러분의 요구 사항 중 일부는 합격하고 일부는 불합격했다면, 복합적 요구 사항 때문은 아닌지 생각해봐야 한다.

10.1.2.11 유일무이성

요구 사항 명세서에는 요구 사항의 중복이 있으면 안 된다. 요구 사항 중복이 있을 경우, 개발자 문서를 유지 보수하기가 매우 어려워진다. 요구 사항 중복은 기존 요구 사항을 복사해 수정한 뒤, 기존 요구 사항을 그대로 방치하는 경우에 자주 발생한다.

10.1.2.12 수정 가능성

요구 사항은 프로젝트 수명주기 동안 변하게 마련이며, 요구 사항을 작성할 때는 기술적 변화, 시장 상황의 변화, 경쟁 상황의 변화 등 다양한 변화 요인을 고려해야 한다. 여러분은 제품을 개발하는 동안에 한편으로는 변화된 환경에 맞춰 요구 사항을 바꿀 필요를 느낄 것이고, 또 한편으로는 다른 요구 사항의 근원이 되는 시스템 제약 사항과 같은 요구 사항은 최대한 변경되지 않도록 노력할 것이다. 예를 들어 다음 요구 사항을 살펴보자.

> 풀 모니터는 제어 모듈로 Arduino Mega 2560 싱글보드 컴퓨터를 사용할 수 있다.

위 요구 사항을 준수하는 하위 요구 사항은 '풀 모니터는 풀 레벨 표시를 위해 A8 핀을 사용할 수 있다.' 및 '풀 모니터는 저온 값 출력 시 D0 핀을 사용할 수 있다.'와 같이 작성해야 한다. 위 요구 사항의 문제점은 Mega 2560 보드의 사용을 전제로 함에 따라 이를 대체할 수 있는 우수하면서도 새로운 (Teensy 4.0과 같은) 보드의 사용을 배제한다는 것이며, 첫 번째 요구 사항을 수정하면 이와 관련된 다른 요구 사항도 함께 수정해야 한다는 것이다. 위 요구 사항을 개선한 내용은 다음과 같다.

> 풀 모니터는 여덟 개의 아날로그 입력 핀, 네 개의 디지털 출력 핀, 12개의 디지털 입력 핀을 지닌 싱글보드 컴퓨터를 사용할 수 있다.

> 풀 모니터는 저온 경고 시 디지털 출력 핀을 사용할 수 있다.

풀 모니터는 풀 수위 데이터 입력 시 아날로그 입력 핀을 사용할 수 있다.

10.1.2.13 추적 가능성

모든 요구 사항은 순방향 추적forward-traceable과 역방향 추적reverse-traceable이 가능해야 한다. 역방향 추적 가능성은 요구 사항을 역으로 거슬러 올라가서 근원 요구 사항을 찾을 수 있어야 한다는 것이다. 이를 위해 요구 사항은 다른 객체를 추적할 수 있는 메커니즘이자 유일무이한 식별자인 태그를 사용한다(4장 참조).

각 요구 사항에는 근원에 대한 추적의 단서가 되는 텍스트 또는 태그가 반드시 포함돼야 하며, 그렇지 않을 경우에는 별도의 RTM 문서나 데이터베이스를 이용해 관련 정보를 제공해야 한다. 보통의 경우, 요구 사항 내에 해당 요구 사항의 근원 문서 목록을 명시적으로 표시한다.

순방향 추적 가능성은 모든 요구 사항 문서를 그 근원이 되는(또는 파생된) 요구 사항 문서에 연결할 수 있는 것이다. 대부분의 경우 순방향 추적 가능성은 RTM 문서를 통해 구현되며, 각 요구 사항 문서의 유지 보수 업무 부담이 RTM에 집중되는 경우도 많다(앞서 언급했던 중복된 정보 문제가 발생하면 유지 보수 업무가 더욱 어려워진다).

10.1.2.14 긍정적 언급

요구 사항은 '어떤 일이 일어나야 함'을 나타내야지, '어떤 일이 일어나지 않아야 함'과 같은 부정적인 표현negatively stated을 사용하면 안 된다. '~이다' 대신 '~이 아니다'와 같은 부정적인 표현은 검증할 수 없다는 문제가 있다. 다음 요구 사항을 살펴보자.

풀 모니터는 외기 온도가 영하로 내려간 경우, 작동되지 않을 수 있다.

위 요구 사항의 논지는 풀 모니터가 영하의 기온에서는 작동을 멈춰야 한다는 것이다. 그런데 이는 시스템이 외기 온도를 측정한 뒤 영하이면 작동을 멈추라는 뜻인가? 아니면, 시스템이 영하의 조건에서는 적절하게 작동할 수 없다는 의미인가? 부정적 표현 대신 긍정적 표현을 사용해 다음과 같이 바꿀 수 있다.

풀 모니터는 외기 온도가 영하로 내려간 경우, 자동으로 꺼질 수 있다.

가급적이면, 위 내용 다음에 기온이 영상으로 회복됐을 때의 요구 사항을 추가하는 것이 좋다(풀 모니터가 꺼졌을 때, 영상으로 기온이 변화한 것을 감지할 방법도 정의해야 한다).

10.2 설계 목표

문서화 업무에서 요구 사항 작성은 필수 요소이지만, 요구 사항 중 선택적으로 추가할 수 있는 아이템의 목록이 있다면 업무 편의성이 높아진다. 이와 같은 아이템을 설계 목표 design goal 라고 부른다.

설계 목표는 앞서 소개한 훌륭한 요구 사항의 요건과 맞지 않는 부분이 있다. 즉, 설계 목표는 필수 요소가 아니며, 미완성인 내용을 담거나 모호한 표현을 사용하거나 구체적인 구현 방법을 지정하거나 검증할 수 없는 경우도 있다. 예를 들어, 설계 목표는 '개발 시간을 줄이기 위해 C 표준 라이브러리의 sort() 함수를 쓸 수 있다.'는 표현을 사용한다(이는 요구 사항의 금기 중 하나인 구체적인 구현 방법 지시에 해당한다).

또 다른 설계 목표 사례는 다음과 같다.

> 풀 모니터는 가급적 많은 수의 센서를 지원해야 한다.

위 표현에는 임의성과 종료점이 없는 목록이 포함돼 있다(이 또한 요구 사항의 금기 속성이다). 설계 목표는 개발자에게 개발과 관련된 선택안을 제시하는 것이며, 개발 비용이 늘어날 수 있는 추가 설계 작업 또는 추가 테스트 작업으로 이어지지는 않는다. 이는 시스템 설계 단계에서 개발자에게 개발과 관련된 제안을 하는 것에 불과하다.

설계 목표는 요구 사항처럼 문서화 시스템 내에서 추적의 필요성이 별로 없지만 태그를 부여할 수 있다. 특정 시점에서 설계 목표는 요구 사항과의 관련성을 지니므로, 태그를 이용해 두 문서 요소의 관계성을 설명하고 파생된 문서에서 근원 요구 사항을 좀 더 쉽게 찾을 수 있도록 하는 것이 좋다.

10.3 시스템 요구 사항 명세서

시스템 요구 사항 명세서(SyRS)는 비즈니스 요구 사항, 법적/정치적 요구 사항, 하드웨어 요구 사항, 소프트웨어 요구 사항 등 전체 시스템과 관련된 모든 요구 사항을 집대성한 문서다. SyRS는 조직 내부용으로 만든 매우 높은 수준의 문서이며, 조직에서 관리하는 (SRS 등과 같은) 하위 문서에서 언급되는 모든 요구 사항에 대한 단일 근원 소스를 제공하는 것이 목적이다.

SyRS는 (다음 절에서 살펴볼) SRS와 동일한 형식을 지니며, SyRS에서 꼭 기억해야 할 부분은 SyRS로부터 SRS$^{Software\ Requirements\ Specification}$와 HRS$^{Hardware\ Requirements\ Specification}$가 도출된다는 사실이다. 단, 소규모 소프트웨어 프로젝트에서는 SyRS는 필요에 따라 포함시키거나 제외할 수 있다.

SyRS의 요구 사항은 보통 '시스템은 ~할 수 있다.' 또는 '시스템은 ~해야 한다.' 등으로 기술하는데, SRS의 요구 사항은 '소프트웨어는 ~할 수 있다.' 또는 '소프트웨어는 ~해야 한다.' 등으로 기술한다는 점에서 차이가 있다.

10.4 소프트웨어 요구 사항 명세서

소프트웨어 요구 사항 명세서(SRS)는 소프트웨어 프로젝트와 관련된 모든 요구 사항과 설계 목표를 망라한 문서다. 인터넷에는 SRS 문서와 관련된 수천, 수만 개의 글과 이미지가 있을 정도로 SRS는 소프트웨어 개발과 관련해 많이 언급되는 주제이며, 수많은 기관과 개발 커뮤니티가 SRS에 대해 저마다의 의견과 아이디어를 추가하고 있다. 그러나 이 책은 SRS 정의와 관련해, 인터넷에서 찾을 수 있는 여러 의견을 고려하기보다는 'IEEE 830-1998 소프트웨어 요구 사항 명세 권장 실행안'에 포함된 IEEE의 표준적 정의를 사용한다.

이 책에서 사용하는 IEEE 830-1998 권장안은 표준을 준수할 수 있는 안전한 선택일 뿐이며, 여러분 각자의 니즈를 모두 충족시킬 수 있는 완벽한 방법은 아니다. 이들 권장안은 (기업뿐 아니라 정부 기관도 포함된) 상당히 큰 규모의 위원회에서 관리되므로, 언급되는 양이 방대하고 이해하기 어려운 내용도 종종 발견된다. 이와 같은 위원회 주도의 표준안은 구성원이 각자 선호하는 아이디어를 경쟁적으로 내놓고 때로는 그것을 표준안으로 관철시키고자 경쟁하는 부작용을 낳기도 하며, 그 결과로 하나의 표준 문서에서 기존 아이디어와 상충되는 또 다른 아이디어가 나타나기도 한다. 하지만 어쨌든 IEEE 830-1998 권장안은 대부분의 소프트웨어 개발 프로젝트에 좋은 출발점으로서 의미가 있다. 방대한 문서화 작업을 앞두고 걱정이 많겠지만 사실 많은 부분이 이미 템플릿화돼 있으며, 권장안의 가이드라인에 따라 여러분의 SRS 작성을 시작하면 된다.

전형적인 SRS 문서의 기본 구조는 다음과 같다.

목차

1 서론
    1.1 목적
    1.2 범위
    1.3 용어 정의, 두문자어, 축약어
    1.4 참조
    1.5 개요
2 전반적 설명
    2.1 제품 개요
        2.1.1 시스템 인터페이스
        2.1.2 사용자 인터페이스
        2.1.3 하드웨어 인터페이스
        2.1.4 소프트웨어 인터페이스
        2.1.5 커뮤니케이션 인터페이스
        2.1.6 메모리 제약 사항
        2.1.7 작업
    2.2 현장 적용 요구 사항
    2.3 제품 기능
    2.4 사용자 특성
    2.5 제약 사항
    2.6 가정 및 의존성 요소
    2.7 요구 사항의 배분

3 세부적 요구 사항
    3.1 외부 인터페이스
    3.2 기능 요구 사항
    3.3 성능 요구 사항
    3.4 논리적 DB 요구 사항
    3.5 설계 제약 사항
    3.6 표준 규약
    3.7 소프트웨어 시스템 속성
        3.7.1 신뢰성
        3.7.2 가용성
        3.7.3 보안성
        3.7.4 유지 보수성
        3.7.5 이식성
    3.8 설계 목표
4 부록
5 색인

SRS 측면에서는 위 기본 구조 목록 가운데 모든 요구 사항과 설계 목표가 제시되는 섹션 3('세부적 요구 사항')이 가장 중요하다.

10.4.1 서론

서론은 SRS 전반에 대한 개요를 설명한다. 다음은 서론에 포함되는 주요 하위 섹션$_{subsection}$이다.

10.4.1.1 목적

목적 섹션에서는 SRS의 작성 목적과 목표 청중^{audience} 또는 독자를 정의한다. SRS에서 청중은 SRS를 검증하게 될 고객과 SDD, 소프트웨어 케이스, 소프트웨어 테스트 프로시저를 작성할 개발자 및 설계자 그리고 코드 작성자 등이다.

10.4.1.2 범위

범위 섹션에서는 '플랜테이션 프로덕션의 풀 모니터'와 같은 소프트웨어 제품의 명칭, 제품의 주요 기능, 그리고 필요에 따라 이번 제품의 속성이 아닌 것에 대한 설명이 추가된다(이번 범위 선언 규칙에서는 앞서 설명한 요구 사항 작성 규칙 중 하나인 '긍정적 표현' 규칙이 적용되지 않는다). 범위 섹션에서도 프로젝트의 목적, 제품의 기대 효과 및 구현 목표, 제품을 위한 애플리케이션 소프트웨어 등에 대한 개요가 포함된다.

10.4.1.3 용어 정의, 두문자어, 축약어

용어 정의 섹션에는 SRS에 사용된 모든 단어에 대한 용어 설명, 두문자어, 축약어 등이 포함된다.

10.4.1.4 참조

참조 섹션에는 SRS가 참조하는 모든 외부 문서 링크가 포함된다. 여러분이 작성한 SRS 요구 사항 중에서 외부 RTM 문서와 연결된 부분이 있다면, 해당 문서를 참조 목록에 추가해야 한다. 회사 내부용 문서인 경우에는 내부 문서 번호나 참조 기호를 추가해야 한다. SRS에서 회사 외부 문서를 참조하는 경우, SRS 문서에는 해당 문서의 제목, 저자, 출판사, 출간일, 문서 취득 경위 등을 명시해야 한다.

10.4.1.5 개요

개요 섹션은 SRS 요구 사항 정의에 사용된 전반적인 형식과 문서에 포함된 정보를 설명한다(IEEE 권장안을 준수하지 않는 아이템이 사용된 경우, 이번 개요 섹션이 특히 중요하다).

10.4.2 전반적 설명

전반적 설명 섹션에서는 다음 하위 섹션과 관련된 요구 사항을 설명한다.

10.4.2.1 제품 개요

제품 개요 섹션은 다른 (경쟁) 제품과 이번 제품을 비교함으로써 개발의 배경 또는 맥락을 설명한다. 제품이 대규모 시스템의 일부인 경우, 모체가 되는 시스템과의 관련성을 주로 설명한다(대규모 시스템과 이번 문서에 포함된 요구 사항이 관계를 맺는 방법도 설명한다). 제품 개요 섹션은 제품과 관련된 다양한 제약 사항을 다음과 같이 설명한다.

10.4.2.1.1 시스템 인터페이스

이 섹션은 소프트웨어가 시스템의 다른 부분과 어떻게 연결되는지를 설명해준다. 원격 풀 모니터와 연결하기 위한 Wi-Fi 어댑터의 소프트웨어 인터페이스 등과 같은 다양한 API가 포함된다.

10.4.2.1.2 사용자 인터페이스

이 섹션은 요구 사항 충족에 필요한 모든 사용자 인터페이스 요소가 포함된다. 풀 모니터 시나리오의 경우, LCD 디스플레이와 디바이스 버튼에 관련된 사용자 인터페이스 작동 방식을 설명한다.

10.4.2.1.3 하드웨어 인터페이스

이 섹션은 하드웨어와 소프트웨어의 상호 작용 방식을 설명한다. 예를 들어, 풀 모니터 SRS는 Arduino Mega 2560에서 실행되는 소프트웨어를 통해 A8부터 A15까지의 아날로그 핀에서 센서 데이터를 입력받고, D0부터 D7까지의 디지털 핀에서 버튼 조작 데이터를 입력받는 것으로 설명할 수 있다.

10.4.2.1.4 소프트웨어 인터페이스

시스템 구현에 필요한 부가적인 소프트웨어나 외부 소프트웨어를 설명한다. 여기에는 운영체제, 서드 파티 라이브러리, 데이터베이스 관리 시스템, 또는 다른 애플리케이션 시스템이 포함된다. 예를 들어, 풀 모니터 SRS는 다양한 센서 데이터를 읽는 데 필요한 서드 파티 라이브러리에 대한 설명을 추가할 수 있다. 이렇게 추가된 각각의 소프트웨어 아이템과 관련해 다음과 같은 정보를 포함시킨다.

- 소프트웨어명
- 세부 모델 번호(벤더사 제공)
- 버전 번호

- 소스
- 목적
- 문서화를 위한 참조 내역

10.4.2.1.5 커뮤니케이션 인터페이스

Ethernet, Wi-Fi, Bluetooth, RS-232 시리얼 등 제품에 사용되는 통신 인터페이스 목록을 포함시킨다. 예를 들어, 풀 모니터 SRS는 센서 데이터 전송을 위한 Wi-Fi 인터페이스 관련 내용을 추가한다.

10.4.2.1.6 메모리 제약 사항

메모리와 데이터 스토리지에 관련된 모든 제약 사항을 설명한다. Arduino Mega 2560 기반의 풀 모니터인 경우, SRS에서 1K EEPROM과 8K RAM, 그리고 64K에서 128K까지의 플래시 메모리가 필요하다는 점을 설명한다.

10.4.2.1.7 작업

이 섹션은 (사용자 인터페이스에 포함된 경우가 많으며) 제품과 관련된 다양한 작업을 설명한다. 정상 작동 모드, 절전 모드, 수리 모드, 설치 모드 등의 다양한 작업 모드와 (유인) 상호 작용 세션, 무인 세션 그리고 커뮤니케이션 기능 등이 포함된다.

10.4.2.2 현장 적용 요구 사항

이 섹션은 현장 적용과 관련된 요구 사항을 설명한다. 예를 들어, 풀 모니터 SRS에 스파가 있는 풀을 위해 별도의 센서를 추가하는 내용을 구체적으로 설명할 수 있다.

10.4.2.3 제품 기능

제품 기능 섹션은 소프트웨어의 주요 기능을 설명한다. 예를 들어, 풀 모니터 SRS에서 소프트웨어가 풀 수위, 풀 온도, 외기 온도, 물 염분 농도, 필터 시스템을 통과하는 물의 상태, 마지막 필터링 후 필터 가동 시간 등을 모니터링하는 방식을 구체적으로 설명할 수 있다.

10.4.2.4 사용자 특성

사용자 특성 섹션은 제품을 사용할 사용자에 대해 설명한다. 예를 들어, 풀 모니터 SRS에서 공장 테스트 기술자 및 현장 설치 기술자의 역할과 사용 경험이 많은 사용자 및 보통 사용자의 사용 방식을 구체적으로 설명할 수 있다. 기술자 및 사용자의 경험과 지식 수준에 따라 소프트웨어에 대한 매우 다양한 요구 사항이 존재할 수 있다.

10.4.2.5 제약 사항

제약 사항 섹션은 개발자가 소프트웨어를 개발하는 과정에서 설계 및 구현 부분과 관련해 알아야 할 다음과 같은 제약 사항을 설명한다.

- 규제 정책
- 하드웨어 제약 사항(신호 전송 주기에 대한 요구 사항)
- 다른 애플리케이션과의 인터페이스
- 병렬 연산
- 감사 기능
- 제어 기능
- 고수준 언어 요구 사항
- 신호 수용 프로토콜(예를 들면, XON-XOFF)
- 신뢰성 요구 사항
- 애플리케이션 주의 사항
- 안전 및 보안 고려 사항

10.4.2.6 가정 및 의존성 요소

가정 및 의존성 요소 섹션은 오직 요구 사항에만 적용되며, 설계와 관련된 제약 사항에는 적용되지 않는다. 기존 가정이 변경되면, 설계 측면보다는 요구 사항 측면에서 변경 필요성이 제기된다(물론, 요구 사항의 변경은 설계에 대한 변경으로 이어질 수 있다). 예를 들어, 풀 모니터 SRS의 기본 가정은 Arduino Mega 2560을 통해 풀 모니터링에 충분한 컴퓨팅 파워, 포트, 메모리를 확보할 수 있다는 것이다. 만일 이런 가정이 맞지 않다면, 포트 사용, 가용 메모리 등과 관련된 요구 사항이 변경돼야 한다.

10.4.2.7 요구 사항의 배분

요구 사항의 배분 섹션은 요구 사항과 기능을 두 개 이상의 그룹으로 나눠서, 그중 일부는 현재 배포판에서 구현하고 나머지는 향후 출시될 배포판에 반영하도록 할 수 있다.

10.4.3 세부적 요구 사항

세부적 요구 사항 섹션에서는 모든 요구 사항 및 지원 문서화 목록을 제공한다. 이때의 문서화는 시스템 설계자가 문서화된 요구 사항을 통해 소프트웨어 설계 작업을 수행할 수 있도록 구체적으로 작성한다.

모든 요구 사항은 앞서 소개한 요구 사항 문서로서의 기본 속성을 지니고 있어야 하며, 근원 문서를 추적하기 위한 태그 및 교차 참조 요소 또한 지니고 있어야 한다. 요구 사항 문서화 작업을 진행할 때는 작성 시간에 비해 훨씬 많은 시간 동안 다양한 사람이 읽고 각종 업무에 참고하게 되므로, 최대한 주의 깊고 세심하면서 가독성 높게 작성한다.

10.4.3.1 외부 인터페이스

외부 인터페이스 섹션은 소프트웨어 시스템의 모든 입력 및 출력 데이터를 상세하게 설명하되, 앞서 작성한 제품 개요 섹션의 하위 인터페이스 섹션과 중복되는 부분이 없도록 작성한다. 각 요구 사항 목록은 (시스템에 따라) 다음과 같은 정보를 포함한다.

- 태그
- 기술 명세
- 입력 원천 및 출력 대상
- 적정 값의 범위, 요구되는 정확도/정밀도/허용 오차
- 측정 단위
- 시간 단위 및 오차
- 다른 입력 및 출력 아이템과의 관계성
- 스크린/윈도우 포맷(실제 요구되는 스크린 크기 및 해상도. UI 설계 요구 사항은 제외)
- 데이터 포맷
- 명령문 포맷, 프로토콜, 기타 필수적인 시스템 메시지 포맷

일부 SRS 작성자는 중복을 피하고자 이번 요구 사항을 앞 단계에 있는 섹션 2.1('제품 개요')로 옮겨서 작성하는 경우도 있지만, IEEE 830-1998 표준 권장안에 따르면 이번 외부 인터페이스 섹션은 섹션 3('세부적 요구 사항')의 하위 섹션에 두는 것이 맞다. 그러나 IEEE 표준은 말 그대로 권장안이므로 여러분이 원하는 위치를 선택해도 무방하다. 다만, 이번 외부 인터페이스 섹션이 SRS에 포함된다는 부분만 준수하면 된다.

10.4.3.2 기능적 요구 사항

기능적 요구 사항 섹션은 대부분의 사람이 '요구 사항'이라고 인식하는 아이템을 포함하며, 시스템이 입력 데이터를 이용해 출력 데이터를 연산하는 기본적인 동작 또는 기능이 제시된다. 기능적 요구 사항은 관행적으로 '~할 수 있다shall'는 의미의 조동사로 기술하며, '소프트웨어는 풀 저수위 센서가 작동할 경우, 알람을 울릴 수 있다.'와 같이 표현한다.

전형적인 기능적 요구 사항에는 다음 내용이 포함된다.

- 입력 데이터 적합성 검증 및 검증 결과 출력
- 연산 시퀀스
- 비정상 상황에 대한 대응: 오버플로우, 언더플로우, 산술 예외 처리, 커뮤니케이션 실패, 리소스 오버런resource overrun, 오류 처리 및 복원, 프로토콜 오류 등
- 소프트웨어 실행 과정 전반에 걸친 데이터 흐름의 일관성
- 시스템에 대한 파라미터별 영향
- 입력 및 출력 관계성: 적합 및 부적합 입력 패턴, 입력값에서 출력값으로의 관계성, 입력값이 출력값으로 연산되는 방식 등(이번 요구 사항에 소프트웨어 설계 관련 내용은 포함하지 않도록 주의가 필요함)

10.4.3.3 성능 요구 사항

성능 요구 사항 섹션은 소프트웨어가 준수해야 하는 정적 및 동적 성능 지표와 관련된 비기능적 요구 사항을 포함한다. 다른 비기능적 요구 사항처럼, 성능 요구 사항은 '~해야 한다must'는 의미의 조동사로 기술하며, '소프트웨어는 내부 디스플레이와 원격 디스플레이를 제어할 수 있어야 한다.'와 같이 표현한다.

정적^{static} 성능 요구 사항은 전체로서의 시스템에 대한 내용을 기술하되, 소프트웨어의 세부 기능에 대한 내용은 포함하지 않는다. 예를 들어, 풀 모니터의 경우 '풀 모니터는 다섯 개에서 열 개 사이의 아날로그 센서로부터 입력 데이터를 읽어들일 수 있어야 한다.'와 같이 표현한다. 위 표현에는 센서의 수가 정적으로 묘사돼 있으므로 정적 요구 사항^{static requirement}이라 부른다(예제에서 소프트웨어가 좀 더 효율적으로 작성될 수 있으므로, 위 센서 숫자는 변경되지 않을 것이다).

동적^{dynamic} 성능 요구 사항은 소프트웨어가 실행되는 동안 부합해야 하는 내용을 기술한다. 예를 들어 '소프트웨어는 초당 10회에서 20회까지 센서 데이터를 읽어야 한다.'와 같이 표현한다.

10.4.3.4 논리적 데이터베이스 요구 사항

논리적 데이터베이스 요구 사항은 비기능적 요구 사항 중 하나이며, 애플리케이션이 접속해야 하는 데이터베이스의 레코드 및 필드 포맷을 설명한다. 이때의 요구 사항은 기본적으로 시스템 외부에 있는 데이터베이스에 접근하기 위한 방법을 의미한다. (외부에서는 볼 수 없는) 애플리케이션 내부의 데이터베이스는 소프트웨어 요구 사항의 범위를 벗어난 내용이지만, SDD 문서에서 이를 다룰 수 있다.

10.4.3.5 설계 제약 사항

설계 제약 사항의 대표적인 사례가 표준 규약^{standards compliance}이다. 설계 제약 사항 섹션에는 소프트웨어 설계자가 처리해야 하는 모든 제약 사항을 언급한다. 예를 들어 16비트 A/D 컨버터에서 13비트로 읽어들이는 데는 제약 사항이 따르며, 이는 A/D 칩 또는 회로가 노이즈를 포함하고 있어서 3비트를 낮춘 경우 신뢰성에 문제가 생긴다.

10.4.3.6 표준 규약

표준 규약 섹션은 소프트웨어가 충족해야 하는 모든 표준과 관련된 내용을 설명한다. 이때 표준안의 일련번호와 표준명세서를 제공해 이를 읽는 독자나 청중이 관련 내용을 상세히 파악할 수 있도록 해야 한다.

10.4.3.7 소프트웨어 시스템 속성

소프트웨어 시스템 속성 섹션은 다음과 같은 소프트웨어 시스템의 속성을 설명한다.

10.4.3.7.1 신뢰성

기본적으로 요구 사항 섹션은 소프트웨어 시스템의 예상 가동 시간^{uptime} 동안의 요구 사항을 기술하며, 여기서 신뢰성^{reliability}은 비기능적 요구 사항으로서 시스템이 실패 없이 정상 작동하는 시간 비율을 퍼센트 단위로 나타낸 것이다. '예상 신뢰성은 99.99퍼센트다.'라는 표현은 소프트웨어가 전체 가동 시간 중 0.01퍼센트 이하의 수준에서 실패할 수 있다는 의미다. 다른 비기능적 요구 사항처럼, 이와 같은 신뢰성 목표의 충족 여부를 정량적으로 확인하는 것은 어렵다.

10.4.3.7.2 가용성

가용성^{availability}은 최종 애플리케이션이 수용할 수 있는 비가동 시간^{downtime}을 나타낸다(실제로는 비가동 시간의 역으로 표현한다). 가용성은 사용자가 해당 소프트웨어 시스템에 언제든 접근할 수 있는 속성을 의미하며, 시스템이 다운되는 횟수가 많아질수록 사용자의 가용성은 낮아지게 된다. 이 또한 비기능적 요구 사항이며, 예정 비가동 시간^{scheduled downtime}, 시스템 재가동이 필요한 하드웨어 실패를 의미하는 돌발 비가동 시간^{unscheduled downtime} 등과는 다른 의미를 지닌다.

10.4.3.7.3 보안성

보안성^{security} 또한 비기능적 요구 사항이며, 암호화 기대치와 네트워크 소켓 타입 등 시스템 보안에 관련된 내용을 설명한다.

10.4.3.7.4 유지 보수성

유지 보수성^{maintainability} 또한 비기능적 요구 사항으로, 이를 정의하거나 테스트하기가 어렵다는 공통점을 지닌다. 대부분의 명세서에는 이와 관련해 '이 소프트웨어는 유지 보수하기에 쉬워야 한다.'와 같은 표현이 사용되곤 하는데, 이는 유명무실한 말이다. 그 대신, '경력 있는 유지 보수 프로그래머가 주 1회 이상 시스템의 성능을 점검하고 변경 사항을 반영해야 한다.'와 같이 나타내는 것이 좋다.

10.4.3.7.5 이식성

이식성^{portability}에서는 소프트웨어를 다른 환경에 이식하려 할 때 필요한 요소를 설명한다. 주로, 다른 시스템 환경과 관련된 CPU, 운영체제, 프로그래밍 언어 등에 대한 내용을 포함한다.

요구 사항의 정리 기법

일정 수준 이상의 복잡성을 지닌 시스템의 경우 방대한 양의 요구 수준이 만들어지며, SRS를 지속적이면서 적절한 방식으로 정리해야 한다. 개발하려는 애플리케이션 유형이 다양할수록 요구 사항의 정리 방법 또한 다양해진다. 요구 사항의 정리를 위한 표준화된 기법은 존재하지 않으며, SRS의 사용자 유형에 따라 다음과 같은 다양한 방식으로 정리할 수 있다.

시스템 모드로 정리
시스템의 종류에 따라 다양한 모드가 존재할 수 있다. 예를 들어, 임베디드 시스템의 경우 저전력 모드와 정상 모드가 제공될 수 있다. 이런 경우에는 시스템 요구 사항을 이 두 가지 모드 유형에 맞춰 정리할 수 있다.

사용자 클래스로 정리
시스템의 종류에 따라 다양한 사용자 클래스(user class)가 존재할 수 있다. 예를 들어 초보자, 전문가, 시스템 관리자 등으로 클래스를 나눌 수 있다. 복합 시스템의 경우에는 일반 사용자, 전문가, 유지 보수 작업자, 시스템 접속 프로그래머 등과 같은 다양한 클래스가 존재한다.

객체 클래스로 정리
소프트웨어 시스템에서 객체는 현실 세계의 객체와 대응되는 개념이며, 요구 사항을 이들 객체 클래스(object class) 또는 유형에 따라 정리할 수 있다.

기능 단위로 정리
SRS 요구 사항을 정리하는 보편적인 방법 중 하나는 구현할 기능(feature) 단위로 정리하는 것이다. 이 방법은 시스템에 존재하는 모든 기능을 사용자 인터페이스로 제공하는 경우에 특히 유용하다.

> **입력 요소(input stimulus)에 따른 정리**
> 애플리케이션의 주된 동작이 입력 데이터의 처리 방식에 따라 크게 달라지는 경우, 애플리케이션이 처리하는 입력 데이터를 기준으로 SRS 요구 사항을 정리할 수 있다.
>
> **출력 결과(output response)에 따른 정리**
> 애플리케이션의 주된 동작이 다양한 출력 데이터를 생성하는 경우, 애플리케이션이 출력하는 반응 데이터를 기준으로 SRS 요구 사항을 정리할 수 있다.
>
> **기능별 계층 구조에 따른 정리**
> SRS 요구 사항을 정리하기 위한 또 다른 방식은 기능의 계층 구조를 따르는 것이다. 이 방식은 SRS 작성자가 다른 정리 방법을 전혀 찾을 수 없을 때 채택되곤 한다. 공통 입력 데이터 및 출력 데이터, 공통적인 데이터베이스 작업, 프로그램에서의 데이터 흐름 등을 기준으로 SRS 요구 사항을 정리한다.

10.4.3.8 설계 목표

설계 목표$^{design\ goal}$는 SRS에 포함된 이른바 '선택적 요구 사항'이다. 개발자 문서에 포함된 대부분의 요구 사항은 (앞서 설명한 것과 같이) 선택적으로 넣거나 뺄 수 있는 것이 아니지만, 문서 작성 담당자인 여러분도 가끔은 "만일 가능하다면, 이 기능을 추가하면 어떨까요?"라는 말을 하고 싶은 부분이 있을 것이다. 바로 이때 해당 요구 사항을 설계 목표로 언급하고, 언젠가 설계자 또는 소프트웨어 엔지니어가 구현 필요성을 느낄 때까지 놔둘 수 있다. 설계 목표는 SRS에서 별도의 섹션에 기록하고, '이는 설계 목표로서, 소프트웨어는 ~ 해야 할 것임'과 같이 나타내면 된다.

10.4.4 각종 지원 정보

좋은 소프트웨어 요구 사항 명세서는 목차, 부록, 용어집, 색인 등과 같은 지원 정보를 제공한다. 모든 태그를 목록화해 순번 또는 사전순으로 정렬한 요구 사항 태그 목차, 요구 사항에 대한 간략한 설명, 개발자 문서에서 찾기 위한 페이지 번호 등을 포함하는 것이 좋다(이는 SRS가 아닌 RTM에 포함시켜도 된다).

10.4.5 소프트웨어 요구 사항 명세서 예시

이번 절에서는 지금까지 사례로 살펴본 수영 풀 모니터의 SRS 예시를 살펴본다. 지면 제약을 고려해 이번 수영 풀 모니터 SRS는 매우 간략한 형식으로 작성하며, 전체 명세서가 아니라 소프트웨어의 개요를 살펴볼 수 있는 수준으로 작성한다.

목차

1 서론

  1.1 목적

  풀 모니터 기기는 풀 수위를 감지하고, 수위가 낮아질 경우 자동으로 풀에 물을 채운다.

  1.2 범위

  풀 모니터 소프트웨어는 이번 명세서에 따라 개발된다.
  하드웨어 및 소프트웨어 개발의 목표는 풀 모니터 시스템 구현에 필요한 각종 기능, 상태 정보, 하드웨어 모니터링 및 제어, 커뮤니케이션, 요구 사항별 자체 테스트 기능 등을 제공하는 것이다.

  1.3 용어 정의, 두문자어, 축약어

용어	정의
정확도	측정된 입력값에 대한 올바른 반응의 정도로서, 디지털 리드아웃(readout)에 대한 입력 비율을 퍼센트로 표시 (ANSI N42.18-1980)
이상 행동	문서화 또는 소프트웨어 작업 결과물에서 발견된 예상과 다른 관측치(IEEE Std 610.12-1990을 준용)
치명적 사건	경고 없이 나타난, 복구가 불가능한 사건 또는 이벤트. 연산 및 처리 오류를 낳는 하드웨어 또는 소프트웨어의 실패도 치명적 사건에 포함됨. 치명적 사건 직후, 프로세서는 환경 설정 내용에 따라 작동을 중지하거나 재설정함
처리 조건	시스템이 처리하거나 연산하도록 설계된 조건으로, 이상 행동(anomaly), 처리 실수(fault), 처리 실패(failure) 등이 포함됨
SBC	싱글 보드 컴퓨터(single-board computer)
소프트웨어 요구 사항 명세서(SRS)	소프트웨어 및 외부 인터페이스와 관련된 (기능, 성능, 설계 제약 사항, 속성 등과 같은) 필수 요구 사항의 문서화 결과물(IEEE Std 610.12-1990)
SPM	수영 풀 모니터(swimming pool monitor)

(이어짐)

용어	정의
시스템 요구 사항 명세서(SyRS)	시스템 요구 사항을 통합한 정보 구조 집합. 시스템이나 하위 시스템에 대한 설계 기초와 개념적 설계에 대한 요구 사항을 명세서로 정리한 것(IEEE Std 1233-1998)

1.4 참조

[해당 사항 없음]

1.5 개요

섹션 2는 수영 풀 모니터의 하드웨어와 소프트웨어를 전반적으로 설명한다.

섹션 3은 수영 풀 모니터 시스템의 특수한 요구 사항을 설명한다.

섹션 4와 5는 문서 열람에 필요한 부록과 색인이다.

섹션 3에서 요구 사항 태그의 형식은 다음과 같다.

〈공란〉 [POOL_SRS_xxx]

〈공란〉 [POOL_SRS_xxx.yy]

〈공란〉 [POOL_SRS_xxx.yy.zz]

〈다음으로 이어짐〉.

xxx는 세 자리 또는 네 자리의 SRS 요구 사항 번호다. POOL_SRS_040과 POOL_SRS_041과 같은 기존 값 사이에 새로운 SRS 요구 사항 태그를 추가할 경우, POOL_SRS_040.5와 같이 SRS 태그 번호에 소수점으로 표시한 숫자를 추가할 수 있다. 그리고 필요에 따라 POOL_SRS_40.05.02와 같이 기존 숫자 뒤에 다시 소수점으로 표시한 숫자를 추가할 수 있다.

2 전반적 설명

수영 풀 모니터(SPM)의 목적은 풀의 수위를 자동으로 조절하는 시스템을 제공하는 것이다. 이와 관련된 내용 또한 이 책의 전체 분량을 고려해서 SRS의 기본 구조에 맞춰 최대한 간단하게 설명한다.

2.1 제품 개요

실제 개발 문서라면, SPM 구현과 관련해 매우 많은 기능 요소가 추가될 수 있다. 그러나 이들 기능 요소를 모두 언급하는 것은 불필요할 뿐 아니라 이 책의 교육적인 목표를 벗어나므로, 각 항목마다 최대한 간단하게 기술한다.

2.1.1 시스템 인터페이스

SPM 설계는 Arduino 호환 SBC를 사용하는 것으로 가정하며, 하드웨어 및 소프트웨어 인터페이스 또한 Arduino 호환 라이브러리를 사용한다.

2.1.2 사용자 인터페이스

사용자 인터페이스는 소형 4라인 디스플레이(최소 라인당 20개 문자 출력), 여섯 개의 푸시 버튼(위, 아래, 좌, 우, 취소/돌아가기, 선택/입력), 그리고 로터리 인코더(회전형 노브)로 구성될 수 있다.

2.1.3 하드웨어 인터페이스

이번 문서는 특정 SBC를 사용하도록 지정하지 않는다. 그러나 SBC는 최소한 다음 조건을 충족해야 한다.

- 16개의 디지털 입력 핀
- 한 개의 아날로그 입력 핀
- 두 개의 디지털 출력 핀
- 환경 설정 데이터를 저장하기 위한 소규모의 비휘발성, 쓰기 가능 메모리(예: EEPROM)
- 실시간 시계(RTC, 외부 모듈 가능)
- 시스템의 소프트웨어 작업 모니터링을 위한 와치독 watchdog 타이머

SPM은 풀 수위의 높낮이 변화를 파악하기 위해 풀 센서를 제공한다. SPM이 풀의 수원을 켜거나 끌 수 있도록 물 공급 밸브 역할을 할 수 있는 솔레노이드 인터페이스를 제공한다.

2.1.4 소프트웨어 인터페이스

SPM 소프트웨어 인터페이스는 하드웨어에 내장돼 있으며, 외부 인터페이스는 제공하지 않고 외부 소프트웨어 인터페이스 또한 필요로 하지 않는다.

2.1.5 커뮤니케이션 인터페이스

SPM 커뮤니케이션 인터페이스는 내장돼 있으며, 외부 요소와의 소통 기능은 제공하지 않는다.

2.1.6 메모리 제약 사항

SPM은 Arduino 호환 SBC에서 실행되므로, 특정 모델의 선택 여부에 따라 메모리 제약 사항 또한 영향을 받는다(예: Arduino Mega 2560 SBC는 8KB 온보드 정적 램 제공).

2.1.7 작업

SPM은 풀을 1년 365일 내내 모니터링하기 위해 상시 작동 모드$^{always\text{-}on\ mode}$에서 사용된다. 따라서 모듈은 과도한 전력 소모가 없어야 하지만, 전원과 직접 연결돼 있으므로 초전력 모드를 사용할 필요는 없다. 풀의 수위에 따라 물 펌프를 켜거나 꺼서, 풀의 수위가 자동으로 조절되는지 여부를 지속적으로 확인한다. 센서 작동 실패 시 물이 넘치는 것을 막기 위해 SPM은 일일 단위로 물의 최대 저수량을 제한한다(시간에 따른 제한 여부는 사용자가 선택할 수 있다).

2.2 현장 적용 요구 사항

이번 SPM의 특수한 용도를 고려했을 때, 현장 요구 사항을 추가해야 할 필요성은 크지 않다. 센서 추가나 기능 추가는 불가능하며, SPM 외부로 드러난 유일한 인터페이스는 시스템 전원과 수원 펌프뿐이다(솔레노이드 밸브가 인터페이스 역할을 한다).

2.3 제품 기능

제품은 일곱 개의 수위 센서를 사용해 풀 수위를 감지할 수 있다. 저수위용으로 세 개의 디지털 센서를 사용하고, 고수위용으로 세 개의 디지털 센서를 사용하며, 풀 수위 깊이 감지용으로 한 개의 아날로그 센서를 사용한다(2~3인치 범위만 감지하면 된다). 세 개의 저수위용 디지털 센서는 수위가 센서와 같아졌을 때 켜진다. 시스템은 저수위 표시가 켜지면 펌프를 작동시켜 물을 채운다. 센서 작동 실패 시 물 넘침을 방지하고자 환경 설정을 통해 세 개 중 두 개가 켜졌을 때 작동하도록 함으로써, 물을 채우기 전에 최소 두 개의 센서가 켜졌는지 확인한다.

세 개의 고수위용 디지털 센서도 수위가 센서와 같아졌을 때 켜지고, SPM이 펌프 가동을 중단하도록 한다. 한 개의 아날로그 센서는 얕은 깊이만 측정하도록 하며, SPM은 이를 이용해 풀 수위가 펌프를 작동시켜야 할 정도로 낮은지 검증하는 용도로 사용한다. 또한 아날로그 센서를 이용해 펌프가 켜졌을 때, 실제로 물이 차고 있는지 확인한다.

2.4 사용자 특성

현장 작업자는 SPM의 설치 및 현장 상황에 따른 조정 임무를 맡는다. 최종 사용자는 SPM을 매일 사용하는 풀의 소유자다.

2.5 제약 사항

SPM은 갑작스런 물 넘침이나 물의 낭비를 막기 위해 세심하게 설계돼야 한다. 특히 소프트웨어는 센서를 통해 풀에 물이 적당량 채워져 있는지 확인하고, 적당량이 아닌 경우에만 물을 채워야 한다. 일부 센서의 작동 실패 시, 소프트웨어는 센서 고장을 모른 채 물 펌프를 가동시키지 않아야 한다(이는 물 넘침에 의한 고장으로 이어질 수 있다). 예를 들어 SPM이 풀 위 지면에 설치됐을 때 풀이 넘치면 풀을 필요량만큼 채우지 못할 수 있으며, 소프트웨어는 이러한 상황을 적절히 처리할 수 있어야 한다.

시스템은 실패 대비 기능을 제공해야 하며, 전원 고장 시 펌프 밸브를 자동으로 닫아야 한다. 시스템에 포함된 와치독 타이머는 소프트웨어의 정상 작동 여부를 확인하고, (일시적인 소프트웨어 작동 중지와 같은) 타임아웃 발생 시 펌프 밸브를 자동으로 닫을 수 있어야 한다.

회로의 오작동으로 인한 물 넘침을 막기 위해 SPM은 펌프 밸브를 열 수 있는 두 개의 회로를 하나로 연결해서 사용해야 한다. 두 개의 회로는 소프트웨어에 의해 제어돼, 솔레노이드 밸브를 켜거나 끌 수 있다.

2.6 가정 및 의존성 요소

이번 문서의 요구 사항은 SBC가 임무 수행에 충분한 (컴퓨팅 파워 등의) 리소스를 지니고 풀 모니터 기기는 365일, 24시간 동안 실시간으로 정상 작동하는 것을 가정한다.

2.7 요구 사항의 배분

이번 요구 사항은 완벽한 SRS 작성을 위해 수영 풀 모니터 시스템을 매우 간략하게 정의한다. 이는 매우 작은 규모의 SPM을 위한 최소한의 요구 사항이며, 제품은 이들 요구 사항을 모두 구현하는 것으로 가정한다. 실제 제품에는 이번 문서에서 언급하지 않은 기능이 포함될 수 있으며, 그에 따라 문서의 요구 사항 또한 늘어날 수 있다.

3 세부적 요구 사항

3.1 외부 인터페이스

[POOL_SRS_001]

SPM은 디지털 입력으로 내비게이션의 'up' 버튼을 제공할 수 있다.

[POOL_SRS_002]

SPM은 디지털 입력으로 내비게이션의 'down' 버튼을 제공할 수 있다.

[POOL_SRS_003]

SPM은 디지털 입력으로 내비게이션의 'left' 버튼을 제공할 수 있다.

[POOL_SRS_004]

SPM은 디지털 입력으로 내비게이션의 'right' 버튼을 제공할 수 있다.

[POOL_SRS_005]

　SPM은 디지털 입력으로 내비게이션의 'cancel/back' 버튼을 제공할 수 있다.

[POOL_SRS_006]

　SPM은 디지털 입력으로 내비게이션의 'select/enter' 버튼을 제공할 수 있다.

[POOL_SRS_007]

　SPM은 디지털 입력으로 (구적quadrature 인코더 등의) 로터리 인코더를 제공할 수 있다.

[POOL_SRS_008.01]

　SPM은 디지털 입력으로 1차 저수위 센서를 제공할 수 있다.

[POOL_SRS_008.02]

　SPM은 디지털 입력으로 2차 저수위 센서를 제공할 수 있다.

[POOL_SRS_008.03]

　SPM은 디지털 입력으로 3차 저수위 센서를 제공할 수 있다.

[POOL_SRS_009.01]

　SPM은 디지털 입력으로 1차 고수위 센서를 제공할 수 있다.

[POOL_SRS_009.02]

　SPM은 디지털 입력으로 2차 고수위 센서를 제공할 수 있다.

[POOL_SRS_009.03]

　SPM은 디지털 입력으로 3차 고수위 센서를 제공할 수 있다.

[POOL_SRS_011]

　SPM은 아날로그 입력으로 (최소 8비트 해상도의) 수위 센서를 제공할 수 있다.

[POOL_SRS_012]

　SPM은 물 공급용 솔레노이드 밸브를 제어하기 위해 두 개의 디지털 입력을 제공할 수 있다.

3.2 기능 요구 사항

[POOL_SRS_013]

SPM은 사용자 인터페이스를 통해 RTC 날짜 및 시간을 설정하도록 할 수 있다.

[POOL_SRS_014]

SPM은 최대 물 채움 시간 설정을 통해 24시간 이내의 범위에서 물 펌프를 가동할 수 있는 최대 시간을 설정하도록 할 수 있다.

[POOL_SRS_015]

사용자는 SPM 사용자 인터페이스를 통해 최대 물 채움 시간을 설정할 수 있다(내비게이션과 입력 버튼 이용).

[POOL_SRS_015.01]

사용자가 사용자 인터페이스를 통해 최대 물 채움 시간을 선택하면, 사용자는 내비게이션 버튼을 이용해 시간 및 분 필드를 선택할 수 있다.

[POOL_SRS_015.02]

사용자는 시간 필드를 선택한 뒤 로터리 인코더를 통해 독자적으로 최대 물 채움 시간을 설정할 수 있다.

[POOL_SRS_015.03]

사용자는 분 필드를 선택한 뒤 로터리 인코더를 통해 독자적으로 최대 물 채움 시간을 설정할 수 있다.

[POOL_SRS_015.04]

소프트웨어는 최대 물 채움 시간이 12시간을 넘지 않도록 할 수 있다.

[POOL_SRS_016]

SPM은 24시간을 주기로 특정 시간대에 수위를 확인해 물 보충이 필요한지 점검한다.

[POOL_SRS_017]

사용자는 사용자 인터페이스를 통해 SPM의 수위 점검 시간을 설정할 수 있다.

[POOL_SRS_017.01]

사용자가 사용자 인터페이스를 통해 SPM의 수위 점검 시간을 선택하면, 사용자는 내비게이션 버튼을 이용해 시간 및 분 필드를 선택할 수 있다.

[POOL_SRS_017.02]

사용자는 시간 필드를 선택한 뒤 로터리 인코더를 통해 독자적으로 수위 점검의 시간을 설정할 수 있다.

[POOL_SRS_017.03]

사용자는 분 필드를 선택한 뒤 로터리 인코더를 통해 독자적으로 수위 점검의 분을 설정할 수 있다.

[POOL_SRS_017.04]

기본 (공장 출고) 풀 수위 점검 시간은 오후 1:00로 할 수 있다.

[POOL_SRS_018]

매일 수위 점검 시간이 되면 시스템은 세 개의 저수위 센서를 읽고, 세 개 중 최소 두 개가 저수위 조건을 나타낼 경우 물 채움 작업을 시작할 수 있다.

[POOL_SRS_018.01]

물 채움 작업 시간 동안, 소프트웨어는 작업 시간을 합산할 수 있다.

[POOL_SRS_018.02]

물 채움 작업 시간이 최대 설정 시간을 경과하면, 소프트웨어는 물 채움 작업을 중단할 수 있다.

[POOL_SRS_018.03]

물 채움 작업 시간 동안 소프트웨어는 세 개의 고수위 센서를 읽고, 세 개 중 최소 두 개가 고수위 조건을 나타낼 경우 물 채움 작업을 중단할 수 있다.

[POOL_SRS_018.04]

물 채움 작업 시간 동안 소프트웨어는 아날로그 수위 센서를 읽고, 30분 동안 수위 증가가 없을 경우 물 채움 작업을 중단할 수 있다.

[POOL_SRS_019]

소프트웨어는 사용자가 수동 물 채움 모드를 선택해 물 펌프를 가동하도록 할 수 있다.

[POOL_SRS_019.01]

소프트웨어는 사용자가 자동 물 채움 모드를 선택해 수동 물 채움 모드를 끄도록 할 수 있다.

[POOL_SRS_019.02]

수동 물 채움 모드에서 소프트웨어는 최대 물 채움 시간 조건을 무시할 수 있다.

[POOL_SRS_019.03]

수동 물 채움 모드에서 소프트웨어는 저수위 및 고수위 조건을 무시할 수 있다(사용자가 수동 채움 모드를 끌 때만 물 채움 작업이 멈춘다).

[POOL_SRS_020]

소프트웨어는 와치독 타임아웃 기간의 최소 두 배가 됐을 때, 시스템 와치독 타이머를 업데이트할 수 있다.

[POOL_SRS_020.01]

와치독 타임아웃 기간은 5초 이상, 60초 이하로 설정할 수 있다.

3.3 성능 요구 사항

[POOL_SRS_001.00.01]

SPM은 모든 버튼 입력을 초깃값으로 복원할 수 있다.

[POOL_SRS_007.00.01]

SPM은 기존 입력값으로 변경된 내용을 유지한 채, 로터리 인코더 입력값을 읽을 수 있다.

[POOL_SRS_015.00.01]

SPM은 최대 물 채움 시간마다 최소 1분간의 정확성 점검 작업을 할 수 있다.

[POOL_SRS_017.00.01]

SPM은 풀 수위 확인 시간마다 최소 1분간의 정확성 점검 작업을 할 수 있다.

3.4 논리적 DB 요구 사항

[POOL_SRS_014.00.01]

SPM은 비휘발성 메모리에 최대 물 채움 시간을 저장할 수 있다.

[POOL_SRS_016.00.01]

SPM은 비휘발성 메모리에 풀 수위 확인 시간을 저장할 수 있다.

3.5 설계 제약 사항

[해당 없음]

3.6 표준 규약

[해당 없음]

3.7 소프트웨어 시스템 속성

3.7.1 신뢰성

소프트웨어는 365일, 24시간 실행되므로 시스템 설계에서 견고성은 매우 중요한 요소다. 특히, 소프트웨어는 실패 방지 기능을 통해 소프트웨어 또는 다른 요소의 실패 시 물 공급 밸브를 자동으로 차단해야 한다.

3.7.2 가용성

소프트웨어는 365일, 24시간 실행돼야 하며, 소프트웨어는 장기간의 실행에 문제가 될 수 있는 물 넘침 등과 같은 각종 문제에 대응할 수 있어야 한다. 최종 사용자는 최소 99.99퍼센트의 가동 시간을 기대할 수 있다.

3.7.3 보안성

시스템에 대한 보안 요구 사항은 없다(폐쇄, 단전, 공기 차단 시스템 등 포함).

3.7.4 유지 보수성

고객에 의한 전문적인 소프트웨어 엔지니어링 프로젝트 외에, 별도의 유지 보수 요구 사항은 없다.

즉, 이번 요구 사항 문서는 제품과 관련한 가장 기초적인 내용만을 정의한다. 누군가 실제로 이 시스템을 만든다면, 장래에는 일정 수준의 기능 강화가 필요하다. 따라서 시스템은 이와 같은 미래의 기능적 요구에 대비해 설계 및 구현 작업을 진행해야 할 것이다.

3.7.5 이식성

소프트웨어는 Arduino 계열 기기에서 실행될 것이다. 개발이 진행되는 동안, 다른 Arduino 호환 모듈(Arduino Mega 2560 및 Teensy 4.0)을 제외한 다른 기기에 대한 이식 요구 사항은 없다.

3.8 설계 목표

해당 없음

4 부록

[해당 없음]

5 색인

이번 SRS의 규모를 고려해 이 책에는 별도의 색인을 싣지 않는다.

10.5 요구 사항 작성하기

이번 10장에서 지금까지는 요구 사항 정의 방법과 요구 사항 문서를 알아봤다. 이에 대해 여러분은 "요구 사항을 실제로 작성해야 하면 어떻게 하나요?"라는 질문을 할 수 있다. 이번 절은 그에 대한 실무적인 대답을 담고 있다.

요구 사항 작성과 관련된 현대적인 접근 방식은 지난 4장에서 살펴본 유스 케이스를 포함한다. 시스템 아키텍트는 최종 사용자가 시스템을 사용하는 방식, 즉 유저 스토리^{user story}와 해당 연구로부터 도출된 시나리오를 생성하는 방법, 즉 유스 케이스^{use case}를 연구한다. 각 유스 케이스는 하나 혹은 그 이상의 요구 사항을 위한 토대가 된다. 이번 절에서는 기존의 수영 풀 모니터 시나리오를 벗어나, 실제 시스템 사례인 플랜테이션 프로덕션의 디지털 데이터 획득 및 제어(DAQ) 시스템을 알아본다.[2]

DAQ 시스템은 아날로그 I/O 보드, 디지털 I/O 보드, 디지털 출력 보드(릴레이 보드), 그리고 SBC로 시스템 펌웨어 역할을 하는 Netburner MOD54415 등, 다수의 상호 연결 서킷 보드로 구성된다. 이들 구성 요소는 시스템 설계자가 다양한 아날로그 및 디지털 입력 데이터를 읽고, 결과를 연산하며, 이들 입력 데이터에 따라 결정하고, 이들 기기에 디지털 및 아날로그 값을 전송해 외부 기기를 제어하도록 한다. 당초에 DAQ 시스템은 TRIGA 연구용 원자로를 제어하기 위해 설계됐다.[3]

DAQ 시스템에서의 펌웨어 요구 사항은 여기서 그대로 설명하기에는 너무 방대하므로, 이번 절에서는 시스템에 처음 전원이 들어올 때 필요한 I/O 초기화 작업만 알아본다. Netburner MOD54415는 여덟 개의 DIP 스위치를 지니며, DAQ 시스템은 이를 통해 다양한 시스템 구성 요소를 초기화한다. 각 DIP 스위치는 다음과 같은 기능을 한다.

1. RS-232 포트 명령 처리 활성화/비활성화
2. USB 포트 명령 처리 활성화/비활성화
3. Ethernet 포트 명령 처리 활성화/비활성화
4. 한 개의 Ethernet 연결 또는 다섯 개의 동시 Ethernet 연결 설정
5. 두 개의 DIP 스위치를 이용해 네 개의 Ethernet 주소 중 한 개의 주소를 설정(표 10-1 참조)
6. 테스트 모드 활성화/비활성화
7. 디버그 출력 활성화/비활성화

---

2 플랜테이션 프로덕션의 DAQ 시스템에 대한 자세한 내용은 아래 링크에서 확인하자.
   http://www.plantation-productions.com/Electronics/DAQ/DAQ.html
3 TRIGA™는 제너럴 아토믹스(General Atomics)의 등록 상표다.

표 10-1 Ethernet 주소 선택

DIP 스위치 A	DIP 스위치 A + 1	Ethernet 주소
0	0	192.168.2.70
1	0	192.168.2.71
0	1	192.168.2.72
1	1	192.168.2.73

DAQ 시스템 초기화와 관련해 마지막으로 설명할 내용은 Netburner COM1: 포트를 이용하는 디버그 출력이다. Netburner는 이 시리얼 포트를 USB 포트를 통해 하드웨어와 공유하므로, 사용자가 디버그 출력과 USB 명령 포트를 모두 활성화하면 충돌이 발생한다. 따라서 디버그 포트를 활성화하려면 두 가지 조건이 충족돼야 한다. 디버그 출력을 활성화하고, USB 포트 명령 처리는 비활성화해야 한다.

RS-232 또는 USB 포트를 통해 명령을 전달하려면, 소프트웨어가 먼저 해당 스위치를 읽어야 한다. 특정 스위치가 해당 명령이 활성화됐는지 표시하면, 소프트웨어는 해당 포트로부터 유입되는 입력 데이터를 처리하기 위한 새로운 작업을 생성한다.[4] 새로 생성된 작업은 해당 포트로부터 데이터를 읽고, 해당 데이터를 시스템의 명령 처리 프로세서에 전달하는 임무를 담당한다. 이에 연결된 DIP 스위치가 비활성화된 경우, 소프트웨어는 RS-232 또는 USB 포트 읽기 작업을 생성할 수 없고 시스템은 이들 포트 입력 내용을 무시하게 된다.

Ethernet 명령 활성화는 이보다 좀 더 복잡하다. Ethernet 포트에는 네 개의 DIP 스위치가 연결돼 있으며, Ethernet 초기화 작업을 위해서는 이들 네 개의 DIP 스위치가 모두 설정됐는지를 확인해야 한다.

하나의 DIP 스위치는 DAQ 소프트웨어가 지원하는 일정 수의 클라이언트를 제어한다. 어떤 경우에는 DAQ 소프트웨어가 단일 Ethernet 클라이언트만 지원하고, 다른 경우에는 다섯 개나 되는 Ethernet 클라이언트를 지원한다. 또 다른 환경에서는 다수의 호스트 컴퓨터가 DAQ 소프트웨어에 접속할 수 있도록 해야 하는 경우도 있다. 예를 들어 디

---

4 Netburner는 Micro-C/OS(또는 μC/OS)라 부르는 우선순위 기반 멀티태스킹 작업 시스템을 실행하며, 이들 작업은 다른 운영체제의 스레드와 동일하다.

버깅 작업을 하는 동안에는 해당 작업을 모니터링하는 테스트 컴퓨터에 연결해야 할 수 있고, (배포 후) 보안 애플리케이션 환경에서는 지정된 한 대의 컴퓨터로만 DAQ 시스템에 접속하도록 제한해야 할 수 있다.

세 번째 및 네 번째 Ethernet DIP 스위치는 연산 모듈이 네 개의 IP/Ethernet 주소 가운데 하나를 선택할 수 있도록 한다. 이를 통해 동일 시스템에서 독립적으로 존재하는 네 개의 Netburner 모듈을 제어할 수 있다. 표 10-1과 같이 네 개의 선택 가능한 Ethernet 주소 범위는 192.168.2.70부터 192.168.2.73이다(이때의 요구 사항은 다른 IP 주소를 지원하도록 변경될 수 있다. 하지만 이와 같은 초깃값은 DAQ 시스템을 처음 구현할 때 편리하게 활용할 수 있다).

10.6 유스 케이스

앞서 살펴본 유저 스토리의 다음 단계는 이들 작업을 세부적으로 설명하는 유스 케이스를 만드는 것이다. 유스 케이스는 UML 다이어그램보다 좀 더 많은 내용을 담고 있으며, 상세한 설명을 포함시키는 경우도 있다(4장의 4.2.6절 '유스 케이스 내러티브' 참조).

액터: 이번 유스 케이스에는 System User라는 액터만 존재한다.

트리거: 이번 유스 케이스에서 각 유스 케이스를 활성화시키는 트리거는 시스템 부트system boot다. 시스템은 부트 타임에 DIP 스위치 설정 내역을 읽고, 이들 내역에 따라 초기화한다(그림 10-1 참조).

시나리오/이벤트 흐름: 이번 유스 케이스에서 일어나는 동작을 나타낸다.

연관 요구 사항: 연관 요구 사항은 DAQ System SRS에 대한 교차 참조 기능을 제공한다. 요구 사항은 다음 섹션에서 확인할 수 있다(10.8절 'SRS에 기초한 DAQ 소프트웨어 요구 사항 작성' 참조). 이 섹션을 작성하기 전에 해당 요구 사항을 먼저 생성해야 하고, 그렇지 않은 경우에는 여러분이 원하는 요구 사항을 가볍게 기록한다.

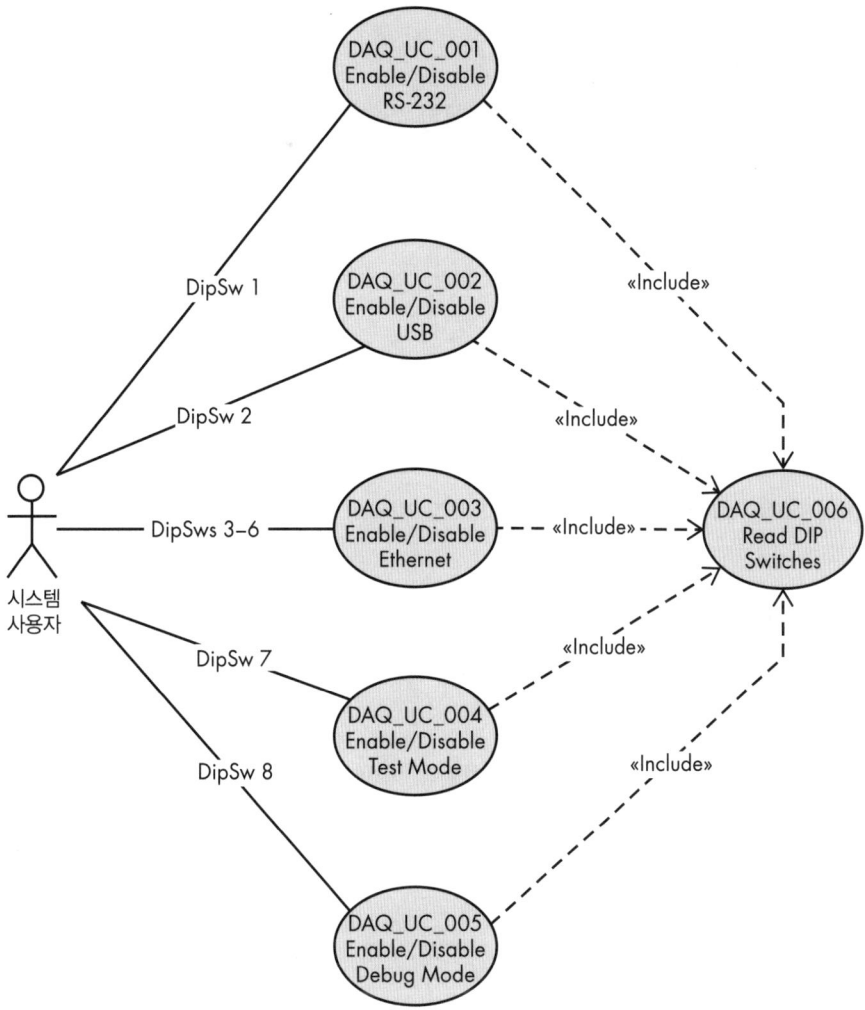

그림 10-1 DIP 스위치 읽기 작업에 대한 유스 케이스

10.6.1 디버그 모드 활성화/비활성화

목표: DAQ 시스템의 디버그 출력 활성화 및 비활성화

사전 조건: 시스템이 부팅돼 있음

종료 조건: 디버그 모드는 상황에 따라 작동 또는 대기 상태를 유지

10.6.1.1 시나리오/이벤트 흐름

디버그 모드 활성화/비활성화

1. 시스템이 초기화되는 동안 DIP 스위치 값을 읽음
2. 8번 DIP 스위치의 값을 저장(on = 디버그 모드 켬, off = 디버그 모드 끔)
3. 8번 DIP 스위치가 켜져 있고 2번 DIP 스위치(USB 모드)가 꺼져 있을 때, 디버그 모드를 활성화함
4. `maintPrintf` 명령을 실행

10.6.1.2 연관 요구 사항

DAQ_SRS_721_001: PPDAQ 디버그 모드 활성화

DAQ_SRS_721_002: PPDAQ 디버그 모드 비활성화

10.6.2 Ethernet 활성화/비활성화

목표: DAQ 시스템의 Ethernet 명령 처리 기능 활성화 및 비활성화

사전 조건: 시스템이 부팅돼 있음

종료 조건: Ethernet 커뮤니케이션은 상황에 따라 작동 또는 대기 상태를 유지하며, 작동 상태일 경우 Ethernet 입력 처리 연산이 실행됨

10.6.2.1 시나리오/이벤트 흐름

Ethernet 활성화/비활성화

1. 시스템이 초기화되는 동안 DIP 스위치 값을 읽음
2. Ethernet의 활성화(스위치 온) 및 비활성화(스위치 오프) 상태는 3번 DIP 스위치 값으로 확인
3. 시스템이 한 개의 연결을 지원(스위치 오프)하거나 다섯 개의 동시 연결(스위치 온)을 지원하는 경우, 4번 DIP 스위치의 값을 저장
4. IP 주소를 확인하기 위해 5번, 6번 DIP 스위치 값을 이용
5. Ethernet이 활성화된 경우(3번 DIP 스위치가 온 상태임)
    5.1 5번, 6번 DIP 스위치 값으로 다음 Ethernet 주소를 설정

   5.1.1 192.168.2.70

   5.1.2 192.168.2.71

   5.1.3 192.168.2.72

   5.1.4 192.168.2.73

  5.2 우선 실행 옵션으로 ETHL_PRIO를 추가하고, ethernetListenTask 명령을 실행

6. 또는(Ethernet이 비활성화돼 있는 경우)

  6.1 ethernetListenTask 명령을 실행하지 않음

ethernetListenTask

1. descriptor 배열 생성. 0을 기본값으로 하는 다섯 개 요소의 배열로 초기화(빈 descriptor 슬롯 생성)

2. Ethernet 소켓 0x5050으로 들어오는 외부 연결 요청을 대기

3. 연결 요청이 오면

  3.1 descriptor 배열에서 빈(배열 요소가 0인) 슬롯을 찾음

  3.2 빈 슬롯이 없는 경우

   3.2.1 연결 거부

   3.2.2 스텝 2로 이동

  3.3 빈 슬롯이 있는 경우

   3.3.1 연결을 허용하고, 해당 슬롯에 파일 descriptor를 저장

   3.3.2 새 연결과 관련된 새로운 Ethernet 작업 생성. 새 작업의 우선순위는 ETH1_PRIO에서 ETH5_PRIO의 순이며, descriptor 배열에서 색인 순서로 선택. 이때 세부 우선순위는 SER_PRIO < ETHL_PRIO < ETH1_PRIO이고, ETH5_PRIO < USB_PRIO 순서임을 주의(번호가 낮을수록 작업 우선순위는 더 높음)

   3.3.3 스텝 2로 이동

4. listen 연결에 문제가 생긴 경우, listening 작업을 제거

10.6.2.2 연관 요구 사항

DAQ_SRS_708_000: PPDAQ Ethernet IP 주소

DAQ_SRS_709_000: PPDAQ Ethernet IP 주소 192.168.2.70

DAQ_SRS_710_000: PPDAQ Ethernet IP 주소 192.168.2.71

DAQ_SRS_711_000: PPDAQ Ethernet IP 주소 192.168.2.72

DAQ_SRS_712_000: PPDAQ Ethernet IP 주소 192.168.2.73

DAQ_SRS_716_000: PPDAQ Ethernet 활성화

DAQ_SRS_716.5_000: PDAQ Ethernet 비활성화

DAQ_SRS_716_001: PPDAQ Ethernet 작업

DAQ_SRS_716_002: PPDAQ Ethernet 작업 우선순위

DAQ_SRS_717_000: PPDAQ Ethernet 포트

DAQ_SRS_718_000: PPDAQ Ethernet 멀티 클라이언트 활성화

DAQ_SRS_718_001: PPDAQ Ethernet 멀티 클라이언트 비활성화

DAQ_SRS_728_000: PPDAQ 명령 소스 #3

DAQ_SRS_737_000: PPDAQ 최대 Ethernet 연결 #1

DAQ_SRS_738_000: PPDAQ 최대 Ethernet 연결 #2

DAQ_SRS_738_001: PPDAQ Ethernet 명령 처리 작업

DAQ_SRS_738_002: PPDAQ Ethernet 명령 처리 작업 우선순위

10.6.3 RS-232 활성화/비활성화

(이전 유스 케이스와 유사하므로 설명 생략)

10.6.4 테스트 모드 활성화/비활성화

(이전 유스 케이스와 유사하므로 설명 생략)

10.6.5 USB 활성화/비활성화

(이전 유스 케이스와 유사하므로 설명 생략)

10.6.6 DIP 스위치 읽기

(이전 유스 케이스와 유사하므로 설명 생략)

10.7 유스 케이스를 DAQ 소프트웨어 요구 사항으로 작성하기

비공식적인 유스 케이스를 공식적인 요구 사항으로 변환하려면, 먼저 유스 케이스로부터 정보를 추출하고 누락된 정보를 보완한 후 요구 사항의 형식으로 문서 구조를 만들어야 한다.

앞서 살펴본 '디버그 모드 활성화/비활성화' 유스 케이스의 경우, 하나의 요구 사항을 도출한다고 생각하기 쉽다.

> PPDAQ 소프트웨어는 Netburner 8번 DIP 스위치가 ON 위치에 있고 USB(2번 DIP 스위치)가 활성화되지 않았을 때 특수한 디버그 모드에서 작동할 수 있으며, 8번 DIP 스위치가 OFF 위치에 있고 USB(2번 DIP 스위치)가 활성화된 경우 비디버그(non-debug) 모드에서 작동할 수 있다.

그러나 위 유스 케이스는 두 개의 요구 사항으로 이뤄져 있다. 이는 '그리고'나 '또는' 같은 접속사 때문이 아니라, 두 개의 구문이 세미콜론 기호로 구분돼 있기 때문이다. 위 유스 케이스는 다음과 같은 두 개의 요구 사항으로 이뤄져 있다.

> PPDAQ 소프트웨어는 Netburner 8번 DIP 스위치가 ON 위치에 있고 USB(2번 DIP 스위치)가 활성화되지 않은 경우, 특수한 디버그 모드에서 작동할 수 있다.

> 그리고

> PPDAQ 소프트웨어는 Netburner 8번 DIP 스위치가 OFF 위치에 있고 USB(2번 DIP 스위치)가 활성화된 경우, 비디버그 모드에서 작동할 수 있다.

위 문장에서 '그리고 USB가 ~'나 '또는 2번 DIP 스위치가 ~'와 같은 구문 때문에 이들 요구 사항이 두 개로 나눠져야 하는 것은 아니다. 이는 'Netburner 8번 DIP 스위치가 ON 위치에 있고, USB(2번 DIP 스위치)가 활성화되지 않은 경우'라는 문장이 이 요구 사항의 트리거가 되는 논리적 구문이기 때문이다. 좀 더 엄밀하게는 다음과 같이 요구 사항을 변경하는 것이 좋다.

만일 Netburner 8번 DIP 스위치가 ON 위치에 있고 USB(2번 DIP 스위치)가 활성화되지 않았다면, PPDAQ 소프트웨어는 특수한 디버그 모드에서 작동할 수 있다.

위 문장은 10.1.1절 '요구 사항 형식 권장안'에서 제안한 것처럼 트리거 구문을 요구 사항의 앞부분으로 이동시켰는데, 이는 단순히 권장 형식을 따른 것이다. 요구 사항을 작성할 때는 트리거 조건을 액터(PPDAQ 소프트웨어), 액션(작업), 객체(디버그 모드) 앞에 놓는 것이 (권장 형식에도 맞을 뿐더러) 논리적이며 합리적이다.

다음 절에서는 DAQ 소프트웨어 시스템과 관련된 다양한 요구 사항 목록을 작성한다. 이를 통해 우리는 유스 케이스로부터 DAQ 요구 사항을 작성하는 방법을 알 수 있으며, 나머지 요구 사항의 세부 내용을 추가하는 방법도 알게 될 것이다.

10.8 SRS에 기초한 DAQ 소프트웨어 요구 사항 작성

실제 DAQ SRS에는 (풀 모니터 시스템을 위한 POOL_SRS와 달리) 수백 가지 요구 사항이 포함돼 있다. 이번 절에서는 10장의 분량을 고려해 DAQ 소프트웨어 내용 가운데 가장 대표적인 내용인 DIP 스위치의 유스 케이스를 중심으로 한 요구 사항을 살펴본다.

이번 DAQ SRS 요구 사항 태그는 [DAQ_SRS_xxx_yyy]의 형식으로 작성하며, 이는 실제 DAQ 시스템의 SyRS 및 SRS 요구 사항을 그대로 반영한 것이다.

노트 | DAQ SRS 문서는 모든 요구 사항을 섹션 3에 담았으며, 이는 다른 SRS의 경우도 마찬가지다. 이런 이유로, 아래 내용은 바로 섹션 3 순번부터 시작한다는 점을 양해해주길 바란다.

3.1.1.1 PPDAQ 표준 소프트웨어 플랫폼

3.1.1.15 PPDAQ Ethernet IP 주소

[DAQ_SRS_708_000]

PPDAQ 소프트웨어는 Netburner 5, 6번 스위치의 위치에 따라 Ethernet IP 주소를 192.168.2.70 ~ 192.168.2.73 범위값으로 설정할 수 있다.

3.1.1.16 PPDAQ Ethernet IP 주소 192.168.2.70

[DAQ_SRS_709_000]

PPDAQ 소프트웨어는 Netburner 5, 6번 스위치가 (OFF, OFF)인 경우, Ethernet IP 주소를 192.168.2.70으로 설정할 수 있다.

3.1.1.17 PPDAQ Ethernet IP 주소 192.168.2.71

[DAQ_SRS_710_000]

PPDAQ 소프트웨어는 Netburner 5, 6번 스위치가 (ON, OFF)인 경우, Ethernet IP 주소를 192.168.2.71로 설정할 수 있다.

3.1.1.18 PPDAQ Ethernet IP 주소 192.168.2.72

[DAQ_SRS_711_000]

PPDAQ 소프트웨어는 Netburner 5, 6번 스위치가 (OFF, ON)인 경우, Ethernet IP 주소를 192.168.2.72로 설정할 수 있다.

3.1.1.19 PPDAQ Ethernet IP 주소 192.168.2.73

[DAQ_SRS_712_000]

PPDAQ 소프트웨어는 Netburner 5, 6번 스위치가 (ON, ON)인 경우, Ethernet IP 주소를 192.168.2.73으로 설정할 수 있다.

3.1.1.20 PPDAQ Ethernet 활성화

[DAQ_SRS_716_000]

PPDAQ 소프트웨어는 Netburner 3번 스위치가 ON인 경우, Ethernet 작업을 활성화할 수 있다.

3.1.1.21 PPDAQ Ethernet 비활성화

[DAQ_SRS_716.5_000]

PPDAQ 소프트웨어는 Netburner 3번 스위치가 OFF인 경우, Ethernet 작업을 비활성화할 수 있다.

3.1.1.22 PPDAQ Ethernet 작업

[DAQ_SRS_716_001]

Ethernet 커뮤니케이션이 활성화된 경우, Ethernet의 listening 작업이 시작될 수 있다.

3.1.1.23 PPDAQ Ethernet 작업 우선순위

[DAQ_SRS_716_002]

Ethernet의 listening 작업은 USB 작업보다는 우선순위가 낮고, 시리얼^{Serial} 작업보다는 우선순위가 높다.

3.1.1.24 PPDAQ Ethernet 포트

[DAQ_SRS_717_000]

PPDAQ 소프트웨어는 소켓 포트 0x5050으로 Ethernet과 연결해 소통할 수 있다(10진수 20560, ASCII PP, 플랜테이션 프로덕션).

3.1.1.25 PPDAQ Ethernet 멀티 클라이언트 활성화

[DAQ_SRS_718_000]

PPDAQ 소프트웨어는 Netburner 4번 스위치가 ON인 경우, 다섯 개의 Ethernet 클라이언트 연결을 허용할 수 있다.

3.1.1.26 PPDAQ Ethernet 멀티 클라이언트 비활성화

[DAQ_SRS_718_001]

PPDAQ 소프트웨어는 Netburner 4번 스위치가 OFF인 경우, 한 개의 Ethernet 클라이언트 연결을 허용할 수 있다.

3.1.1.29 PPDAQ 유닛 테스트 모드 I/O

[DAQ_SRS_721_000]

PPDAQ 소프트웨어는 USB 명령이 활성화된 경우, 유닛 테스트 신호 입출력을 위해 Netburner MOD54415 MOD-70 검증 보드에 있는 UART0 시리얼 포트를 사용할 수 있다(USB 명령은 동일한 [UART0] 시리얼 포트를 테스트 모드 출력용으로 공유한다).

3.1.1.30 PPDAQ 디버그 모드 활성화

[DAQ_SRS_721_001]

PPDAQ 소프트웨어는 Netburner DIP 8번 스위치가 ON이고 USB(2번 DIP 스위치)가 비활성화된 경우, 특수 디버그 모드에서 작동할 수 있다.

3.1.1.31 PPDAQ 디버그 모드 비활성화

[DAQ_SRS_721_002]

PPDAQ 소프트웨어는 Netburner DIP 8번 스위치가 OFF인 경우, 일반(비디버그) 모드에서 작동할 수 있다.

3.1.1.38 PPDAQ 명령 소스 #3

[DAQ_SRS_728_000]

PPDAQ 소프트웨어는 Ethernet 커뮤니케이션이 활성화된 경우, Netburner MOD54415 MOD-70 검증 보드에 있는 Ethernet 포트로부터 명령을 전달받을 수 있다.

3.1.1.40 PPDAQ 최대 Ethernet 연결 #1

[DAQ_SRS_737_000]

PPDAQ 소프트웨어는 Netburner DIP 4번 스위치가 OFF인 경우, Ethernet 포트에서 단일 연결만 인식할 수 있다.

3.1.1.41 PPDAQ 최대 Ethernet 연결 #2

[DAQ_SRS_738_000]

PPDAQ 소프트웨어는 Netburner DIP 4번 스위치가 ON인 경우, Ethernet 포트에서 다섯 개까지의 연결을 인식할 수 있다.

3.1.1.42 PPDAQ Ethernet 명령 처리 작업

[DAQ_SRS_738_001]

PPDAQ 소프트웨어는 각 연결에서 유입되는 명령을 처리하기 위해 새 처리 작업을 시작할 수 있다.

3.1.1.43 PPDAQ Ethernet 명령 작업 우선순위

[DAQ_SRS_738_002]

PPDAQ 명령 처리 작업은 서로 다른 우선순위를 지닐 수 있으며, Ethernet listening 작업보다는 우선순위가 높고 USB 명령 작업보다는 우선순위가 낮다.

10.9 요구 사항 정보를 이용한 RTM 업데이트

SyRS 및 SRS 요구 사항은 RTM에 개요, SyRS 태그, (할당) 영역, SRS 태그, 검증 유형 등 4~6개의 칼럼별로 기록된다. 개요 칼럼은 요구 사항을 간단하게 설명하며, 이전 절에서 살펴본 'DAQ_SRS_700_000 요구 사항과 관련된 PPDAQ 표준 소프트웨어 플랫폼'과 같이 기록된다(이는 10.4.5절 '소프트웨어 요구 사항 명세서 예시'에서 살펴본 POOL_SRS 태그와는 다른 내용이다).

SyRS 및 SRS 태그 칼럼에는 실제 SyRS 및 SRS 태그 식별자가 포함된다. 일반적으로 RTM은 (기본 키$^{primary\ key}$ 역할을 하는) SyRS와 (보조 키$^{secondary\ key}$ 역할을 하는) SRS를 기준으로 열을 정렬한다. SyRS가 없는 경우에는 SRS 태그를 기준으로 정렬한다.

영역 칼럼에는 해당 요구 사항이 하드웨어(H), 소프트웨어(S), 기타(O), 혹은 여러 요소의 조합에 해당되는지 여부를 표시한다. 보통의 경우 SyRS 요구 사항만 하드웨어에 대한 내용을 다루므로, SRS 요구 사항은 소프트웨어에 대한 내용만 다루게 된다. 그러나 시스템 구현에 하드웨어와 소프트웨어가 모두 관련된 경우, SRS 요구 사항의 영역 칼럼에 *HS* 표시를 남기기도 한다. 기타 표시는 하드웨어와 소프트웨어 중에서 어느 쪽에 속하는지 불분명할 때(이를테면, 수작업 영역 등에) 사용한다.

여러분의 개발자 문서에 SyRS가 없는 경우, 혹은 모든 요구 사항이 소프트웨어와 관련된 경우, 영역 칼럼을 삭제해 RTM을 좀 더 가볍고 명료하게 나타낼 수 있다.

RTM의 검증 유형 칼럼은 시스템에서 해당 요구 사항을 검증하는 방법을 설명한다. 검증 유형은 테스트(T), 리뷰(R), 검사(I), 설계(D), 분석(A), 기타(O), 검증 불가(N) 등으로 나타낸다. 이때 검사는 하드웨어 설계에 대한 리뷰의 의미를 지니고, 설계는 하드웨어에 대한 내용만 다룬다.

특정 요구 사항이 T 유형의 검사에 해당된다면, 해당 요구 사항은 검증 테스트를 통해 확인한다는 의미이고, 이에 대한 연계 작업으로 요구 사항 검증 작업을 위한 테스트 케이스와 테스트 프로시저를 정의한다.

특정 요구 사항을 실제로 검증하는 일은 어렵거나 비실용적이거나 위험할 수 있다.[5] 이런 경우, 코드 리뷰를 통해 정상 작동 여부를 확인하기도 하며, RTM의 검증 유형 칼럼에는 리뷰를 뜻하는 R 표시를 남긴다.

분석(A)에 의한 검증은 소프트웨어가 해당 요구 조건을 충족한다는 사실을 수학적 분석을 통해 증명$^{mathematical\ proof}$하는 것이다. 분석은 리뷰보다 훨씬 엄격한 검증 방식이며, 시스템 실패가 (작업자 사망 등과 같은) 매우 심각한 결과를 초래할 수 있을 때 자주 사용된다(분석 검증에 대한 상세한 내용은 이 책의 범위를 넘어선다). 10.8절에서 언급한 요구 사항 문서에 다음과 같이 DAQ_SRS_700_000 요구 사항을 추가할 수 있다.

[DAQ_SRS_700_000]
> PPDAQ 소프트웨어는 DAQ_IF 인터페이스 보드에 연결된 Netburner MOD54415 MOD-70 검증 보드에서 실행될 수 있다.

위 내용에서 Netburner MOD54415에 소프트웨어를 설치한 후 이를 실행해 검증한다는 것은 이해하기 쉬운 반면, 위 요구 사항을 충족하는 실질적인 테스트를 기획하고 검증하는 일은 결코 쉽지 않아 보인다. 따라서 다양한 검증 방식 가운데, 소스 코드를 살펴보고 이 코드가 Netburner MOD54415를 위해 작성됐는지를 확인하는 리뷰 테스트가 가장 널리 사용된다.

기타(O) 검증 표시는 특정 요구 사항에 대해 테스트할 방법이 마땅치 않거나 검증 방식을 기획하기 어려운 모든 내용에 적용할 수 있다.

검증 불가(N) 표시는 검증이 불필요하거나 불가능한 경우에 적용할 수 있다. 이때 검증이 불가능하다고 생각되는 요소가 있다면, 먼저 해당 요구 사항이 애초에 타당한 내용인지 생각해봐야 한다. 테스트할 수 없다면, 정당한 요구 사항이 아닐 가능성이 높다.

[DAQ_SRS_700_000]은 RTM의 네 개 칼럼에 다음과 같은 내용으로 기록될 수 있다.

---

[5] 예를 들어, 특정 요구 사항 검증이 (엔지니어에게 신체적 위해를 가할 수 있다기보다는) 시스템 하드웨어에 손상을 줄 수도 있다. 시스템을 고장 낼 수도 있는 테스트를 하고 싶은 엔지니어는 없을 것이다.

개요	SRS 태그	영역	검증
PPDAQ Standard Software Platform	DAQ_SRS_700_000	HS	R

10.8절에서 살펴본 요구 사항은 두 개 그룹으로 나눌 수 있다. 이들 요구 사항 중 일부는 테스트 방식으로 검증하고, 다른 일부는 리뷰 방식으로 검증해야 한다(이는 여러 요구 사항 가운데 실제 테스트를 수행하기 어렵거나 테스트 설계 자체가 어려운 경우가 있기 때문이다).

10.9.1 리뷰에 의한 요구 사항 검증

표 10-2는 10.8절 'SRS에 기초한 DAQ 소프트웨어 요구 사항 작성'에서 다룬 요구 사항을 리뷰 형식으로 검증하기 위한 타당성 검증justification 목록이다.[6]

표 10-2 DAQ 소프트웨어 요구 사항 타당성 검증

요구 사항	타당성 검증
DAQ_SRS_700_000	Netburner에서 실행되는 소프트웨어를 Netburner에서 검증하는 데 상충되는 의견이 있을 수 있지만, make/build 파일 리뷰를 통해 이번 요구 사항을 더 간단하면서도 효율적으로 검증할 수 있다.
DAQ_SRS_700_000.01	μC/OS에서 실행되는 소프트웨어를 μC/OS에서 검증하는 데 상충되는 의견이 있을 수 있지만, make/build 파일 리뷰를 통해 이번 요구 사항을 더 간단하면서도 효율적으로 검증할 수 있다.
DAQ_SRS_702_001	실제 코드를 변경하지 않으면서 별도의 프로세스가 실행된다는 사실을 확인하는 테스트를 작성하기는 어렵다. 반면, 코드 리뷰를 통해 RS-232 데이터 입출력을 처리할 수 있는 새 작업이 시작되는 것을 확인하기는 어렵지 않다.
DAQ_SRS_702_002	특정 우선순위에서 RS-232 프로세스가 실행되는 것을 확인하는 테스트를 작성하려면 코드 수정이 필요하다. 즉, 코드 리뷰가 더 간단한 방법이다.
DAQ_SRS_703_001	'시스템이 RS-232 명령을 전달받으면 작업이 실행된다.'는 부분에 상충되는 의견이 있을 수 있다. 그러나 별도의 작업이 실행되는지 여부를 확인할 방법은 없으므로(메인 작업 객체가 해당 명령을 처리 가능하므로), 이 부분은 리뷰를 통해 검증해야 한다.
DAQ_SRS_705_001	DAQ_SRS_702_001과 같은 상충되는 의견이 존재(USB 입력 작업에만 적용됨)
DAQ_SRS_705_002	DAQ_SRS_702_002와 같은 타당성 검증 방법 적용
DAQ_SRS_706_001	DAQ_SRS_705_001과 같은 상충되는 의견이 존재(해당 요구 사항의 보완 설명에 해당)
DAQ_SRS_716_001	DAQ_SRS_702_001과 같은 상충되는 의견이 존재(Ethernet listening 작업에만 적용됨)

(이어짐)

---

6   이번 타당성 검증 목록은 나의 기술적 의견을 반영한 것이며, 엔지니어에 따라 의견이 다를 수 있다. 이 내용은 12장의 12.3절 '소프트웨어 리뷰 리스트 문서화'에서 다시 설명한다.

요구 사항	타당성 검증
DAQ_SRS_716_002	DAQ_SRS_702_002와 같은 상충되는 의견이 존재(Ethernet listening 작업 우선순위에만 적용됨)
DAQ_SRS_719_000	현재, DAQ 시스템에 대한 유닛 테스트 모드는 정의된 바 없으므로 시스템을 해당 모드로 검증할 방법 또한 존재하지 않는다. 따라서 코드 리뷰를 통해 내부 변수가 적절하게 정의돼 있는지 검증하는 것이 좋다(DIP 스위치 위치에 따른 변화만 확인).
DAQ_SRS_720_000	DAQ_SRS_719_000 참조
DAQ_SRS_723_000	시스템이 (테스트를 위해) DIP 스위치를 읽을 때, 소프트웨어가 Netburner 스위치 값을 읽고 있음을 확인해야 한다는 점과 관련해 상충되는 의견이 있을 수 있다. 그러나 요구 사항의 중요도가 높지 않으므로, 리뷰 또는 테스트 중에서 어느 방법을 택해도 상관없다.
DAQ_SRS_723_000.01	DAQ_SRS_723_000 참조
DAQ_SRS_723_000.02	DAQ_SRS_723_000 참조
DAQ_SRS_725_000	명령에 대한 DAQ의 응답 여부는 (쉽게 테스트할 수 있으므로) 중요한 사항이 아니지만, 이 요구 사항에 포함된 'DAQ가 커뮤니케이션 작업을 스스로 초기화하지 않는다.'는 내용은 테스트를 어렵게 만든다. 이와 같은 부정적 표현의 요구 사항은 코드 리뷰로만 검증 가능하다(이것이 바로 부정적 요구 사항을 피해야 하는 이유다).
DAQ_SRS_738_001	DAQ_SRS_702_001과 유사한 방법으로 타당성 검증 가능
DAQ_SRS_738_002	DAQ_SRS_702_002와 유사한 방법으로 타당성 검증 가능

10.9.2 테스트에 의한 요구 사항 검증

10.8절 'SRS에 기초한 DAQ 소프트웨어 요구 사항 작성'에서 언급된 요구 사항 중 10.9.1절 '리뷰에 의한 요구 사항 검증'에 포함되지 않은 모든 요구 사항은 테스트 케이스와 테스트 프로시저를 통해 검증돼야 한다.

10.10 참고 자료

IEEE 발간. 'IEEE Standard 830-1998: IEEE Recommended Practice for Software Requirements Specifications.' October 20, 1998. https://doi.org/10.1109/IEEESTD.1998.88286.

Leffingwell, Dean, Don Widrig 저. *Managing Software Requirements*. Boston: Addison-Wesley Professional, 2003.

Wiegers, Karl E 저. *Software Requirements*. Redmond, WA: Microsoft Press, 2009.

Wiegers, Karl E 저. 'Writing Quality Requirements.' *Software Development 7*, no. 5 (May 1999): 44–48.

11

소프트웨어 설계 명세서 문서화

소프트웨어 설계 명세서^{Software Design Description}(SDD)는 소프트웨어 설계에 대한 저수준의 상세한 구현 방법을 설명한다. 이때 실제 코드 수준까지 상세히 설명하지는 않지만, 알고리즘, 데이터 구조, 그리고 소프트웨어 구현을 위한 저수준의 제어 흐름을 자세하게 설명한다.

소프트웨어 설계를 문서화하기 위한 다양한 방법이 제시되고 있지만, 이번 11장은 IEEE 표준(Std) 1016-2009 가이드라인을 기준으로 표준 소프트웨어 설계 명세서의 작성 방법을 설명한다.[1]

IEEE Std 1016-2009는 특정 기술 언어에 '독립적으로^{language-independent}' 작성됐다. 그러나 지난 4장부터 8장까지 학습한 UML은 표준 가이드라인과 관련된 거의 대부분의 요구 사항을 충족할 수 있으며, 이번 11장에서도 다양한 UML을 이용해 SDD 요구 사항을 작성한다. UML 외의 다른 소프트웨어 설계 모델링 언어에도 관심이 있다면, IEEE Std 1016-2009 문서를 참고하길 바란다.

---

1   IEEE Std 1016은 IEEE의 등록 상표이며, IEEE Std 1016-2009는 소프트웨어 모델링 언어로 UML을 포함시킨 IEEE Std 1016-1998의 개정안이다.

11.1 IEEE Std 1016-1998 vs. IEEE Std 1016-2009

IEEE SDD 가이드라인의 이전 버전은 1998년에 배포됐으며, 1980년대와 1990년대에 각광받던 구조화 프로그래밍structured programming 소프트웨어 엔지니어링의 개념을 토대로 한다. 당시 혁신적인 시도로 여겨지던 객체지향 프로그래밍 개념은 (좀 더 구체화와 일반화가 필요한) 추천안으로 배포됐으며, 무려 10여 년이 지난 뒤에야 Std 1016-2009 표준안 식별 번호를 부여받고 객체지향 분석 및 설계를 위한 방법으로 정식으로 인정받게 됐다. 1016-2009 표준안을 배포하면서 기존 1016-1998 표준안의 주요 내용은 계승했지만, 그중 일부 내용은 표준안에서 제외시켰다. 그러나 기존 표준안 가운데 현대 설계 작업에 유용한 내용이 여전히 존재하므로, 문서화 작업에 필요하다면 기존 표준안도 활용하길 바란다.

11.2 IEEE 1016-2009 개념 모델

SDD 문서화 작업은 무에서 유를 창조하는 작업이 아니다. SDD는 이전 문서화 단계에서 작성된 SRSSoftware Requirements Specification를 토대로 작성되며, 이후 작성되는 추적 가능성 지표, 즉 RTMReverse Traceability Matrix을 통해 SRS와의 관계를 명확하게 파악할 수 있다. 그림 11-1은 SRS, SDD, RTM의 관련성을 보여준다.

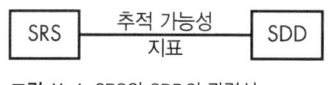

그림 11-1 SRS와 SDD의 관련성

11.2.1 설계 고려 사항과 설계 업무 참여자

SRS의 각 요구 사항은 (그림 11-2와 같이) 궁극적으로 SDD의 설계 고려 사항과 연결된다. 설계 고려 사항design concern은 시스템 설계 작업과 관련해 각 업무 참여자가 관심을 기울이는 모든 내용이고, 업무 참여자stakeholder는 시스템 설계와 관련해 의견을 제시할 수 있는 모든 사람을 가리키며, 요구 사항requirement은 (지난 10장에서 살펴본) SRS의 모든 개별 요구 사항을 의미한다.

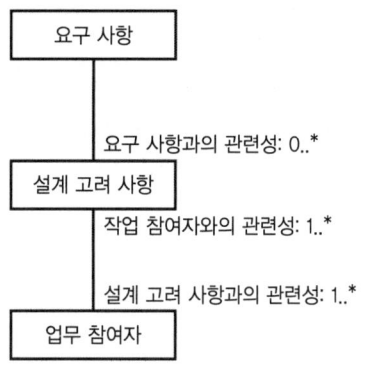

그림 11-2 설계 고려 사항과 요구 사항의 관련성

위 설계 고려 사항과 요구 사항은 다음과 같은 관련성이 있다.

0..*: 각 요구 사항은 0개 이상의 설계 고려 사항과 관련돼 있다.
1..*: 개별 설계 고려 사항은 한 명 이상의 설계 작업 참여자에게 중요하다.
1...*: 각 설계 작업 참여자는 최소 한 개 이상의 설계 고려 사항이 있다.

    IEEE 개념 모델에 따르면, 요구 사항은 0개 또는 그 이상의 설계 고려 사항에 대한 필요성을 제기한다고 설명한다. 그러나 엄밀히 말하자면, 요구 사항과 설계 고려 사항은 일대일 관계이며, 하나의 설계 고려 사항은 정확하게 하나의 요구 사항과 관련돼 있다. 하나의 요구 사항이 아무런 설계 고려 사항을 만들어내지 못한다면, 즉 하나의 요구 사항이 소프트웨어 설계 작업에 아무런 영향도 미치지 못한다면, 해당 요구 사항은 불필요한 것 또는 적절하지 못한 요구 사항이라 할 수 있다. 하나의 요구 사항이 여러 개의 설계 고려 사항과 관련이 있다면 해당 요구 사항이 충분히 세분화되지 못했다는 의미이며, 설계 고려 사항을 작성하기 전에 SRS의 요구 사항을 더 이상 분해할 수 없는 수준으로 세분화해야 한다(10장의 10.1.2.10절 '세분화' 참조).

    작업 참여자와 설계 고려 사항은 다대다 관계를 지닌다. 한 명의 작업자가 여러 개의 설계 고려 사항을 제시할 수 있으며, 하나의 설계 고려 사항을 여러 명의 작업자가 공유할 수 있다.

11.2.2 설계 뷰포인트와 설계 요소

설계 고려 사항(또는 요구 사항)은 SRS와 SDD를 연결하는 인터페이스이며, 설계 뷰포인트design viewpoint는 하나 이상의 설계 고려 사항을 논리적으로 그룹화한 것이다. 예를 들어 11.2.2.3절에서 언급한 논리적 뷰포인트logical viewpoint는 설계의 정적 데이터 구조를 설명하므로, 모든 요구 사항은 클래스class와 연결되고 데이터 객체data object는 뷰포인트와 연결된다고 할 수 있다. 반면, 11.2.2.11절에서 언급한 알고리즘적 뷰포인트algorithmic viewpoint는 설계가 사용하는 알고리즘을 설명하므로, (드물긴 하지만) 특정 알고리즘 사용에 대한 요구 사항은 알고리즘적 뷰포인트와 연결된다.

IEEE Std 1016-2009는 설계 뷰포인트와 관련해 다음 내용을 작성할 것을 요구한다.

- 뷰포인트 이름
- 뷰포인트와 관련된 설계 고려 사항
- 뷰포인트를 사용하는 설계 요소 목록(설계 개체 유형, 속성, 제약 사항 등)
- 해당 뷰포인트 기반의 설계 뷰 구성에 사용된 분석 논의
- 설계 해석 및 가치 평가의 기준
- 해당 뷰포인트 작성자 이름 또는 참조 문서

그림 11-3은 설계 고려 사항과 설계 뷰포인트 간의 관련성을 보여준다. 다수성 아이템인 1..*는 하나 이상의 요구 사항을 단일 뷰포인트로 그룹화한 것임을 나타낸다.

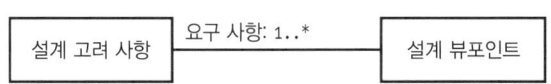

그림 11-3 설계 고려 사항과 설계 뷰포인트의 관련성

설계 고려 사항과 설계 뷰포인트는 기본적으로 일대다 관계를 지니며, SDD와 SRS 간의 추적 가능성을 제공한다. RTM에서 각 요구 사항(설계 고려 사항)은 단 하나의 설계 뷰포인트에 대응되므로, SDD 태그를 설계 뷰포인트에 붙일 수 있다(설계 뷰와 설계 뷰포인트가 일대일 대응 관계이므로, SDD 태그를 설계 뷰에 붙여도 무방하다).

설계 뷰포인트는 클래스 다이어그램, 시퀀스 다이어그램, 상태 다이어그램, 패키지, 유스 케이스, 액티비티 다이어그램 등이 포함된 일련의 설계 요소를 정의한다(그림 11-4 참조).

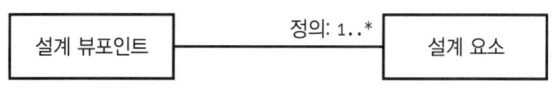

그림 11-4 설계 뷰포인트와 설계 요소의 관련성

설계 요소는 설계 개체, 속성, 관련성, 제약 사항 등 설계 뷰에 포함시킬 수 있는 것이다.

- 설계 개체design entity는 설계의 주요 요소를 설명하는 객체로서 시스템, 하위 시스템, 라이브러리, 프레임워크, 패턴, 템플릿, 컴포넌트, 클래스, 구조체, 타입, 데이터 스토어, 모듈, 프로그램 유닛, 프로그램, 스레드, 프로세스 등을 가리킨다. IEEE Std 1016-2009에 따르면, SDD에 포함된 각 설계 개체는 이름과 목적을 지니고 있어야 한다.
- 설계 요소는 이름, 타입, 목적, 작성자 등과 같은 연관 속성associated attribute을 지니며, SDD 뷰포인트에 설계 요소 목록을 작성할 때 이들 내용을 기입해야 한다.
- 설계 관련성design relationship은 연관 이름 및 타입 속성을 지닌다. IEEE Std 1016-2009는 이와 관련해 구체적인 내용을 정의하지 않았지만, UML 2.0은 설계 관련성을 연관성, 집합, 의존성, 일반화 등 SDD의 전형적인 속성으로 정의할 수 있도록 하고 있다. 각각의 IEEE 요구 사항과 관련해 설계 뷰포인트 명세서에 작성된 모든 관련성을 설명해야 한다.
- 설계 제약 사항은 다른 설계 요소(즉, 타깃 요소target element)에 제약 사항 또는 규칙으로 작용하는 요소(즉, 소스 요소source element)다. IEEE에 따르면, 뷰포인트에 있는 모든 설계 제약 사항을 이름과 타입(소스 또는 타깃)을 기준으로 목록화해야 한다.

설계 요소는 공식적인 설계 언어로 정의해야 한다(그림 11-5 참조). 앞서 설명한 것처럼 IEEE Std 1016-2009는 언어 독립성을 유지하려 하지만, 실무적으로는 UML을 이용해 설계 요소를 정의할 수 있다. UML 이외에 IEEE에서 제안하는 언어로는 IDEF0, IDEF1X, VDMVienna Definition Method 등이 있지만, 이 책에서는 UML을 사용한다.

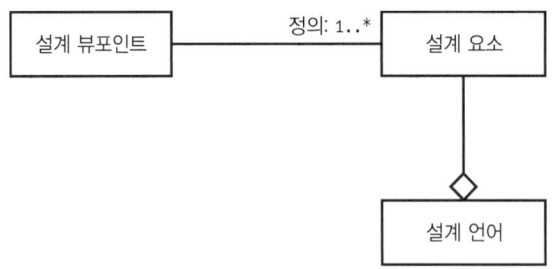

그림 11-5 설계 뷰포인트, 설계 요소, 설계 언어의 관련성

IEEE Std 1016-2009는 설계 뷰포인트의 공통 요소를 정의한다. IEEE 표준은 의무 사항이 아닌 실무 권장안이므로, 다음 뷰포인트 공통 요소 목록은 실무 참고용으로 살펴보길 바란다. 이들 요소는 여러분의 SDD에 모두 포함하지 않아도 되며, 여러분의 필요에 따라 새 뷰포인트 요소를 여러분의 SDD에 추가할 수 있다(기존안인 IEEE Std 1016-1998의 뷰포인트 요소 중 상당수가 지원이 중단deprecated됐으며, 현행 표준안과는 일부 요소만 호환성을 지닌다).

11.2.2.1 컨텍스트 뷰포인트

요구 사항을 집약한 컨텍스트 뷰포인트context viewpoint와 관련된 설계 요소는 액터(사용자, 외부 시스템, 작업 참여자), 서비스 및 시스템, 그리고 이들 요소 간의 상호 작용(입력 및 출력)이다. 컨텍스트 뷰포인트는 서비스의 품질, 신뢰성, 성능 등 다양한 설계 제약 사항을 관리하는 데 사용된다. 컨텍스트 뷰포인트 작성 작업은 (요구 사항 도출을 위한 유스 케이스 작업 등과 같은) SRS 요구 사항을 개발하면서 시작되고, SDD를 작성하면서 완료된다고 할 수 있다.

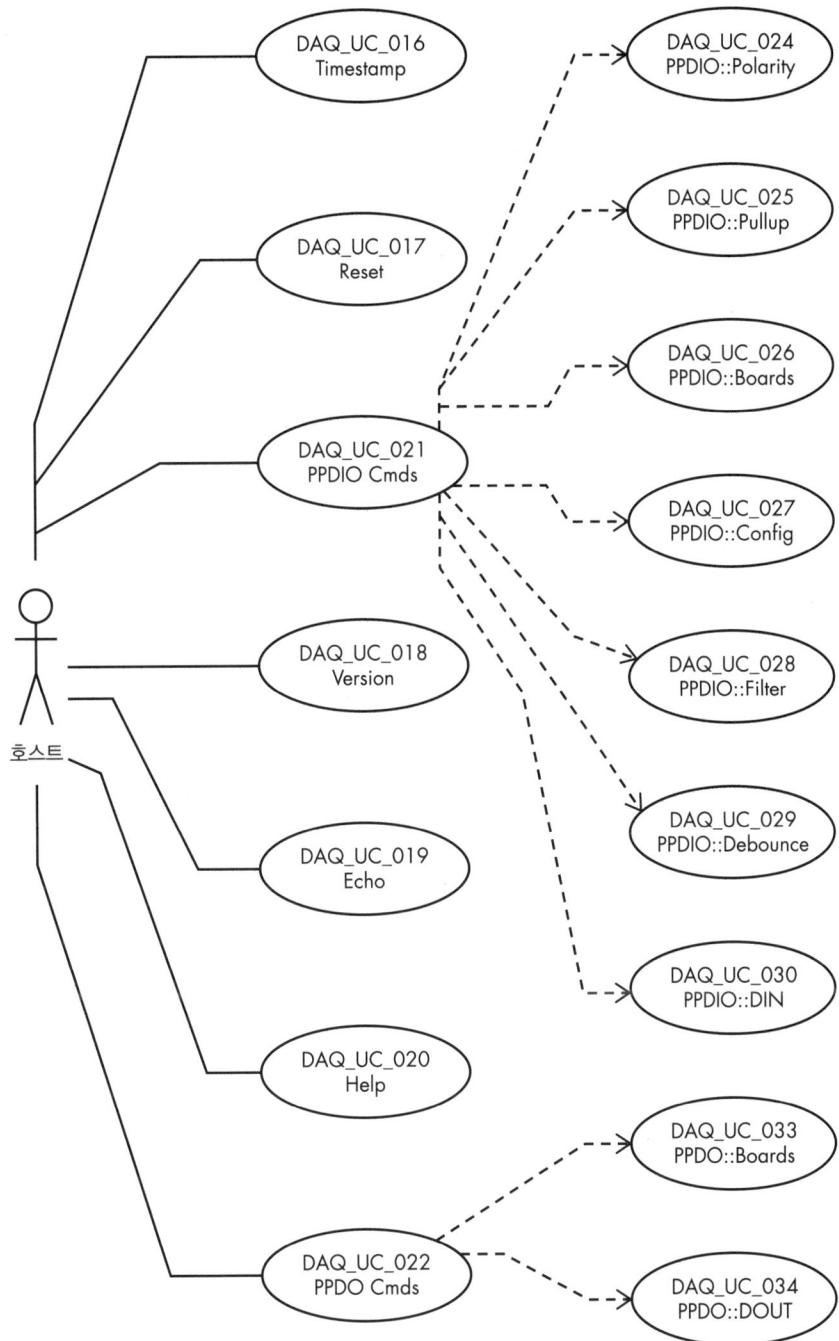

그림 11-6 DAQ 명령 유스 케이스

컨텍스트 뷰포인트의 주된 작성 목적은 시스템 경계system boundary를 확정하고, 어떤 요소가 시스템 내부에서 작동하고 또 다른 어떤 요소가 시스템 내부에서 작동하는지 정의하는 것이다. 컨텍스트 뷰포인트를 이용해 SDD 설계자 및 문서 작성자는 목표하는 시스템의 설계에 집중할 수 있고, 관련 없는 외부 요소를 고려하느라 시간을 낭비하지 않을 수 있다.

일반적으로 컨텍스트 뷰포인트는 UML 유스 케이스 다이어그램을 통해 드러난다(10장의 10.6절 '유스 케이스' 참조). 예를 들어, 10장의 그림 10-1은 사용자가 DAQ 시스템에서 DIP 스위치 설정을 통해 초기화하는 목록을 제시한다. 또 다른 예로, 그림 11-6은 호스트 시스템과 DAQ CPU 인터페이스 보드의 소통을 위한 DAQ 명령을 단축 표현으로 보여준다.

위 그림은 외부 시스템(호스트 액터)과 DAQ 시스템의 명령 인터페이스를 보여주며, 16개의 유스 케이스는 DAQ SRS의 요구 사항에 대응되는 것을 알 수 있다.[2]

11.2.2.2 컴포지션 뷰포인트

컴포지션 뷰포인트composition viewpoint는 시스템을 구성하는 주요 모듈 및 컴포넌트 목록을 제공하며, 기존 라이브러리에 존재하는 아이템이나 시스템에서 재활용할 수 있는 선행 설계 요소를 이용해 코드 재활용성을 높이는 것이 주목적이다.

컴포지션 뷰포인트에는 컴포지션 외에도 include, use와 일반화 등의 설계 개체가 포함되며, 설계 요소 간의 관련성을 현실화realization, 의존dependency, 집약aggregation, 구성composition, 일반화generalization 등의 방법으로 설명한다.

컴포지션 뷰포인트에 대한 이 같은 정의는 기존 IEEE Std 1016-1998 표준안을 따른 것이다.[3] 이들 중 상당 부분은 스트럭처 뷰포인트(11.2.2.8절 참조)에서 가져왔고, 나머지는 로지컬 뷰포인트(11.2.2.3절 참조)에서 가져온 것이다. 컴포지션 뷰포인트는 객체지향 분석 및 설계 기법이 만들어지기 훨씬 전, 프로시저와 함수로 대규모 라이브러리를 구성

---

2 실제 이 제품의 설계 문서에는 29개의 유스 케이스가 있다(http://www.plantation-productions.com/Electronics/DAQ/DAQ.html).

3 IEEE Std 1016-2009 표준에는 기존 1016-1998에서 사용되던 뷰포인트 요소가 다수 포함됐지만, 새로 설계 문서 작업을 할 때는 이들 구 버전의 뷰포인트 요소를 가급적 사용하지 않는 것이 좋으며, 최신 표준안인 IEEE Std 1016과 호환되는 요소만 사용하길 권한다.

해 사용하던 당시의 분위기를 반영한다.

현대 설계에서도 컴포지션 뷰포인트를 사용하지만, IEEE Std 1016-2009 표준안에 따라 시스템의 주요 요소를 설명하는 데 초점을 맞춘다. 그림 11-7은 컴포지션 뷰포인트 사례로서, DAQ 시스템을 워터다운^watered-down 컴포넌트 다이어그램으로 보여준다. 하지만 나는 저수준의 시스템 요소를 시각화하기 위해 만들어진 컴포넌트 다이어그램은 컴포지션 뷰포인트를 적절히 보여줄 수 있는 방법은 아니라고 생각한다. 컴포넌트 다이어그램에는 (필수 또는 제공) 인터페이스가 표시되는데, 이는 컴포지션 뷰포인트 측면에서 불필요한 요소다. 그럼에도 불구하고, 컴포지션과 컴포넌트라는 단어의 유사성 때문인지, 이와 같은 워터다운 UML 컴포넌트 다이어그램을 컴포지션 뷰포인트와 관련지어 설명하는 경우가 많다.

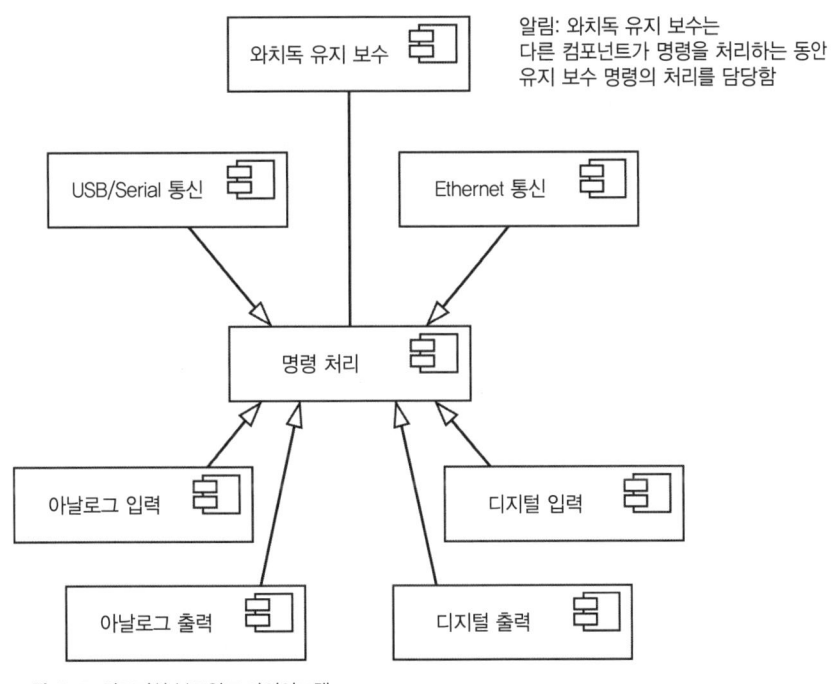

그림 11-7 컴포지션 뷰포인트 다이어그램

일부 엔지니어는 그림 11-8과 같이 컴포지션 뷰포인트를 나타내기 위해 컴포넌트 다이어그램과 배포 다이어그램(8장의 8.3절 '배포 다이어그램' 참조)을 조합해 사용하기도 한다.

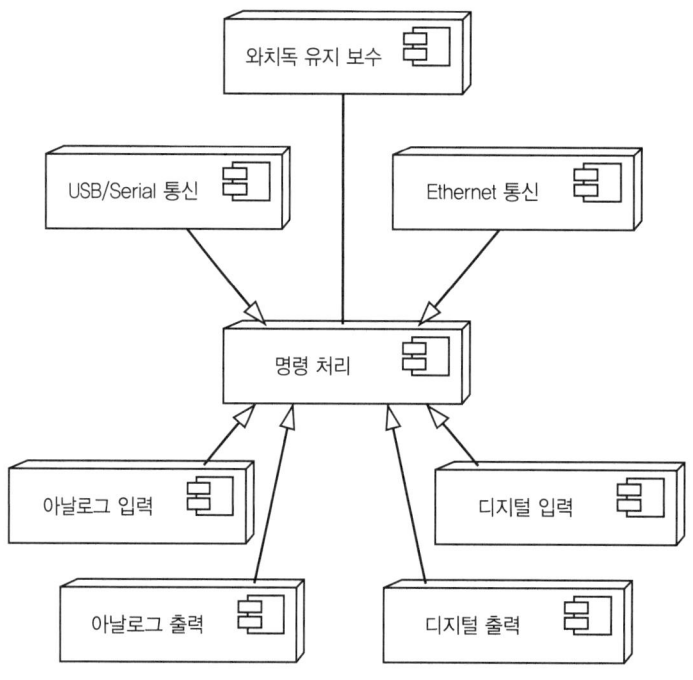

그림 11-8 배포/컴포넌트 다이어그램

위 다이어그램에서 노드는 하드웨어 아이템을 위한 것이 아닌, 대규모 시스템에 적합한 컴포넌트 심볼을 포함하고 있음을 알 수 있다. 이는 UML의 표준 다이어그램 작성 방법이 아니지만 SDD 작성 실무에서 자주 활용된다.

11.2.2.3 로지컬 뷰포인트

로지컬 뷰포인트logical viewpoint는 클래스, 인터페이스/프로토콜, 구조체 등, 설계에 사용된 기존의 데이터 타입과 새로운 데이터 타입, 그리고 (해당 타입의 인스턴스인) 객체에 대한 설명을 제공한다.

로지컬 뷰포인트의 주요 설명 요소는 클래스, 인터페이스, 데이터 타입, 객체, 객체 속성, 메소드, 객체 함수, 프로시저(서브루틴), 템플릿, 매크로, 네임스페이스 등과 같이 다양하다. 이들 요소는 이름, 가시성 타입, 값을 지니며, 각 개체에 맞는 제약 사항을 추가한다.

일반적으로 UML 클래스 다이어그램을 통해 로지컬 뷰포인트를 표현한다. 그림 11-9는 adcClass_t 클래스의 클래스 다이어그램이며, 그림 11-8의 아날로그 입력 모듈로 사용할 수 있다. 이와 같은 기본적인 클래스 다이어그램 외에 데이터 딕셔너리, 또는 텍스트를 이용해 이번 클래스의 모든 속성을 설명할 수 있다.

```
| adc_Class_t                              |
|------------------------------------------|
| -numBoards:int                           |
| +chPerBoard_c:int=4                      |
|------------------------------------------|
| +init( boards:int)                       |
| +readADC( ch:int, brd:int):int           |
| +setGain( ch:int, brd:int, gain:int)     |
```

그림 11-9 adc 클래스 다이어그램

로지컬 뷰포인트는 기본적인 클래스 다이어그램과 함께 (의존, 연관, 집합, 구성, 상속 등과 같은) 클래스 간의 관련성 또한 보여줄 수 있다. 이에 대한 자세한 내용은 6장의 6.5절 'UML 클래스의 관련성'에서 살펴볼 수 있다.

11.2.2.4 의존성 뷰포인트

컴포지션 뷰포인트처럼, 의존성 뷰포인트$^{\text{dependency viewpoint}}$ 또한 IEEE Std 1016-1998 표준안에 포함돼 있었지만 현재는 지원이 중단됐다. 현대적인 설계에서는 의존성 뷰포인트를 직접 사용하는 대신, 다른 로지컬 방식을 이용해 의존성을 설명하는 경우가 대부분이다. 그러나 의존성 뷰포인트를 꼭 사용해야 하는 경우가 있을 수 있고, 기존 SDD 문서에서 이들 내용을 볼 수 있으므로 의존성 뷰포인트의 개요를 간단히 소개한다.

SDD에서 의존성 뷰포인트는 설계 개체 간의 관련성과 상호 의존성을 설명하는 데 사용되며, 공유 정보, 인터페이스 파라미터화와 use, provide, require 등과 같은 조건 순서에 따른 실행 요소 등이 포함된다. 의존성 뷰포인트는 서브시스템, 컴포넌트, 모듈, 리소스 정의에 사용되며, IEEE Std 1016-2009 표준안은 UML 컴포넌트 다이어그램과 패키지 다이어그램을 이용해 의존성 뷰포인트를 시각화할 것을 권장한다. 이전 그림 11-8과 같이 배포 다이어그램과 컴포넌트 다이어그램을 결합해 (컴포넌트 요소 또는 서브시스템 요소 간의) 의존성 뷰포인트를 효과적으로 나타낼 수 있으며, 패키지 간의 의존성 관계는 그림 11-10과 같은 패키지 다이어그램을 이용해 효과적으로 나타낼 수 있다.

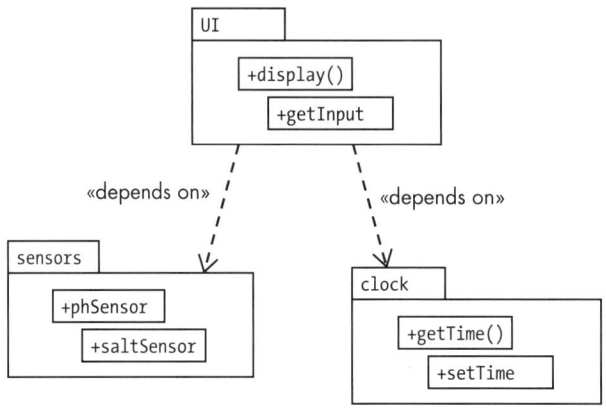

그림 11-10 패키지 간의 의존성

11.2.2.5 정보/데이터베이스 뷰포인트

정보/데이터베이스 뷰포인트^{information/database viewpoint}는 설계에 포함된 지속성 데이터를 설명하는 데 사용되며, 데이터 구조, 콘텐츠, 메타데이터 등이 정의된 클래스 다이어그램의 로지컬 뷰포인트와 유사하다. 정보 뷰포인트에는 데이터 접근 체계, 데이터 관리 전략, 데이터 저장 메커니즘 등에 대한 설명이 포함된다.

정보/데이터베이스 뷰포인트 또한 IEEE Std 1016-1998 표준안까지만 호환되며, 현대 설계 문서에서는 로지컬 뷰포인트나 다른 리소스 뷰포인트를 이용해 표현한다.

11.2.2.6 패턴 사용 뷰포인트

패턴 사용 뷰포인트^{patterns use viewpoint}는 프로젝트에 사용된 설계 패턴과 이에 포함된 재사용 컴포넌트를 설명한다. 이에 대한 추가 자료는 11.9절 '참고 자료'를 확인하길 바란다.

패턴 사용 뷰포인트는 UML 복합 구조, 클래스 다이어그램, 패키지 다이어그램을 조합해 표현하며, 패턴을 통해 생성된 객체를 설명하기 위해 다양한 관계성, 협력적 사용, 연결 객체 등을 사용한다. 패턴 사용 뷰포인트는 정형화된 표현 방식이 마련돼 있지 않으므로, SDD에서 여러분이 선택한 방식으로 자유롭게 표현할 수 있다.

11.2.2.7 인터페이스 뷰포인트

인터페이스 뷰포인트interface viewpoint는 설계로 제공되는 (API 등의) 서비스를 설명한다. 특히 SRS에는 별도의 요구 사항이 없는 인터페이스에 대한 설명이 추가되며, 서드 파티 라이브러리, 프로젝트의 다른 부분, 동일 부서에서 진행하는 다른 프로젝트에 대한 내용도 포함된다. 인터페이스 뷰포인트는 다른 프로그래머에게는 프로젝트 요소 간의 상호 작용 방법을 설명할 수 있는 로드맵과 같은 역할을 하게 된다.

IEEE Std 1016-2009는 인터페이스 뷰포인트를 표현할 때 UML 컴포넌트 다이어그램을 사용할 것을 권장한다. 그림 11-11은 DAQ 시스템의 디지털 I/O와 릴레이 출력(특수한 형태의 디지털 출력) 등, 두 개 컴포넌트의 상호 작용 방식을 보여준다.

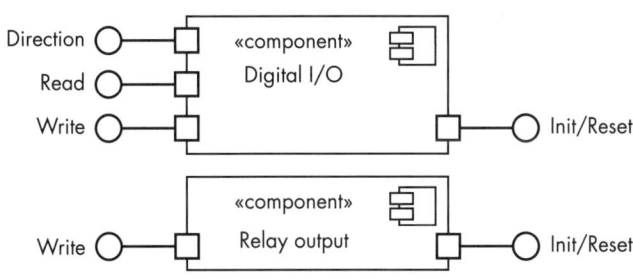

그림 11-11 인터페이스 뷰포인트 예시

인터페이스 뷰포인트에는 컴포넌트 다이어그램과 함께 데이터 타입, 함수 호출, 응답 지연, 입력 관련 제약 사항, 출력 범위 그리고 기타 주요 이슈 등, 시스템이 인터페이스 요소와 상호 작용하는 방식을 포함시켜야 한다. 예를 들어 Direction이라는 인터페이스를 구현한다면, 다음과 같은 정보를 포함할 수 있다.

Direction

Direction(ddir:*int*, port:*int*)

Direction 함수를 호출하면, 특정 디지털 I/O 포트(port = 0..95) 값을 입력 포트(ddir = 0인 경우) 또는 출력 포트(ddir = 1인 경우)로 설정한다.

Read라는 인터페이스를 구현한다면, 다음과 같이 작성한다.

Read

Read(port:int):int

　Read 함수를 호출하면, 디지털 입력 포트(port = 0..95) 값으로 현재 포트의 값(0 또는 1)을 반환한다.

인터페이스 뷰포인트 또한 기존 IEEE Std 1016-1998과 호환되는 일부 요소만 IEEE Std 1016-2009 표준안에 포함돼 있으므로, 여러분이 SDD를 작성할 때는 인터페이스 뷰포인트 대신에 컨텍스트 및 스트럭처 뷰포인트를 사용하길 바란다.

11.2.2.8 스트럭처 뷰포인트

스트럭처 뷰포인트structure viewpoint는 설계에 사용된 객체의 내부 구조 및 체계를 설명하며, 전체 설계를 개별 요소로 (재귀적으로) 세분화해 설명하는 컴포지션 뷰포인트의 현대적인 버전이라 할 수 있다. 스트럭처 뷰포인트는 큰 객체를 작은 요소로 분해해 설명하는 용도로 적합하며, 이 세분화된 요소들을 설계의 다른 부분에 어떻게 재활용할 것인지 결정할 때 유용하다.

스트럭처 뷰포인트는 UML 구조 다이어그램, 패키지 다이어그램, 클래스 다이어그램 등으로 시각화하며, 이들 다이어그램을 이용해 수영 풀 모니터(SPM) 시스템을 시각화한 결과는 그림 11-12, 11-13, 11-14와 같다.

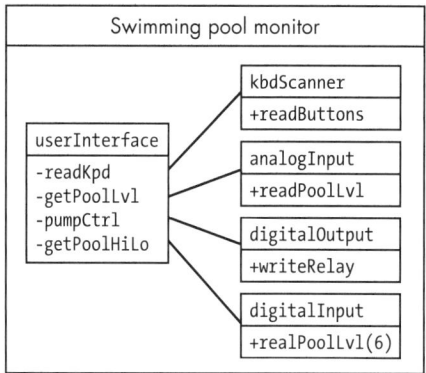

그림 11-12 SPM 복합 구조 다이어그램

SPM
userInterface
digital_IO
analog_IO
realTimeClk
temperature_conv
interrupt_handler
display_driver
I²C_Library

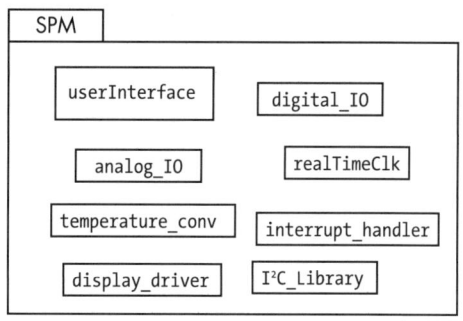

그림 11-13 SPM 패키지 다이어그램

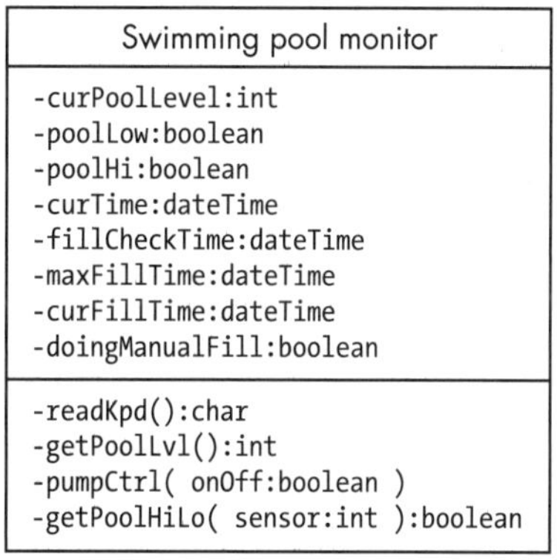

Swimming pool monitor
-curPoolLevel:int
-poolLow:boolean
-poolHi:boolean
-curTime:dateTime
-fillCheckTime:dateTime
-maxFillTime:dateTime
-curFillTime:dateTime
-doingManualFill:boolean
-readKpd():char
-getPoolLvl():int
-pumpCtrl(onOff:boolean)
-getPoolHiLo(sensor:int):boolean

그림 11-14 SPM 클래스 다이어그램

이를 통해 하나의 뷰포인트를 표현하는 데 여러 개의 다이어그램이 사용될 수 있다는 사실을 알 수 있다. 전형적인 스트럭처 뷰포인트를 표현하는 데는 다수의 복합 구조 다이어그램과 다수의 패키지 다이어그램, 그리고 다수의 클래스 다이어그램이 사용된다.

11.2.2.9 인터랙션 뷰포인트

인터랙션 뷰포인트interaction viewpoint는 소프트웨어에서 일어나는 다양한 동작을 정의하는 주요 뷰포인트 중 하나이며, 액티비티 다이어그램, 시퀀스 다이어그램, 협업 다이어그램 등과 같은 대부분의 인터랙션 다이어그램을 포함한다. 단, 상태 다이어그램은 상태 흐름 뷰포인트에 기록하므로 인터랙션 뷰포인트에서 제외한다. 이 밖에도, 인터랙션 뷰포인트에는 복합 구조 다이어그램, 패키지 다이어그램 등이 포함된다.

인터랙션 뷰포인트의 대표 사례는 11.6절 'SDD 작성 예시'에서 확인할 수 있다.

11.2.2.10 상태 흐름 뷰포인트

상태 흐름 뷰포인트$^{\text{state dynamics viewpoint}}$는 소프트웨어 시스템의 내부 작업 상태 흐름을 보여주며, UML 스테이트차트 다이어그램을 이용해 나타낸다(8장의 8.5절 '스테이트차트 다이어그램' 참조).

11.2.2.11 알고리즘 뷰포인트

알고리즘 뷰포인트$^{\text{algorithmic viewpoint}}$는 기존 IEEE 1016-1998 표준안에 포함된 요소로서, 시스템에 사용된 (플로우차트, Warnier/Orr 다이어그램, 모조 코드 등과 같은) 알고리즘을 설명한다. 알고리즘 뷰포인트와 관련된 내용 대부분은 Std 1016-2009에서 인터랙션 뷰포인트로 대체됐다.

11.2.2.12 리소스 뷰포인트

리소스 뷰포인트$^{\text{resource viewpoint}}$는 CPU 사용량, 메모리 사용량, 저장 공간, 주변 장치 사용량, 공유 라이브러리, 보안, 성능, 설계와 관련된 비용 문제 등과 같은 시스템 리소스의 이용 상황을 설명한다. 일반적으로 이들 리소스는 외적 설계 요소로 취급한다.

리소스 뷰포인트 또한 Std 1016-1998 표준안의 요소이며, 호환성 유지를 위해 Std 1016-2009에도 포함돼 있다. 새로운 설계 문서를 작성할 때는 리소스 뷰포인트 대신 컨텍스트 뷰포인트를 사용하길 바란다.

11.2.3 설계 뷰, 설계 오버레이, 설계 래셔널

IEEE Std 1016-2009 표준안은 SDD를 하나 혹은 그 이상의 설계 뷰로 조직화할 것을 권장한다. 즉, SDD에서 설계 뷰는 각종 설계 요소를 조직화하기 위한 기초 단위라 할 수 있으며, 시스템 설계와 관련해 작업 참여자, 설계자, 프로그래머 등을 위한 다양한 관점을 제공하고, 다양한 설계 뷰포인트로 표현된 설계안이 어떤 방식으로 요구 사항을 구현하게 되는지 설명한다.

완벽한 SDD는 모든 요구 사항(또는 설계 고려 사항)을 최소 하나 이상의 설계 뷰로 구현한 것으로, 연관 설계 뷰포인트의 모든 개체와 관련성을 낱낱이 설명하고 모든 제약 사항을 설계안에 반영한 것이어야 한다. 즉, SDD는 11.2.2절에서 살펴본 '설계 뷰포인트와 설계 요소'에 포함된 다양한 다이어그램 및 텍스트 설명을 통해 모든 요구 사항을 빠짐없이 설명해야 한다.

또한 일관성 있는 SDD란, 설계 뷰에 포함된 요소 간에 상충되는 부분이 없는 경우를 말한다. 예를 들어 클래스 다이어그램에서 hasValue라는 속성 필드가 boolean 타입이라고 설명했는데, 액티비티 다이어그램에서 해당 필드를 string 타입으로 표시했다면 일관성이 결여된 것이다.

11.2.3.1 설계 뷰와 설계 뷰포인트의 비교

설계 뷰와 설계 뷰포인트는 일대일 관계를 맺는다. 그림 11-15를 보면, 연관 링크는 설계 뷰의 내용이 설계 뷰포인트의 내용에 정확하게 부합하며 하나의 설계 뷰포인트는 정확하게 하나의 설계 뷰에 의해 통제됨을 알 수 있다.

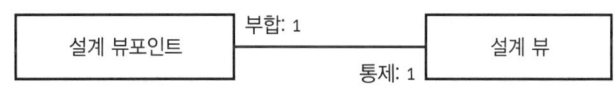

그림 11-15 설계 뷰와 설계 뷰포인트

그렇다면 설계 뷰와 설계 뷰포인트 간에는 어떤 차이가 있는 것일까? 먼저 설계 뷰는 설계할 때 일반적으로 고려해야 할 (그래프 또는 텍스트 형식의) 실질적인 정보를 의미하는 것이다. 반면에 설계 뷰포인트는 여러분이 설계하려는 관점을 설명하기 위한 것이며, IEEE 권장안은 설계 뷰포인트를 컨텍스트 뷰포인트 또는 인터랙션 뷰포인트와 같은 것으로 설명한다. 설계 뷰포인트는 실제 설계 뷰는 아니지만, 뷰를 설명하기 위한 형식과 같은 것이다. 뷰와 뷰포인트 섹션 목차는 여러분이 사용하는 SDD의 체계를 반영해 다음과 같은 형식으로 작성할 수 있다.[4]

---

4 내가 인터넷에서 찾은 거의 모든 SDD 예제의 경우, 설계 뷰포인트와 설계 뷰가 하나의 섹션에 결합돼 있었다. 그중 나름의 차별화를 시도하기 위해 설계 뷰 섹션에서는 간단한 개요를 설명하고 뷰포인트 섹션에서는 실제 뷰 목록을 제시하는 방법도 있었다. 나는 어느 쪽이 낫다고 판단하기 어려우며, IEEE Std 1016-2009는 이 부분에 대해 다소 모호한 입장이다.

1 뷰포인트 #1
  1.1 뷰포인트 #1 명세(11.2.2절 참조)
  1.2 뷰 #1
2 뷰포인트 #2
  2.1 뷰포인트 #2 명세
  2.2 뷰 #2
3 뷰포인트 #3
  3.1 뷰포인트 #3 명세
  3.2 뷰 #3
4 기타

이처럼 뷰와 뷰포인트를 조직화해 작성하는 이유는 간단하다. 뷰포인트는 서로 다른 관점을 가진 작업 참여자를 위한 것이며, 이와 같은 문서 구조를 통해 SDD의 여러 섹션 중 본인이 관심을 가진 부분만 신속하게 접근할 수 있도록 하기 위한 것이다.

위 목차에서 각 뷰가 하나의 다이어그램 또는 텍스트 설명과 대응되는 것은 아니며, 하나의 뷰는 다수의 UML 다이어그램과 이와 관련된 텍스트 설명으로 구성되는 경우가 많다. 예를 들어 다수의 클래스를 결합해 하나의 다이어그램에 표현하는 것이 어렵지 않다면, 로지컬 뷰포인트에 다수의 클래스 다이어그램을 포함시킬 수 있다. 다수의 클래스를 하나의 다이어그램에 표현한 뒤에는 이를 좀 더 쉽게 알아볼 수 있도록 클래스 다이어그램을 논리 구조에 따라 수정한다. 그런 다음, 클래스 다이어그램 외에 이들 클래스의 속성 등과 같은 멤버를 설명하는 텍스트도 추가한다. 하나의 방대한(수십 페이지 분량의) 클래스 다이어그램에 매우 긴(다시 수십 페이지 분량의) 텍스트 설명을 추가하는 방식보다는 하나의 그림 영역에 소수의 클래스 다이어그램을 그리고 관련 속성에 대한 간략한 텍스트 정보를 추가한 뒤 이를 템플릿화해 다른 클래스 설명에도 반복적으로 사용하는 것이 바람직하다.

11.2.3.2 설계 오버레이

설계 오버레이$^{design\ overlay}$는 뷰의 '예외 규정$^{escape\ clause}$'이다. 그림 11-16과 같이 설계 뷰

는 설계 오버레이에 부합해야 하며, 역으로 말하면 설계 오버레이가 설계 뷰를 통제한다. 예를 들어, 여러분이 로지컬 뷰포인트를 작성한 뒤 좀 더 명확한 설명을 위해 인터랙션 다이어그램을 추가하고 싶다면 설계 오버레이를 사용하면 된다.

설계 오버레이는 다음과 같이 뷰와 뷰포인트 구조를 변경한다.

1 뷰포인트 #1
   1.1 뷰포인트 #1 명세
   1.2 뷰 #1
   1.3 오버레이 #1
   1.4 오버레이 #2
   1.5 기타
2 기타

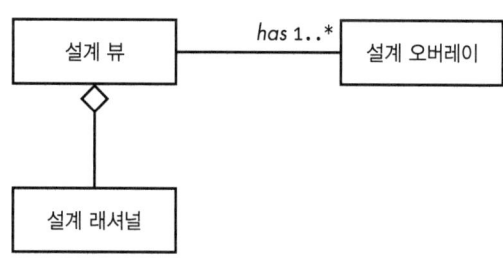

그림 11-16 설계 뷰, 설계 오버레이, 설계 래셔널의 관계

설계 오버레이는 (뷰포인트와 혼동되지 않도록) 명확하게 나타내고, 유일무이한 이름을 사용하며, 오직 하나의 뷰포인트와 연결돼야 한다.

설계 오버레이의 장점 중 하나는 서로 다른 설계 언어를 혼합해 사용할 수 있다는 것이다. 즉, 기존의 설계 언어가 해당 뷰포인트를 설명하기에 부족할 때 다른 설계 언어를 통해 이를 보완할 수 있다. 또한 새로운 뷰포인트를 추가하지 않고, 기존 뷰를 확장할 때도 설계 오버레이를 사용할 수 있다(대신 많은 추가 작업이 필요하긴 하다).

11.2.3.3 설계 래셔널

설계 래셔널^{design rationale}은 설계의 목적을 설명하고 다른 작업 참여자에게 설계의 정당성을 설파하기 위해 작성한다. 일반적으로 설계 래셔널은 설계 문서 전반에 걸쳐 주석 및 부연 설명 형식으로 제공되며, 설계에 대한 잠재적인 고려 사항, 설계와 관련된 다른 의견과 상충 요소, 이와 같은 결정이 내려질 수밖에 없었던 이유와 그에 따른 논쟁, 시제품 구현 또는 제품 개발 과정에서 있었던 변경 사항 등이 포함된다. 그림 11-16은 설계 래셔널과 설계 뷰의 관련성을 보여준다(집합 기호는 설계 뷰의 일부로서 추가된 설계 래셔널 주석을 의미한다).

11.2.4 IEEE Std 1016-2009 개념 모델

그림 11-17 및 11-18은 SDD의 개념 모델 다이어그램과 IEEE Std 1016-2009 표준안의 설계 요소를 보여준다.[5]

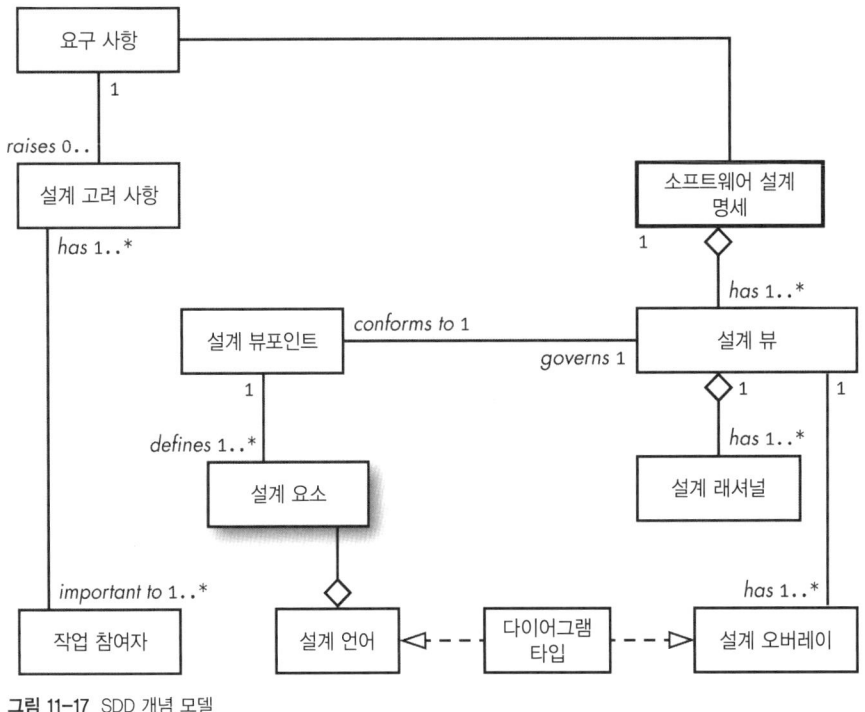

그림 11-17 SDD 개념 모델

---

5   독자의 이해를 돕기 위해 실제 표준안보다 좀 더 간소하게 표현했다.

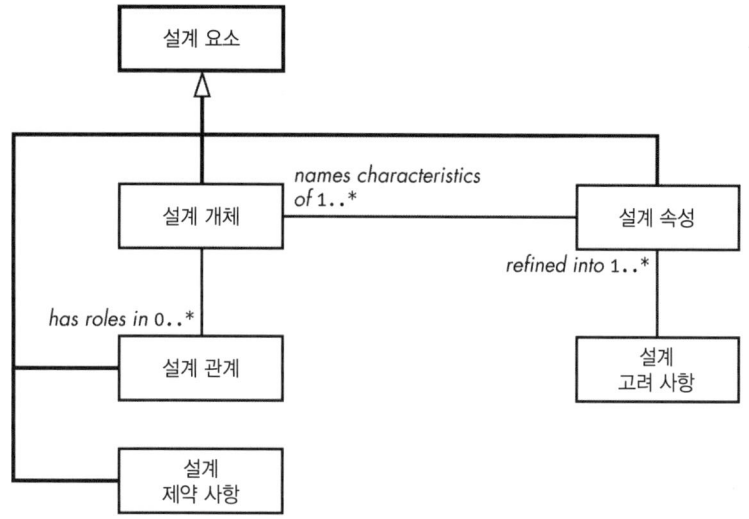

그림 11-18 SDD 설계 요소 개념 모델

11.3 SDD 필수 콘텐츠

SDD는 다음과 같은 내용을 반드시 포함해야 한다(IEEE Std 1016-2009 표준안 기준).

- SDD 식별 정보
- 설계 작업 참여자 목록
- (제품 요구 사항을 토대로 한) 설계 고려 사항
- 하나 혹은 그 이상의 설계 뷰포인트(하나의 설계 뷰에 정확히 하나의 설계 뷰포인트 대응)
- 하나 혹은 그 이상의 설계 뷰(다양한 UML 다이어그램에 대체적으로 대응하도록 작성)
- 설계 오버레이
- 설계 래셔널(IEEE 표준안은 최소한 설계 목적은 명시할 것을 권장)

11.3.1 SDD 식별 정보

SDD는 (최소한) 다음과 같은 식별 정보를 포함해야 한다(순서 변경 가능).

- 작성일
- 현재 상태
- 목적 및 범위
- 작성 기관
- 작성자(저작권 정보 포함)
- 참고 문서
- 작성 배경
- 설계 뷰포인트 작성에 적용된 설계 언어 설명
- 본문
- 정리
- 단어장
- 변경 이력

대부분의 식별 정보는 미리 만들어진 템플릿 형식으로 작성한다(날짜 외에는 각 부서별 전용 SDD 템플릿의 내용을 그대로 복사해 사용하는 경우가 많다). 이들 식별 정보는 하나의 SDD에서 다른 SDD로 이전되면서 (날짜, 작성자, 변경 이력 등의) 내용이 바뀌기도 하지만, 대부분의 내용은 다수의 SDD 문서에서 거의 그대로 사용되며, SDD는 식별 정보를 이용해 다른 문서의 도움 없이 독립적으로 활용할 수 있다.

11.3.2 설계 작업 참여자와 설계 고려 사항

SDD에는 프로젝트의 요구 사항과 설계 고려 사항을 작성하는 데 기여한 모든 사람의 이름이 기록되며, SDD에 기록되지 않은 설계 래셔널에 대한 문제 제기가 있거나 특정 설계 고려 사항이 어떤 사람에 의해 작성됐는지 알아야 할 경우 설계 작업 참여자 목록은 중요한 역할을 한다.

11.3.3 설계 뷰, 설계 뷰포인트, 설계 오버레이, 설계 래셔널

설계 뷰, 설계 뷰포인트, 설계 오버레이, 설계 래셔널은 SDD 본문의 주요 내용이 된다.

11.4 SDD 추적 가능성 및 태그

이번 11장에서는 SDD의 설계 요소와 관련된 SRS 요구 사항을 찾거나 RTM을 통해 다른 시스템 문서를 참조하는 방법을 설명하지 않았다(9장의 9.2절 '변경 이력 추적 기능' 참조). 지난 9장에서 살펴본 것처럼, 태그는 문서 내에서 설계와 관련된 내용을 추적하기 위한 요소다. SDD에서 태그는 *proj_SDD_xxx*의 형식으로 작성하며, *proj*는 프로젝트 이름 식별자, *xxx*는 순번을 나타낸다(9장의 9.2.2.3절 'SDD 태그' 참조). 이와 같은 형식을 사용하기로 했다면, 여러분은 유일무이한 SDD 태그가 될 수 있도록 순번을 부여하고 SDD 문서 내 어느 위치에 이들 태그를 추가할지 결정하면 된다.

SRS 요구 사항은 설계 고려 사항과 직접 (일대일) 대응되므로, 작업자는 SDD 태그를 각 설계 고려 사항마다 부여해야 하는지 고민할 수 있다. 그러나 설계 뷰가 SDD의 주요 내용이고 설계 고려 사항은 설계 뷰에 다대일로 대응되므로, 설계 뷰 또는 뷰포인트에 SDD 태그를 추가하는 것이 좋은 방법이다(설계 뷰와 설계 뷰포인트는 일대일 대응 관계다). RTM은 요구 사항을 설계 요소에 일대일 또는 다대일로 매핑해야 할 때, 그리고 다대다 매핑을 최소화하려 할 때 매우 큰 도움이 된다.

실무적으로, 하나의 설계 뷰는 여러 개의 이미지 및 설명 요소로 분해할 수 있다. 하나의 설계 고려 사항과 이미지 및 설명 요소를 연결하려 할 때는 설계 뷰의 개별 요소에 SDD 태그를 부여하면 된다. 이 경우 하나의 설계 고려 사항은 하나의 설계 뷰에 있는 여러 개의 요소에 매핑되기 때문에 (역추적이 어려운) 다대다 관계가 많이 만들어질 수 있으므로 주의한다.[6]

---

6 모든 설계 요소에 태그를 부여한 경우, 설계 뷰에서 설계 고려 사항과 설계 요소 간에 다대다 관계가 만들어지더라도 잘 못된 것은 아니다. 그러나 방대한 문서의 역추적을 위한 RTM은 이미 충분히 복잡한 상태이며, 다대다 관계는 RTM을 더욱 복잡하게 만들 수 있으므로 주의한다.

11.5 SDD 개요 제안

IEEE Std 1016-2009 표준안 중에서 Annex C는 요구 콘텐츠에 부합하는 SDD 개요 제안suggested outline을 제공한다(11.3절 'SDD 필수 콘텐츠' 참조). 이때 개요란 다름 아닌 요구 사항이며, 여러분이 원하는 방식으로 SDD를 조직화하고 이들 요구 콘텐츠를 포함하고 있다면 문제없는 개요 제안이라 할 수 있다. 다음은 IEEE의 개요 제안 내용을 일부 수정한 버전이다.[7]

1   표제화
     1.1   목차
     1.2   작성일 및 상태
     1.3   작성 기관
     1.4   저자 및 저작권
     1.5   변경 이력
2   서론
     2.1   목적
     2.2   범위
     2.3   시청자
     2.4   작성 배경
     2.5   개요/요약
3   용어 정의, 두문자어, 축약어
4   참조 문서
5   단어장
6   본문
     6.1   작업 참여자와 설계 고려 사항
     6.2   설계 뷰포인트 1
          6.2.1   설계 뷰 1

---

[7] 문서의 명료성과 SRS 가이드라인과의 일관성을 고려해 일부 내용을 수정했다(10장의 10.3절 '시스템 요구 사항 명세서' 참조).

　　　　6.2.2　(선택적 적용) 설계 오버레이 1
　　　　6.2.3　(선택적 적용) 설계 래셔널 1
　　6.3　설계 뷰포인트 2
　　　　6.3.1　설계 뷰 2
　　　　6.3.2　(선택적 적용) 설계 오버레이 2
　　　　6.3.3　(선택적 적용) 설계 래셔널 2
　　6.4　설계 뷰포인트 n
　　　　6.4.1　설계 뷰 n
　　　　6.4.2　(선택적 적용) 설계 오버레이 n
　　　　6.4.3　(선택적 적용) 설계 래셔널 n
7　(선택적 적용) 색인

11.6 SDD 작성 예시

다음은 SDD의 모든 기본 요소를 포함해 간소하게 작성한 예시 문서다. 이번 SDD 예시에는 유스 케이스 및 요구 사항 예시 문서가 모두 포함됐다(10장의 10.6절 '유스 케이스' 참조). 특히, 이번 SDD는 플랜테이션 프로덕션의 데이터 획득 및 제어(DAQ) 시스템과 초기화를 위한 DIP 스위치 설계를 설명한다.

1　플랜테이션 프로덕션 DAQ DIP 스위치 제어

　　1.1　목차
　　　　[지면 관계상 생략]

　　1.2　작성일 및 상태
　　　　2018년 3월 18일 최초 작성
　　　　현재 상태: 완료

　　1.3　작성 기관
　　　　플랜테이션 프로덕션사Plantation Productions, Inc.

1.4 작성자 및 저작권

작성자: 랜달 하이드[Randall L. Hyde]

저작권: 2019년, 플랜테이션 프로덕션사

1.5 변경 이력

2019년 3월 18일: SDD 초판 작성

2 서론

2.1 목적

플랜테이션 프로덕션의 DAQ 시스템은 산업용 및 과학용 시스템의 아날로그 및 디지털 I/O를 위한 디지털 데이터 획득 및 제어 시스템이다.

소프트웨어 설계 명세서(SDD)는 DAQ 시스템의 DIP 스위치 초기화 컴포넌트를 설명한다. SDD를 작성하는 기본 취지는 소프트웨어 요구 사항 명세서(SRS)를 이용해 DIP 스위치 제어 기능을 구현하려는 개발자의 목적을 달성하도록 하는 것이다.

2.2 범위

이 문서는 (지면 관계상) DAQ 시스템의 DIP 스위치 설계만 설명한다. 전체 SDD를 확인하려면, 다음 링크를 확인한다.

http://www.plantation-productions.com/Electronics/DAQ/DAQ.html

2.3 독자

이번 SDD의 예상 독자: 이 문서는 이 설계를 구현하려는 소프트웨어 개발자, 구현에 앞서 설계를 리뷰하려는 설계 작업 참여자, 그리고 소프트웨어 테스트 케이스(STC) 및 소프트웨어 테스트 프로시저(STD) 작성자를 위해 작성됐다.

이번 SDD의 실제 독자: 이 문서는 이 책(『Write Great Code』 시리즈 3편)의 독자에게 SDD 예시를 제공하기 위해 작성됐다.

2.4 작성 배경

플랜테이션 프로덕션의 DAQ 시스템은 엔지니어가 잘 문서화된 디지털 데이터 획득 및 제어 시스템을 통해 안전이 극도로 중요시되는 핵융합 연구용 원자로와 같은 시스템을 효과적으로 구현하도록 만들어졌다. 시중에는 이미 다수의 유사 시스템이 출시돼 있지만, 기존 제품은 다음과 같은 주요 단점을 지니고 있다. 기존 시스템 중 상당수는 이미 (구매 후 수정 또는 변경이 어려운 수준으로) 특허권의 보호를 받고 있으므로, 5~10년 이내에 노후화돼 수리 또는 교체가 불가능해질 수 있다. 또한 (SRS, SDD, STC, STP 등과 같은) 문서화 수준이 낮은 관계로, 엔지니어는 완성된 시스템의 검토 및 검증 작업에서 어려움을 겪을 수 있다.

DAQ 시스템은 오픈 하드웨어와 오픈 소프트웨어를 통해 이러한 단점을 극복했으며, 풍부한 문서를 통해 안전 시스템의 검증 및 검토 작업을 지원한다. 당초에 DAQ 시스템은 핵융합 연구용 원자로를 위해 설계됐으나, (TTL-레벨의) 디지털 I/O, 광학 격리식 디지털 입력, 기계식 및 반도체 릴레이 디지털 입력(격리식 및 조건식), 아날로그 입력(±10v, 4-20mA), 그리고 조건식 아날로그 출력(±10v) 등을 지원하는 Ethernet 기반 제어 시스템에서도 제 기능을 발휘한다.

2.5 개요/요약

이 문서의 나머지 부분은 다음과 같은 구조로 작성됐다.

섹션 3 소프트웨어 설계
    섹션 3.1 작업 참여자와 설계 고려 사항
    섹션 3.2 컨텍스트 뷰포인트와 전반적 아키텍처
    섹션 3.3 로지컬 뷰포인트와 데이터 딕셔너리
    섹션 3.4 인터랙션 뷰포인트와 제어 흐름
섹션 4 색인[8]

---

8 색인은 지면 관계상 생략한다. 이번 SDD 예시에서는 색인이 들어갈 위치를 설명하는 용도로만 사용한다.

3 용어 정의, 두문자어, 축약어

용어	정의
DAQ	데이터 획득 시스템(data acquisition system)
SBC	싱글 보드 컴퓨터(single-board computer)
SDD(Software Design Description)	소프트웨어 시스템의 설계 문서화(IEEE Std 1016-2009 표준안을 따름)
SRS(Software Requirements Specification)	소프트웨어 필수 요구 사항(기능, 성능, 설계 제약 사항, 각종 속성) 및 외부 인터페이스 문서화(IEEE Std 610.12-1990 표준안을 따름)
SyRS(System Requirements Specification)	시스템 요구 사항이 반영된 구조화된 정보 집합(IEEE Std 1233-1998) 시스템이나 서브시스템의 설계 토대와 개념적 설계에 관련된 요구 사항 명세서

4 참조 문서

참조	내역
IEEE Std 830-1998	SRS 문서화 표준
IEEE Std 829-2008	STP 문서화 표준
IEEE Std 1012-1998	소프트웨어 검토 및 검증 표준
IEEE Std 1016-2009	SDD 문서화 표준
IEEE Std 1233-1998	SyRS 문서화 표준

5 단어장

DIP: 듀얼 인라인 패키지$^{dual\ inline\ package}$

6 소프트웨어 설계

6.1 작업 참여자와 설계 고려 사항

DAQ DIP 스위치 설계 작업 참여자는 플랜테이션 프로덕션사$^{Plantation\ Productions,\ Inc}$와 랜달 하이드$^{Randall\ Hyde}$이다. 주요 설계 고려 사항은 SDD의 적절한 작성 예시를 제공함과 동시에 『Write Great Code』 시리즈 3편용 설계 제약 사항을 고려한 간소한 SDD를 작성하는 것이다. 부수적인 설계 고려 사항은 SRS에서 설명하고 있는 모든 DAQ DIP 스위치 시스템의 요구 사항을 반영하는 것이다(10장의 10.8절 'SRS에 기초한 DAQ 소프트웨어 요구 사항 작성' 참조).

6.2 컨텍스트 뷰포인트와 전반적 아키텍처

DAQ 컨텍스트 뷰포인트는 사용자와 시스템 간에 존재하는 기능적인 측면을 설명한다.

이름/태그: DAQ_SDD_001

작성자: 랜달 하이드[Randall Hyde]

사용된 설계 요소: 이 뷰포인트에는 시스템 인터페이스를 설명하기 위한 유스 케이스, 액터(호스트 PC와 최종 사용자), 노드, 컴포넌트, 패키지가 포함된다.

요구 사항/설계 고려 사항:[9]

DAQ_SRS_700_000

DAQ_SRS_701_000

DAQ_SRS_704_000

DAQ_SRS_707_000

DAQ_SRS_723_000.1

6.2.1 컨텍스트 뷰[10]

DAQ 시스템 펌웨어는 DAQ_IF(DAQ 인터페이스) 보드에 연결된 Netburner MOD54415 SBC에서 실행된다. 최종 사용자는 DAQ 인터페이스와 호스트 PC로 연결되는 방식을 초기화하기 위해 DIP 스위치를 설정할 수 있다. 호스트 PC는 RS-232 시리얼, USB, 또는 Ethernet을 통해 DAQ 시스템과 통신할 수 있다(그림 11-19 참조). 이 설계는 maintPrintf, serialTaskInit, usbTaskInit, ethernetTaskInit, readDIPSwitches 함수를 위한 기존의 라이브러리 루틴을 사용한다.

---

[9] 요구 사항 목록은 SRS 명세서 내용과의 일치 여부를 확인하기 위한 설계 검증 및 검토 작업에도 활용된다. 리뷰 담당자는 SRS의 요구 사항 목록과 컨텍스트 뷰의 내용을 하나씩 대조해 일치 여부를 확인한다.

[10] 앞서 설계 뷰를 자세히 살펴봤으므로, 컨텍스트 뷰를 언급하되 여기서는 설계 뷰의 작성 방식까지 설명하지는 않는다.

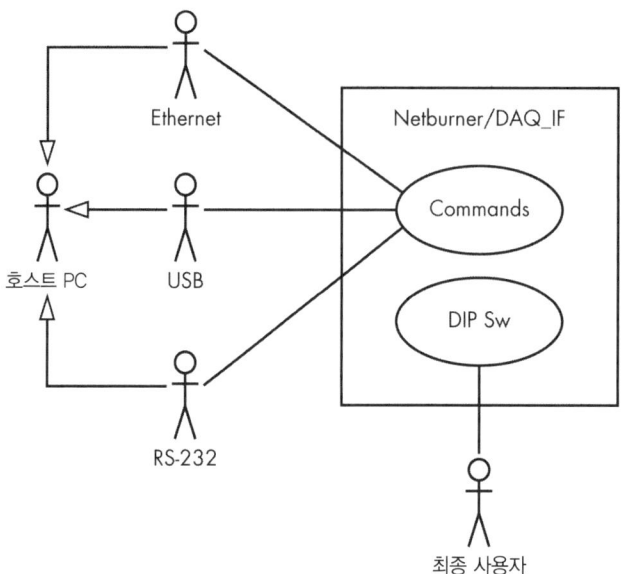

그림 11-19 샘플 컨텍스트 뷰 예시

6.2.2 컴포넌트/배포 오버레이

아래 설계 오버레이는 배포 다이어그램과 컴포넌트 다이어그램의 조합을 통해 컨텍스트 뷰에 대한 또 다른 측면을 보여준다. 그림 11-20은 시스템의 물리적 컴포넌트와 내부 연결 방식을 보여준다.[11]

---

11 최소한, 이번 SDD에 중요한 컴포넌트다.

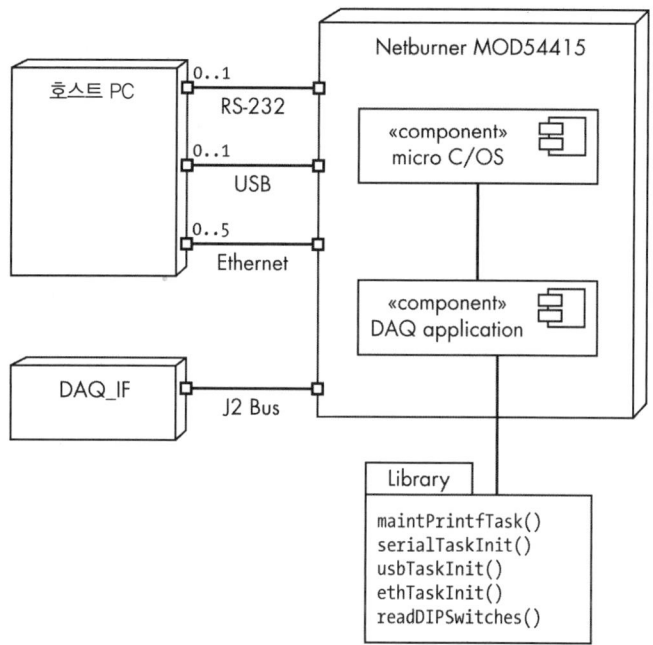

그림 11-20 설계 오버레이 다이어그램 예시

6.2.3 (선택적 적용) 설계 래셔널

이 뷰포인트는 사용자가 DAQ 시스템을 어떤 호스트 PC와 연결해 제어할 수 있는지 보여준다.

6.3 로지컬 뷰포인트와 데이터 딕셔너리

이름/태그: DAQ_SDD_002

작성자: 랜달 하이드^{Randall Hyde}

사용된 설계 요소: 이 뷰포인트는 이번 애플리케이션의 데이터 스토리지 구현에 필요한 단일 클래스 다이어그램을 제공한다.

요구 사항/설계 고려 사항:

DAQ_SRS_723_000.2

노트 | 실제 애플리케이션에서는 DIP 스위치 설정값을 저장하기 위해 실제 클래스 대신 전역 변수(global variable)를 사용하는 것이 나을 수 있다.

6.3.1 DIP 스위치 변수

DAQ (DIP 스위치) 애플리케이션의 데이터 스토리지에 대한 요구 사항은 매우 간단하다. 그림 11-21은 데이터 스토리지와 관련된 12개의 전역 변수 목록을 보여준다(SDD에서는 globals라는 제목 아래에 작성함).

이름	설명
dipsw_g	DIP 스위치 값을 포함한 8비트 배열(바이트 단위로 저장)
serialEnable_g	RS-232 통신이 활성화된 경우, true로 설정
USBEnabled_g	USB 통신이 활성화된 경우, true로 설정
ethEnabled_g	Ethernet 통신이 활성화된 경우, true로 설정
ethMultClients_g	false일 경우 하나의 Ethernet 클라이언트 접속만 허용하고, true일 경우 다섯 개의 클라이언트 접속을 허용함
ethernetDipSw_g	dipsw_g[5]에는 비트 0, dipsw_g[6]에는 비트 1 (0..3)
unitTestMode_g	작업이 유닛 테스트 모드인 경우, true로 설정
debugMode_g	maintPrintf() 함수가 COM1에 출력하는 경우 true로, maintPrintf()가 비활성화된 경우 false로 설정
ethernetAdrs_g	IP 주소 저장(주소 범위: 192.168.2.70 - 192.168.2.73)
maxSockets_g	ethEnabled_g와 ethMultClients_g의 값에 따라 0, 1, 또는 5로 설정
slots_g	최대 다섯 개의 활성화된 Ethernet 소켓에 대한 파일 설명 저장
slot_g	slots_g의 색인
maintPrintfTask()	maintPrintf() 작업으로 시작되는 외부 함수(디버그 출력 처리)
serialTaskInit()	RS-232 명령 수신 작업으로 시작되는 외부 함수
usbTaskInit()	USB 명령 수신 작업으로 시작되는 외부 함수
ethTaskInit()	Ethernet 명령 수신 작업으로 시작되는 외부 함수 (이들 스레드 중 최대 다섯 개는 동시적으로 실행 가능)

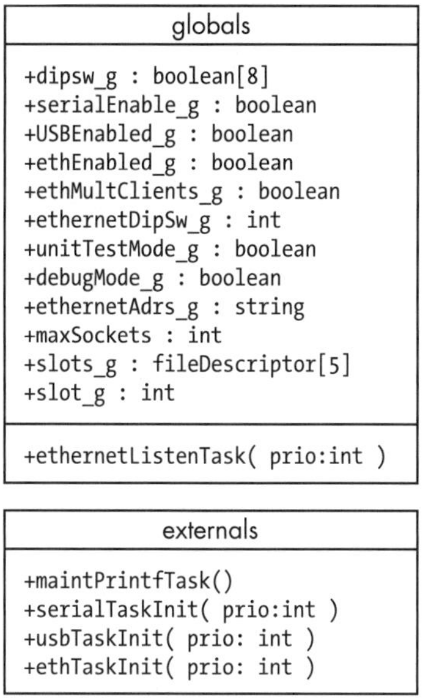

```
                globals
+dipsw_g : boolean[8]
+serialEnable_g : boolean
+USBEnabled_g : boolean
+ethEnabled_g : boolean
+ethMultClients_g : boolean
+ethernetDipSw_g : int
+unitTestMode_g : boolean
+debugMode_g : boolean
+ethernetAdrs_g : string
+maxSockets : int
+slots_g : fileDescriptor[5]
+slot_g : int

+ethernetListenTask( prio:int )
```

```
                externals
+maintPrintfTask()
+serialTaskInit( prio:int )
+usbTaskInit( prio: int )
+ethTaskInit( prio: int )
```

그림 11-21 DAQ 글로벌 개체

6.3.2 설계 오버레이

[해당 사항 없음]

6.3.3 설계 래셔널

Netburner의 dipswitches 함수 읽기 작업 결과, 단일 8비트 배열에 여덟 개의 바이트 값이 저장되므로 이 로지컬 뷰는 일련의 전역 변수 대신 클래스 다이어그램을 사용한다. 여덟 개의 바이트 값을 하나의 클래스 필드로 처리하면 다양한 형식으로 변환할 수 있으며, 이를 위해 해당 비트만 제외시키는 연산을 수행하면 된다.

6.4 인터랙션 뷰포인트와 제어 흐름

이름/태그: DAQ_SDD_003

작성자: 랜달 하이드[Randall Hyde]

사용된 설계 요소: 이 뷰포인트는 프로그램의 제어 흐름(그리고 값의 계산 방식)을 보여주기 위해 몇 개의 액티비티 다이어그램을 사용한다.

요구 사항/설계 고려 사항:
- DAQ_SRS_702_000
- DAQ_SRS_702_001
- DAQ_SRS_702_002
- DAQ_SRS_703_000
- DAQ_SRS_703_001
- DAQ_SRS_705_000
- DAQ_SRS_705_001
- DAQ_SRS_705_002
- DAQ_SRS_706_000
- DAQ_SRS_706_001
- DAQ_SRS_708_000
- DAQ_SRS_709_000
- DAQ_SRS_710_000
- DAQ_SRS_711_000
- DAQ_SRS_712_000
- DAQ_SRS_716_000
- DAQ_SRS_716_001
- DAQ_SRS_716_002
- DAQ_SRS_716.5_000
- DAQ_SRS_717_000
- DAQ_SRS_718_000
- DAQ_SRS_718_001
- DAQ_SRS_719_000
- DAQ_SRS_720_000
- DAQ_SRS_721_001
- DAQ_SRS_721_002
- DAQ_SRS_723_000

DAQ_SRS_723_000

DAQ_SRS_723_000

DAQ_SRS_723_000.2

DAQ_SRS_726_000

DAQ_SRS_727_000

DAQ_SRS_728_000

DAQ_SRS_737_000

DAQ_SRS_738_000

DAQ_SRS_738_001

DAQ_SRS_738_002

6.4.1 설계 뷰

이번 인터랙션 뷰포인트를 위한 설계 뷰는 UML 액티비티 다이어그램(플로우차트)을 이용해 애플리케이션의 제어 흐름을 보여준다(그림 11-22, 11-23, 11-24 참조).

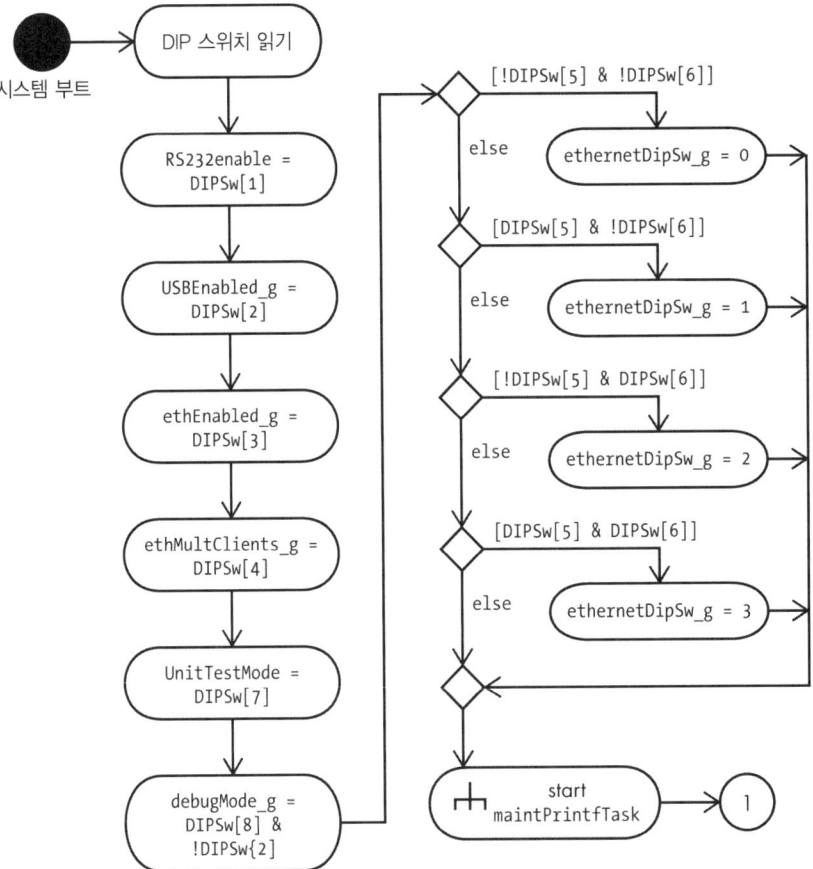

그림 11-22 액티비티 다이어그램: DIP 스위치 읽기

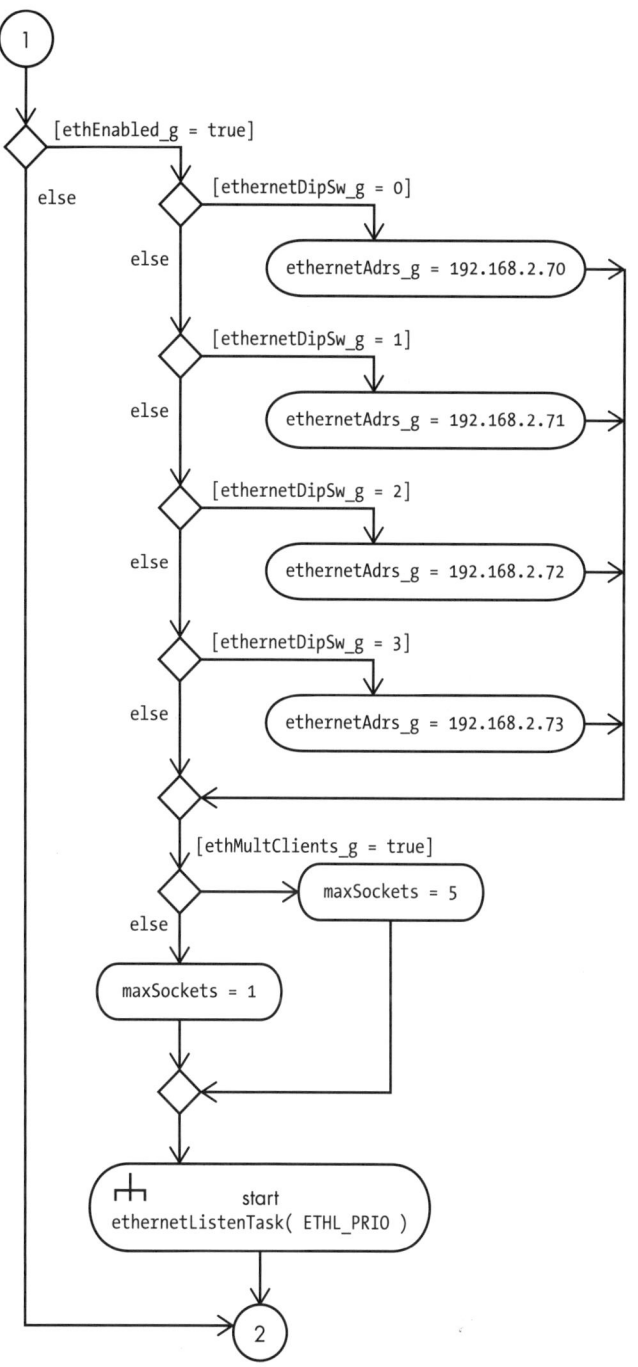

그림 11-23 액티비티 다이어그램 연속성 #1

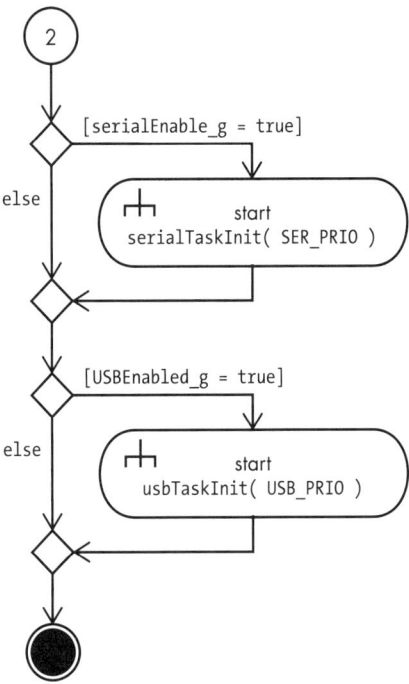

그림 11-24 액티비티 다이어그램 연속성 #2

serialTaskInit() 및 usbTaskInit() 함수는 외부 라이브러리 코드다. 이들 함수는 그림 11-25와 같이 ethernetListenTask 통신 임무를 시작해 RS-232 및 USB 통신을 처리한다.

ethTaskInit() 함수 또한 외부 라이브러리 코드이며, 호스트가 종료시키기 전까지 Ethernet 연결 상태를 유지한다. 종료 시점이 되면 ethernetListenTask 작업은 해당 슬롯의 값을 0으로 설정하고, 해당 작업(스레드)을 종료시킨다. listen 연결이 끊어지면 ethernetListenTask 작업 또한 종료된다.

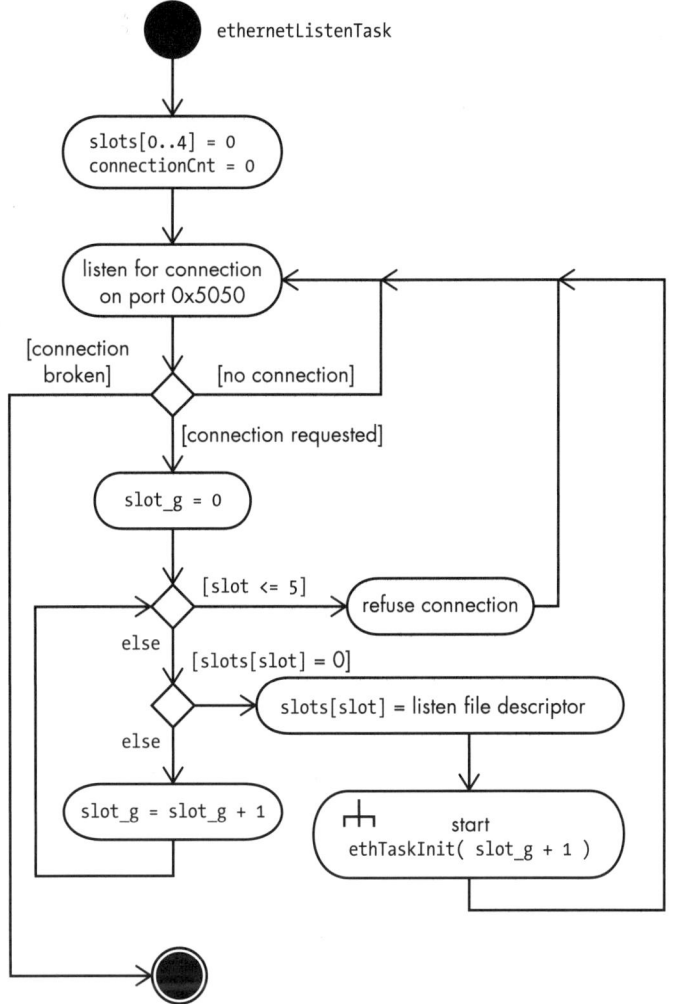

그림 11-25 액티비티 다이어그램: ethernetListenTask

6.4.2 시퀀스 다이어그램 오버레이

그림 11-26의 시퀀스 다이어그램은 DAQ 애플리케이션의 스레드 초기화 방법을 보여준다.

6.4.3 설계 래셔널

DAQ DIP 스위치 프로젝트는 비교적 간단하다(지면상의 제약을 고려해 SDD 예시 문서의 분량을 가급적 줄이고자 노력했다). 이에 따라 이번 설계는 (객체지향 설계와 반대되는 개념이라 할 수 있는) 전통적인 절차적^{procedural}/명령형^{imperative} 프로그래밍 모델을 사용한다.

7 색인

[지면 관계상 생략]

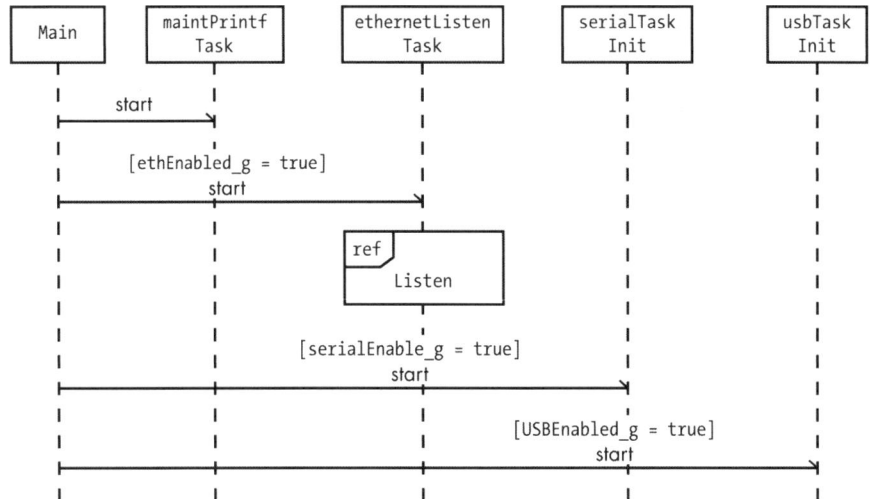

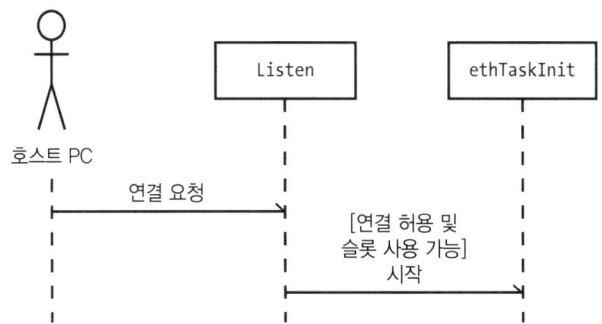

그림 11-26 시퀀스 다이어그램: 초기화 작업

11.7 설계 정보를 이용한 RTM 업데이트

SDD는 RTM에 'SDD 태그'라는 이름의 칼럼으로 추가된다. 그러나 SDD 태그는 다른 문서를 추적할 수 있는 단서 정보를 포함하고 있지 않으며, SDD에서 관련 정보를 추출해 RTM에서 여러분이 찾으려는 SDD 태그가 어디에 있는지 파악해야 한다.

SDD에 작성된 각 뷰포인트는 설계 고려 사항과 요구 사항 등의 정보를 포함해야 한다(11.2.3.1절 참조). 이번 11장에서는 모든 SRS 요구 사항 태그를 뷰포인트 문서의 설계 고려 사항 목록으로 포함시켜야 한다는 점을 여러분에게 역설하기도 했다(11.6절 참조). 이를 통해 해당 요구 사항을 완벽하게 추적(또는 역추적)할 수 있는 문서 도구를 확보할 수 있기 때문이다. RTM에 SDD 태그를 추가하는 일은 간단하다. (현재 뷰포인트에 목록화된) 각 요구 사항 태그를 확인한 뒤, 이를 복사해 RTM의 'SDD 태그' 칼럼에 추가하면 된다. 물론 하나의 뷰포인트와 관련된 여러 개의 요구 사항이 있는 경우, 동일한 SDD 태그를 여러 번 복사해 RTM의 여러 위치에 붙여넣기를 하는 정도의 수고는 해야 할 것이다.

RTM에 입력된 요구 사항을 확인하고 (SDD 문서 내에서 목록을 대조하는 과정 없이) SDD 태그를 찾아야 하는 경우, RTM을 여러분이 찾으려는 SDD 태그 칼럼을 기준으로 정렬하기만 하면 된다. 이렇게 하면, 관련 요구 사항은 물론 해당 SDD 태그와 연결된 모든 내용이 연속적인 그룹으로 나타나며, 태그와 관련된 문서 요소 전반의 내용 또한 한눈에 살펴볼 수 있다.

뷰포인트에서 SRS 태그를 포함하지 않은 설계 고려 사항을 찾는 작업은 RTM의 SDD 태그 칼럼을 이용하더라도 (의외로 힘든) 수작업 과정을 거쳐야 할 수 있다. 이런 불편함을 미연에 방지하기 위해 뷰포인트를 생성할 때 SRS 태그를 꼼꼼히 입력할 것을 여러분에게 강력히 권했다. 뷰포인트를 생성할 때는 모든 요구 사항을 고려해야 하므로, 해당 정보를 SDD에도 반영하는 작업이 동시에 이뤄질 필요가 있는 것이다.

11.8 소프트웨어 설계 문서의 작성

이번 11장에서는 소프트웨어 설계 명세서 작성 방법을 설명하는 데 정말 많은 부분을 할애했다. 이제 독자 여러분은 이번 장에서 소개한 다양한 사례를 통해 실제 설계가 어떤 방식으로 진행되는지 잘 알게 됐지만, 이들 설계의 근원과 관련해 궁금한 부분이 남았을 것이다. 또한 새로운 시스템 설계를 할 때, 어떤 작업부터 시작해야 하는지에 대해서도 의문점이 남았을 것이다. 이에 대한 해답이 『Write Great Code』 시리즈 4편(『Write Great Code, Volume 4: Designing Great Code』)의 주제이며, 이번 11장은 위대한 코드를 설계하기 위한 기초 작업이라 할 수 있다.

11.9 참고 자료

Freeman, Eric, Elizabeth Robson 저. *Head First Design Patterns: A Brain-Friendly Guide*. Sebastopol, CA: O'Reilly Media, 2004.

Gamma, Erich 외 저. *Design Patterns: Elements of Reusable Object-Oriented Software*. Upper Saddle River, NJ: Addison-Wesley Professional, 1994.

IEEE 발간. 'IEEE Std 1016-2009: IEEE Standard for Information Technology—Systems Design—Software Design Descriptions.' July 20, 2009. https://ieeexplore.ieee.org/document/5167255/.

12

소프트웨어 테스트 문서화

이번 12장에서는 소프트웨어 테스트 문서화를 심도 있게 살펴보며, 특히 소프트웨어 테스트 케이스$^{Software\ Test\ Case}$(STC) 및 소프트웨어 테스트 프로시저$^{Software\ Test\ Procedure}$(STP) 문서 작성 방식을 집중적으로 알아본다. 이번 장 역시 지난 장과 마찬가지로 IEEE 표준안을 따르며, 세부적으로는 IEEE의 소프트웨어 및 시스템 테스트 문서화와 관련된 내용을 따른다(IEEE Std 829-2008, 이하 Std 829).[1]

12.1 Std 829 표준안의 소프트웨어 테스트 문서

Std 829는 STC 및 STP와 관련해 다음과 같은 다수의 문서를 설명한다.

- MTP$^{Master\ Test\ Plan}$, 마스터 테스트 계획
- LTP$^{Level\ Test\ Plan}$, 레벨 테스트 계획
- LTD$^{Level\ Test\ Design}$, 레벨 테스트 설계
- LTC$^{Level\ Test\ Case}$, 레벨 테스트 케이스

---

1 IEEE Std 829-2008은 IEEE의 등록 상표다.

- LTPr^{Level Test Procedure}, 레벨 테스트 절차
- LTL^{Level Test Log}, 레벨 테스트 로그
- AR^{Anomaly Report}, 문제점 보고서
- LITSR^{Level Interim Test Status Report}, 레벨 중간 테스트 상태 보고서
- LTR^{Level Test Report}, 레벨 테스트 보고서
- MTR^{Master Test Report}, 마스터 테스트 보고서

위 이름은 실제 문서 이름이 아니며, 위 이름 중에서 '레벨^{level}'이란 단어는 소프트웨어 테스트 문서의 범위를 설명하기 위한 가주어^{placeholder} 또는 임시 단어다. 테스트 문서의 범위는 컴포넌트 레벨이 될 수도 있고, 통합 컴포넌트 레벨이 될 수도 있으며, 전체 시스템 또는 인수 테스트 레벨이 될 수도 있다. 예를 들어 레벨 테스트 계획은 컴포넌트(또는 유닛) 테스트 계획, 통합 컴포넌트(또는 줄여서 통합) 테스트 계획, 시스템(또는 시스템 통합) 테스트 계획, 또는 인수 테스트 계획을 지칭할 수 있다.

노트 | 테스트 레벨에 대한 상세한 내용은 12.1.3절 '소프트웨어 개발 테스트 레벨'에서 설명한다.

Std 829에는 총 31개의 문서 유형이 있으며, 이번 장에서는 그중 대표적인 문서를 살펴본다. 이들 테스트 문서 대부분은 소프트웨어 관리 작업을 지원하기 위한 것이지만, 이 책은 소프트웨어 프로젝트 관리가 아닌 개인 소프트웨어 엔지니어링에 초점을 맞추고 있으므로 테스트 문서와 관련된 너무 세부적인 내용까지 설명하지는 않는다. 이번 12장에서는 실제 소프트웨어 테스트 작업과 밀접한 관련이 있는 레벨 테스트 케이스, 레벨 테스트 절차, 레벨 테스트 로그, 문제점 보고서 등과 같은 레벨 테스트 문서를 중점적으로 살펴본다. 이번 장에서는 컴포넌트, 컴포넌트 통합, 시스템, 인수라는 네 개 카테고리로 테스트 레벨을 구분하는데, 그중 시스템 테스트와 인수 테스트는 이번 장에서 살펴볼 주요 테스트 문서이기도 하다. 실제 레벨 테스트 문서 간의 차이점은 크지 않을 수 있으며, 이번 12장에서는 소프트웨어 테스트 케이스 문서와 소프트웨어 테스트 프로시저 문서의 주요 차이점을 알아본다. 테스트 문서와 관련해 소프트웨어 엔지니어링 업계에서 이들 명칭이 널리 사용되고 있긴 하지만, Std 829의 공식 명칭은 '레벨 테스트 문서'뿐이라는 점을 밝혀둔다.

12.1.1 테스트 프로세스 지원

이번 12장에서는 소프트웨어 테스트를 중점적으로 설명하지만, Std 829는 테스트 프로세스와 관련된 내용을 좀 더 광범위하게 설명한다. 특히, 테스트 프로세스는 개발 프로세스에서 각 문서를 검토하고 검증하는 작업에도 적용된다. 즉, 문서에 대한 테스트는 물론 실제 소프트웨어 테스트 절차도 포함한다.

SyRS와 SRS에서 검토 단계$^{verification\ step}$는 요구 사항이 (모든 문제의 해법이 아닌) 실제 고객의 니즈에 부합하는지 확인한다. 그런 다음, SDD에서 검토 단계는 SDD 문서가 모든 요구 사항을 반영하고 있는지 확인하고, STC에서 검토 단계는 각 요구 사항이 하나 혹은 그 이상의 테스트 케이스를 포함하고 있는지 확인한다. 마지막으로 STP에서 검토 단계는 일련의 테스트 프로시저나 절차가 모든 테스트 케이스에 대응되는지 확인한다.

Std 829 표준안은 문서화 외에도, (서드 파티 라이브러리, 연산용 하드웨어 등의) 획득 절차 검증, 제안 요구서(RFP) 관리 등과 같은 다양한 활동을 설명한다. 이들 테스트 활동도 중요하긴 하지만, 이 책을 저술하는 목적인 소프트웨어 개발 활동 이외의 프로젝트 관리 활동은 가급적 간략하게 설명한다.

Std 829는 프로젝트 관리, 자원 획득 및 공급, 개발, 운영, 유지 보수 업무 전반에 걸쳐 테스트 활동이 매우 필요한 요소라고 설명하며, 이번 12장은 그중에서 특히 개발 및 운영 프로세스에 초점을 맞춰 설명한다. 그리고 제한적이나마 대부분의 개발 및 운영 프로세스에서 반복적으로 시행되는 유지 보수 프로세스도 알아본다. 이에 대한 상세한 내용은 Std 829, IEEE/EIA Std 12207.0-1996 [B21], ISO-IEC-IEEE-29148-2011에서 확인하길 바란다.

Std 829는 테스트 문서 중 일부를 결합하거나 생략할 수 있다고 설명하며, 여러분의 필요에 따라 단일 문서로 작업을 완료해도 Std 829 표준안을 충족하는 데는 별문제가 없다. 실무적으로는 프로젝트 규모에 따라 테스트 문서의 수가 결정되며, 프로젝트 수행 시간에 따라 작업의 양이 달라질 수 있다(규모가 크고 수행 기간이 길다면 예상보다 문서화 작업의 양이 많아질 수 있다).

12.1.2 중요도 레벨과 위험도 평가

소프트웨어의 신뢰성 요구 수준과 위험에 대한 민감도 수준에 따라 Std 829는 네 단계의 중요도 레벨integrity level을 제시한다.

중요도 매우 높음catastrophic (레벨 4)

소프트웨어가 정상적으로 작동하지 않으면 사망 사고, 시스템 복구 불능, 환경 재앙, 또는 대규모의 재정적 결손 등과 같은 재난 상황이 발생할 수 있는 경우다. 레벨 4 수준의 시스템 실패는 별도의 대응 전략이 존재하지 않는다. 예를 들어, 소프트웨어에 의해 제어되는 자율주행 자동차의 브레이크 고장 등이 해당된다.

중요도 높음critical (레벨 3)

소프트웨어가 정상적으로 작동하지 않으면 영구적 상해 사고, 주요 기능 요소의 성능 저하, 환경 손상, 재정적 손실 등과 같은 심각한 문제가 발생할 수 있는 경우다. 레벨 3 수준의 시스템 실패는 부분적인 대응 전략이 존재한다. 예를 들어, 소프트웨어에 의해 변속기를 제어하는 자율주행 자동차에서의 변속 불능이 해당된다.

중요도 낮음marginal (레벨 2)

소프트웨어가 정상적으로 작동하지 않으면, 약간의 부정확한 결과가 도출되거나 일부 기능이 작동하지 않는 경우다. 레벨 2 수준의 시스템 실패는 적절한 대응 전략이 존재한다. 예를 들어, 자율주행 자동차에서 인포테인먼트 소프트웨어 오작동으로 동기화된 디바이스를 이용해 음악을 들을 수 없는 경우가 해당된다.

중요도 매우 낮음negligible (레벨 1)

소프트웨어가 정상적으로 작동하지 않으면, (필수적이지는 않은) 편의 기능이 매끄럽게 작동하지 않는 경우다. 레벨 1 수준의 시스템 실패는 적절한 대응 전략을 고려할 필요가 없거나 다음 번 업데이트 버전 배포까지 무시해도 된다. 예를 들어, 자율주행 자동차의 인포테인먼트에서 터치스크린의 글자가 정확하게 입력되지 않는 경우가 해당된다.

레벨이 높을수록 테스트 프로세스의 중요성은 더욱 커진다. 레벨 4 아이템은 레벨 1 아이템에 비해, 훨씬 높은 수준의 품질 관리와 집중적인 테스트가 요구된다. 또한 중요도 레벨은 테스트 케이스의 개수, 품질, 전문성 등을 결정하는 주요 기준이 된다. 프로그램에 존재하는 레벨 4 아이템의 실패 가능성에 대응하려면, 상당히 전문적인 수준에서 다양한 테스트 케이스를 통해 해당 아이템을 검증해야 한다. 반면, 프로그램에 존재하는 레벨 1 아이템의 실패 가능성과 관련해서는 매우 기초적인 테스트 케이스만 준비해도, 또는 별도의 테스트 케이스를 준비하지 않아도 무방하다.[2]

위험도 평가risk assessment는 시스템의 실패 가능성이 존재할 때, 실패 발생 확률과 그에 따른 비용을 예측하는 것이다. 위험도 평가는 프로그램 요소의 기본적인 속성을 통해 예측 가능하긴 하지만 정확도가 떨어질 수 있으므로, 문제 상황을 구체적으로 나열한 뒤 위험 요인을 찾는 경우가 많다. 복합적인 코드 섹션을 예로 들면, 경력이 많지 않은 엔지니어에 의해 작성된 코드, 출처가 명확하지 않은 오픈소스 라이브러리 기반의 코드, 알고리즘에 대한 이해가 부족한 상태에서 작성된 코드 등으로 위험 요인을 구체화할 수 있다. 해당 코드에서 문제가 발생할 확률을 매우 높음, 높음, 낮음, 매우 낮음으로 구분한다면 해당 위험 요인별 발생 확률에 따라 좀 더 엄격한 테스트를 수행할 수 있을 것이다. 그리고 이런 구분을 통해 역설적으로, 불필요한 코드 테스트를 최소화할 수 있다.

중요도 레벨과 위험도 평가를 하나의 지표에 결합해 표 12-1과 같은 위험도 평가 체계risk assessment scheme를 만들 수 있다. 표 12-1에서 4는 중요도가 가장 높은 것이고, 1은 중요도가 가장 낮은 것이다.

표 12-1 위험도 평가 체계

결과	발생 확률			
	매우 높음	높음	낮음	매우 낮음
중요도 매우 높음	4	4	3.5	3
중요도 높음	4	3.5	3	2.5
중요도 낮음	3	2.5	1.5	1
중요도 매우 낮음	2	1.5	1	1

---

2 테스트 케이스를 전혀 준비하지 않는다는 점에 의문이 생길 수 있다. 그러나 사소한 테스트 케이스를 남발하면 테스트 프로세스와 관련된 시간 및 비용이 증가할 수 있고 시스템에서 정작 중요한 기능을 충분히 테스트할 수 없다는 사실을 고려해야 한다.

Std 829는 테스트 문서화 작업에 이와 같은 중요도 레벨과 위험도 평가 체계의 반영을 의무화하고 있지 않지만, 실무적으로는 매우 유용한 방법이라 할 수 있다. 위와 같은 중요도 레벨을 사용한다면, Std 829의 IEEE 권장안 체계를 사용하지 않아도 된다(또한 1~4단계가 아닌, 1~10단계로 중요도와 발생 확률을 세분화할 수 있다). 이 경우, 테스트 문서에 IEEE 권장안 체계와 여러분이 직접 작성한 위험도 평가 체계의 비교표를 추가해 문서를 읽는 독자가 관련 지표의 차이를 쉽게 알 수 있도록 해야 한다.

12.1.3 소프트웨어 개발 테스트 레벨

IEEE는 중요도 레벨 외에 다음과 같은 네 단계의 테스트 레벨을 통해 소프트웨어 테스트 문서화 작업의 범위와 수준을 정의한다.[3]

컴포넌트component **레벨**(유닛): 가장 낮은 코드 레벨에 존재하는 서브루틴, 함수, 모듈, 서브프로그램 등을 일컫는다. 예를 들어, 유닛 테스트는 다른 프로그램과는 독립적으로 존재하는 개별 함수와 기타 소규모 프로그램 유닛 테스트로 구성된다.

컴포넌트 통합component integration **레벨**(통합): 개별 유닛을 결합해 시스템의 좀 더 큰 부분을 구성하기 위한 레벨로서, 전체 시스템을 의미하지는 않는다. 예를 들어, 통합 테스트는 (앞서 테스트했던) 유닛을 결합한 뒤 이들 요소가 정상적으로 작동하는지 확인한다. 즉, 적절한 파라미터를 전달했을 때 적절한 함수의 결괏값이 반환되는지 확인한다.

시스템system **레벨**(시스템 통합): 모든 프로그램 유닛을 통합해 실행하는, 종합적이면서 시스템 전체 요소가 포함된 테스트 레벨이다. 개발자는 개발 부서 외부로 시스템을 배포하기 전에 유닛 테스트, 통합 테스트, 시스템 통합 테스트에 이르는 전 단계를 실행한다.

인수acceptance **레벨**(공장 인수와 현장 인수): 인수 테스트Acceptance Testing(AT)는 개발 후post-development 테스트이며, 고객은 제공받은 시스템이 자신의 니즈에 적합한지 여부를 결정할 수 있다. 시스템에 따라 인수 테스트는 공장 인수와 현장 인수 유형으로 나뉜다.

---

3   '유닛' 등과 같은 소괄호(()) 안의 이름은 실무적으로 널리 사용되지만, IEEE Std 829-2008의 공식 명칭은 아니다.

공장 인수 테스트$^{\text{Factory Acceptance Testing}}$(FAT)는 완제품이 공장으로 출고되기 전에 (제조 공장에서) 이뤄진다. 제품이 온전히 소프트웨어만으로 구성된 경우, 소프트웨어 개발 팀이 고객이 참관하는 가운데 테스트를 시행한다. FAT가 진행되는 동안 고객이 경미한 문제점 등을 발견하면, 개발 팀은 즉각적으로 시스템을 수정할 수 있다.

현장 인수$^{\text{Site Acceptance Test}}$(SAT)는 고객의 목표 장소, 즉 현장에 해당 소프트웨어가 설치된 상태에서 테스트가 이뤄진다. 하드웨어 기반 제품의 경우에는 하드웨어가 먼저 적절한 위치에 설치되고, 여기에 소프트웨어를 설치한 뒤 정상 작동 여부를 확인한다. 제품이 온전히 소프트웨어만으로 구성된 경우, SAT는 시스템의 최종 사용자에게 유용성을 제공하는지 확인하는 데 초점을 맞춘다.

12.2 테스트 계획

소프트웨어 테스트 계획은 테스트 실행 절차와 관련된 범위, 조직, 활동 등을 정의한 문서이며, 테스트 수행 방식, 테스트에 필요한 리소스, 테스트 일정, 테스트 목표 등 테스트 관리에 대한 전반적인 내용을 담는다. 이번 12장에서는 테스트 계획의 세부적인 내용까지 다루지는 않지만, 다음 절에서 IEEE Std 829-2008의 테스트 계획에 관한 전반적인 내용을 알아본다. 테스트 계획과 관련된 상세한 내용은 Std 829를 참고하길 바란다.

12.2.1 마스터 테스트 계획

마스터 테스트 계획$^{\text{Master Test Plan}}$(MTP)은 테스트 조직 계층에서 최상층에 있는 관리 문서이며 전체 프로젝트에서의 테스트 프로세스를 정의한다. 소프트웨어 엔지니어가 MTP 작성에 직접 참여하는 경우는 드물며, 주로 QA$^{\text{Quality Assurance}}$ 부서에서 전체 프로젝트의 품질 관리를 위해 작성한다. 프로젝트 매니저 또는 프로젝트 리드는 MTP 개요를 파악하거나 개발 일정 관리 및 리소스 개발과 관련해 MTP 작성에 참여하기도 하지만, 개발 팀원이 업무를 수행하면서 MTP를 참고하는 경우는 별로 없다.

다음은 IEEE Std 829-2008의 섹션 8에서 제공하는 MTP 개요다(다음 순번은 IEEE의 섹션 번호를 반영한 것이다).

1 서론
    1.1 문서 식별자
    1.2 범위
    1.3 참조 문서
    1.4 시스템 개요와 주요 기능
    1.5 테스트 개요
        1.5.1 조직
        1.5.2 마스터 테스트 일정
        1.5.3 중요도 레벨 체계
        1.5.4 리소스 요약
        1.5.5 업무 책임
        1.5.6 도구, 기술, 방법, 평가 지표
2 마스터 테스트 계획의 세부 내용
    2.1 테스트 레벨 정의를 포함한 테스트 프로세스
        2.1.1 프로세스: 관리 업무
            2.1.1.1 활동: 테스트 업무 관리
        2.1.2 프로세스: 획득
            2.1.2.1 활동: 획득 지원 테스트
        2.1.3 프로세스: 공급
            2.1.3.1 활동: 테스트 계획하기
        2.1.4 프로세스: 개발
            2.1.4.1 활동: 개념
            2.1.4.2 활동: 요구 사항
            2.1.4.3 활동: 설계
            2.1.4.4 활동: 구현
            2.1.4.5 활동: 테스트
            2.1.4.6 활동: 설치/확인
        2.1.5 프로세스: 운용

    2.1.5.1 활동: 운용 테스트
   2.1.6 프로세스: 유지 보수
    2.1.6.1 활동: 유지 보수 테스트
  2.2 테스트 문서화 요구 사항
  2.3 테스트 관리 요구 사항
  2.4 테스트 보고 요구 사항
3 범례
  3.1 용어 설명
  3.2 문서 변경 절차 및 이력

  위 문서 개요에는 IEEE 표준안에 포함된 문서가 다수 포함된 것을 알 수 있다(11장 후반의 SRS 및 SDD 예시 참조). MTP에 대한 자세한 사항은 이번 12장의 내용을 벗어나므로, 추가 설명은 Std 829에서 확인하길 바란다.

12.2.2 레벨 테스트 계획

  레벨 테스트 계획Level Test Plan(LTP)은 개발 상태에 따른 테스트 계획을 설명한다. 앞서 설명한 바와 같이, 이번 문서에는 소프트웨어 테스트 작업과 관련된 컴포넌트 테스트 계획(유닛 테스트 계획, UTP), 컴포넌트 통합 테스트 계획(통합 테스트 계획, ITP), 시스템 테스트 계획(시스템 통합 테스트 계획, SITP), 인수 테스트 계획(ATP. 공장 인수 테스트 계획[FATP] 또는 현장 인수 테스트 계획[SATP]) 등의 문서가 포함된다.[4]

  LTP는 테스트 문서이자 관리 및 QA와 관련된 문서이지만, 개발 팀은 물론 개인 소프트웨어 엔지니어도 소프트웨어 설계와 관련된 세부적인 기능에 관한 참조 문서로서 자주 활용한다. 테스트 계획 문서는 소프트웨어 개발 시 준수해야 하는 가이드 문서가 아니므로, 실제 소프트웨어를 테스트할 때 개발자가 이들 문서를 반드시 참조해야 하는 것은 아니다. 하지만 이들 문서는 개발 팀의 피드백을 반영하면서 작성돼야 하므로, 개발 팀은 이들 문서를 작성하는 데 일정 부분 이상 기여하게 된다. MTP의 경우처럼, LTP도 (개

---

4 이들 테스트 계획 문서에서는 개별 테스트 이름을 대괄호([])로 감싸서 사용하는 경우가 자주 있지만, Std 829의 공식 표현은 아니다.

발 팀과 테스트 팀이 가장 중요시하는) 테스트 케이스 및 테스트 프로시저 문서 작성을 위한 로드맵을 제시하고 테스트 수행의 개요를 설명한다. 특히 LTP는 테스트 프로세스에 대한 전반적인 흐름을 보여주므로, 완성 제품의 품질 수준에 관심이 있는 외부 기관에 유용하다.[5]

Std 829가 제시하는 LTP 문서 개요는 다음과 같다.

1 서론
    1.1   문서 식별자
    1.2   범위
    1.3   참조 문서
    1.4   전체 시퀀스에서의 레벨
    1.5   테스트 클래스와 전반적인 테스트 조건

2 테스트 계획의 레벨에 대한 세부 사항
    2.1   테스트 아이템과 식별자
    2.2   테스트 추적 기능 매트릭스
    2.3   테스트할 기능
    2.4   테스트하지 않아도 되는 기능
    2.5   접근 방식
    2.6   아이템 합격/불합격 기준
    2.7   연기 기준 및 재개 요구 사항
    2.8   테스트 산출물

3 테스트 관리
    3.1   계획된 활동 및 임무: 테스트 진행
    3.2   환경 요인/인프라 요인
    3.3   책임과 권한
    3.4   포함된 요소 간의 인터페이스

---

5 이와 관련된 대표적인 외부 기관으로는 미국 정부 산하의 상업용 핵융합 발전기 관련 기구인 원자력규제위원회(NRC)가 있다.

     3.5   테스트 리소스와 할당 기준

     3.6   훈련

     3.7   업무 일정, 예상 상황, 비용

     3.8   위험 요인과 우발적 위기 요인

4   범례

     4.1   품질 보증 절차

     4.2   성능 지표

     4.3   테스트 범위

     4.4   용어 설명

     4.5   문서 변경 절차 및 이력

위 내용을 보면, LTP와 MTP의 내용 중 상당히 많은 부분이 겹친다는 사실을 알 수 있다. Std 829는 기존의 테스트 계획서 정보에 대한 복사본이 있다면, LTP(또는 MTP)에 그대로 붙여넣는 대신 간단한 참조 문서로서만 활용할 것을 권장한다. 예를 들어, RTM을 작성할 때 모든 테스트에 대한 추적 기능을 포함시키길 원할 수 있다. 이때는 LTP의 섹션 2.2의 추적 기능 정보를 그대로 복사해서 붙이는 대신, RTM 문서에서 이를 참조하는 방식으로 사용하는 것이 좋다.

12.2.3 레벨 테스트 설계 문서화

레벨 테스트 설계Level Test Design(LTD) 문서는 말 그대로 테스트의 설계와 관련된 내용을 설명한다. LTD도 문서화 대상 소프트웨어 테스트의 범위와 내역을 설명하기 위해 컴포넌트 테스트 설계(유닛 테스트 설계, UTD), 컴포넌트 통합 테스트 설계(통합 테스트 설계, ITD), 시스템 테스트 설계(시스템 통합 테스트 설계, SITD), 인수 테스트 설계(ATD. 공장 인수 테스트 설계[FATD] 또는 현장 인수 테스트 설계[SATD])라는 네 가지 유형에 따라 작성한다.

LTD의 주목적은 전체 테스트 흐름을 하나의 문서에 집약하는 것이다. 즉, LTD는 여타의 테스트 프로시저 문서와 쉽게 병합해 사용할 수 있다(반복적인 복사 및 붙여넣기 작업에 따른 비용은 발생한다). 이 책도 LTD의 이와 같은 접근 방식에 따르며, 이후 예제에서도 테스트 설계 문서에 있는 아이템을 바로 테스트 케이스 및 테스트 프로시저 문서에 병합시킨다.[6] 이번 절에서는 IEEE 권장안 중 LTD 문서 개요만 소개하고, 상세한 내용은 STC 및 STP 문서에서 설명한다.

1   서론
     1.1   문서 식별자
     1.2   범위
     1.3   참조 문서

2   레벨 테스트 설계 세부 사항
     2.1   테스트해야 할 기능
     2.2   접근 방식 상세 설명
     2.3   테스트 정의
     2.4   기능 합격/불합격 기준
     2.5   테스트 산출물

3   범례
     3.1   용어 설명
     3.2   문서 변경 절차 및 이력

12.3 소프트웨어 리뷰 리스트 문서화

요구 사항을 기반으로 RTM을 작성하기 시작할 때, 기본적으로 생성하는 칼럼 요소 중 하나가 테스트/검토 유형(test/verification type) 칼럼이다. 일반적으로 소프트웨어 요구 사항은 T(테스트) 또는 R(리뷰), 둘 중 한 가지 유형에 해당한다.[7] T 표식이 붙은 요구 사항에 대해서는 관련 테스트 케이스와 테스트 프로시저를 작성하고(상세 내용은 10장의 10.9절 '요구

---

[6] 이 방식은 문서에서 참조해야 할 내용을 문서 내부에서 바로 확인할 수 있어 편리하다. 이때 복제된 정보의 관리 비용이란, 문서 내용의 복사 및 붙여넣기 작업으로 인해 향후 문서 간에 일관성이 떨어질 수 있다는 것을 의미한다. 테스트가 진행되는 동안에 하나의 문서를 보다가 다른 문서를 참조하는 것은 번거로운 일이며, 이는 테스트 작업 속도를 떨어뜨리고 테스트 과정에서 오류를 만들기도 한다.

[7] T 또는 R 이외에 다른 검토 유형도 있긴 하지만, 지면 관계상 생략한다. T 또는 R 이외의 (분석의 A, 기타의 O, 테스트 불가의 NT 등) 유형을 사용하는 경우, 해당 요구 사항을 적절하게 검토할 수 있는 문서 형식을 직접 만들어서 사용해야 한다.

사항 정보를 이용한 RTM 업데이트' 참고), R 표식이 붙은 요구 사항에 대해서는 리뷰 작업을 시행한다.

이번 절에서는 소프트웨어 리뷰 리스트$^{Software\ Review\ List}$(SRL) 문서를 통해 요구 사항을 기준으로 작성된 소스 코드를 검증하는 방법을 설명한다. SRL의 핵심은 소프트웨어 아이템 목록이며, 각 아이템이 요구 사항을 반영해 적절한 내용으로 구현된 것인지 확인할 수 있도록 해준다.

이론적으로는 리뷰 리스트 문서도 (Std 829 레벨 문서의 형식에 따라) 컴포넌트, 컴포넌트 통합, 시스템, 인수라는 네 개 레벨로 나눠서 작성할 수 있지만, SRL은 현실적으로 시스템과 인수, 이 두 개 레벨에 적합한 문서라 할 수 있다.

노트 | Std 829와 여타의 IEEE 표준 문서에는 SRL이 포함돼 있지 않다. Std 829는 SRL을 검토 패키지의 일부로 사용할 수 있다고 설명하며, 아래의 SRL 문서 개요 형식은 IEEE 표준안이 아니다.

12.3.1 SRL 문서 개요 작성 예시

SRL은 IEEE 표준 문서가 아니지만, IEEE의 SRS, STC, STP 권장안을 기준으로 다음과 같이 SRL 문서 개요를 작성할 수 있다.

1 서론(문서당 한 개)
   1.1 문서 식별자
   1.2 문서 변경 절차 및 이력
   1.3 범위
   1.4 대상 독자
   1.5 용어 정의, 두문자어, 축약어
   1.6 참조 문서
   1.7 설명 표기법
2 일반적 체계 설명
3 체크리스트(리뷰 아이템당 한 개)

3.1 리뷰 식별자(태그)

3.2 리뷰 아이템과 관련된 토론

12.3.2 SRL 작성 예시

이번 SRL 작성 예시도 이전 장과 마찬가지로 DAQ DIP 스위치 프로젝트를 주제로 한다. 좀 더 세부적으로는 10장의 10.8절 'SRS에 기초한 DAQ 소프트웨어 요구 사항 작성'과 10.9.1절 '리뷰에 의한 요구 사항 검증'에 대한 SRL을 작성한다.

1 **서론**

이 소프트웨어 리뷰 리스트는 DAQ 시스템 요구 사항을 검토하기 위한 소프트웨어 리뷰 체크리스트를 제공한다.

1.1 **문서 식별자**

DAQ_SRL v1.0

1.2 **문서 변경 절차 및 이력**

모든 버전의 개편에 대한 사항은 해당 날짜와 버전 번호를 기준으로 여기에 기록해야 한다.

2018년 3월 23일, 버전 1.0

1.3 **범위**

이번 SRL은 DAQ DIP 스위치 프로젝트의 요구 사항을 리뷰하기 위한 것으로, 테스트 프로시저 작성이 까다롭거나 테스트 시행에 따른 경제적 효과가 낮은 반면, 적절성 여부는 소스 코드와 소스 코드 빌드 시스템을 리뷰해 쉽게 검증할 수 있다.

1.4 **대상 독자**

SRL의 기본 대상 독자:

이 문서는 DAQ DIP 스위치 프로젝트를 테스트하고 리뷰할 사람을 위해 작성됐으며, 프로젝트 관리 및 개발 팀 또한 이 문서를 리뷰할 수 있다.

SRL의 실제 대상 독자:

이 문서는 『Write Great Code』 시리즈 3편의 독자를 위해 작성됐으며, 독자에게 필요한 SRL 템플릿을 제공하는 데 실제 목적이 있다.

1.5 용어 정의, 두문자어, 축약어

DAQ: 데이터 획득 시스템 data acquisition system

DIP: 듀얼 인라인 패키지 dual inline package

SDD: 소프트웨어 설계 문서 software design document

SRL: 소프트웨어 리뷰 리스트 software review list

SRS: 소프트웨어 요구 사항 명세서 software requirements specification

1.6 참조 문서

SDD: IEEE Std 1016-2009

SRS: IEEE Std 830-1998

STC/STP: IEEE Std 829-2008

1.7 설명 표기법

이 문서의 리뷰 식별자(태그) 형식은 다음과 같다.

DAQ_SR_*xxx_yyy_zzz*

*xxx_yyy*는 대응되는 요구 사항 번호(예: DAQ_SRS_*xxx_yyy*)이고, *zzz*는 전체 순번에서 유일무이한 식별 번호다. SRL 태그에서 *zzz* 값은 000 또는 001로 하되, 동일한 *xxx_yyy* 순번을 공유하는 리뷰 아이템이 추가될 경우 1을 추가해 사용한다(*xxx_yyy*와 *zzz* 등 모든 번호는 10진수 단위 사용 가능).

2 일반적 체계 설명

DAQ DIP 스위치 시스템은 플랜테이션 프로덕션 DAQ 시스템의 하위 시스템 중 하나이며, DAQ 시스템과 관련된 네트워크 요소의 초기화를 위한 것이다.

3 체크리스트

리뷰 작업 시 검증해야 할 아이템과 검증 내용은 다음과 같다.

3.1 DAQ_SR_700_000_000

검증 코드는 Netburner MOD54415 검증 보드를 위해 작성된 것이다.

3.2 DAQ_SR_700_000.01_000.1

검증 코드는 μC/OS를 위해 작성된 것이다.

3.3 DAQ_SR_702_001_000

생성된 소프트웨어를 검증한다.

3.4 DAQ_SR_702_002_000

시리얼 작업 우선순위가 USB 및 Ethernet 작업 우선순위보다 낮은지 검증한다(우선순위 번호가 클수록 우선순위는 낮다).

3.5 DAQ_SR_703_001_000

DAQ_SRS_702_001과 동일하되, DIP 1번 스위치가 OFF 위치에 있는 경우 RS-232 작업으로 시작하지 않는다.

3.6 DAQ_SR_705_001_000

소프트웨어가 USB 포트 명령 처리를 위한 별도의 작업 객체를 생성하는지 검증한다.

3.7 DAQ_SR_705_002_000

USB 작업 우선순위가 USB 및 시리얼 프로토콜 작업 우선순위보다 높은지 검증한다.

3.8 DAQ_SR_706_001_000

DIP 2번 스위치가 OFF 위치에 있는 경우, 소프트웨어가 USB 작업을 시작하지 않는지 검증한다.

3.9 DAQ_SR_716_001_000

Ethernet 통신이 활성화됐을 때만 Ethernet의 listening 작업이 시작되는지 검증한다.

3.10 DAQ_SR_716_002_000

Ethernet의 listening 작업 우선순위가 USB 작업보다는 높고 시리얼 작업보다는 낮은지 확인한다.

3.11 DAQ_SR_719_000_000

DIP 스위치 7번 설정 시, 소프트웨어가 유닛 테스트 모드 값을 ON으로 설정하는지 검증한다.

3.12 DAQ_SR_720_000_000

DIP 스위치 7번 설정 시, 소프트웨어가 유닛 테스트 모드 값을 OFF로 설정하는지 검증한다.

3.13 DAQ_SR_723_000_000

소프트웨어가 DIP 스위치 값을 읽기 위한 함수를 제공하는지 검증한다.

3.14 DAQ_SR_723_000.01_000

시스템 시작 시 RS-232(시리얼), USB, Ethernet, 유닛 테스트 모드, 디버그 모드를 초기화하기 위해 DIP 스위치가 reading 작업을 수행하는지 검증한다.

3.15 DAQ_SR_723_000.02_000

시스템 시작 코드가 추후 사용을 대비해 DIP 스위치 reading 데이터를 저장하는지 검증한다.

3.16 DAQ_SR_725_000_000

USB, RS-232, Ethernet 포트로 명령 데이터가 수신됐을 때, 명령 프로세서가 해당 명령에 반응하는지 검증한다.

3.17 DAQ_SR_738_001_000

새 Ethernet 연결을 위한 명령을 수신했을 때, 시스템이 새 프로세스(또는 작업)를 시작하는지 검증한다.

3.18 DAQ_SR_738_002_000

Ethernet 명령 처리 작업 우선순위가 Ethernet listening 작업과 USB 명령 작업의 우선순위 사이에 존재하는지 검증한다.

12.3.3 RTM에 SRL 아이템 추가하기

SRL을 생성하고 나면, 모든 SR 태그를 RTM에 추가해 요구 사항에 대응되는 모든 아이템은 물론, RTM에 존재하는 모든 것을 추적할 수 있다. 이를 위해 각 요구 사항에 리뷰 아이템 태그를 추가한 후 SRL 태그를 해당 요구 사항이 있는 RTM 칼럼에 넣으면 된다(앞서 설명한 대로 태그 순번을 적용했다면 리뷰 아이템 태그 작업은 비교적 쉬우며, SRS 태그 번호와 SRL 태그 번호를 통합해 사용할 수 있다).

SRL 및 STC 문서를 모두 작성한 경우, 이들 두 문서는 서로 배타적이고 태그를 통해 구분되므로 RTM에 이들 문서를 위해 별도의 칼럼을 유지할 필요가 없다(10장의 10.4.5절 '소프트웨어 요구 사항 명세서 예시' 참조).

12.4 소프트웨어 테스트 케이스 문서화

요구 사항에 대한 검증 유형이 *T*인 RTM 아이템의 경우, 테스트 케이스를 준비해야 한다. 소프트웨어 테스트 케이스$^{\text{Software Test Case}}$(STC)는 실제 테스트 케이스를 작성하는 문서다.

다른 모든 829 Std 문서처럼 STC에도 네 개 레벨(컴포넌트, 통합, 시스템, 인수 등)이 존재하며, 소프트웨어 테스트 케이스란 용어 자체도 이들 문서 케이스 중 하나를 의미한다. STC는 각 유형별로 문서화가 요구되는 소프트웨어 테스트 케이스의 범위 및 개요에 따라 컴포넌트 테스트 케이스(또는 유닛 테스트 케이스, UTC), 컴포넌트 통합 테스트 케이스(통합 테스트 케이스, ITC), 시스템 테스트 케이스(시스템 통합 테스트 케이스, SITC), 인수 테스트 케이스(ATC. 공장 인수 테스트 케이스[FATC], 현장 인수 테스트 케이스[SATC]) 등으로 구분된다.[8]

STC 문서에는 프로젝트와 관련된 모든 테스트 케이스가 포함된다. 다음은 Std 829의 레벨 테스트 케이스 문서 개요다.

1   서론(문서별로 한 개)
    1.1   문서 식별자

---

8   이전의 경우처럼, 대괄호([]) 안의 명칭은 실무적으로 사용되며 IEEE의 표준 명칭이 아니다.

- 1.2 범위
- 1.3 참조 문서
- 1.4 작성 배경
- 1.5 설명 표기법
2. 세부 사항(테스트 케이스별로 한 개)
   - 2.1 테스트 케이스 식별자
   - 2.2 목적
   - 2.3 입력
   - 2.4 출력
   - 2.5 환경 설정 필요 사항
   - 2.6 특수한 절차적 요구 사항
   - 2.7 케이스 간의 의존성
3. 전역 요소(문서별로 한 개)
   - 3.1 용어 설명
   - 3.2 문서 변경 절차 및 이력

보통의 경우, 유닛 테스트 케이스(UTC)와 통합 테스트 케이스(ITC)는 하나의 문서에 담는다(이 둘의 차이점은 테스트 프로시저 레벨에서부터 드러난다). 또한 SDD와 소스 코드로부터 UTC와 ITC를 도출한다(그림 12-1은 9장의 그림 9-1을 확장한 것이다).

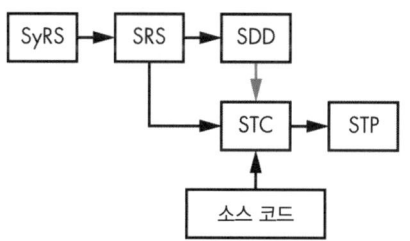

그림 12-1 유닛 테스트 케이스(UTC)와 통합 테스트 케이스(ITC)의 원천

대부분의 UTC, ITC와 테스트 절차 문서는 자연어보다는 소프트웨어 언어를 위해 작성된다. 자동화된 테스트 절차를 통해 모든 유닛 테스트와 통합 테스트를 실행할 코드는

소프트웨어 엔지니어링의 최선의 전략이라 할 수 있다. 자동화된 테스트 절차는 테스트 소요 시간을 극적으로 줄이고, 수작업으로 진행되는 테스트 절차에 비해 오류 또한 크게 감소시킬 수 있다.[9]

하지만 안타깝게도 모든 테스트 케이스에 대해 자동화된 테스트를 만들 수는 없으므로, UTC/ITC 문서를 통해 수작업으로 진행해야 할 테스트 케이스를 제공해야 한다.

애자일 개발 모델과 테스트 주도 개발 기법(TDD)을 도입한 다수의 기업은 공식적인 UTC/ITC 문서를 작성하지 않는 경우도 많다. 이는 비공식적인 테스트 절차 문서와 자동화된 테스트 절차를 통해 프로젝트 수행 비용을 줄이고 문서화 유지 보수에 따르는 부담 또한 줄일 수 있기 때문이다. 개발 팀이 프로젝트 검증에 필요한 (애드혹 방식이 아닌, 구현 기능에 최적화된 맞춤형) 유닛/통합 테스트만 제공할 수 있다면, 대규모 프로젝트 조직은 가급적 공식적인 UTC/ITC 문서를 활용하지 않으려 한다.

공식적인지, 비공식적인지 또는 자동화됐는지 등에 상관없이 반복적인 테스트 절차가 필요하다는 데는 이견이 없다. 코드를 변경한 뒤, 회귀 방식으로 시스템 이상 여부를 확인하는 회귀 테스트regression test 또한 반복적인 테스트 절차를 미리 정의해야 한다. 결국 모든 테스트 케이스는 반복적인 실험 가능성이 가장 중요한 속성이라 할 수 있다.

유닛/통합 테스트를 위해 생성하는 테스트 데이터는 블랙박스 생성black-box-generated 테스트 데이터와 화이트박스 생성white-box-generated 테스트 데이터로 구성된다. 블랙박스 생성 테스트 데이터는 (SyRS와 SRS 등과 같은) 시스템 요구 사항에서 추출한 것이며, 오직 시스템의 (요구) 기능성 검증을 목적으로 확보한 데이터다. 반면에 화이트박스 생성 테스트 데이터는 소프트웨어의 소스 코드를 분석하기 위한 데이터다. 예를 들어, 테스트가 진행되는 동안 최소 한 번 이상 모든 명령문이 제대로 실행되는지 확인하려면 전체 소스 코드를 최소 단위로 세심하게 살펴봐야 하며, 이를 화이트박스 테스트 데이터 생성 기법이라 부른다.

---

9   자동화된 테스트 절차를 구현하는 데는 많은 비용이 소요되며, 모든 테스트가 적절하게 실행됐는지 확인하기 위해 결과 코드를 면밀히 검토해야 한다는 사실을 잊으면 안 된다. 대규모 프로젝트의 경우, 자동화된 테스트가 장기적인 측면에서 비용 효율성을 높여준다. 하지만 소규모 프로젝트의 경우라면, 엔지니어가 개발을 진행하면서 미리 준비된 테스트 절차를 여러 차례 반복할 수도 있다.

노트 | 『Write Great Code』 시리즈 6편(『Write Great Code, Volume 6: Testing, Debugging, and Quality Assurance』)에서 화이트박스 테스트 데이터와 블랙박스 테스트 데이터의 생성을 자세히 설명한다.

시스템 통합 테스트 레벨이나 인수 테스트 레벨을 확보해야 하는 경우, 반드시 공식적인 테스트 케이스 문서화 작업을 해야 한다. 고객의 요구에 따른 커스텀 시스템을 만드는 경우, 혹은 법규 또는 규제 정책에 따라 (자율주행 자동차 등과 같이 생명과 직결된) 소프트웨어를 작성해야 하는 경우, 해당 규제 기관의 담당관에게 성능과 안전성에 대한 확신을 줄 수 있는 테스트 케이스 및 절차를 확보하기 위해 최선을 다해야 하며, Std 829 표준안이 제시하는 방법에 따라 공식적인 테스트 문서를 작성해야 한다.[10] 바로 이런 이유로, 대부분의 SITC 및 ATC 문서는 테스트 케이스를 요구 사항에서 직접 도출한다(그림 12-2 참조). 지금까지 공식적인 테스트 케이스의 필요성을 설명했으며, 여러분은 레벨 테스트 케이스 문서의 중요성을 잘 이해하게 됐을 것이다(레벨 테스트 문서의 개요는 이번 장의 12.1절에서 확인할 수 있다).

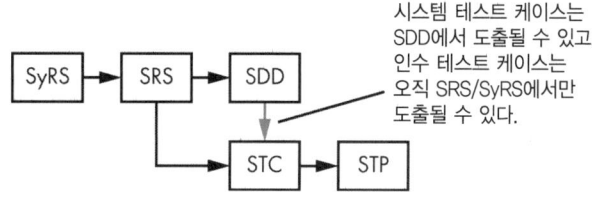

그림 12-2 SITC와 ATC의 도출 과정

(F)ATC 문서가 SITC 문서의 하위 문서로 존재하는 경우도 있다(FATC와 SATC를 모두 작성하는 경우, SATC는 FATC 중 일부 내용으로 구성될 수 있다). SITC 문서에는 모든 요구 사항에 대한 테스트 케이스가 포함되는 반면, ATC 문서는 시스템 아키텍트가 기존 테스트 케이스 사례 중에서 고객 또는 최종 사용자가 관심을 두지 않을 만한 내용을 병합하거나 제거하는 방식으로 작성하는 경우가 많다.

---

10 개발 중인 시스템이 생명과 무관하더라도, 혹은 시스템 오작동이 재앙으로 이어지지 않더라도 공식적인 SITC 및 ATC 문서를 작성하는 일은 조잡한 소프트웨어 제품을 만들지 않도록 하는 데 도움이 된다. 최소한, '위대한 코드'라고 부를 만한 것은 공식적 테스트 케이스 및 테스트 프로시저 문서에 따라 공식적으로 테스트한 것이라 생각한다.

12.4.1 STC 문서의 서론부

STC(또는 LTC) 문서의 서론부는 다음과 같은 정보를 포함해야 한다.

12.4.1.1 문서 식별자

문서 식별자는 유일무이한 이름 또는 번호를 지녀야 하며 작성일, 작성자, 작성 상태(작성 중 또는 최종), 승인 사인, 버전 번호 등이 포함된다. (STP 또는 RTM 등과 같은) 다른 문서에서 해당 테스트 케이스 문서를 참조하기 위한 ID 이름이나 순번 또한 필수적인 요소다.

12.4.1.2 범위

테스트하려는 소프트웨어 시스템 및 기능에 대한 요약 설명을 제공한다.

12.4.1.3 참조 문서

STC와 관련된 내부 또는 외부에 존재하는 모든 요구 사항 문서 목록을 제공한다. 내부 참조 문서로는 SyRS, SRS, SDD, RTM, MTP 등이 있고, 외부 참조 문서로는 IEEE Std 829-2008 표준안과 기타 법규집 및 규정집 등이 포함된다.

12.4.1.4 작성 배경

다른 문서에서는 드러나지 않는, 이번 테스트 케이스의 작성 배경을 설명한다. 자동화된 테스트 생성 소프트웨어의 이름, 테스트 케이스 생성 또는 평가를 위한 인터넷 기반 도구 등에 대한 내용이 포함된다.

12.4.1.5 명세서 내 표기법

테스트 케이스에 적용하려는 태그(식별자)에 대한 설명을 위한 섹션이다. 예를 들어 *proj_STC_xxx_yyy_zzz*라는 형식의 태그를 사용한다면, STC 태그 요소의 의미와 작성 방법 등을 설명한다.

12.4.2 세부 사항

STC에 포함된 각각의 테스트 케이스에 대해 다음 내용을 반영해 세부 사항을 작성한다.

12.4.2.1 테스트 케이스 식별자

테스트 케이스 식별자는 해당 테스트 케이스와 관련된 태그다. 예를 들어 이 책은 DAQ_STC_002_000_001이라는 태그를 사용하며, DAQ는 (DAQ DIP 스위치) 프로젝트 ID, 002_000은 SRS 요구 사항 태그, 001은 테스트 케이스 식별 번호다. 수영 풀 모니터 (SPM) 프로젝트의 경우, STC 식별자는 POOL_STC_002_001과 같은 형식으로 작성할 수 있다. Std 829는 별도의 태그 형식을 지정하지 않으며, 각 태그는 서로 중복되지만 않으면 된다.

12.4.2.2 목표

이번 테스트 케이스의 목표 또는 지향점에 대한 설명이다. 일련의 테스트 케이스는 동일한 목표를 지니는 경우가 많으며, 이런 경우 다른 테스트 케이스의 목표를 참조하는 방식도 가능하다. 목표 영역은 연관된 위험도 평가와 통합 레벨에 대한 정보를 담기에도 적합하다.

12.4.2.3 입력 데이터

테스터가 알아야 할 모든 입력 데이터와 서로의 관계(작동 순서, 시스템 내에서의 순번 등)를 설명한다. 어떤 입력 데이터는 명확한 값으로 제공되는 반면, 어떤 데이터는 예측치로 제공될 수 있으며 입력 데이터에 대한 허용 오차^{tolerance} 수준을 제시해야 한다. 대규모 입력 데이터의 경우, 이 섹션에서 간단히 입력 파일, 데이터베이스, 또는 테스트 데이터로 제공될 기타 입력 데이터만 설명해도 된다.[11]

12.4.2.4 출력 데이터

반응 시간, 시간 순서 관계, 출력 순서 등 모든 예상 가능한 출력 데이터를 설명한다. 테스트 케이스는 가능한 한 명확한 출력 데이터 값을 제공해야 한다. 예측된 결괏값만 제시할 수 있는 경우에는 허용 오차를 명시해야 한다. 대규모 출력 데이터의 경우, 이 섹션은 외부 제공 파일과 데이터베이스를 참조하는 용도로 사용해도 된다.

---

11 테스트 실행 결과, 재현 가능한 결과물이 도출돼야 한다. 따라서 (어떤 입력 데이터로 테스트를 해도 실험 결과가 동일하다는 보장이 없는 한) 무작위적(또는 임의의) 데이터는 테스트 케이스를 위한 입력 데이터로 적합하지 않다.

테스트 결과, 시스템이 문제없이 작동한다는 점이 확인될 수 있다면, 즉 자기 검증이 가능하다면 이 섹션은 제외해도 무방하다.

12.4.2.5 환경 설정 필요 사항

테스트에 필요한 기존의 소프트웨어 또는 데이터베이스를 설명한다. 테스트 케이스 실행에 필요한 인터넷 사이트의 URL도 가능하다. 여기에는 특수한 전원 장치에 대한 요구 사항도 포함될 수 있으며, 테스트 전원 공급 실패에 대비할 수 있는 UPS 장치나 수영 풀 모니터링(SPM) 시스템의 경우 테스트용 풀장에 물이 어느 정도 채워져야 하는지에 대한 설명도 추가할 수 있다.

12.4.2.5.1 하드웨어 환경 설정 필요 사항

테스트 실행에 필요한 하드웨어 목록과 그에 따른 환경 설정 내역을 추가한다. 테스트 작업을 위한 지원 장비 등 특수한 하드웨어 사양도 포함된다. 예를 들어, SPM을 위한 지원 장비로는 20리터의 물이 채워진 양동이와 물 공급 밸브가 장착된 호스 등이 포함될 수 있다.

12.4.2.5.2 소프트웨어 환경 설정 필요 사항

테스트 실행에 필요한 소프트웨어 목록 및 버전, 환경 설정 내역을 추가한다. 운영체제, 디바이스 드라이버, 동적으로 연결되는 라이브러리, 시뮬레이터, 코드 스캐폴딩code scaffolding과 각종 테스트 도구가 포함된다.[12]

12.4.2.5.3 기타 환경 설정 필요 사항

테스트 문서화에 필요한 환경 설정 등의 제반 요소를 추가한다. 예를 들어 특정 날짜 또는 시간대에 테스트를 해야 한다면, 서머타임 시간제에 따라 23시간으로 설정할지 혹은 25시간으로 설정할지 지정할 수 있다.

---

12 『Write Great Code』 시리즈 6편에서 코드 스캐폴딩과 코드 드라이버를 좀 더 상세히 설명한다.

12.4.2.6 특수한 절차적 요구 사항

테스트 케이스와 관련된 특수한(또는 예외적인) 조건이나 제약 조건을 설명하며, 사전 조건precondition 또는 후속 조건postcondition도 포함될 수 있다. 예를 들어 SPM에 대한 사전 조건 중 하나로, 소프트웨어가 저수위 조건에 적절하게 반응하는지 확인하기 위해 물을 세 개 저수위 센서 밑으로만 채울 수 있다. 후속 조건으로는 양동이가 넘치지 않도록 해야 한다는 내용을 추가할 수 있다.

자동화된 테스트 절차를 따를 경우, 이 섹션은 어떤 테스트 도구를 사용하고, 또 테스트에 어떻게 적용할지 설명하는 용도로도 적합하다. 이 섹션의 내용은 테스트 프로시저 문서에 나올 내용과 중복되지 않도록 하며, 이번 테스트 케이스를 테스트 절차화할 때 필요한 절차적 안내 사항을 설명하는 용도로 사용하는 것이 좋다.

12.4.2.7 케이스 간 의존성

특정 테스트 케이스보다 먼저 검토해야 할 테스트 케이스 목록을 제시해, 현재 테스트가 실행되기 전에 시스템이 적절한 상태로 준비되도록 한다. Std 829는 실행 순서대로 테스트 케이스를 나열할 것을 제안하며, 이를 통해 케이스 간의 의존성을 파악하는 작업 시간을 줄일 수 있다(당연히 이와 같은 의존성은 명확하게 문서화해야 한다). 그러나 테스트 시행을 위해서는 이와 같은 암묵적인 의존성 체계를 따르기보다 문서를 통해 서로의 의존성을 명확하게 확인해야 하며, STP에서는 테스트 단계의 순서를 정의한 문서를 활용할 수 있다. STC에서 테스트 실행 순서를 명확하게 정의했다면, STP에서 발생할 수 있는 오류를 미리 줄일 수 있다.

12.4.2.8 합격/불합격 기준

Std 829는 레벨 테스트 설계 문서화 작업을 할 때 (Std 829 STC의 공식적인 내역은 아니지만) 합격/불합격 기준을 제시할 것을 권장한다. 테스트 문서에 LTD가 없는 경우, 각 테스트 케이스마다 합격/불합격 기준을 제시하는 것이 좋다.

여러분의 테스트 문서에서 합격/불합격 기준이 '모든 시스템 출력 결과는 Outcome 섹션에 정의된 것과 일치해야 한다.'는 정도의 내용으로 정의될 수 있다면 이 섹션을 제외해도 무방하지만, 서론 섹션에 이와 같은 내용을 명시적으로 언급하면 테스트 업무 수행에 도움이 될 것이다.

12.4.3 범례

테스트 문서에 사용된 단어의 개요와 문서 변경 절차 및 문서 변경 이력에 관한 논의 내용을 제공한다.

12.4.3.1 용어 설명

STC에 사용된 모든 단어를 알파벳순의 목록으로 설명하며, 모든 두문자어를 해당 단어의 정의와 함께 제공한다. Std 829는 문서 개요 마지막 부분에서 용어 설명 섹션을 제공하지만, 참조 문서 섹션에 가까운 문서 도입부에 용어 설명 섹션을 배치하는 경우도 많다.

12.4.3.2 문서 변경 절차 및 이력

STC 문서의 생성, 구현, 변경 승인 절차를 설명한다. 모든 프로젝트 문서나 개발 팀에서 생성되는 모든 문서의 변경 절차를 설명하는 환경 설정 관리 계획 Configuration Management Plan(CMP) 문서에 관한 참조 자료 정도의 역할만 수행할 수 있다. 변경 이력은 다음 내용을 반영해 연대기식으로 작성한다.

- 문서 ID(각 수정 버전은 유일한 ID를 지녀야 하며, ID 앞에 날짜를 접두어로 추가해도 된다.)
- 버전 번호(아이템의 버전 번호는 STC의 첫 번째 승인 버전과 연속성이 있어야 한다.)
- STC의 현재 버전에서 변경되는 내용에 대한 설명
- 저작권 및 작성자로서의 역할

흔히 변경 이력은 STC 문서 도입부에 배치하거나 표지 또는 문서 식별자 섹션 바로 다음에 배치한다.

12.4.4 소프트웨어 테스트 케이스 작성 예시

이번 절에서는 이전 장부터 계속 발전시켜온 플랜테이션 프로덕션의 DAQ 시스템 DIP 스위치 초기화 설계 요구 사항에 대한 STC 문서를 작성한다. 이번 STC 문서는 프로젝트를 위해 먼저 작성된 SRS의 내용을 바탕으로 (기능 테스트만 시행하는) 인수 테스트 케이스를 작성하는 예시 문서다(10장의 10.8절 'SRS에 기초한 DAQ 소프트웨어 요구 사항 작성' 참고). 이번 STC 작성 예시에 포함된 테스트 케이스는 SRS의 내용 중 10장의 10.9.1절 '리뷰에 의한 요구 사항 검증'에 해당하는 내용을 제외한 모든 요구 사항을 테스트하기 위한 것이다. 리뷰를 통해 검증해야 할 요구 사항은 이 책의 지면 제약을 고려해 STC 작성 예시에 담지 못했다.[13]

용어	정의
DAQ	데이터 획득 시스템(data acquisition system)
SBC	싱글보드 컴퓨터(single-board computer)
SDD(Software Design Description)	소프트웨어 시스템의 설계 문서화(IEEE Std 1016-2009 표준안을 따름)
SRS(Software Requirements Specification)	소프트웨어 필수 요구 사항(기능, 성능, 설계 제약 사항, 각종 속성) 및 외부 인터페이스 문서화(IEEE Std 610.12-1990 표준안을 따름)
SyRS(System Requirements Specification)	시스템 요구 사항이 반영된 구조화된 정보 집합(IEEE Std 1233-1998). 시스템과 서브시스템의 설계 토대 및 개념적 설계에 대한 요구 사항 명세서
STC(Software Test Case)	다양한 설계 고려 사항 및 요구 사항에 따라 입력값과 출력값을 통해 소프트웨어의 정상 작동 여부를 검증하기 위한 테스트 케이스 문서화(IEEE Std 829-2009)
STP(Software Test Procedure)	다양한 설계 고려 사항 및 요구 사항을 반영한 테스트 케이스로 소프트웨어의 정상 작동 여부를 검증하기 위한 단계별 테스트 절차 문서화(IEEE Std 829-2009)

1 서론

DAQ DIP 스위치 프로젝트를 위한 소프트웨어 테스트 케이스

1.1 문서 식별자(그리고 변경 이력)

2018년 3월 22일: DAQ_STC v1.0

작성자: 랜달 하이드[Randall Hyde]

1.2 범위

이 문서는 DAQ 시스템의 DIP 스위치 테스트 케이스를 설명한다. 다음 링크에서 전체 소프트웨어 설계 명세서를 확인할 수 있다.

http://www.plantation-productions.com/Electronics/DAQ/DAQ.html

---

13 우리의 관심사는 DAQ DIP 스위치 자체가 아닌 STC 작성 방법이며, 작성 예시 문서에서 대여섯 개의 테스트 케이스를 확인하고 나면 STC를 어떻게 작성해야 할지에 대해 확신을 갖게 될 것이다.

1.3 용어 정의, 두문자어, 축약어

노트 | 이번 테스트 케이스는 책의 분량을 고려해 매우 간략하게 작성했으므로, 여기서 작성한 예시 자체를 여러분의 STC 템플릿으로 삼지 않는 것이 좋다. 여러분의 문서에서는 여러분이 필요로 하는 단어와 축약어를 자유롭게 추가하길 바란다.

1.4 참조 문서

참조 문서명	설명
DAQ STC	플랜테이션 프로덕션의 DAQ 시스템에 대한 전체 STC 문서는 다음 링크에서 확인할 수 있다. http://www.plantation-productions.com /Electronics/DAQ/DAQ.html
IEEE Std 830-1998	SRS 문서화 표준안
IEEE Std 829-2008	STP 문서화 표준안
IEEE Std 1012-1998	소프트웨어 검토 및 검증 표준안
IEEE Std 1016-2009	SDD 문서화 표준안
IEEE Std 1233-1998	SyRS 문서화 표준안

1.5 작성 배경

플랜테이션 프로덕션의 DAQ 시스템은 엔지니어가 핵융합 연구용 원자로 등과 같은 안전이 극도로 중요한 시스템을 설계할 수 있도록 문서화가 잘된 데이터 획득 및 제어 시스템이다. 다수의 COTS^{Commercial Off-The-Shelf} 시스템[14]이 존재하지만, 이들 기존 제품은 몇 가지 단점을 지닌다. 먼저, 해당 시스템의 지적재산권으로 인해 구매 후에도 시스템의 수정 또는 보수가 어렵다. 또한 시스템에 대한 보수 또는 교체 작업이 없을 경우 5~10년 내에 구식 시스템이 될 수 있다. 그리고 엔지니어가 시스템을 검토하거나 검증할 수 있는 (SRS, SDD, STC, STP 등과 같은) 문서화 체계가 부족하다.

DAQ 시스템은 이 같은 문제를 안전 시스템의 검토 및 검증을 위한 완벽한 설계 문서가 제공되는 오픈 하드웨어 및 오픈소스를 통해 해결한다.

---

14 상업용으로 시판되는 시스템

DAQ 시스템은 원래 핵융합 연구용 원자로를 위해 설계됐지만, (TTL 레벨의) 디지털 I/O를 지원하는 Ethernet 기반 제어 기능, 광학식 디지털 입력 기능, 기계식 및 집적 회로 릴레이 기반의 디지털 출력 기능, (격리식 및 조건식, ±10v 4-20mA) 아날로그 입력 기능, (조건식, ±10v) 아날로그 출력 기능을 구현하는 데 사용할 수 있다.

1.6 설명 표기법

이번 문서의 테스트 케이스 식별자(태그)는 다음 형식을 따른다.

DAQ_STC_*xxx_yyy_zzz*

*xxx_yyy*는 해당 (DAQ_SRS_*xxx_yyy*의) 요구 사항의 순번이고, *zzz*는 문서 내에서 유일한 요소로서 식별될 수 있는 순번이다. STC 태그에서 *zzz*는 000 또는 001로 시작해 동일한 *xxx_yyy* 순번을 공유하는 테스트 케이스 아이템이 하나씩 추가될 때마다 1씩 증가시킨다.

2 세부 사항(테스트 케이스)

2.1 DAQ_STC_701_000_000

목적: RS-232 포트로부터의 명령 수신 테스트

입력:

1. DIP 스위치 1번, ON으로 설정
2. 시리얼 터미널에서 help 명령 입력

출력:

1. 화면에 help 메시지 출력

환경 설정 필요 사항:

하드웨어: (부팅된) 작동 가능 상태의 DAQ 시스템, PC의 RS-232 포트에 DAQ 연결

소프트웨어: 최신 버전의 DAQ 펌웨어 설치

외부 요소: PC에서 실행되는 시리얼 터미널 에뮬레이터

특수한 절차적 요구 사항:

[해당 없음]

케이스 간의 의존성:

[해당 없음]

2.2 DAQ_STC_702_000_000

목적: DIP 스위치 1번 ON 시, 명령 수신 테스트

입력:

1. DIP 스위치 1번, ON으로 설정
2. 시리얼 터미널에서 help 명령 입력

출력:

1. 화면에 help 메시지 출력

환경 설정 필요 사항:

> **하드웨어**: (부팅된) 작동 가능 상태의 DAQ 시스템, PC의 RS-232 포트에 DAQ 연결
> **소프트웨어**: 최신 버전의 DAQ 펌웨어 설치
> **외부 요소**: PC에서 실행되는 시리얼 터미널 에뮬레이터

특수한 절차적 요구 사항:

[해당 없음]

케이스 간의 의존성:

DAQ_STC_701_000_000과 동일한 테스트

2.3 DAQ_STC_703_000_000

목적: DIP 스위치 1번 OFF 시, 명령 거부 테스트

입력:

1. DIP 스위치 1번, OFF로 설정
2. 시리얼 터미널에서 help 명령 입력

출력:

1. 시스템은 명령을 무시하고, 터미널에 아무 반응도 출력하지 않음

환경 설정 필요 사항:

하드웨어: (부팅된) 작동 가능 상태의 DAQ 시스템, PC의 RS-232 포트에 DAQ 연결

소프트웨어: 최신 버전의 DAQ 펌웨어 설치

외부 요소: PC에서 실행되는 시리얼 터미널 에뮬레이터

특수한 절차적 요구 사항:

[해당 없음]

케이스 간의 의존성:

[해당 없음]

노트 | 지면 관계상, 이하의 내용 중에서 위 테스트 케이스와 매우 유사한 테스트 케이스의 상당 부분을 생략했다.

2.4 DAQ_STC_709_000_000

목적: DIP 스위치 5번, 6번 OFF 시, Ethernet 주소를 테스트

입력:

1. DIP 스위치 3번, ON으로 설정(4번 = 무시)
2. DIP 스위치 5번, OFF로 설정
3. DIP 스위치 6번, OFF로 설정
4. Ethernet 터미널 프로그램을 이용해 IP 주소 192.168.2.70, 포트 20560 (0x5050)으로 연결 시도
5. `help` 명령 입력

출력:

1. Ethernet 터미널이 DAQ 시스템에 연결됨

2. 터미널 프로그램이 DAQ help 메시지를 출력

환경 설정 필요 사항:

하드웨어: (부팅된) 작동 가능 상태의 DAQ 시스템, PC의 Ethernet 포트에 DAQ 연결

소프트웨어: 최신 버전의 DAQ 펌웨어 설치

외부 요소: PC에서 실행되는 Ethernet 터미널 에뮬레이터

특수한 절차적 요구 사항:

[해당 없음]

케이스 간의 의존성:

케이스 DAQ_STC_708_000_000부터 DAQ_STC_718_001_000까지는 서로 긴밀히 연결돼 있으므로 동시에 실행해야 함

노트 | 지면 관계상, 이하의 내용 중에서 위 테스트 케이스와 매우 유사한 테스트 케이스의 상당 부분을 생략했다.

2.6 DAQ_STC_710_000_000

목적: DIP 스위치 5번, 6번 OFF 시, Ethernet 주소를 테스트

입력:

1. DIP 스위치 3번, ON으로 설정(4번 = 무시)
2. DIP 스위치 5번, ON으로 설정
3. DIP 스위치 6번, OFF로 설정
4. Ethernet 터미널 프로그램을 이용해 IP 주소 192.168.2.71, 포트 20560 (0x5050)으로 연결 시도
5. help 명령 입력

출력:

1. Ethernet 터미널이 DAQ 시스템에 연결됨

2. 터미널 프로그램이 DAQ help 메시지를 출력

환경 설정 필요 사항:

하드웨어: (부팅된) 작동 가능 상태의 DAQ 시스템, PC의 Ethernet 포트에 DAQ 연결

소프트웨어: 최신 버전의 DAQ 펌웨어 설치

외부 요소: PC에서 실행되는 Ethernet 터미널 에뮬레이터

특수한 절차적 요구 사항:

[해당 없음]

케이스 간의 의존성:

케이스 DAQ_STC_708_000_000부터 DAQ_STC_718_001_000까지는 서로 긴밀히 연결돼 있으므로 동시에 실행해야 함

2.7 **DAQ_STC_711_000_000**

목적: DIP 스위치 5번 OFF, 6번 ON 시, Ethernet 주소를 테스트

입력:

1. DIP 스위치 3번, ON으로 설정(4번 = 무시)
2. DIP 스위치 5번, OFF로 설정
3. DIP 스위치 6번, ON으로 설정
4. Ethernet 터미널 프로그램을 이용해 IP 주소 192.168.2.72, 포트 20560 (0x5050)으로 연결 시도
5. help 명령 입력

출력:

1. Ethernet 터미널이 DAQ 시스템에 연결됨
2. 터미널 프로그램이 DAQ help 메시지를 출력

환경 설정 필요 사항:

하드웨어: (부팅된) 작동 가능 상태의 DAQ 시스템, PC의 RS-232 포트에 DAQ 연결

소프트웨어: 최신 버전의 DAQ 펌웨어 설치

외부 요소: PC에서 실행되는 Ethernet 터미널 에뮬레이터

특수한 절차적 요구 사항:

[해당 없음]

케이스 간의 의존성:

케이스 DAQ_STC_708_000_000부터 DAQ_STC_718_001_000까지는 서로 긴밀히 연결돼 있으므로 동시에 실행해야 함

2.8 DAQ_STC_712_000_000

목적: DIP 스위치 5번, 6번 ON 시, Ethernet 주소를 테스트

입력:

1. DIP 스위치 3번, ON으로 설정(4번 = 무시)
2. DIP 스위치 5번, ON으로 설정
3. DIP 스위치 6번, ON으로 설정
4. Ethernet 터미널 프로그램을 이용해 IP 주소 192.168.2.73, 포트 20560 (0x5050)으로 연결 시도
5. `help` 명령 입력

출력:

1. Ethernet 터미널이 DAQ 시스템에 연결됨
2. 터미널 프로그램이 DAQ `help` 메시지를 출력

환경 설정 필요 사항:

하드웨어: (부팅된) 작동 가능 상태의 DAQ 시스템, PC의 RS-232 포트에 DAQ 연결

소프트웨어: 최신 버전의 DAQ 펌웨어 설치

외부 요소: PC에서 실행되는 Ethernet 터미널 에뮬레이터

특수한 절차적 요구 사항:

[해당 없음]

케이스 간의 의존성:

케이스 DAQ_STC_708_000_000부터 DAQ_STC_718_001_000까지는 서로 긴밀히 연결돼 있으므로 동시에 실행해야 함

노트 | 지면 관계상, 이하의 내용 중에서 위 테스트 케이스와 매우 유사한 테스트 케이스의 상당 부분을 생략했다.

2.9 DAQ_STC_726_000_000

목적: RS-232 포트로부터의 명령 수신 테스트

입력:

1. DIP 스위치 1번, ON으로 설정
2. 시리얼 터미널에서 help 명령 입력

출력:

1. 화면에 help 메시지 출력

환경 설정 필요 사항:

하드웨어: (부팅된) 작동 가능 상태의 DAQ 시스템, PC의 RS-232 포트에 DAQ 연결

소프트웨어: 최신 버전의 DAQ 펌웨어 설치

외부 요소: PC에서 실행되는 시리얼 터미널 에뮬레이터

특수한 절차적 요구 사항:

[해당 없음]

케이스 간의 의존성:

DAQ_STC_701_000_000과 동일

3 테스트 케이스 문서 변경 절차

STC의 내용 변경이 필요한 경우, 이 STC 문서에 새로 1.1 섹션을 추가하고 변경 날짜, 문서 ID(DAQ_STC), 버전 번호, 작성자 이름 등을 입력해야 한다.

12.4.5 STC 정보를 이용한 RTM 업데이트

소프트웨어 리뷰와 소프트웨어 테스트 케이스(그리고 분석을 통한) 검증 기법은 서로 배타적이므로, 이들 검증 요소 중 하나만 RTM 칼럼에 입력하면 된다. 테스트 케이스와 소프트웨어 리뷰 아이템만으로 구성된 DAQ 시스템의 공식적인 RTM에서 해당 칼럼의 라벨은 '소프트웨어 테스트/리뷰 케이스'로 한다. 이 칼럼에 DAQ_SR_xxx_yyy_zzz와 DAQ_STC_xxx_yyy_zzz 아이템을 모두 추가하면, 태그 자체가 매우 명확하게 해당 내용을 설명해주므로 혼동을 일으킬 여지가 없다. 이를 위해 이번 12장에서 설명한 태그 식별자의 형식을 먼저 준수해야 할 것이다. 물론, 태그 이름으로 리뷰와 테스트 케이스 아이템을 구분할 수 있는 여러분만의 식별 기호를 추가할 수도 있다.

이번 장에서 설명한 STC 태그 형식을 사용하는 경우, RTM에서 여러분의 테스트 케이스를 넣을 열을 찾는 일은 매우 쉽다. 먼저 DAQ_SRS_xxx_yyy 태그를 사용한 요구 사항을 찾고, 동일 열의 해당 칼럼에 STC 태그를 추가하면 된다. 태그 이름에서 직접 요구 사항을 추적할 수 있는 식별 기호를 사용하지 않은 경우, (해당 아이템이 테스트 케이스에 포함돼 있길 바라며) 관련 아이템을 직접 찾아야 한다.

12.5 소프트웨어 테스트 프로시저 문서화

소프트웨어 테스트 프로시저^{Software Test Procedure}(STP)는 테스트 케이스 실행의 단계를 구체적으로 설명하는 문서이며, 이를 통해 소프트웨어 시스템의 품질을 평가한다. 모든 테스트 케이스를 적절한 순서대로 실행하면 STP의 유무에 상관없이 테스트를 완료할 수 있으므로, STP는 테스터의 필요에 따라 선택적으로 작성할 수 있다. STP를 작성하는 근본적인 목적은 테스트 절차의 일원화나 체계적인 실행이라 할 수 있는데, 이를 위해서는 테스트 케이스 가운데 거의 동일한 아이템 또는 상당히 유사한 아이템을 통합해 일괄적으로 처리할 수 있어야 한다. 다양한 요구 사항을 검증하기 위해 다수의 테스트 케이스에 입력되는 데이터는 사실상 동일하며, 때로는 테스트 결과까지 동일한 경우도 있다. 이와 같은 테스트 케이스는 하나의 테스트 프로시저로 병합해, 복잡다단한 모든 테스트 케이스를 하나의 테스트 시퀀스로 정리함으로써 일관되게 처리할 수 있다.

다수의 테스트 케이스를 하나의 STP로 병합하는 또 다른 이유는 공통적인 테스트 환경 설정이 주는 편리함 때문이다. 각 테스트 케이스는 실행에 앞서 일정한 환경 설정 조건에 맞춘 준비 작업이 필요하며, 테스트 케이스의 수가 늘어날수록 이런 준비 작업은 더욱 힘들어진다. 하지만 다수의 테스트 케이스를 면밀히 분석해 공통 요소를 지닌 케이스끼리 분류하면, 동일한 환경 설정에서 테스트를 실행할 수 있는 케이스를 한데 모을 수 있다. 이와 같이 공통 요소를 지닌 테스트 케이스를 하나의 테스트 프로시저로 병합하면, 일련의 케이스에 대해 공통의 테스트 환경 설정을 하고 일괄적으로 테스트를 실행할 수 있다.

마지막으로, 일부 테스트 케이스는 다른 요소와의 의존성이 있으므로 해당 테스트가 실행되기 전에 다른 테스트가 먼저 실행돼야 하는 조건이 붙기도 한다. 이들 테스트 케이스를 별도의 테스트 프로시저에 병합해, 테스트 케이스 간의 의존성 관계를 미리 맞춰놓을 수 있다.

Std 829는 일련의 레벨 테스트 프로시저Level Test Procedure(LTPr) 문서를 정의한다. Std 829에 정의된 레벨 테스트 문서로는 네 가지 유형의 LTPr 문서가 있으며, 소프트웨어 테스트와 관련된 범위와 내용을 설명하는 문서 유형으로는 컴포넌트 테스트 프로시저(유닛 테스트 프로시저, UTP), 컴포넌트 통합 테스트 프로시저(통합 테스트 프로시저, ITP), 시스템 테스트 프로시저(시스템 통합 테스트 프로시저, SITP), 인수 테스트 프로시저(ATP. 공장 인수 테스트 프로시저[FATP] 또는 현장 인수 테스트 프로시저[SATP]) 등이 있다.[15]

UTP와 ITP는 테스트 케이스 문서의 경우처럼, 자동화된 테스트 절차를 따르는 일이 많아지면서 공식적인 문서화 작업을 많이 하지 않는 편이다(12.4절 '소프트웨어 테스트 케이스 문서화' 참고).

앞서 살펴본 그림 12-1, 12-2에서 알 수 있듯이, STP와 모든 LTPr은 STC(LTC) 문서화 작업에 직접적인 영향을 받는다. 그림 12-1은 UTP와 ITP에 적용되고, 그림 12-2는 SITP와 ATP에 적용된다(ATP는 SyRS/SRS를 바탕으로 작성된 테스트 케이스로부터 작성되는 것이며, SDD를 기반으로 작성되지 않는다).

테스트 케이스 문서화의 경우처럼, ATP 또한 고객이나 최종 사용자를 기준으로는 SITP의 하위 문서가 된다. FATP 및 SATP 문서가 제공되는 경우, 최종 사용자의 요구 사

---

15 LTP와 관련된 산업 표준 명칭은 대괄호([]) 속에 표기했다. 여기서 STP는 테스트 절차에 대한 일반 명칭으로서 네 개의 테스트 프로시저 중 하나를 지칭하는 데 사용될 수 있다.

항을 좀 더 구체적으로 설명한다는 측면에서 SATP가 FATP의 하위 문서가 된다.[16]

12.5.1 IEEE Std 829-2009 소프트웨어 테스트 프로시저

Std 829 표준안의 STP 문서 개요는 다음과 같다.

1 서론
    1.1 문서 식별자
    1.2 범위
    1.3 참조 문서
    1.4 다른 문서와의 관계
2 세부 사항
    2.1 입력 데이터, 출력 데이터, 특수한 요구 사항
    2.2 테스트 케이스 실행 시 준수해야 할 테스트 단계별 설명
3 범례
    3.1 용어 설명
    3.2 문서 변경 절차 및 이력

12.5.2 STP 문서 개요의 확장

전형적인 IEEE 표준안에 따라 적절한 타당성 검증하에 테스트 아이템의 추가, 삭제, 이동, 편집 작업을 통해 STP 문서 개요를 확장할 수 있다. 이번 예시 문서의 경우처럼, 문서 개요 중 몇 개가 누락된 것과 같은 상태에서는 이와 같은 STP 문서화의 유연성이 더욱 중요하다.

우선, (12.4절 '소프트웨어 테스트 케이스 문서화'에서 살펴본) STC 문서 개요에서 서론부의 '설명 표기법' 부분이 빠져 있다.[17] Std 829 표준안의 작성자는 섹션 2('세부 사항')에

---

16 이런 규칙이 맞지 않는 때도 있다. SATP에 공장 테스트 절차에는 포함되지 않았던 새로운 테스트 절차가 포함되기도 하기 때문이다. 예를 들어, (전기와 음향의) 노이즈 문제나 물리적 시스템의 설치 문제 등은 공장에서는 발생하지 않지만, 설치 현장이나 실제 환경에서는 자주 발생하는 문제다.
17 배경 또는 맥락(Context) 섹션도 누락되긴 했지만, 여기서는 중요성이 매우 낮다. 맥락 정보가 필요할 경우, STC 문서의 배경 또는 맥락 섹션을 확인한다.

매우 적은 수의 테스트 프로시저 아이템만 담을 계획이었던 것으로 보인다. 그러나 실무적으로는 해당 섹션에 포함시켜야 할 테스트 프로시저 아이템의 수가 매우 많다. 앞서 다수의 테스트 케이스를 소수의 테스트 프로시저로 통합시켰지만, 실무적으로 이를 활용하려면 다시 몇 개의 그룹으로 나눠서 관리할 필요가 있다. 테스트 프로시저를 세분화하는 이유는 다음과 같다.

- 다수의 테스트를 병렬적으로 할 수 있기 때문이다. 다수의 테스트 팀에 서로 독립적인 테스트 프로시저를 할당하면, 많은 양의 테스트를 좀 더 신속하게 진행할 수 있다.
- 특정 테스트는 특정 리소스를 필요로 하기 때문이다. 하드웨어 및 소프트웨어 테스트에 자주 활용되는 오실로스코프oscilloscope, 로직 분석기, 고정 테스트 환경, 신호 생성기 등이 대표적이다. 대규모 테스트 프로시저를 소규모 테스트 프로시저 아이템으로 나눔으로써, 테스트 팀이 특정 리소스를 활용할 수 있는 시간을 좀 더 유연하게 선택할 수 있다.
- 하루 또는 오전, 오후 등, 업무 일과 내에 처리할 수 있기 때문이다. 며칠간 지속되는 대규모 테스트 프로시저를 실행하다 보면 개인은 물론 팀도 집중력이 떨어질 수 있다.
- 요구되는 환경 설정 또는 연관 작업을 기준으로 테스트 프로시저를 조직화하면, 테스트 업무의 일관성이 높아지고 실행 단계가 단축되며 좀 더 효율적으로 테스트 업무를 처리할 수 있다.
- 상당수의 기업은 테스트 중 일부가 실패하면, 전체 테스트 절차를 (회귀 테스트처럼) 처음부터 다시 실행할 것을 요구한다. 테스트 프로시저를 세분화하면, 좀 더 비용 효율적으로 테스트를 재실행할 수 있다.

테스트 프로시저 문서에서 역순으로 STC와 SRS를 추적하거나 RTM에 있는 다른 문서에 접근하려면, 테스트 프로시저 식별자(태그)가 필요하다. 따라서 STP에는 테스트 프로시저 태그를 설명하는 별도의 섹션이 필요하다.

IEEE 문서 개요에서 빠진 두 번째 요소는 세부 사항 섹션에 있어야 할 테스트 프로시저 식별자에 대한 것이다. 태그를 이용해 좀 더 쉽게 관련 아이템을 추적할 수 있도록 하려면, 각 테스트 프로시저 아이템 섹션에서 그와 관련된 테스트 케이스 목록을 제공하면 된다. 나의 경우, 각 테스트 프로시저 섹션에 다음 정보를 추가해 유용성을 높인다.

- 간략한 개요 설명
- 태그/식별자
- 작성 목적
- 추적 가능성(테스트 케이스 추적)
- 합격/불합격 기준(개별 테스트 프로시저마다 다름)
- 테스트 프로시저 실행과 관련된 특수한 요구 사항(필수적인 입력/출력 데이터 등)
- 테스트 프로시저 실행 이전에 필요한 모든 설정 내역
- 테스트 프로시저를 실행하게 될 소프트웨어 버전 번호
- 테스트 프로시저 실행 단계

이들 아이템을 통합해 만든 STP는 SIT, AT, FAT, 또는 SAT 등 모든 레벨의 테스트 프로시저 문서로 활용될 수 있다.

1 목차
2 서론
   2.1 문서 식별자와 변경 이력(위치 바뀜)
   2.2 범위
   2.3 용어 설명, 두문자어, 축약어(위치 바뀜)
   2.4 참조 문서
   2.5 설명 표기법
   2.6 다른 문서와의 관계(삭제됨)
   2.7 테스트 실행 지시 사항(추가됨)
3 테스트 프로시저(상세 정보에서 이름 변경)
   3.1 개요(간단한 문구), 프로시저 #1
      3.1.1 프로시저 식별자(태그)
      3.1.2 목적

        3.1.3   이번 프로시저로 검증할 테스트 케이스 목록

        3.1.4   특별 요구 사항

        3.1.5   프로시저 실행 전 설정 요구 사항

        3.1.6   프로시저 실행을 위한 소프트웨어 버전 번호

        3.1.7   프로시저 실행을 위한 세부 단계

        3.1.8   프로시저 종료 조건

    3.2   개요(간단한 문구), 프로시저 #2

- (이전 섹션과 동일한 하위 섹션으로 구성)
- ...

    3.n   개요(간단한 문구), 프로시저 #n

- (이전 섹션과 동일한 하위 섹션으로 구성)

4   범례

    4.1   문서 변경 절차

    4.2   별첨 목록 및 부록

5   색인

12.5.3 STP 문서의 서론부

STP 서론부는 다음과 같은 내용으로 구성된다.

12.5.3.1 문서 식별자와 변경 이력

문서 식별자는 전체 문서에서 유일한 이름을 사용해야 하며, 특정 프로젝트 관련 문서임을 나타내는 *DAQ_STP* 같은 텍스트와 문서 작성 및 수정 날짜, 버전 번호, 작성자명 등이 포함된다. 이들 (문서의 리비전 내역을 담고 있는) 식별자 목록은 문서 변경 이력의 토대가 될 수 있다.

12.5.3.2 범위

여기서 범위는 STC에서 사용된 것과 동일한 의미로 사용된다(12.4절 '소프트웨어 테스트 케이스 문서화' 참조). Std 829 표준안은 이 섹션에서 STC와 다른 문서와의 목표 관련성을

기준으로 STP의 범위를 설명할 것을 제안하며, STC의 범위 섹션을 참조하는 방식으로 작성할 수 있다.

12.5.3.3 참조 문서

STP와 관련되는 (STC 등과 같은) 외부 문서 링크를 제공한다. Std 829는 이번 테스트 프로시저와 관련되는 개별 테스트 케이스 링크를 추가할 것을 권장하지만, 이는 STP에 포함될 테스트 프로시저 아이템이 많지 않을 때 의미가 있다. 섹션 3('테스트 프로시저')에서 이와 같은 형식으로 STP의 테스트 프로시저에 대응되는 개별 테스트 케이스 링크를 제공할 수 있다. 다수의 독립적인 애플리케이션으로 구성된 대규모 시스템인 경우, 각각의 애플리케이션마다 별도의 STP를 작성할 수 있다. STP 문서의 이 섹션에 다른 STP 링크를 추가하는 것도 좋은 방법이다.

12.5.3.4 설명 표기법

STC에서처럼, 이 섹션에서 STP 태그 형식을 설명할 수 있다. 이 책은 *proj_STP_xxx* 스타일의 STP 태그 형식을 사용할 것을 권장하며, *proj*는 (DAQ 또는 POOL과 같은) 프로젝트 ID이고, *xxx*는 연속적이면서 유일한 태그 순번이다.

STC 테스트 케이스와 STP 테스트 프로시저는 다대일 관계를 지니며, 이런 경우 STP 태그를 통해 다른 문서를 추적하는 것이 어렵다(이는 SDD 태그도 마찬가지다. 11장의 11.4절 'SDD 추적 가능성 및 태그'를 참고한다). 따라서 각 테스트 프로시저 문서화 작업 시 관련 STC 태그를 꼼꼼히 추가해, 테스트 프로시저에 대응되는 테스트 케이스를 추적할 수 있도록 하는 작업이 중요하다.

12.5.3.5 다른 문서와의 관련성

수정된 STP 문서 개요에서는 이 섹션을 삭제했다. Std 829는 이번 STP와 다른 테스트 프로시저 문서의 관련성을 설명할 것을 제안하며, 특히 다른 테스트 프로시저 바로 앞에서나 바로 뒤에서 실행해야 하는 테스트 프로시저가 있다면 이 섹션에서 설명하도록 한다. 그러나 수정된 양식에서는 모든 테스트 프로시저가 하나의 동일한 문서에 포함되며, 테스트 간의 관련성은 각 테스트 프로시저 설명 문서에 이미 포함돼 있다(문서 개요는 섹션 3.1.4('특별 요구 사항')에서 확인할 수 있다).

STP의 수정된 양식에서 이 섹션이 포함된 이유를 예를 들어 설명하면 다음과 같다. 대규모 시스템의 경우 다수의 (대체로 서로 독립적인) 소프트웨어 애플리케이션이 포함될 수 있으며, 이 경우 각 애플리케이션마다 별도의 STP 문서를 작성할 수 있다. 수정된 STP 에서 이 섹션은 STP와 다른 문서와의 관련성을 설명할 수 있고, STP 테스트 아이템 중 어느 것이 먼저 실행돼야 하는지 파악하는 데 도움을 준다.

12.5.3.6 테스트 실행 관련 지시 사항

이 섹션은 어느 누가 테스트를 실행할 때라도 참고할 수 있는 일반적인 지시 사항을 담고 있다. 일반적으로 테스트를 실행하는 사람은 소프트웨어 개발자가 아닌 경우가 많다.[18] 이 섹션은 해당 소프트웨어 개발에 참여하지 않은 또 다른 누군가에게 테스트할 소프트웨어에 대한 인사이트를 전달해주기 위한 것이다.

여기에 포함돼야 할 중요한 정보 중 하나는 만에 하나 테스트 절차가 실패했을 때의 대응 행동에 관한 것이다. 이미 한 번 실패한 테스트를 또 다른 문제점을 찾기 위해서라도 계속 실행해야 하는가? 개발 팀이 해당 문제를 해소할 때까지 테스트 작업을 즉시 중단해야 하는가? 테스트를 중단한다면, 테스트를 재개하기 위한 프로세스는 무엇인가? 이와 같은 의문점에 대해 적절한 답을 제공할 수 있는 정보가 필요하다. 특정 테스트 절차가 실패했을 때 거의 대부분의 QA 팀은 테스트 절차를 처음부터 다시 시작해야 한다고 요구할 것이다.[19] 일부 QA 팀은 실패 지점부터 다시 테스트 절차를 진행하기에 앞서 개발 팀과의 미팅 및 업무 조율이 필요하다고 할 것이다.

또한 이 섹션에서는 테스트 도중 발견된 문제점/이상 상황의 기록 방식, 문제 상황에서 시스템을 다시 안정 상태로 가동하기 위한 방법, 또는 재앙적 사건의 발생을 미연에 방지하기 위한 시스템 셧다운의 필요성 등도 설명한다.

---

18 다수의 QA 가이드라인은 (이해관계자인) 담당 개발자가 시스템 통합 테스트 또는 인수 테스트를 실행하지 못하도록 하고 있다. 다수의 기업은 담당 개발자가 테스트 실행 코드를 작성하는 일조차도 금지하며, QA 팀이 직접 테스트에 필요한 소스 코드를 작성하도록 하고 있다.

19 처음부터 모든 STP를 다시 실행하도록 하는 경우도 있겠지만, 이는 경제적으로 큰 손실을 가져오고 실효성 또한 낮다. 특정 테스트 절차가 실패한 경우, 실패한 각 테스트 절차를 다시 실행하고 STP 종료 시점에 전체 STP를 다시 실행해 무결성 또는 완결성을 증명하는 방법이 현실적이다.

물론 이 섹션에서는 테스트 절차의 성공적인 실행 결과를 기록하는 방식도 설명하며, 테스터는 테스트 시작일 및 시간, 테스트 엔지니어의 이름, 실행한 테스트 절차의 명칭 등을 기록한다. 테스트가 성공적으로 마무리되면, 대부분의 테스트 프로시저 문서에는 테스트 엔지니어의 이름과 추후 필요한 QA 작업 내역, 고객사 담당자명, 유관 부서의 담당자명 또는 프로젝트 관련자의 이름을 기록한다. 이 섹션은 프로젝트와 관련된 다양한 이해관계자로부터 서명을 받기 위한 절차의 기록이라 할 수 있으며, 테스트 프로시저가 성공적으로 수행된 경우에는 이들 담당자의 서명으로 마무리된다.

12.5.4 테스트 프로시저

이 섹션은 테스트가 필요한 시스템의 개별 테스트 절차를 다시 설명하는 부분이며, 문서 내에서 단일 테스트 프로시저만 사용하는 Std 829 STP의 수정안이라 할 수 있다. 다수의 테스트 프로시저를 필요로 하는 시스템의 경우, 여러 개의 STP 문서가 존재할 수 있다.

12.5.4.1 간략한 설명(테스트 프로시저 #1)

테스트 프로시저의 제목 부분으로, DIP Switch #1 Test와 같이 간략하게 표현해 비공식적인 테스트 프로시저의 식별자로 사용할 수 있다.

프로시저 식별자

이번 테스트 프로시저의 식별자(태그)를 나타내며, (RTM 등과 같은) 다른 문서는 태그를 통해 이번 테스트 프로시저를 참조할 수 있다.

목적

이번 테스트 프로시저의 존재 이유, 테스트 대상, 전체 프로젝트 내에서의 의미 등을 설명한다.

이번 테스트 프로시저로 검증할 테스트 케이스 목록

STC 문서를 역추적할 수 있는 기능을 제공하며, 이번 테스트 프로시저가 검증하는 모든 테스트 케이스 목록이다. 여기에 언급되는 테스트 케이스는 다른 테스트 프로시저 문서에서는 찾을 수 없는 것이어야 하며, 해당 테스트 케이스 태그는 하나 이상의 테스트 프로시저 문서에서 중복해 나타나면 안 된다. 테스트 케이스와 테스트 프로시저의 다대일 관계를 유지하려면, RTM을 가급적 간결하게 유지해야 하며 RTM의 동일 열에 여러 개의 테스트 프로시저를 추가하지 않아야 한다.

다수의 테스트 프로시저가 동일한 테스트 케이스를 검증하는 데 사용되는 입력 데이터를 제공하는 (그에 대응하는 결과 데이터도 검증하는) 경우도 있지만, 이는 문제가 되지 않는다. 하나의 테스트 프로시저를 선택해 하나의 테스트 케이스를 검증하고, 이렇게 도출된 결과 데이터를 해당 테스트 프로시저에 할당하면 되기 때문이다. 또한 누군가 요구 사항을 추적하고 특정 요구 사항을 어떤 테스트 프로시저가 검증하는지 확인해야 할 경우, 테스트 프로시저가 해당 요구 사항을 여러 번 검증하는 것은 아무런 문제가 되지 않는다. 테스트 실행의 핵심 요건은 개별 요구 사항을 테스트 프로시저를 이용해 최소 한 번 이상 검증하는 것이기 때문이다.

특정 테스트 케이스와 관련된 테스트 프로시저를 선택할 수 있는 경우, 관련 테스트 케이스를 처리할 수 있는 테스트 프로시저를 고르는 것이 좋다. 다수의 연관 테스트 케이스를 하나의 테스트 프로시저에 포함시킨 경우, 위와 같은 테스트 케이스 선정 작업은 자동으로 이뤄질 수 있다. 즉, 임의로 테스트 프로시저를 만든 후 여기에 테스트 케이스를 넣는 것이 아니라, 한 무리의 연관 테스트 케이스를 선택한 후 이에 대한 테스트 프로시저를 만들어야 할 것이다.

특별한 요구 사항

테스트를 성공적으로 수행하기 위해 필요한 외부 리소스를 설명하는 섹션으로, 데이터베이스, 입력 파일, 기존 디렉터리 경로, 온라인 리소스(웹 페이지), 동적으로 연결된 라이브러리, 기타 서드 파티 도구, 외부의 자동화된 테스트 프로시저 도구 등이 포함된다.

프로시저 실행 전 설정 사항

특정 테스트 프로시저 이전에 실행돼야 할 프로세스 또는 프로시저를 설명한다. 예를 들어, 자율주행 자동차 소프트웨어의 테스트 프로시저인 경우에는 테스트 실행 전에 운전자가 일단 테스트 트랙의 일정 위치까지 이동해야 할 수 있다. 또한 특정 소프트웨어 구동을 위해 인터넷 연결 또는 서버 연결이 미리 준비돼야 하는 경우도 있다. SPM 사례의 경우, (20리터 가량의 물을 이용해) 풀의 수위를 일정 수준까지 높여야 하는 테스트 사전 조건이 존재한다.

테스트 실행 소프트웨어 버전 번호

이 섹션의 용도는 테스트 프로시저의 '빈 칸 채우기'이며, 테스트를 실행할 소프트웨어 버전 번호를 의미하지는 않는다. 즉, 테스트 실행에 앞서 테스터가 현재 사용하고 있는 소프트웨어 버전 번호를 입력하는 필드로서 각 테스트 프로시저마다 모두 작성해야 하며 앞에 작성된 내용을 보고 전체 STP를 모두 복사해 붙이듯이 작성하면 안 된다. 이 섹션을 작성하는 목적은 간단하다. 테스트를 실행하다가 문제점을 발견하면 테스트를 중지해야 하며, 개발자가 해당 문제점을 수정한 뒤에는 (거의 대부분) 해당 프로시저를 처음부터 다시 시작하게 된다. 이때 STP에서 서로 다른 프로시저는 그에 맞는 버전의 소프트웨어로 테스트하게 되므로, 각 프로시저별로 어떤 테스트 소프트웨어 버전을 사용했는지 확인할 필요성이 있는 것이다.[20]

이번 프로시저 실행의 세부 절차

이 섹션은 테스트 프로시저 실행에 필요한 세부 절차 정보를 제공한다. 테스트 프로시저는 크게 실행^{action}과 검토^{verification}라는 두 단계로 나뉜다. 실행은 시스템에 데이터를 입력하는 것과 같은, 테스트를 위한 특정 명령의 수행 동작이며, 검토는 결과 및 출력 데이터 등을 확인하고 시스템이 정상적으로 작동하는 것을 확인하는 과정이다.

모든 프로시저 단계는 1, 2, 3…과 같은 형식으로 실행 순서에 따라 번호를 붙여야 한다. 예를 들어, 프로시저 단계가 3.2.1부터 3.2.40까지 있다면 해당 테스트 절차에는 40개의 단계가 있는 것이다. 이때 가급적이면 각 검토 항목 앞에 서너 개의 밑줄 기호 (___) 또는 체크박스 기호를 추가해 테스트 담당자가 해당 테스트의 성공 여부를 체크할 수 있도록 한다(그림 12-3 참조). 이에 대해 일부 문서 작성자는 모든 항목(즉, 실행과 검토) 앞에 체크박스를 붙여 성공 여부를 확인하도록 하며, 실행 앞에는 밑줄 기호를, 검토 앞에는 체크박스 기호를 추가하기도 한다. 그러나 이는 (테스트 프로시저 아이템의 수를 고려할 때) 상당한 사전, 사후 작업을 수반하므로 신중히 생각해볼 일이다.

3.1.25 ☐ 검토 …

그림 12-3 검토 항목에 체크박스 기호 추가하기

---

20 일부 QA 팀은 개별 테스트 프로시저 실패 시 전체 LTP를 다시 실행할 것을 요구하기도 한다. 이 경우 LTP에 포함된 모든 테스트 프로시저는 동일한 버전 번호를 부여해야 한다.

프로시저 실행의 세부 절차에 포함돼야 할 정보와 필드 내 위치는 다음과 같다.

- 프로시저 시작을 위한 실행 동작(섹션 전반부에 표시)
- 결괏값의 측정 및 관측 방법 설명(테스터는 개발자만큼 해당 소프트웨어를 잘 알지 못한다는 가정하에 작성한다. 필드 전반부에 표시)
- 테스트 프로시저 종료 후 시스템을 안전한 상태에서 셧다운하는 방법 설명(섹션 후반부에 표시)
- 합격/불합격 판정(프로시저 종료)

테스트 프로시저의 맨 마지막으로, 서명란에는 테스트 담당자, 참관인, 고객 대표, 담당 경영진 등이 합격/불합격 여부를 최종 승인하고 서명을 한다. 이때 서명과 날짜 등과 같은 최소한의 정보를 제공하며, 기업과 부서마다 지정된 서명 방식을 사용하는 경우도 많다. 테스트 프로시저 실행에 참여한 사람은 (1인 기업이라면 개발자가 직접) 서명과 날짜 기입을 통해 해당 테스트가 적절하게 실행됐다는 것을 확인하고 종료한다.

12.5.5 범례

STP의 마지막 섹션은 다른 섹션에는 적합하지 않은 정보를 모두 포함할 수 있는 범용 공간이다.

12.5.5.1 문서 변경 절차

다수의 조직은 테스트 프로시저 문서 변경과 관련된 나름의 정책을 지니고 있다. 예를 들어 ATP의 공식적인 변경에 앞서 반드시 고객의 승인을 받도록 할 수 있으며, 이 섹션은 STP를 변경하기 위한 승인 절차 및 과정에 대한 개요를 설명한다.

12.5.5.2 별책 및 부록

LTP의 독자를 위해 테스트 프로시저와 직접적으로 관련된 표, 이미지와 기타 문서 목록을 제공하는 섹션이다.

12.5.6 색인

필요에 따라 STP 마지막 부분에 색인을 추가할 수 있다.

12.5.7 STP 작성 예시

이번 절에서는 DAQ DIP 스위치 프로젝트를 위한 (지면 관계상 간소화된) STP 작성 예시를 보여준다.

1 목차

   [지면 관계상 생략]

2 서론

   2.1 문서 식별자

   2018년 3월 22일: DAQ_LTP 버전 1.0, 랜달 하이드[Randall Hyde]

   2.2 범위

   이 문서는 DAQ 시스템의 DIP 스위치 프로시저를 설명하는 문서다.

   2.3 용어 정의, 두문자어, 축약어

노트 | 이번 테스트 프로시저는 책의 분량을 고려해 매우 간략하게 작성했으므로, 여기서 작성한 예시 자체를 여러분의 STP 템플릿으로 삼지 않는 것이 좋다. 여러분의 문서에서는 여러분이 필요로 하는 단어와 축약어를 자유롭게 추가하길 바란다.

용어	정의
DAQ	데이터 획득 시스템(data acquisition system)
SBC	싱글보드 컴퓨터(single-board computer)
SDD(Software Design Description)	소프트웨어 시스템의 설계 문서화(IEEE Std 1016-2009 표준안을 따름)
SRS(Software Requirements Specification)	소프트웨어 필수 요구 사항(기능, 성능, 설계 제약 사항, 각종 속성) 및 외부 인터페이스 문서화(IEEE Std 610.12-1990 표준안을 따름)

(이어짐)

용어	정의
SyRS(System Requirements Specification)	시스템 요구 사항이 반영된 구조화된 정보 집합(IEEE Std 1233-1998). 시스템과 서브시스템의 설계 토대 및 개념적 설계에 대한 요구 사항 명세서
STC(Software Test Case)	다양한 설계 고려 사항 및 요구 사항에 따라 입력값과 출력값을 통해 소프트웨어의 정상 작동 여부를 검증하기 위한 테스트 케이스 문서화(IEEE Std 829-2009)
STP(Software Test Procedure)	다양한 설계 고려 사항 및 요구 사항을 반영한 테스트 케이스로 소프트웨어의 정상 작동 여부를 검증하기 위한 단계별 테스트 절차 문서화(IEEE Std 829-2009)

2.4 참조 문서

참조 문서명	설명
DAQ STC	12.4.4절 '소프트웨어 테스트 케이스 작성' 참조
DAQ STP	플랜테이션 프로덕션의 DAQ 시스템에 대한 전체 STC 문서는 다음 링크에서 확인할 수 있다. http://www.plantation-productions.com/Electronics/DAQ/DAQ.html
IEEE Std 830-1998	SRS 문서화 표준안
IEEE Std 829-2008	STP 문서화 표준안
IEEE Std 1012-1998	소프트웨어 검토 및 검증 표준안
IEEE Std 1016-2009	SDD 문서화 표준안
IEEE Std 1233-1998	SyRS 문서화 표준안

노트 | 이번 작성 예시에서는 지면 관계상 생략했지만, 위 DAQ STC 웹 페이지 링크를 통해 DAQ 시스템과 관련된 (프로그래밍 매뉴얼이나 시스템 체계 같은) 추가적인 참고 자료를 확인할 수 있다.

2.5 설명 표기법

이번 문서에서 테스트 프로시저 식별자(태그)는 다음과 같은 형식으로 작성한다.

DAQ_STP_*xxx*

*xxx*는 전체 테스트 프로시저 순서에서 유일한 순번을 나타내며 1.1, 1.2와 같은 점-숫자 표기법을 사용한다. STP 태그에서 *xxx* 값은 000 또는 001로 시작하고, 동일한 *xxx* 문자열을 공유하는 테스트 케이스 아이템이 하나씩 추가될 때마다 순번을 1씩 증가시킨다.

2.6 테스트 실행을 위한 지시 사항

각 테스트 프로시저를 설명된 내용대로 실행한다. 테스트 담당자가 프로시저에서 오류 또는 누락 사항을 찾은 경우, 해당 프로시저 아이템에 레드라인^{redline}을 긋고 올바른 정보를 기입한 다음, 테스트 로그에 (날짜 및 서명과 함께) 레드라인이 그어진 요소의 수정 이유를 설명한다. 레드라인이 그어진 모든 테스트 프로시저는 (올바르게 수정한 뒤) 해당 프로시저가 종료될 때 레드라인을 제거한다.

테스트 담당자가 소프트웨어 자체에서 결함을 발견한 경우, 즉 단순히 해당 테스트 프로시저만의 문제가 아닌 경우 테스트 로그에 해당 문제점을 기록하고 문제점 보고서$^{Anomaly\ Report}$를 작성한다. 결함이 경미하거나 무시할 수 있는 수준인 경우, 테스트 담당자는 테스트 절차를 계속 진행하면서 또 다른 결함 또는 오류가 있는지 확인할 수 있다. 결함이 심각하거나 재앙을 초래할 수 있는 수준인 경우, 혹은 해당 결함으로 인해 더 이상의 테스트가 불가능한 경우 테스트 담당자는 즉시 테스트를 중단하고 시스템을 정지시킬 수 있다.

결함이 해결되고 나면 테스트 담당자는 해당 테스트 프로시저를 처음부터 다시 시작해야 하며, 모든 테스트 절차를 오류 또는 실패 없이 완수한 경우에만 합격 또는 성공 판정을 내릴 수 있다.

3 테스트 프로시저

3.1 RS-232 (시리얼 포트) 작업

3.1.1 DAQ_STP_001

3.1.2 목적

이번 테스트 프로시저는 RS-232 포트에서 전달된 DAQ 명령이 적절하게 처리되는지 검증하기 위한 것이다.

3.1.3 테스트 케이스

DAQ_STC_701_000_000

DAQ_STC_702_000_000

DAQ_STC_703_000_000

DAQ_STC_726_000_000

3.1.4 특별한 요구 사항

이번 테스트 프로시저에는 PC에서 실행되는 시리얼 터미널 에뮬레이터 프로그램이 필요하다. 대표적으로 Netburner SDK에 포함된 MTTY.exe 프로그램이 필요하며, 사용법이 다소 어려운 Hyperterm도 사용 가능하다. 아울러, PC 시리얼 포트와 Netburner의 COM1 포트를 연결할 수 있는 NULL 모뎀 케이블이 필요하다.

3.1.5 실행에 앞서 필요한 환경 설정

Netburner의 전원을 켜고, 애플리케이션 소프트웨어를 실행한다. 시리얼 터미널 프로그램은 Netburner와 연결된 PC의 시리얼 포트와 올바르게 연결돼야 한다.

3.1.6 소프트웨어 버전 번호

버전 번호: _____

날짜: _____

3.1.7 상세 실행 단계

1. DIP 스위치 1번을 ON으로 설정한다.

2. Netburner를 리셋하고 부팅이 끝날 때까지 몇 초간 기다린다. (알림: Netburner 리부팅 시 시리얼 터미널에 관련 메시지가 표시될 수 있으며, 이는 무시해도 된다.)

3. 터미널 에뮬레이터가 나타나면 엔터 키를 누른다.

4. ____ DAQ 시스템이 별다른 메시지 출력 없이 새 명령줄을 추가하는지 확인한다.

5. help를 입력하고, 엔터 키를 누른다.

6. ____ DAQ 소프트웨어가 help 명령에 반응하는지 확인한다(이때 표시되는 내용 자체는 중요하지 않다).

7. DIP 스위치 1번을 OFF로 설정한다.

8. Netburner를 리셋하고 부팅이 끝날 때까지 몇 초간 기다린다. (알림: Netburner 리부팅 시 시리얼 터미널에 관련 메시지가 표시될 수 있으며, 이는 무시해도 된다.)

9. 시리얼 터미널에 help 명령을 입력한다.

10. ___ DAQ 시스템이 help 명령을 무시하는지 확인한다.

3.1.8 테스트 프로시저 종료

테스트 담당자: _____ 날짜: _____

QA 담당자: _____ 날짜: _____

노트 | 실제 완벽하게 작성되는 STP 문서의 경우, 이 위치에 추가적인 테스트 프로시저를 넣을 수 있다. 다음 테스트 프로시저 예시는 DAQ_STP_002 태그로 이어서 작성하며, 실무적인 맥락이나 아이템 간의 연결성은 고려하지 않았다.

3.2 Ethernet 주소 선택

3.2.1 DAQ_STP_002

3.2.2 목적

이번 테스트 프로시저는 DIP 스위치 5번 및 6번의 Ethernet IP 주소가 적절하게 초기화되는지 검증한다.

3.2.3 테스트 케이스

DAQ_STC_709_000_000

DAQ_STC_710_000_000

DAQ_STC_711_000_000

DAQ_STC_712_000_000

3.2.4 특별한 요구 사항

이번 테스트 프로시저에는 PC에서 실행되는 시리얼 터미널 에뮬레이터 프로그램이 필요하다. 아울러, PC의 Ethernet 포트와 Netburner의 Ethernet 포트를 연결할 수 있는 Ethernet 케이블이 필요하다(크로스오버crossover 또는 허브hub도 가능).

3.2.5 실행에 앞서 필요한 환경 설정

Netburner의 전원을 켜고 애플리케이션 소프트웨어를 실행한다. DIP 스위치 3번은 ON으로, 4번은 OFF로 설정한다.

3.2.6 소프트웨어 버전 번호

버전 번호: _____

날짜: _____

3.2.7 상세 단계

1. DIP 스위치 5, 6번을 OFF로 설정한다.
2. Netburner를 리셋하고 부팅이 끝날 때까지 몇 초간 기다린다.
3. Ethernet 터미널에서 포트 20560(0x5050), IP 주소 192.168.2.70에 Netburner 연결을 시도한다.
4. 성공적으로 연결됐는지 확인한다.
5. help 명령을 입력하고 엔터 키를 누른다.
6. ____ DAQ 시스템이 help 명령에 적절하게 반응하는지 확인한다.
7. DIP 스위치 5번은 ON, 6번은 OFF로 설정한다.
8. Netburner를 리셋하고 리부팅이 끝날 때까지 몇 초간 기다린다.
9. Ethernet 터미널에서 포트 20560(0x5050), IP 주소 192.168.2.71에 Netburner 연결을 시도한다.
10. ____ 성공적으로 연결됐는지 확인한다.
11. help 명령을 입력하고 엔터 키를 누른다.
12. ____ DAQ 시스템이 help 명령에 적절하게 반응하는지 확인한다.
13. DIP 스위치 5번은 OFF, 6번은 ON으로 설정한다.
14. Netburner를 리셋하고 리부팅이 끝날 때까지 몇 초간 기다린다.
15. Ethernet 터미널에서 포트 20560(0x5050), IP 주소 192.168.2.72에 Netburner 연결을 시도한다.
16. ____ 성공적으로 연결됐는지 확인한다.
17. help 명령을 입력하고 엔터 키를 누른다.
18. ____ DAQ 시스템이 help 명령에 적절하게 반응하는지 확인한다.
19. DIP 스위치 5, 6번을 ON으로 설정한다.

20. Netburner를 리셋하고 리부팅이 끝날 때까지 몇 초간 기다린다.

21. Ethernet 터미널에서 포트 20560(0x5050), IP 주소 192.168.2.73에 Netburner 연결을 시도한다.

22. ___ 성공적으로 연결됐는지 확인한다.

23. help 명령을 입력하고 엔터 키를 누른다.

24. ___ DAQ 시스템이 help 명령에 적절하게 반응하는지 확인한다.

3.2.8 테스트 프로시저 종료

테스트 담당자: _____ 날짜: _____

QA 담당자: _____ 날짜: _____

노트 | 실제 완벽하게 작성되는 STP 문서의 경우, 이 위치에 추가적인 테스트 프로시저를 넣을 수 있다.

---

4 범례

4.1 문서 변경 절차

STC의 내용 변경이 필요한 경우, 새로 2.1 섹션을 추가하고 변경 날짜, 프로젝트 이름(DAQ_STP), 버전 번호, 작성자 이름 등을 입력해야 한다.

4.2 별첨 및 부록

[지면 관계상 생략하지만, 실제 STP의 경우라면 DAQ 시스템 스키마 등을 정리한 문서 등을 첨부할 수 있다.]

5 색인

[지면 관계상 생략]

12.5.8 STP 정보로 RTM 업데이트하기

STP 태그는 SDD 태그와 매우 유사하며, RTM에 STP 태그를 추가하는 방식은 SDD 태그의 경우와 매우 유사하다(11장의 11.7절 '설계 정보를 이용한 RTM 업데이트' 참조).

STP는 RTM의 STP 태그 칼럼에 추가된다. 하지만 STP 태그 자체에는 추적 가능 정보를 추가할 수 없으므로, STP에서 해당 정보를 추출해 RTM 문서 내에서 STP 태그의 위치를 확정할 수 있다.

앞서 살펴본 12.5.4.1절의 하위 요소 중 하나인 '이번 테스트 프로시저로 검증할 테스트 케이스 목록'에서 STP에 포함된 개별 테스트 프로시저는 검증 대상인 테스트 케이스 목록을 포함해야 한다고 설명했다. Std 829 표준안은 이를 명시하지 않았지만, 여러분이 이 부분을 반드시 포함하는 것을 권장한다. 개별 테스트 프로시저에 관련 테스트 케이스 목록을 포함시키면 프로시저에서 요구 사항을 역추적할 수 있고, 이는 결국 RTM에 대한 STP 태그 추가 작업을 쉽게 해준다. 이를 위해 현재 테스트 프로시저에 목록화돼 있는 개별 테스트 케이스 태그를 찾아서 복사한 뒤, RTM의 (해당 테스트 케이스와 동일 열에 있는) STP 태그 칼럼에 붙여넣으면 된다. 이때, 하나의 테스트 프로시저에 다수의 테스트 케이스가 포함돼 있으므로 RTM에 흩어져 있는 동일한 STP 태그를 여러 번 복사해야 할 수 있다.

RTM에서 STP에 추가된 테스트 케이스 목록을 보지 않고 STP 태그만을 이용해 전체 요구 사항에 접근하려면, RTM 문서를 STP 태그 칼럼을 기준으로 정렬하면 된다. 이렇게 하면 STP 태그와 어떤 식으로든 연결된 모든 요구 사항이 RTM 내에서 하나의 연속적인 그룹으로 나타나게 되고, 해당 태그와 관련된 모든 연관 요소를 손쉽게 파악할 수 있다.

만일 여러분이 테스트 프로시저에서 STC 태그를 사용하지 않는 테스트 케이스 접근 방식을 선택한다면, 결과적으로 RTM 내에서 특정 STP 태그로 상위 요소를 찾아내는 일이 어려워질 수 있다는 점을 명심해야 한다. 바로 이 점이 테스트 프로시저를 처음 작성할 때 바로 STC 태그를 추가할 것을 권장하는 이유다.

12.6 레벨 테스트 로그

각 테스트 프로시저마다 테스트의 성공 여부를 기록하고 서명 날인하는 섹션이 있지만, 별도의 테스트 로그를 작성하여 테스트 중 발생한 이상 동작을 기록하고 테스트 담당자에게 주석 또는 고려 사항 등을 전달할 필요가 있다.

이를 위한 문서가 바로 레벨 테스트 로그$^{\text{Level Test Log}}$(LTL)이며, 테스트 절차를 시간순으로 기록한다. 테스트 담당자가 테스트 프로시저를 시작할 때는 가장 먼저 시작 날짜, 시간, 실행하려는 테스트 프로시저, 자신의 이름을 기록해야 하고, 테스트가 진행되는 동안 테스트 담당자는 다음 기준에 맞춰 테스트 로그를 작성한다.

- 테스트 프로시저의 시작(날짜 및 시간)
- 테스트 프로시저의 끝(날짜 및 시간)
- 발견된 이상 동작 및 결함(테스트 지속 또는 중단 여부)
- 테스트 프로시저 자체에서 발견된 오류로 인한 레드라인 및 변경 내역(예를 들어 테스트 프로시저에서 잘못된 결괏값이 도출된 경우, 테스트 담당자가 테스트 프로시저와 무관하게 올바른 결괏값을 확인할 수 있다면 테스트 로그에 레드라인을 긋고 결괏값을 수정할 수 있다.)
- 결괏값과 관련된 테스트 담당자의 각종 의문 사항(테스트 프로시저에서 결괏값이 나오지 않은 경우, 혹은 결괏값에 의문이 있는 경우)
- 개인적인 변경 사항(테스트 진행 도중 테스트 담당자의 휴식, 근무 교대, 경험 방식 변경 등)
- 테스트 프로시저 과정 동안의 휴식(점심시간 휴식 또는 업무 일과 종료)

테스트 로그 작성을 위해 필요한 준비물은 (줄이 그어진) 종이뿐이다. 실제 STP 작성자 중 상당수는 STP 문서 뒷부분에 테스트 로그와 관련된 상당량의 문서를 추가하기도 하고, 일부 기관은 테스트 로그를 워드 프로세서나 텍스트 에디터 등을 사용해 전자 문서로 남기기도 한다. Std 829는 다음 문서 개요에 따라 테스트 로그를 작성하도록 권장한다.

1 서론
   1.1 문서 식별자
   1.2 범위
   1.3 참조 문서
2 세부 사항
   2.1 개요 설명
   2.2 테스트 실행 및 이벤트 항목

3   범례
   3.1   용어 설명

12.6.1 레벨 테스트 로그 문서의 서론부

이 섹션에서는 레벨 테스트 로그의 개요는 물론, 이 문서를 작성하는 부서와 현재 상태를 설명하기도 한다.

12.6.1.1 문서 식별자

Std 829 표준안이 권장하는 문서 식별자 외에 날짜, 설명형의 이름, 버전 번호, 작성자 등에 대한 정보를 포함할 수 있고, 필요에 따라 (문서 개요 및 형식 등과 같은) 변경 이력 정보도 추가할 수 있다.

12.6.1.2 범위

이 섹션은 실행 대상인 테스트 프로시저와 관련된 시스템과 기능의 요약 정보를 제공한다. 일반적으로 이 부분은 테스트 로그에서 특별히 언급할 테스트가 없는 경우라면 테스트 프로시저의 범위 섹션을 참조해 기록한다.

12.6.1.3 참조 문서

이 섹션은 테스트 로그를 생성하는 STP 문서의 특정 테스트 프로시저를 참조해 작성한다.

12.6.2 세부 사항

이 섹션은 본론부이자 세부적인 실제 '테스트 로그'를 제공한다.

12.6.2.1 아이템 설명

이 섹션은 테스트 로그당 하나만 존재하며, 다음 항목으로 테스트 로그 아이템을 설명한다.

- 테스트 주제의 설명(버전 번호 등)
- 이번 테스트 이전의 테스트 프로시저 변경 사항(레드라인 항목 등)

- 테스트 시작일 및 시간
- 테스트 종료일 및 시간
- 테스트 실행 담당자명
- 테스트 중단 사유(중단 발생 시)

12.6.2.2 테스트 실행 및 이벤트 항목

테스트 프로시저가 실행되는 동안 발생한 이벤트 또는 사건을 기록하며, 다음과 같은 내용이 포함된다.

- 실행된 테스트 프로시저(ID 또는 태그)
- 테스트 담당자, 지원 인력, 참관인 등과 같은 테스트 관찰자와 각 참여자의 역할
- 테스트 프로시저 실행 결과(합격, 불합격, 기타 의견)
- 테스트 프로시저 특이 사항(레드라인 등)
- 테스트 프로시저 실행 과정에서 확인된 결함과 문제점(연관 문제점 보고서 참조 추가)

12.6.3 용어 설명

이번 LTL 문서 섹션은 Std 829 표준안에 포함된 문서와 관련된 용어를 설명한다.

12.6.4 테스트 로그에 대한 몇 가지 의견

솔직히 말해, Std 829 표준안은 간단한 업무를 다소 복잡하게 처리하는 경향이 있다. 테스트 로그 기록과 관련해 몇 가지 실무 지침을 소개한다.

12.6.4.1 오버헤드(문서화를 위한 형식적 요소) 관리

Std 829 표준안에 따른 LTL 문서 개요를 작성하기 위한 모든 노력은 STP 마지막 부분에 테스트 로그를 직접 붙이는 방식으로 대신할 수 있다. 테스트 로그는 STP에 포함된 모든 개요 정보를 포함하고 있으므로, 문서 작성자가 할 일은 12.6절 '레벨 테스트 로그'의 초반부에 설명한 정보를 반영하는 것뿐이다.

LTL 또한 여타의 Std 829 레벨 문서처럼 컴포넌트 테스트 로그(유닛 테스트 로그), 컴포넌트 통합 테스트 로그(통합 테스트 로그), 시스템 테스트 로그(시스템 통합 테스트 로그), 인수 테스트 로그(공장 인수 테스트 로그와 현장 인수 테스트 로그)[21]라는 네 가지 유형을 제공한다.

실무적으로, 컴포넌트 테스트 로그나 컴포넌트 통합 테스트 로그까지 작성하는 경우는 드물다. 대부분의 경우 대응되는 테스트 프로시저가 자동으로 테스트되지만, 그렇지 않은 경우 개발 팀이 테스트를 실행하고 즉시 결함 등을 해소하게 된다. 즉, 소프트웨어 테스트는 일상적으로 빈번하게(애자일 방법론을 도입한 팀의 경우 하루에도 여러 차례) 실행되므로 문서화와 관련된 이와 같은 오버헤드 요소는 적지 않은 부담이 된다.

따라서 개발 팀과 별개로 테스트 담당자가 실행하는 LTL의 하위 요소인 STL과 ATL에 대한 테스트 로그만 기록하는 것이 실용적이다.

12.6.4.2 기록 유지

테스트 로그는 다른 Std 829 문서와 근본적으로 다르다. 대부분의 Std 829 문서는 정적 문서static document이며, 소프트웨어 버전 번호와 같은 세부 사항만을 기록하고 나서 검증 후 사인하고 문서 작성 작업을 마치게 된다. 또한 해당 테스트 프로시저를 수차례 반복하지 않는 한, 문서의 기본 구조 또한 바뀌지 않는다. 결국 이들 문서에서 과거에 시행한 테스트 프로시저의 내용은 남겨둘 필요가 없다(실행 중간에 실패한 테스트 프로시저에 대한 내용도 문서에서 삭제할 수 있다). Std 829 문서를 고객에게 제시할 때는 모든 과정이 성공적으로 실행되고 전체 프로시저가 합격 판정을 받은 마지막 테스트 프로시저에 대한 기록만 남기면 된다.

반면 테스트 로그는 동적 문서dynamic document이며, 테스트에 대한 반복적인 실행 내역을 기록하는 다른 문서와 매우 다른 성격을 지닌다(테스트 실행 결과, 이전 테스트와 아무런 차이가 없어도 테스트 로그에는 날짜, 시간 등과 같은 새로운 정보가 반영된다). 또한 테스트 로그는 앞서 살펴본 테스트 문서와 달리, 형식에 맞춰 체크박스나 빈칸을 만들어놓은 테스트 템플릿(보일러플레이트boilerplate)과도 거리가 멀며, 실제 테스트가 실행되는 동안 발생한

---

21   소괄호(()) 안의 명칭은 Std 829 표준안에 포함되지 않았지만, 업계에서 널리 사용하는 이름이다.

사항을 기록하는 빈 종이에 가깝다. 테스트하는 동안에 실패, 레드라인, 코멘트 등의 요소가 발생하면, 테스트 로그는 이들 이벤트 내역을 모두 기록한다. 즉, 테스트 로그에서는 테스트와 관련된 (실패를 포함한) 모든 사항을 기록으로 남기는 것이 중요하다고 할 수 있다. 어떤 시스템도 완벽하게 만들어질 수 없으며, 테스트를 하는 동안 다양한 실수나 결함이 드러나게 마련이다. 테스트 로그는 바로 이러한 결함을 발견하고, 수정하고, 다시 테스트하는 기록 또는 증거 자료라 할 수 있다.

만일 여러분의 개발자 문서를 소프트웨어 개발 도중 발견된 결함이 하나도 없는 완벽한 테스트 로그로만 채운다면, 합리적인 클라이언트는 개발 과정에서의 어떤 문제점을 자신에게 감추려 한다고 느낄 것이다. 실수와 결함은 소프트웨어 개발 프로세스의 정상적이고 매우 당연한 부분이므로, 테스트 중 발견한 문제점과 이에 대한 해결 과정을 보여주지 않는다면 클라이언트는 여러분이 최소한의 결함을 찾지 못할 정도로 대충 테스트했거나 혹은 테스트 로그를 조작했다고 의심할 수 있다. 결국 초기 테스트 로그부터 최신의 내용을 모두 유지하는 것이 무척 중요하며, 이를 통해 여러분이 제품과 관련된 적절하고도 충분한 수준의 QA를 했음을 확인시킬 수 있다.

그럼 테스트 도중 추가된 레드라인이나 돌발 상황도 모두 테스트 로그에 기록해야 하는지 의문이 들 수 있겠지만, 레드라인이나 돌발 상황은 테스트 프로시저 문서에 기록하는 것이 더 적절하며, 실제로 실행한 기존 테스트 프로시저 내역을 모두 테스트 로그에 기록할 필요는 없다.

이는 모든 테스트 프로시저가 완벽하게 실행돼야 한다는 의미는 아니다. 적절하게 문서화 작업을 진행하고 테스트 프로시저의 레드라인 요소를 수정했다면, 해당 테스트가 성공적으로 수행된 것으로 판정하고 이를 테스트 로그로 기록하면 되는 것이다. 완벽을 기하기 위해 깨끗한 양식에 테스트 프로시저를 재작성하고 모든 체크박스를 다시 채울 필요는 없다. 성공 판정을 받았다면, 레드라인 요소가 있더라도 그냥 놔두는 편이 낫다.[22] 레드라인은 해당 테스트 프로시저 자체의 결함은 될 수 있지만, 목적 소프트웨어 시스템의 실패를 의미하는 것은 아니다. 개별 테스트 프로시저의 목적은 목적 소프트웨어를 테스트하는 것일 뿐이며, 테스트 프로시저 자체가 아니라는 사실을 기억하자. 테스트 프로

---

22 종이 문서가 아닌 전자식 테스트 로그 문서의 경우, 테스트 진행 상황이 자동으로 업데이트되므로 여러분이 직접 레드라인 추가 및 삭제 작업을 할 필요는 없다.

시저에 약간의 변경이 반영됐다면, 이를 레드라인으로 표시하고 다음 단계로 넘어가면 된다.

앞서 몇 번 언급했지만, 다수의 조직에서 테스트 프로시저에 실패한 후 결함에 대한 수정이 이뤄지면 처음부터 전체 과정을 다시 테스트하는 전체 회귀 테스트^{full regression test}를 시행한다. 또 다른 조직에서는 결함 발생 시 잠시 테스트 프로시저의 실행을 중지하고, 소프트웨어를 업데이트한 후 결함이 해소됐는지를 확인하고자 테스트 프로시저의 실행을 재개하기도 한다. 이와 같은 경우, 실패 검증은 레드라인 요소를 찾기 위한 과정으로 볼 수 있다. 이때는 테스트 로그에 처음 발생한 실패 상황을 기록하고, 개발 팀의 결함 해소 작업에 대해 기록하며, 마지막으로 새로운 소프트웨어 버전 번호와 함께 올바른 작동 상황을 기록한다.[23]

12.6.4.3 종이 문서 로그와 전자식 로그 비교

일부 엔지니어는 전자식 테스트 로그를 선호하고, 일부 조직이나 클라이언트는 종이 위에 펜으로 기록하는 형태의 테스트 로그를 선호한다. 전자식 테스트 로그의 대표적인 단점은 '조작'이 쉽다는 것이다. 특히, 테스트 로그 전용 애플리케이션이 아닌 워드 프로세서 등과 같은 범용 문서 작성기를 사용하는 경우 조작이 쉬워진다. 위대한 프로그래머라면 당연히 테스트 로그 조작 따위는 하지 않지만, 엔지니어 중 일부는 빡빡한 일정 또는 예산 때문에 테스트 로그를 수정하려는 유혹을 느낄 수 있다. 그리고 실제로 일부 엔지니어가 테스트 로그를 조작한 사실이 드러나서 소프트웨어 업계 전체에 불명예를 안기기도 했다. 즉, 테스트 로그를 수정 불가능한 특성은 무척 중요하며, 이는 종이 문서 테스트 로그가 현재까지도 널리 사용되는 이유다.

물론 종이에 기록된 테스트 로그도 조작이 불가능한 것은 아니지만, 범용 전자 문서에 비해 조작이 훨씬 어렵고 조작 여부에 대한 검증도 용이하다. 그리고 무엇보다 클라이언트가 테스트 로그의 출력본을 원하는 경우가 많으며, 전자식 테스트 로그를 원하는 경우에도 종이에 기록된 원본을 스캔해 달라고 할 가능성이 높다. 클라이언트 대부분은 여러분이 법적, 행정적 절차 차원에서도 종이 테스트 로그를 작성할 것을 기대하며, 본인이

---

23 나는 개인적으로 이 부분에서 상당히 많은 어려움을 겪었다. 대규모 테스트 프로시저의 경우, 테스트 담당자가 결함을 찾을 때마다 프로시저를 재실행하려면 많은 비용이 발생할 수 있다.

원할 때는 언제든 제공받으려 할 것이다.

이에 대한 가장 좋은 대안은 자동으로 데이터베이스에 (수정 불가능한) 로그 데이터를 남기는 테스트 로그 전용 애플리케이션을 사용하는 것이며, 클라이언트가 요구할 때는 로그 데이터베이스를 출력한 보고서나 PDF 문서를 제공한다.

테스트 담당자가 어떤 형식으로 테스트 로그를 기록했든, 대부분의 조직은 결국 종이 테스트 로그를 요구하게 될 것이다. 또한 테스트에 참가한 담당자, 참관인과 그 외의 전문 인력은 해당 종이 문서를 넘겨가며 내용을 확인하고 자신의 서명을 남기게 될 것이다. 이처럼 여러 테스트 실무진의 서명이 날인되는 순간에 테스트 로그 문서는 법적인 효력을 지니게 되므로, 테스트 로그에 대한 임의의 수정 또는 조작은 심각한 범죄 행위가 될 수 있다.

12.6.4.4 RTM에 추가하기

일반적으로 테스트 로그는 RTM에 등장하지 않지만, RTM에 테스트 로그를 기록하지 못할 이유는 없다. STP의 테스트 프로시저와 테스트 로그는 일대다 관계이며, 각 테스트 리포트에 적절한 식별자를 추가해 놓았다면, 이를 RTM의 칼럼에 반영하는 일 또한 어렵지 않다.

테스트 로그는 테스트 프로시저와 일대다 관계이므로, 앞서 살펴본 다른 태그 ID 형식을 약간 변형해서 사용해도 무방하다. 예를 들어 테스트 로그 태그 ID로 proj_TL_xxx_yyy 형식을 사용한다면, xxx는 (DAQ_STP_005의 경우, 005) 테스트 프로시저 태그 번호, yyy는 테스트 로그 번호를 입력할 수 있다.

12.7 문제점 보고서

테스트 담당자, 개발 팀원, 클라이언트뿐 아니라 시스템을 테스트하는 어떤 사람이라도 소프트웨어 결함을 발견하면, 버그 리포트나 결함 리포트로도 알려진 문제점 보고서 Anomaly Report(AR)를 작성한다. AR은 프로그래머에게 "이봐, 당신 코드에서 문제점을 발견했어!"라고 알려주는 메시지를 담고 있으며, 이런 메시지를 받은 프로그래머는 자존심에 상처를 입고 자신의 컴퓨터로 문제를 해결하고자 머리를 싸맨 채 고군분투하게 될 것이라 흔히 생각하기 쉽다. 하지만 실제로는 전혀 그렇지 않다. 시스템에서 결함을 찾아내는 일은 시스템 품질 관리와 관련해 가장 중요한 일 중 하나이며 코드 작성자를 곤란하게 만들려는 의도는 전혀 없기 때문이다.

AR은 시스템의 결함을 추적하기 위한 공식 문서이며, 다음과 같은 정보를 담고 있다.

- 결함 발생 날짜 및 시간
- 결함을 발견한 사람(또는 사용자의 불만을 접수하고 이를 보고서로 작성한 사람)
- 결함에 대한 설명
- 시스템에서 결함이 발생하는 과정(결함이 결정론적으로 발생하고, 재현이 가능한 경우)
- 결함이 시스템에 미치는 영향(재앙적 수준, 중요한 수준, 경미한 수준, 무시 가능한 수준 등으로 분류)
- 최종 사용자에 대한 결함의 (경제적, 사회적) 중요성과 결함 해소의 우선순위
- 결함 해소 방법과 대안(개발 팀이 결함 해소 노력을 지속하는 동안 사용자는 시스템을 계속 사용할 수 있는 방안)
- 결함 해소 방법에 대한 논의 결과(결함 해소 방법 추천안 및 결론)
- 문제점의 현재 상태('새로운 문제', '개발 팀이 해결 중', '테스트 중', '소프트웨어 버전 xxx.xxx에서 결함 해소됐음' 등으로 표현)

Std 829 표준안은 AR에 대해서도 문서 개요를 제시하고 있으며, 대부분의 조직은 결함과 문제점을 기록할 수 있는 결함 추적 전용 소프트웨어를 이용한다. 고가의 상용 결함 추적 소프트웨어에 지출할 여유가 없다면, 오픈소스로 제공 중인 버그질라^{Bugzilla}도 좋은 대안이 될 수 있다. 대부분의 결함 추적 소프트웨어는 다음과 같은 Std 829 권장안과 호환되는 데이터베이스 체계를 사용한다.

1 서론
    1.1 문서 식별자
    1.2 범위
    1.3 참조 문서

2　세부 사항
　　2.1　요약
　　2.2　문제점 발견일
　　2.3　맥락
　　2.4　문제점 설명
　　2.5　파급 효과
　　2.6　문제 처리의 시급성 평가(IEEE 1044-1993 [B13] 참고)
　　2.7　정정 작업 설명
　　2.8　문제점 처리 상황
　　2.9　결론 및 제안
3　범례
　　3.1　문서 변경 절차 및 이력

12.7.1 문제점 보고서의 서론부

AR 서론부의 주요 내용은 다음과 같다.

12.7.1.1 문서 식별자

테스트 로그와 테스트 리포트 등과 같은, 다른 보고서가 참조할 수 있는 유일한 이름

12.7.1.2 범위

AR 문서에서만 언급될 수 있는 문제점 개요 설명

12.7.1.3 참조 문서

참조에 사용될 수 있는 테스트 로그, 테스트 프로시저 등과 같은 기타 연관 문서

12.7.2 세부 사항

다음과 같은 하위 섹션을 포함한다.

12.7.2.1 요약

문제점에 대한 간략한 설명

12.7.2.2 문제점 발견일

문제점이 발견된 날짜 및 시간 목록

12.7.2.3 맥락

소프트웨어 버전, 설치, 환경 설정에 관한 정보를 제공하며, 문제점 식별 및 분석에 도움이 될 수 있는 관련 테스트 프로시저, 테스트 로그를 포함할 수 있다. 특정 문제점에 대응되는 테스트 프로시저가 존재하지 않는 경우, 이 문제점을 해소하기 위한 별도의 테스트 프로시저를 추가한다.

12.7.2.4 문제점 설명

다음 정보를 반영해 문제점과 문제점의 재현 방법을 상세히 설명한다.

- 입력 데이터
- 실제 결괏값
- 출력 데이터(테스트 프로시저별로 구분)
- 실패에 이르는 과정 또는 절차
- 실행 환경
- 결함의 반복 발생 가능성
- 실패 발생 직전에 시행한 테스트(원인 추적)
- 테스트 담당자
- 참관인

12.7.2.5 파급 효과

이번 결함이 시스템에 미치는 영향을 설명한다. 문서화 작업 변경 또는 시스템 사용 방식 변경 등 가능한 대응 방안도 설명한다. 결함 해소를 위한 비용 및 시간과 결함의 위험도를 예측한다. 또한 결함 해소 방안이 다른 시스템의 기능에 영향을 미칠 위험도를 예측한다.

12.7.2.6 문제 처리의 시급성 평가

문제 처리의 시급성 수준을 설명한다. 12.1.2절 '중요도 레벨과 위험도 평가'에서 살펴본 중요도 레벨과 위험도 평가 척도는 이번 문제 처리의 시급성 수준을 결정하는 데 도움을 줄 수 있는 최소한의 기준이 될 수 있다.

12.7.2.7 정정 작업에 대한 설명

결함을 해소하는 데 필요한 자원 또는 작업 내역을 설명하며 복구에 필요한 시간, 비용, 위험도 분석, 시스템을 다시 테스트하는 데 필요한 자원 등이 포함된다. 회귀 테스트를 통해 복구 후에 고장 난 부분이 전혀 없는지 확인할 수 있다.

12.7.2.8 문제점 처리 상황

현재 결함의 상태를 목록화한 것으로, Std 829 표준안은 '공개', '해법 승인', '해법 적용', '수리됨', '수리 확인용 테스트 시행함' 등으로 상태를 설명할 것을 제안한다.

12.7.2.9 결론 및 제안

결함의 발생 원인과 향후 결함의 재발을 방지하기 위한 개발 프로세스 변경 제안 등을 포함한다. 결함 해소 또는 결함 재발 방지를 위한 추가 요구 사항, 테스트 케이스, 테스트 프로시저 등이 포함될 수 있는데, 이는 특정 결함을 찾으려는 목적하에 테스트를 한 경우보다 테스트 과정에서 우연히 결함을 발견한 경우에 더욱 중요한 의미를 지닌다.

12.7.2.10 범례

다른 Std 829 표준안 문서의 경우처럼 이번 AR도 문서 변경 절차 및 이력 섹션으로 마치지만, 용어 설명 섹션은 포함되지 않는다.

12.7.3 문제점 보고서에 대한 몇 가지 의견

문제점 보고서(AR)와 관련해 실무에 도움이 될 만한 몇 가지 지침을 소개한다.

12.7.3.1 AR은 RTM에 포함시키지 않는다

RTM의 목적은 시스템이 모든 요구 사항을 충족하는지 확인하기 위한 설계 및 테스트 문서를 추적하는 것이다. 일부 엔지니어는 테스트 로그를 RTM에 포함시켜야 한다고 주장하지만, 대부분의 엔지니어는 테스트 로그를 완성된 테스트 프로시저에 직접 부착하므로 논란의 여지가 별로 없다.

반면, AR은 여러 문서 중 어디에 넣어야 할지 결정하기가 어렵다. 현실적으로 가장 좋은 대안은 문제점의 존재 자체를 지워버리는 것이다. 하지만 이는 AR을 폐기하라는 의미는 아니다. 테스트 로그처럼 AR에도 시간 흐름에 따른 중요한 정보가 포함돼 있으며, 테스트 담당자가 본인의 업무를 얼마나 철저히 수행했는지를 보여줄 수 있다는 데 큰 의미가 있으므로 폐기는 적절한 선택이 아니다. AR을 좀 더 유용하게 사용하는 방식은 테스트 회귀를 목적으로 AR을 보관하는 것이다. 때로는 결함 발견 및 수정 작업이 이뤄지고 나서 오랜 시간이 흐른 뒤 갑자기 시스템에 다시 해당 결함이 나타나곤 한다. 바로 이때 AR의 결함에 대한 기록을 바탕으로 문제의 원인과 해법을 다시 찾고, 검토할 수 있도록 한다.

12.7.3.2 전자 문서 AR과 종이 문서 AR의 비교

앞서 대부분의 조직은 결함 추적 시스템을 이용해 결함을 발견하고 기록한다고 설명했다. Std 829 표준안에는 AR을 종이 문서 형태로 작성하라는 요구 사항이 없지만, 제시된 문서 개요는 종이 문서의 하드카피 양식에 맞춘 것이다(실제 Std 829 표준안은 '결함 추적 소프트웨어를 사용할 수 있다.'고 설명한다). 대부분의 조직이 결함 추적 소프트웨어를 사용하는 상황에서 종이 문서 AR을 작성하는 데 신경을 써야 하는 이유는 무엇일까? 가장 큰 이유는 휴대성, 즉 '여러분이 들고 다닐 수 있는' 혹은 '클라이언트에게 전달할 수 있는' 하드카피 본을 만드는 데 있다. 대표적인 예로, 결함 추적 시스템을 통해 담당자는 시스템 통합, 공장 인수 테스트, 개발 현장 테스트 등에 쉽게 접근할 수 있지만 (클라이언트의) 현장 인수 테스트에서는 해당 결함 추적 시스템에 접근하거나 그 시스템을 사용하는 것이 불가능한 경우가 많다.[24] 즉, 현장 인수 테스트와 같은 외부 조건에서는 종이 문서 AR

---

24 다수의 결함 추적 시스템은 웹 기반으로 접속해 사용할 수 있다. 인터넷만 연결된다면 온라인으로 결함 추적 시스템을 사용하고, 원격으로 버그 리포트를 작성할 수 있다.

을 기본적으로 준비하고 결함 추적 시스템에 추가로 접속해 결함 처리 업무를 수행하는 것이 최선의 AR 활용 전략인 것이다.

12.8 테스트 보고서

테스트가 완료되면, 결과를 요약한 테스트 보고서를 작성한다. 다른 테스트 문서처럼, Std 829 표준안은 다양한 테스트 보고서의 형식을 설명한다. Std 829는 레벨별 중간 테스트 상태 보고서Level Interim Test Status Report(LITSR), 레벨 테스트 보고서Level Test Report(LTR), 마스터 테스트 보고서Master Test Report(MTR) 등이 대표적이며, 레벨에 맞춰 컴포넌트, 컴포넌트 통합, 시스템, 인수 테스트 보고서 등을 추가할 수 있다.

대규모 조직인 경우에는 경영진이 이와 비슷한 규모를 지닌 시스템의 진행 상태를 파악할 수 있도록 중간 테스트 보고서를 작성하며, LITSR에 대한 자세한 사항은 IEEE Std 829-2008에서 확인한다. 대부분의 프로젝트에서 LITSR은 한마디로 '문서화를 위한 문서'라고 설명할 수 있으며, 대규모 정부 계약에서는 필수적인 요소다.

레벨 및 마스터 테스트 보고서는 프로젝트 규모에 따라 작성 내용 또한 달라진다. 단일 소프트웨어 애플리케이션 개발이 목표인 대부분의 중소규모 시스템의 경우, 하나의 STP를 작성하고 테스트 보고서 또한 하나만 작성한다.

주요 소프트웨어 애플리케이션이 여러 개인 대규모 시스템의 경우 주요 애플리케이션마다 테스트 보고서를 작성하고, 이들 테스트 보고서의 결괏값을 정리해 마스터 테스트 보고서(MTR)에 기록한다. 이렇게 완성된 MTR은 모든 테스트에 대한 내용을 반영한 경영진 검토 보고서executive-level review로서 제공된다.

12.8.1 마스터 테스트 보고서 개요

일반적으로 MTR은 개인 개발자가 작성하는 문서는 아니므로, Std 829가 제안하는 문서 개요를 소개한 뒤 바로 LTR로 넘어간다.

1   서론
    1.1 문서 식별자

    1.2   범위

    1.3   참조 문서

2   MTR 세부 사항

    2.1   전체 테스트 결과 개요

    2.2   의사 결정의 근거

    2.3   결론 및 제안

3   범례

    3.1   용어 설명

    3.2   문서 변경 절차 및 이력

MTR에 대한 자세한 사항은 IEEE Std 829-2008에서 확인한다.

12.8.2 레벨 테스트 보고서

여러분이 컴포넌트 또는 유닛 테스트 보고서, 컴포넌트 통합 테스트 보고서를 작성하는 경우도 있겠지만, 대부분의 조직은 이들 유닛 및 통합 테스트를 개발 부서에 일임하므로 경영진은 개발에 가까운 저수준의 테스트 내용에 그다지 관심을 두지 않는 경우가 많다. 즉, 여러 LTR 문서 중에서 우리가 일반적으로 볼 수 있는 보고서는 시스템 테스트 보고서와 인수 테스트 보고서, 그중에서도 특히 공장 인수 테스트 보고서, 현장 인수 테스트 보고서 등이 해당된다. Std 829 표준안의 LTR 문서 개요는 다음과 같다.

1   서론

    1.1   문서 식별자

    1.2   범위

    1.3   참조 문서

2   세부 사항

    2.1   테스트 결과 개요

    2.2   테스트 결과 상세 설명

    2.3   의사 결정의 근거

    2.4   결론 및 제안

3 범례
    3.1 용어 설명
    3.2 문서 변경 절차 및 이력

위에서 섹션 1 '서론'과 섹션 3 '범례'는 앞서 다룬 여타의 Std 829 표준안과 동일하며, 테스트 보고서의 주요 내용은 섹션 2 '세부 사항'에 담겨 있다. 다음은 세부 사항 요소와 관련된 간단한 설명이다.

12.8.2.1 테스트 결과의 개요

테스트 결과를 요약하고 정리해 제공하는 섹션이며 테스트, 테스트 환경, 소프트웨어 및 하드웨어 버전 번호, 테스트와 관련된 일반적인 정보를 포함한다. 개요 섹션에서는 이번 테스트 환경의 특징에 대한 설명을 비롯해 공장 인수 테스트 등, 환경 요인이 바뀌었을 때 나타날 수 있는 다른 유형의 테스트 결과에 대한 단서를 제공할 필요가 있다.

12.8.2.2 테스트 결과의 세부 사항

테스트 결과를 상세하게 설명하는 섹션으로, 테스트 과정에서 드러난 모든 문제점과 해법을 설명한다. 특정 결함에 대한 해결 방안이 아직 제시되지 않은 경우, 해당 결함이 향후 시스템에 미칠 영향에 대한 논의 및 타당성 검토 과정도 기록한다.

테스트 프로시저와 관련된 변경 사항이 있는 경우에는 변경에 대한 설명 및 타당성 검토 자료 또한 추가하고, 해당 테스트 프로시저와 관련된 (레드라인 등과 같은) 제반 변경 사항도 기록한다.

또한 이 섹션에서는 테스트 프로세스의 신뢰도 수준에 대한 정보를 제공한다. 예를 들어 코드 커버리지$^{code\ coverage}$에 초점을 맞춘 테스트 프로세스의 경우, 테스트 프로세스의 실행 수준을 나타내는 코드 커버리지의 예상 비율을 퍼센트로 표시하는 내용 등을 명시해야 한다.

12.8.2.3 의사 결정의 근거

테스트 프로세스가 진행되는 동안 팀은 테스트 프로시저 변경이나 결함을 제거하기 위한 방안 등과 같은 다양한 의사 결정을 내리게 되며, 이 섹션은 그러한 의사 결정의 근거를 명시한다. 또한 그러한 결론에 도달하게 된 타당한 이유를 설명한다.

12.8.2.4 결론 및 제안

테스트 프로세스 실행에 따른 결론을 작성하는 섹션으로, 소프트웨어 배포 및 제품 사용을 기준으로 한 제품 적합성^{fitness}에 대한 의견과 초기 제품에서 발견될 수 있는 결함이나 문제 기능을 제거하는 방식에 대한 제안이 포함된다. 또한 특정 배포판의 추가 개발 중단 필요성을 언급하거나 이를 해소할 수 있는 디버깅 방안 또한 제시할 수 있다.

12.9 여러분에게 정말로 필요한 개발자 문서는 무엇인가?

IEEE Std 829-2008 표준안은 그야말로 방대한 규모의 문서화 작업을 설명한다. 그렇다면, 차세대 '킬러 앱'을 만들기 위해 Std 829-2008 표준안에서 설명하는 모든 문서를 작성할 필요가 있을까? 나는 그렇지 않다고 생각한다. 정부가 발주한 최대 규모의 애플리케이션을 제외한 대부분의 프로젝트의 경우, Std 829-2008 표준안에서 설명하고 있는 문서 대부분은 업무 정확성을 높여주거나 효율을 높여주지 않을 수 있으며, 오히려 역효과가 날 수 있다. 일반적인 프로젝트라면 STC, SRL, STP 문서만으로도 충분하다는 것이 나의 생각이다.[25] 테스트 로그는 STP에 부록으로 싣고, 문제점 보고서는 결함 추적 시스템의 일부 요소로 추가해 추후 하드카피 출력 요청에 대응하기만 하더라도 충분하다.

자동화된 테스트 기법을 이용하면 모든 수동 테스트를 대체할 수는 없더라도 상당수의 수작업을 제거할 수 있으며, 결과적으로 STC 및 STP 문서의 양도 상당 부분 줄일 수 있다.

소규모 프로젝트라면 테스트 보고서를 생략해도 문제가 되지 않는다. 다층 의사 결정 구조를 지닌 대규모 조직이 표준안에 정의된 모든 문서를 요구하지 않는 한, STP 후반에 테스트 로그를 추가해 테스트 보고서의 역할을 대체할 수 있다.

특히, 애자일 개발 방법론은 문서화 비용을 절감할 수 있는 훌륭한 방안이다. 마지막

---

25 좀 더 세심하게 요구 사항을 작성하면 모든 요구 사항을 적절한 방식으로 테스트할 수 있으며, 이 경우에는 SRL 문서 작성을 생략할 수 있다. 또한 좀 더 과감하게 STC와 LTP를 통합해 하나의 문서로 만들 수도 있지만, 두 문서는 별도로 작성하고 관리하는 것이 좋다.

으로, 이들 자동화된 테스트 프로시저의 개발, 검증, 검토, 유지 보수 작업은 모두 서로 관련돼 있을 뿐 아니라 개발 비용과도 밀접한 관련이 있다는 점을 명심하자.

12.10 참고 자료

Dingeldein, Tirena 저. '5 Best Free and Open Source Bug Tracking Software for Cutting IT Costs.' September 6, 2019. https://blog.capterra.com/top-free-accounting-software/.

IEEE 발간. 'IEEE Std 829-2008: IEEE Standard for Software and System Test Documentation.' July 18, 2008. http://standards.ieee.org/findstds/standard/829-2008.html.

Peham, Thomas 저. '7 Excellent Open Source Bug Tracking Tools Unveiled by Usersnap.' May 8, 2016. https://usersnap.com/blog/open-source-bug-tracking/.

Plantation Productions 제공. 'Open Source/Open Hardware: Digital Data Acquisition & Control System.' http://www.plantation-productions.com/Electronics/DAQ/DAQ.html.

Software Testing Help 제공. '15 Best Bug Tracking Software: Top Defect/Issue Tracking Tools of 2019.' November 14, 2019. http://www.softwaretestinghelp.com/popular-bug-tracking-software/.

Wikipedia 발췌. 'Bug Tracking System.' Last modified April 4, 2020. https://en.wikipedia.org/wiki/Bug_tracking_system.

후기: 위대한 코드 설계하기

이 책 앞부분의 '들어가며'에서 밝혔듯이, 『Write Great Code』 시리즈 2편에서 약속한 내용 중 일부는 이번 3편에 담았지만, 또 다른 중요한 내용은 지면 관계상 4, 5, 6편에 다음과 같이 담을 예정이다.

- 4편(『Write Great Code, Volume 4: Designing Great Code』): 위대한 코드 설계하기
- 5편(『Write Great Code, Volume 5: Great Coding』): 위대한 코딩 작업
- 6편(『Write Great Code, Volume 6: Testing, Debugging, and Quality Assurance』): 테스트, 디버그, 품질 관리

나의 여생은 『Write Great Code』의 나머지 시리즈를 완성하는 데 할애할 것이다. 그리고 이외에도 다른 편으로 사용자 문서화 user documentation 부분이 추가될 수 있다. 현재로서는 2편과 3편이 하나의 연장선에 있듯이, 3편과 4편도 서로 유기적인 관계가 될 수 있도록 집필 중이다.

4편은 이번 3편에서 소개한 주제의 나머지 반을 다룰 예정이다. 3편이 소프트웨어 개발 프로세스의 문서화 방법을 설명했다면, 이어지는 4편에서는 설계 프로세스와 여러분의 지식을 위대한 코드를 설계할 때 어떻게 활용할 수 있는지 설명한다.

용어 설명

간트 차트 Gantt chart: 시간에 따른 리소스 사용량을 표시하는 리소스 일정 관리 차트

개념적 복잡성conceptual complexity: 이해하기 어려운 요소로 이뤄진 시스템에서 발생하는 복잡성

개인 소프트웨어 엔지니어링personal software engineering: 소규모 프로젝트에 종사하거나 대규모 프로젝트에서 특정 부분의 업무를 맡고 있는 개인 프로그래머를 위한 소프트웨어 개발 프로세스 및 방법론

검증validation: 최종 사용자의 니즈와 제품의 성능이 부합하는지 여부를 확인하는 절차

검토verification: 요구 사항과 제품의 성능이 부합하는지 여부를 확인하는 절차

게터getter: 객체의 프라이빗 멤버 값을 반환하는 접근자 함수

견습생apprentice: 숙련 작업자의 지도하에 연습 기간을 거치며 기술을 배우고 있는 사람

결정론적인deterministic: 결정론적 시스템에서 동일한 입력값은 동일한 작동 흐름을 통해 동일한 결괏값을 도출함

경량 프로세스lightweight process: 오버헤드(간접 업무 요소)가 별로 필요 없는 개발 프로세스. 소프트웨어를 개발할 때 문서화와 오버헤드의 부담을 줄이는 것이 경량 프로세스의 특징이다.

골드 플레이트gold plating: 불필요하고 장식적인 기능으로 채워진 시스템

규모 축소scale down: 대규모 프로젝트를 소규모 프로젝트 프로세스에 맞춰 축소하는 것

규모 확대scaling up: 소규모 프로젝트를 대규모 프로젝트 프로세스에 맞춰 축소하는 것

기능 요구 사항 명세서 Functional Requirements Specification(FRS): 소프트웨어 시스템의 의뢰인이 제시한 외부 요구 사항

기능 점수 분석function point analysis(기능 개수 분석): 프로그램에 필요한 입력 및 출력과 기본적인 연산 작업의 수를 기반으로 한 소프트웨어 평가 지표

기능 지상주의feature creep: 시스템에 새로운 기능을 추가하는 데만 집중하는 조직 문화 또는

분위기

기술 장인craftsman: 기술 또는 재주를 바탕으로 생산 활동을 하는 사람

나선형 모델spiral model: 계획-설계-위험 분석-개발이라는 네 개 국면을 반복적으로 시행하는 소프트웨어 개발 모델

다수성multiplicity: 두 개의 객체 간에 존재하는 여러 개의 관계성이나 단일 객체가 지닌 여러 개의 속성을 의미한다. 일대다, 다대일 등 경계가 정해지지 않은 관계성을 의미하기도 한다.

다형성polymorphism: 하나의 맥락하에서 여러 개의 형태를 지닐 수 있는 속성(객체지향 프로그래밍 기법의 주요 속성 중 하나)

대규모 프로젝트large-scale project: (5~10인 이상의) 대규모 개발 팀이 필요한 소프트웨어 프로젝트

대소문자에 중립적인case-neutral: 컴파일러가 대소문자 비구분형이나 대소문자 구분형을 모두 사용할 수 있는 경우, 식별자는 대소문자에 중립적이다(즉, 컴파일러가 알파벳 대소문자의 차이를 구분하지 않음).

대체 흐름alternative flow: 이벤트 흐름 시나리오의 조건 섹션. 보통의 경우, 오류 또는 예외 조건을 처리하는 데 사용

델파이Delphi **언어**: 파스칼 언어 기반 객체지향 프로그래밍 언어. 볼랜드 인터내셔널Borland International사가 개발했지만, 현재는 엠바카데로Embarcadero사가 판매를 담당하고 있다.

리드 프로그래머lead programmer: 특정 소프트웨어 프로젝트를 직접적으로 책임지는 엔지니어

마일스톤milestone: 개발의 주요 기점(다른 주요 기점과 연결성을 지님)

무시할 수 있는 중요도 수준negligible integrity level: 예상보다 낮은 수준의 소프트웨어 성능 수준. 시스템에서 해당 기능이 기대한 성능 요건을 충족하지는 못하지만, 그에 따른 부정적인 결과는 없으므로 무시해도 되는 수준이다.

문제점 보고서 Anomaly Report: 소프트웨어 시스템의 결함에 대한 공식적인 (전자 문서 또는 하드 카피) 보고서

문제점 보고서defect report(결함 보고서): 'AR Anomaly Report'에 대한 용어 설명을 참조하라.

반복형 모델iterative model: 설계 검증을 위해 요구 사항, 코딩, 테스팅, 시연, 피드백 등 다수의

업무 주기를 반복적으로 시행하는 소프트웨어 개발 모델. 최종 사용자의 소프트웨어 만족도를 높이는 데 초점을 맞춘다.

방랑객 journeyman: 여기저기 떠돌면서 만나는 사람으로부터 업무 또는 거래 방법을 배우는 사람

백도어 backdoor: 컴퓨터 프로그래머가 시스템 보안 체계를 우회할 수 있는 백도어 루틴을 만들어서 타인이 접근할 수 있도록 하는 불법 행위

버그 리포트 bug report: '문제점 보고서'에 대한 설명을 참조하라.

범위 복잡성 scope complexity: 지나치게 방대한 범위의 시스템을 한 사람이 이해하는 데 따르는 어려움 또는 복잡성

베스트 프랙티스 best practice(최선의 실무 전략): 제품을 성공적으로 생산하거나 효율적인 결과를 얻을 수 있는 절차 또는 프로세스를 체계화한 것

변화 지향 프로세스 change-driven process: 프로젝트가 진행되는 동안 요구 사항, 리소스, 기술, 성능의 변경을 예측하고 제품의 가치를 점증형으로 누적시켜 나가는 개발 프로세스 유형

보통의 중요도 수준 marginal integrity level: 소프트웨어가 정상적으로 작동하지 않을 때, 약간의 틀린 결과가 도출되거나 일부 프로그램 기능이 나타나지 않는 수준의 중요도

보호 조건 guard (UML): UML 액티비티 다이어그램 전환 부분에 추가되는 조건 표현식. 해당 조건이 참일 때만 전환이 이뤄진다.

블랙박스 테스트 데이터 black-box test data: 소스 코드에 대한 단서 없이 시스템의 기능만을 고려해 생성된 테스트 입력 데이터

상당한 수준의 주의 due diligence: 소프트웨어 상용화 또는 배포를 염두에 두고 개발 업무를 진행할 때의 품질 관리 책임 수준

상당한 중요도 수준 critical integrity level: 시스템 실패가 심각한 문제로 이어질 수 있는 소프트웨어(영구적 신체 손상, 주요 성능 저하, 환경 손상, 재정적 손실 유발 가능)

상태 다이어그램 state diagram: 시스템이 하나의 상태에서 다른 상태로 바뀌는 모습을 시각적으로 표현한 것

설계 개체 design entity: 라이브러리, 컴포넌트, 프로그램 유닛 등과 같은 설계 주요 구성 요소

설계 관계 design relationship: 설계 개체 간의 연결성 또는 대응성을 나타내는 설계 요소

설계 속성design attribute: 소프트웨어 설계와 관련된 개체, 관계, 제약 사항 등의 제반 요소

설계 요소design element: 설계 측면에서 구조적으로, 기능적으로 다른 아이템과 구분되는 설계 아이템. 설계 개체, 관계, 속성, 제약 사항을 포함한다.

설계 제약 사항design constraint: 설계 요소, 속성, 관계에 적용되는 제약 사항 또는 규칙

설계 패턴design pattern: 일반적인 프로그래밍 작업을 위해 만들어진 범용 템플릿

생산성productivity: 일정한 비용 조건하에서 단위 시간 내에 완수할 수 있는 단위 업무의 수로 측정

세분화되지 않은coarse-grained: 낮은 수준의 세분화

세분화된fine-grained: 더 이상 나눌 수 없는 수준에 가깝게 나눈

세터setter: 특정 객체의 프라이빗 멤버에 값을 작성하거나 입력할 수 있도록 하는 함수

소규모 프로젝트small-scale project: 한 사람의 엔지니어가 일정 시간 내에 완수할 수 있는 소프트웨어 프로젝트

소프트웨어 개발 모델software development model: 엔지니어가 서로 다른 소프트웨어 개발 방법을 상호 비교할 수 있도록 소프트웨어 개발 프로세스를 추상화하고 모델화한 것

소프트웨어 방법론software methodology: 소프트웨어 개발 스타일을 정의하는 아이디어, 개념, 방법론, 기법, 도구 등으로 구성된 소프트웨어 구현 원칙

소프트웨어 엔지니어링software engineering: 대규모 소프트웨어 시스템의 개발과 관리에 대한 연구 및 학문 분야

소프트웨어 위기software crisis: 소프트웨어에 대한 수요가 급증하는 반면에 소프트웨어를 개발할 인력 공급은 부족한 상황을 나타내는 표현(미국에서 1960~1970년대에 사회 이슈로 제기됨)

소프트웨어 통합 모듈 Software IC: 전자 산업의 집적 회로(IC)에 착안해 만든 것으로, 임의의 애플리케이션에 자유롭게 추가하고 삭제할 수 있는 표준화된 소프트웨어 통합 모듈

스캐폴딩scaffolding: '코드 스캐폴딩code scaffolding'을 참조하라.

스탠드업 미팅stand-up meeting: 선 채로 진행되는 업무 회의. 회의를 수분 정도의 짧은 시간 안에 집중적으로 진행하도록 한다.

스테레오타입stereotype(표준화된 기호): UML에서 새로운 요소를 생성할 때 사용할 수 있는 확

장된 표현 체계

스프린트sprint: 1~4주의 비교적 짧은 기간 내에 하나의 소프트웨어 개발 임무를 완료하는 개발 전략

시나리오scenario (UML): 하나의 유스 케이스의 처음과 끝을 잇는 단일 경로(실행 방법)

시장 대응 시간time to market: 제품 초기 개념화부터 처음으로 고객에게 인도하기까지의 시간

신속 애플리케이션 개발 Rapid Application Development(RAD): 프로토타입 구현과 VHLL 사용을 강조하는 나선형 개발 모델의 경량화 버전

실제 시간real hour(캘린더 타임): 업무 참여자의 수와 무관하게 프로젝트 수행에 실제로 소모되는 시간

실증적인empirical: 관찰과 경험에 기반한 원인 규명 방법으로, 이론에만 의존해서 결론을 내리는 방법과 대치된다.

아마추어 프로그래머amateur programmer: 초보자 또는 정규 훈련을 받지 못한 프로그래머. 별다른 지식 또는 재능 없이 프로그래밍을 하고 있는 사람, 또는 가독성과 유지 보수성이 높은 코드를 작성하는 대신 다른 사람의 관심을 끌 만한 코드를 작성하는 것을 중요시하는 사람

액터actor: 시스템 제어 요소와 상호 작용할 수 있는 외부 개체

액티비티 다이어그램activity diagram: 소프트웨어 설계의 제어 흐름을 시각적으로 표현하기 위한 UML 플로우차트 작성 체계

약한 단어weak word: 특정 사안을 설명하는 데 별로 도움이 되지 않는 명확하지 않은 단어 표현(예: '~할지 모른다')이나 일반적인 의미의 형용사 표현(예: '상당한')

엘리트주의elitism: 다른 사람보다 좀 더 우월한 집단에 속해 있다는 믿음

역추적 매트릭스 Reverse Traceability Matrix(RTM): (STP, STC, SDD 등과 같은) 개발자 문서 내에서 각종 하위 요소로부터 상위 요소를 역방향으로 추적할 수 있는 문서 또는 데이터베이스

연상 기호mnemonic: 기억을 떠올리는 데 도움을 주는 단서

오각사각형penta-rectangle: 우측 하단 모서리가 접힌 사각형(모양은 사각형이지만, 각의 개수로는 오각형을 이룸)

오버헤드overhead(형식적 작업 요소, 부수적 작업): 프로젝트의 시간적, 금전적 비용 요인이지

만, 업무 완수에는 직접적으로 기여하지 않는 작업 요소(간접적으로는 기여할 수 있음)

요구 사항 간극^{requirement gap}: 요구 사항에 포함돼 있고 사용자의 니즈에 맞추기 위해 프로그램에 특정 기능이 포함돼 있어야 하지만, 실제로는 제공되지 않는 요소

요구 사항^{requirement}: 소프트웨어 시스템 개발과 관련된 달성 목표

워터폴 모델^{waterfall model}: 명료하게 구분되는 연속적인 단계를 따르는 소프트웨어 개발 프로세스(예를 들어 시스템 문서화, 코딩, 테스팅, 배포, 유지 보수, 폐기의 순으로 진행됨)

위험도 평가^{risk assessment}: 위험을 회피하거나 축소하기 위해 프로젝트와 관련된 위험도를 평가하고 이들 위험을 계량화하는 것

유닛 테스트^{unit testing}: 시스템의 다른 부분과 독립적으로 (함수 등과 같은) 특정 프로그램 유닛만 테스트하는 것

유스 케이스^{use case}: 특정 목적을 달성하기 위해 액터와 시스템 간의 상호 작용을 정의하는 액션 또는 이벤트 단계

유저 스토리^{user story}: 요구 사항 및 기능, 유스 케이스 문서화

은유법^{metaphor}: 비유법 중 하나로, 실제 상황을 특정 대상에 빗대어 표현하는 방법. 예를 들어 '식은 죽 먹기다.'라는 은유적 표현은 어떤 일이 매우 쉽다는 뜻을 내포하고 있다.

이벤트 흐름^{flow of events} (UML): 유스 케이스를 실행하는 동안 외부 액터가 시스템과 상호 작용하는 방법에 대한 단계적 설명

이벤트^{event}: 시스템에 가해지는 외부 자극으로, 하나의 상태에서 다른 상태로 이전하는 원인이 되거나 특정 동작이 실행되도록 한다.

인시^{man-hour}: 한 사람이 한 시간당 일하는 양을 기준으로 한 업무 측정 단위. 회계(예산 및 정산) 목적으로 주로 사용된다.

일회성 프로그램^{throwaway program}: 한번 작성한 뒤, 한 번 혹은 몇 번만 쓰고 폐기할 수 있는 일회성 프로그램

자가 검증의^{self-validating}: 스스로 테스트가 적절하게 실행되는지 확인하는 방식(시스템의 오류 또는 고장이 없음을 확인)

작업 참여자^{stakeholder}(의사 결정자): 목적 시스템의 설계 및 개발 업무에 참여하거나 관심을 가진 개인 또는 단체

재앙적 중요도 수준catastrophic integrity level: 시스템 실패가 재앙적인 상황으로 이어질 수 있는 소프트웨어(사망, 시스템 파괴, 환경 손상, 대규모 재정적 손실 등을 유발 가능)

접근자 함수accessor function(액세서): 다른 객체의 프라이빗 요소에 접근해 읽거나 쓰기 위한 목적으로 만들어진 함수

정보 은닉information hiding: '캡슐화encapsulation'를 참조하라.

정서ethics: 감정과 관련된 일련의 체계

제약 사항constraint: 특정 가치나 기능을 구현하는 데 따르는 범위 또는 부문별 제약 요인

중규모 프로젝트medium-sized project: (5인 이하의) 소규모 개발 팀으로 수행 가능한 프로젝트 규모

중요 섹션critical section: 멀티 스레드에 의한 동시 실행이 불가능한 코드 섹션

중요도 수준integrity level: 소프트웨어 요소의 의사 결정자나 작업 참여자에 대한 중요도 또는 위험도. IEEE Std 829-2008 표준안은 중요도에 따라 네 단계(중요도 매우 높음catastrophic, 중요도 높음critical, 중요도 낮음marginal, 중요도 매우 낮음negligible)로 구분한다.

증분형 모델incremental model: 반복형 모델과 유사한 소프트웨어 개발 모델로서, 초기 구현 이후에 조금씩 기능과 성능을 추가해 나가는 유형

집중하고 있는in the zone: 현재 임무에 정신적으로 몰입한

집합 관계aggregation: 하나의 (전체) 클래스가 다른 (부분) 클래스를 제어할 수 있는 관계 속성 중 하나. 부분 클래스는 독립적으로 존재할 수 있지만, 전체 클래스는 해당 부분 클래스 없이 존재할 수 없다.

추적 가능성 지표traceability matrix: '역추적 가능 매트릭스(RTM)'를 참조하라.

카우보이 코더cowboy coder: 아마추어 프로그래머와 동의어로 사용됨. 공식적인 절차나 다른 사람에 대한 고려 없이 코드를 작성하는 사람

카우보이 코딩cowboy coding: 프로그래머가 독단적으로 정한 개발 프로세스에 따라 소프트웨어를 개발하는 유형. 프로젝트 일정, 언어, 알고리즘, 도구, 프레임워크, 코딩 스타일 등을 개인이 임의로 정하고 개발 업무를 수행하는 것이다(출처: 위키피디아).

캡슐화encapsulation: 외부 개체가 접근할 수 없도록 객체 내부에 정보를 은닉하는 것으로, '정보 은닉'이라고도 한다.

코더coder: 컴퓨터 코드를 작성하는 임무를 맡은 엔지니어

코드 드라이버code driver: 실제 함수가 존재하지 않을 때 사용하는, 함수 시뮬레이션을 위한 임시 테스트 코드

코드 리팩터링code refactoring(코드 분할): 소프트웨어의 외부 기능에 대한 변경 없이 소스 코드를 개선하기 위한 코드 구조 개편

코드 몽키code monkey: 아마추어 프로그래머의 은어. 카우보이 코더와 비슷한 의미다.

코드 스캐폴딩code scaffolding(코드 비계): 시스템의 일부인 함수를 호출하기 위한 임시 테스트 코드. 시스템에 아직 해당 함수를 호출할 코드가 없는 경우, 시스템이 해당 함수를 정식으로 호출할 준비가 안 된 경우 사용한다.

코드 스파이크code spike(임시 작성 코드): 이론을 검증하거나 프로토타입을 구현하기 위해 개인 차원에서 이뤄지는 간단한 코딩 작업(이후 폐기함)

코드 커버리지code coverage: 입력 (테스트) 데이터를 기준으로 실행된 소스 코드의 비율. 코드 커버리지가 100%라는 말은 프로그램의 모든 명령문이 해당 입력 데이터에 대해 최소 한 번 이상 실행됐음을 의미한다.

크래커cracker(해커): 암호 탈취나 시스템 침입 방식을 이용해 불법적으로 시스템 또는 데이터에 접근하는 컴퓨터 범죄자

킬러 앱killer app: 특정 장르를 대표하며 대량으로 판매되는 인기 애플리케이션

테스트 주도 개발Test-Driven Development(TDD): 테스트를 먼저 작성한 뒤, 해당 테스트를 만족하는 코드를 작성하는 소프트웨어 개발 프로세스

통합 테스트integration testing: 유닛이 서로 원활하게 소통하는지 확인하기 위해 독립적으로 존재하는 프로그램 유닛을 결합해 테스트를 시행한다.

트리거trigger (UML): 유스 케이스 실행을 유발하는 외부 이벤트

파생된 가치derived value: 메모리에 저장된 것이 아닌, 연산의 결과로 만들어진 데이터 필드 또는 클래스 속성

표준 라이브러리standard library: 공통적인 기능 구현을 위해 특정 프로그래밍 언어나 프레임워크와 결합돼 제공되는 표준화된 함수 및 서브루틴 모음

프레임워크framework: 프로그래머가 좀 더 간단하게 코딩 작업을 수행할 수 있도록 애플리케

이션의 골격 요소를 포함하고 있는 소프트웨어 라이브러리

프로젝트 헤드project head: 프로젝트를 직접적으로 책임지는 엔지니어 또는 매니저

플로우차트flowchart: 프로그램의 제어 흐름을 시각적으로 표현한 것

학습곡선learning curve: 프로그래머가 특정 개념을 학습하는 데 소요되는 시간을 그래프로 나타낸 것. 학습에 필요한 시간과 특정 주제에 능숙해지는 시간 등을 설명하는 데 사용된다.

해킹hacking: 정형화된 개발 프로세스 없이 임의의 순서로 코드를 작성하는 일. 카우보이 코딩이라고도 한다.

화이트박스 테스트 데이터white-box test data: 시스템을 구성하는 소스 코드에 대한 정보를 바탕으로 생성된 테스트 입력 데이터. 예를 들어, 코드 커버리지를 확인하기 위해 프로그램의 모든 명령문을 실행하는 테스트 데이터를 생성하려면 소스 코드에 대한 사전 정보가 필요하다.

회귀 테스트regression test: 현재 버전의 소프트웨어를 테스트할 때, 이전에 정상적으로 작동하던 요소까지 (회귀적으로) 포함시켜서 진행한다.

ACMAssociation for Computing Machinery: 컴퓨팅 머신 협회

ARAnomaly Report: 문제점 보고서

ASDAdaptive Software Development: 적응형 소프트웨어 개발

ATAcceptance Test: 인수 테스트

BSCSBachelor of Science in Computer Science: 컴퓨터 과학 학사(전공자)

CACMCommunications of the ACM: ACM 커뮤니케이션(저널명)

CASEComputer-Aided Software Engineering: 컴퓨터 기반 소프트웨어 엔지니어링

COTS: 상용 제품. 고객 맞춤형이 아니라 오픈 마켓에서 구매 가능한 시스템을 말한다.

CPMCritical Path Method: 중요 경로 기법

CPUCentral Processing Unit: 중앙 정보 처리 유닛

DAQ: 플랜테이션 프로덕션에서 만든 디지털 데이터 획득Digital Data Acquisition 시스템의 약자 (http://www.plantation-productions.com/Electronics/DAQ/DAQ.html 참조)

DAQ_IF: DAQ 인터페이스 보드^{DAQ interface board}. DAQ 시스템 지원용으로 만들어진 레벨 시프터^{level shifter}, 와치독 타이머, I2C 멀티플렉서와 기타 SBC 지원 서킷을 포함한다.

DRY^{Don't Repeat Yourself}: 불필요한 반복 금지. 코드 복제는 복잡한 코드를 양산한다는 의미로 사용한다. 'OAOO'를 참조하라.

FAT^{Factory Acceptance Test}: 공장 인수 테스트

FDD^{Feature-Driven Development}: 기능 중심 개발

FPA^{Function Point Analysis}: 기능 점 분석

GMP^{Grand Master Programmer}: 그랜드 마스터 프로그래머. 다른 프로그래머들보다 최소 10여 배 이상의 생산성을 지닌 프로그래머

HLL^{High-Level Language}: 고수준 언어

HRS^{Hardware Requirements Specification}: 하드웨어 요구 사항 명세서

HTML(하이퍼테스트 마크업 언어): 웹 페이지 생성을 위한 초기 표준 언어

IDE(통합 개발 환경): 동일한 패키지에 에디터, 컴파일러, 링커, 디버거, 기타 도구를 포함하는 소프트웨어 개발 도구

IEEE(전기전자엔지니어협회): 컴퓨터 및 소프트웨어 엔지니어링과 관련된 표준화 업무도 시행하는 산업 협의체

IoT^{Internet of Things}: 사물인터넷

IP^{Intellectual Property}: 지적재산권

JBGE^{Just Barely Good Enough}: '딱 필요한 만큼만'이라는 의미를 지닌 표현

K&R: 커니헌^{Kernighan}과 릿치^{Ritchie}(명저 『The C Programming Language』의 저자)

KLOC: 1,000여 줄의 코드

LITSR^{Level Interim Status Report}: 레벨 임시 상태 보고서(문서)

LOC: 코드 라인의 수

LTC^{Level Test Case}: 레벨 테스트 케이스(문서)

LTD^{Level Test Design}: 레벨 테스트 설계(문서)

LTL^{Level Test Log}: 레벨 테스트 로그(문서)

LTP^{Level Test Plan}: 레벨 테스트 계획(문서)

LTPr^{Level Test Procedure}: 레벨 테스트 프로시저(문서)

LTR^{Level Test Report}: 레벨 테스트 보고서(문서)

MBA^{Master of Business Administration}: 경영학 석사

MSCS^{Master of Science in Computer Science}: 컴퓨터 과학 석사

MTP^{Master Test Plan}: 마스터 테스트 계획(문서)

MTR^{Master Test Report}: 마스터 테스트 보고서(문서)

NRC^{Nuclear Regulatory Commission}: 원자력 규제 위원회(미국 내 원자력 발전기를 관할하는 미국 정부 기관)

OAOO: '단 한 번만으로 충분^{once and only once}'(DRY로도 표기함)이라는 의미를 지닌 표현

PERT^{Program Evaluation Review Technique}: 프로그램 검증 리뷰 기법

PSP^{Personal Software Process}: 개인 소프트웨어 프로세스(와츠 험프리^{Watts S. Humphrey}의 『A Discipline for Software Engineering』 참조)

QA^{Quality Assurance}: 품질 보증

R&D: 연구 및 개발

RFP^{Request For Proposal}(제안 요구 사항): 클라이언트가 제품 또는 서비스 제공자에게 주는 기능 및 성능 요구서

RTM: 역추적 매트릭스^{Reverse Traceability Matrix}, 또는 요구 사항 추적 매트릭스^{Requirements Traceability Matrix}

SAT^{Site Acceptance Test}: 현장 인수 테스트

SBC: 싱글보드 컴퓨터^{single-board computer}

SDD^{Software Design Description}: 소프트웨어 설계 명세서

SDLC^{Software Development Life Cycle}: 소프트웨어 개발 수명주기

SMS^{Short Message Service}: 단문 메시지 서비스

SPM: 수영 풀 모니터^{swimming pool monitor}. 이 책에서 예시로 사용된 소프트웨어 시스템

SRL^{Software Review List}: 소프트웨어 리뷰 리스트(문서)

SRS^{Software Requirements Specification}: 소프트웨어 요구 사항 명세서(문서)

STC^{Software Test Cases}: 소프트웨어 테스트 케이스(문서)

STP^{Software Test Procedures}: 소프트웨어 테스트 프로시저(문서)

SyRS^{System Requirements Specification}: 시스템 요구 사항 명세서(문서)

TBD^{To Be Determined}: '결정해야 하는'이라는 의미를 지닌 표현

UML^{Unified Modeling Language}: 통합 모델링 언어

UPS^{Uninterruptible Power Supply}: 무정전 전원 공급장치

URL^{Uniform Resource Locator}: 인터넷 객체 주소 표기 프로토콜(예: 웹 페이지 주소)

V 모델: 워터폴 모델에 기반한 소프트웨어 개발 프로세스('워터폴 모델' 참고)

VHLL^{Very High-Level Language}: 초고수준 언어

XP^{Extreme Programming}: 익스트림 프로그래밍

Y2K(2000년): 연도의 마지막 두 자리 숫자(예를 들어 1999년의 '99')를 처리하는 것과 관련된 컴퓨터 소프트웨어 유지 보수를 둘러싼 이슈를 말한다. 1999년에서 2000년대로 넘어오면서 연산 및 표기 방식에 문제가 생기는 상황을 가리키고자 사용된 용어이며, 당시 기술적인 이슈가 사회적인 이슈로 확대됐다.

YAGNI^{You Aren't Gonna Need It}: '당신에게는 불필요한 것'을 의미한다. 미래를 대비한다는 명분 하에 지나치게 방어적이면서 복잡한 코드를 작성하는 경향을 비판하는 말이다.

찾아보기

ㄱ

가시성 188, 192
가시성 타입 171
가용성 297, 310
가정 및 의존성 요소 섹션 293
각종 의문 사항 426
간단한 다이어그램 166
간소함 233
간접적 관련 업무 75
값 파라미터 182
개념 모델 20, 41
개념적 복잡성 57
개방형 업무 공간 117
개별 테스트 케이스 링크 412
개요 섹션 290
개요 칼럼 324
객체 198, 277
객체 생성 212
객체의 멤버 196
객체의 수명주기 209, 212
객체 제거 213
객체지향 분석 169
객체지향 설계 130, 169
객체지향 소프트웨어 엔지니어링 시스템 129
객체지향 프로그래밍 언어 22
객체지향 프로그래밍의 3대 주요 속성 174
객체 클래스로 정리 298
검증 268, 420
검증 가능성 282
검증 보드 386
검증 불가(N) 표시 325
검토 92, 266, 268, 416

검토 단계 373
결정 기호 247
결정적 247
결정 지점 156
결함이 발생하는 과정 433
결함이 시스템에 미치는 영향 433
결함 추적 소프트웨어 437
결함 추적 시스템 73
결함 추적 전용 소프트웨어 433
결함 해소 방법과 대안 433
결합 구조 다이어그램 241
경계가 모호한 목록 281
경영진 검토 보고서 438
고객 담당자 106
고객의 승인 417
고객 참여 115
고수위 센서 306, 308
고수준 어셈블리 175
고수준의 이름 131
고유의 문제점 68
공식적인 설계 언어 333
공식적인 테스트 케이스 문서화 작업 391
공장 인수 테스트 377, 440
공통 작업 요소 135
관계 표현 188
관련성 258
관련성 강도 183
관리 권한 122
관리의 복잡성 96
교차 참조 257
구성 관계 187
구조화 프로그래밍 48, 330

구현 가능성 278
구현 가능 여부 89
구현 독립성 282
규정적 프로세스 46
근원 요소 275
금전적 70
기능 단위로 정리 298
기능별 계층 구조에 따른 정리 299
기능 요구 사항 289, 307
기능적 요구 사항 275
기능적 요구 사항 섹션 295
기능 점수 분석법 62
기능 중심 118
기능 테스트 110
기본값 176
기본 속성값 180
기술 장인 39
기술 훈련 40
기타(O) 검증 표시 325
기획 주기 109

ㄴ

나선형 모델 94
낭비되는 시간 66
내부 객체 239
내부적인 연산 순서 228
내비게이터 112
내장 데이터 타입 178
네임스페이스 174, 238
노드 338
논리적 데이터베이스 요구 사항 296
논리적 뷰포인트 332
논리적 흐름 145
논쟁 348

ㄷ

다대다 관계 331
다대다 관계성 193

다대일 관계 415
다른 메시지에 의한 간섭 210
다수성 179
다수성 기호 221
다양한 맥락 195
다양한 모델과 방법론 123
다이어그램 작성 언어 226
다이얼로그 139
다형성 174
단계별 검토 작업 268
단위 임무 53
단일 요구 사항 283
닷 기호 259
닷 시퀀스 259
대규모 소프트웨어 시스템 253
대규모 시스템 42
대규모 프로젝트 43
대량 생산 34
대면 대화 102
대면 커뮤니케이션 102
대체 이벤트 흐름 141
대체 흐름 142, 211, 213
데이터 객체 집합 179
데이터 표현 방식 22
데이터 필드 176
도구 간의 상호 작용성 74
도제식 39
도제식 훈련 48
독립적 88
돌발 상황 70, 430
동기 부여 부족 77
동기적 메시지 203
동일 객체 229
동일 라이프라인 229
동적 성능 요구 사항 296
동적 문서 429
드라이버 112
디버그 모드 315

디지털 입력 306

ㄹ

라이브러리 60
라이프라인 202
레고 블록 70
레드라인 426, 430
레드라인 항목 427
레벨 372, 375
레벨 1 374
레벨 2 374
레벨 3 374
레벨 4 374
레벨별 중간 테스트 상태 보고서 438
레벨 테스트 계획 379
레벨 테스트 로그 425
레벨 테스트 문서 372
레벨 테스트 설계 381
레벨 테스트 프로시저 407
로드맵 341
로버트 프레스먼 33
로지컬 뷰포인트 338, 355, 359
로터리 인코더 306
롱 딜레이 207, 211
리뷰 테스트 325
리소스 뷰포인트 344
리스크 관리 94
리스크 분석 전문가 96
리얼 타임 55
리턴 메시지 203

ㅁ

마감 시한 76
마스터 테스트 계획 377
마스터 테스트 보고서 438
마스터 테스트 일정 378
마스터피스 49
마이크로소프트 윈도우 42

마일스톤 76
마켓 리스크 98
막대 인형 132
만능의 속성 표현 방식 181
매니저 69
매니저와의 면담 79
머신 인스트럭션 61
멀티 스레드 160, 165
멀티태스킹 77
메모리 제약 사항 292
메시지 202
메시지 라벨 204
메시지 번호 204
메시지의 순서 205
메시지의 연속성 204
메인 이벤트 흐름 143
메타 모델 95
멘토링 113
명령 거부 테스트 400
명령문 수 지표 62
명령 수신 테스트 399
명료성 279
'모두 대응' 전환 보호 155
모듈 38
모호함 279
목표 기능 주도형 개발 120
목표 기능 팀 122
목표 청중 289
무기한 루프 221
무한 루프 218
문법 오류 시나리오 146
문서 식별자 392
문서화 44
문서화 비용 270
문서화 축소 123
문제점 발견일 435
문제점 보고서 420, 432
문제점 설명 435

문제 해결 기간 79
미확정 루프 221
미확정 아이템 279

ㅂ

바이너리 머신 코드 240
반복 시행 횟수 206
반복 주기 108
반복형 모델 93
반환 데이터 타입 179
발견된 이상 동작 426
방대한 규모의 문서화 작업 441
방대한 문서화 작업 104
방해 요소 78
방향 지시자 185, 196
배열 179
배포 86
배포 계획 단계 109
배포 다이어그램 240, 337
버그질라 433
범용 ref 프래그먼트 217
범용성 144
범위 300
범위 섹션 290
범위 오류 시나리오 146
범위적 복잡성 57
베스트 프랙티스 50
변경 사항 348
변경 이력 350, 396
변경 지향 프로세스 108
병렬 개발 67
병렬 시퀀스 프래그먼트 231
병렬적 227, 409
보안성 297, 311
보호 조건 206
복사된 태그 262
복합적 요구 사항 282
볼과 소켓 표현식 237

볼 표현법 191
부분 클래스 186
부분 클래스 다이어그램 170
부수적 업무 59, 75
부작용 288
부정적 요건 277
부정적인 표현 285
부정적 표현의 요구 사항 327
분기 143
분석(A)에 의한 검증 325
분할 65
불리언 표현식 62, 155
불리언 표현식 보호 154
불만스러운 감정 80
불필요한 요구 사항 271
불합리한 일정 계획 72
뷰포인트 332, 369
브랜칭 209
브랜칭 로직 210
블랙박스 생성 테스트 데이터 390
비결정적 247
비공식적인 유스 케이스 319
비기능적 요구 사항 275
비동기적 메시지 203
비슷한 프로젝트 70
비완결성 280
비용 수준 96
비용 효율성 45
비정상 상황에 대한 대응 295
비즈니스적인 가치 79
비표준적인 객체 166
비표준적인 다이어그램 165
빈 화살표 머리 기호 198

ㅅ

사실상 표준 130
사용된 설계 요소 357
사용자 니즈 검증 271

사용자 스토리 106, 110
사용자 인터페이스 291, 307
사용자 참여 설계 97
사용자 클래스로 정리 298
사용자 특성 304
사용자 특성 섹션 293
사용자 피드백 93
사전 조건 315, 395
살아있는 요구 사항 문서 106
상속 136, 174
상속 관계 197
상충 요소 348
상태 객체 157
상태 기호 151, 246
상태 다이어그램 343
상태 전환 기호 245
상태 흐름 뷰포인트 344
상호 작용 242
새로운 도구 49
생산성 53
생산성 검증 90
생산성 저하 45, 58
생산성 차이 54
생산성 측정 지표의 실패 원인 65
생산성 향상 66
생산 원가 34
서로 다른 관점 346
서론 300
서브디렉터리 238
서브루틴 215
선형 및 연속형 개발 모델 100
설계 개체 333
설계 고려 사항 330, 349, 362
설계 관련성 333
설계 래셔널 347, 349, 359, 361, 368
설계 래셔널 2 353
설계 목표 299
설계 뷰 345, 351, 363

설계 뷰 2 353
설계 뷰포인트 332, 345
설계 뷰포인트 2 353
설계상의 결함 90
설계 오버레이 346, 358
설계 오버레이 2 353
설계 요소 333
설계자의 의도 187
설계 작업 참여자 목록 349
설계 제약 사항 296, 333
설명 표기법 408
성능 문제 194
성능 요구 사항 섹션 295
세미콜론 기호 319
세부 명세서 118
세부적 요구 사항 289
세부적 요구 사항 섹션 294
세분화 282
세분화된 명령 145
세분화된 요소 342
세터 함수 172
셧다운 417
소규모 배포 111
소규모 프로젝트 43, 90
소통 105
소통 금지 방향 지시자 197
소통의 흐름 196
소프트웨어 개발 도구 73
소프트웨어 개발 모델 87
소프트웨어 개발 방법론 100
소프트웨어 개발 설계 129
소프트웨어 개발 수명주기 83
소프트웨어 개발의 황금 규칙 23
소프트웨어 개발 프로세스 33
소프트웨어 검토 및 검증 표준 356
소프트웨어 리뷰 406
소프트웨어 리뷰 리스트 383
소프트웨어 리뷰 체크리스트 384

소프트웨어 방랑객 49
소프트웨어 버전 번호 421
소프트웨어 설계 355
소프트웨어 설계 명세서 85, 254, 329
소프트웨어 설계 문서화 67
소프트웨어 설계 아키텍트 85
소프트웨어 솔루션 설계 22
소프트웨어 엔지니어 26
소프트웨어 엔지니어링 20
소프트웨어 엔지니어링 원칙 50
소프트웨어 요구 사항 명세서 85, 254
소프트웨어 위기론 20
소프트웨어의 본질 33
소프트웨어 인터페이스 291, 303
소프트웨어 장인 정신 46
소프트웨어 테스트 케이스 254, 371, 388, 397, 406
소프트웨어 테스트 프로시저 255, 371, 406
소프트웨어 환경 설정 필요 사항 394
속성 170, 176
속성명 189
속성 문법 181
속성의 가시성 176
속성 이름 177, 188
속이 빈 화살표 135
수동 물 채움 모드 309
수동적 태도 280
수련생 47
수위 점검 시간 308
수정 가능성 284
수정 불능 속성 172
수행 난이도 64
순방향 추적 285
순환문 144
순환적 복잡성 63
순환 프래그먼트 214
스위프트 75, 175
스크럼 119
스크럼 마스터 119

스크럼 번다운 차트 119
스크럼 오브 스크럼 120
스타일 100
스탠드업 미팅 103
스테레오타입 132
스테레오타입 사각형 235
스테레오타입 표현식 236
스트럭처 뷰포인트 336, 342
스티어링 단계 109
스프레드시트 266
스프린트 102, 119
승인 절차 417
시간적 한계선 70
시급성 평가 436
시나리오 146
시나리오/이벤트 흐름 314
시나리오 통합 147
시리얼 작업 우선순위 386
시스템 레벨 376
시스템 경계 336
시스템 경계 외부 207
시스템 리소스의 낭비 58
시스템 모델링 147
시스템 모드로 정리 298
시스템 문서 유형 266
시스템 문서화 21, 253
시스템 분석가 25, 37
시스템 아키텍트 25, 312
시스템 외부 객체 208
시스템 요구 사항 110, 130
시스템 요구 사항 명세서 85, 254
시스템 인수 테스트 91
시스템 인터페이 302
시스템 인터페이스 291
시스템 테스트 86
시스템 테스트 보고서 439
시작 상태 152
시작 상태 기호 245

시장 경쟁력 278
시퀀스 다이어그램 201
시퀀스 다이어그램 오버레이 367
시퀀스의 순서 232
시퀀스 프래그먼트 165, 214
신뢰도 수준 440
신뢰성 297, 310
신뢰성 확보 40
신속 애플리케이션 개발 모델 97
실무 권장안 334
실수와 결함 430
실제 개발 현장 68
실제 구현 의도 243
실증적 프로세스 46
실패 지점 413
실패한 요구 사항 문서 281
실행 416
실행에 앞서 필요한 환경 설정 421
실행 파일 크기 측정 지표 60
싱글 스레드 160

ㅇ

아날로그 입력 306
안전 관리 37
알고리즘 뷰포인트 344
애스터리스크 기호 206
애자일 개발 방법론 441
애자일 계열 101
애자일 방법론 101
액션 277
액터 131, 277, 314
액티베이션 바 209
액티비티 153
액티비티 기호 152
앰배서더 120
약식 모델 88
약한 단어 281
어셈블리어 코드 62

언어 종속적 60
업그레이드 35
업무 시간 알림판 77
업무의 범위 44
업무 이관 37
업무 일정 예측 69
업무 정의서 276
업무 집중도 78
엔지니어 38
엔지니어링 개념 모델 26
역방향 추적 285
역추적 261, 425
역추적 기능 256, 262, 264, 267
역추적 매트릭스 276
역효과 441
연관 관계 184
연관 다이어그램 185
연관 데이터 타입 178
연관 링크 189, 196
연관 상태 이름 246
연관성 145
연관 요구 사항 314, 316
연관 요소 425
연관 이름 185, 189
연대기식 396
연산 170
연산 소요 시간 207
연산 시퀀스 조합 230
연산자의 수 64
연속형 모델 93
예술 작품 36
예외 조건용 143
예외 처리 137
예측 가능 58
예측적 방법론 101
오류 수정 270
오버롤 모델 121
오버헤드 428

오실로스코프 409
와치독 타임아웃 309
완결성 279
완료 미팅 120
완벽한 성공 또는 완벽한 실패 118
외부 리소스 415
외부 요소 399
외부 인터페이스 305
외부 인터페이스 섹션 294
요구 사항 270, 275, 319
요구 사항 간극 92
요구 사항 개발 84
요구 사항과 설계 고려 사항 331
요구 사항 명세서 84
요구 사항 변경 94
요구 사항 부합 여부 검토 272
요구 사항 (역)추적 매트릭스 255
요구 사항의 배분 305
요구 사항의 배분 섹션 294
요구 사항 이력 추적 매트릭스 265
요구 사항 형식 권장안 320
요구 콘텐츠 352
용기 105
용어 정의 300
용어 정의 섹션 290
우선권 139
우선순위 278
워드 프로세서 266
워터다운 컴포넌트 다이어그램 337
워터폴 89
워터폴 모델의 가장 큰 단점 104
워터폴 소프트웨어 시스템 253
원본 소스 코드 60
위기 모드 71
위대한 코드 21
위대한 프로그래머 27
위험도 평가 375
위험도 평가 체계 375

유닛 테스트 44, 86
유닛 테스트 모드 387
유닛 테스트 케이스 389
유사한 프로젝트 59
유스 케이스 130, 312, 314
유스 케이스 내러티브 130, 138, 140
유스 케이스 내러티브 아이템 139
유스 케이스 다이어그램 131, 138
유스 케이스 이름 133
유스 케이스 일반화 135
유일무이성 284
유일무이한 숫자 조합 261
유일무이한 자격 지시자 195
유입 전환 경로 157
유저 스토리 312
유지 보수 87
유지 보수성 297, 311
유지 보수 테스트 379
유출 전환 경로 157
유한 루프 220
은유 111
의견 청취 108
의존 관계 184
의존성 뷰포인트 339
의존성 요소 305
이벤트 158
이벤트 흐름 142
이상 행동 300
이식성 298, 311
이직률 72
익스텐션 137
익스텐션 구조 145
익스트림 프로그래밍 104
인라인 속성 184, 192
인수 182
인수 레벨 376
인수 테스트 86
인수 테스트 보고서 439

인수 테스트 케이스 396
인시 55
인클루전 134
인터넷 연결 415
인터랙션 다이어그램 201
인터랙션 뷰포인트 343, 355, 361
인터랙션 참조 216
인터페이스 190, 236
인터페이스 뷰포인트 341
인턴십 47
인플레이스 183
일관성 256, 270, 277
일대다 관계성 193
일대다 관계 261, 263, 432
일반화 136
일반화 과잉 280
일반화 기법 145
일에 대한 태도 76
임베디드 디바이스 65
임의성 280
입력 데이터 393
입력 및 출력 관계성 295
입출력 파라미터 182

ㅈ

자격 조건 194
자격 지시자 194
자기 검증 117
자동화 108
자동화된 테스트 기법 441
자동화된 테스트 절차 390
자동화된 테스트 프로시저 도구 415
자바 174
자발적 팀 운영 117
작성 배경 350, 392
작업 131, 303
작업의 우선순위 317
작업 참여자 331, 352

잘 정의된 표준 164
재앙적 사건의 발생 413
재활용 342
저수위 센서 306, 308
저수준의 제어 흐름 329
적응형 방법론 101
적절성 여부 384
전 개발 주기 92
전달 지시자 183
전문가-전문가 팀 113
전문가-초보 팀 113
전반적 설명 301
전반적 설명 섹션 290
전반적인 흐름 201
전자식 테스트 로그 431
전체 시퀀스에서의 레벨 380
전체 회귀 테스트 431
전형적인 소프트웨어 엔지니어 26
전환 153
전환 동작 159
전환 보호 154, 156
점검 루틴 161
점증적 속성 102
점증형 모델 99
정렬 258
정보/데이터베이스 뷰포인트 340
정적 성능 요구 사항 296
정정 작업 436
정확성 277
정확성 점검 310
제공 인터페이스 244
제안 요구서 373
제약 사항 275, 304
제약 사항 섹션 293
제약 조건 188, 193
제어부 159
제어 흐름 154
제품 개념화 84

제품 개요 302
제품 개요 섹션 290
제품 기능 304
제품 기능 섹션 292
제품 수명주기 34, 66
제품 적합성 441
조건 277
조건 아이템 실행 141
조작 431
조직화 346
존중 105
종료 상태 152
종료 조건 141, 315
종이 문서 AR 437
종이 문서 테스트 로그 431
좌절감 79
주관성 279
주니어 프로그래머 24
주석 162, 226
주인 의식 80
주해 162
중간 상태 153
중규모 프로젝트 43
중요 기일 71
중요도 레벨 374
지속 가능 속도 유지 116
지속적인 리팩터링 118
지속적인 상호 작용 98
지속적 통합 116
지적 자원 113
진행 속도 88
집중 방해 요소 77
집합적 소유권 111
집합 클래스 186
짧은 스프린트 103

ㅊ

참고 자료 부족 280

참조 문서 392
참조 섹션 290
책을 통한 학습 50
책임 프로그래머 121
처리 조건 300
체계적 기능 검증 48
초고수준 언어 98
초과 근무 72
초기 버전 97
초깃값으로 복원 309
초보-초보 팀 113
최대 물 채움 시간 307
최소한의 실행 보장 조건 139
최적화 45
최종 사용자 95
최종 인수 테스트 271
추가 업무 70
추상 원본 클래스 191
추적 가능성 285, 410
추적 기능 256
출구점 144
출력 데이터 393
출력 파라미터 182
출시 지연 리스크 93
충분히 우수한 설계 95
치명적 사건 300

ㅋ

캐주얼 내러티브 140
캘린더 타임당 인시 56
캡슐화 171
캡슐화의 기본 요소 172
커넥터 163
커뮤니케이션 다이어그램 233
커뮤니케이션 링크 131, 242, 245
커뮤니케이션 인터페이스 292, 303
커스터마이징 46
커스텀 다이어그램 166

커스텀 제품 35
컨텍스트 뷰 357
컨텍스트 뷰포인트 334, 345, 355
컴파일러 74
컴포넌트 236
컴포넌트 레벨 376
컴포넌트 심볼 338
컴포넌트 테스트 로그 429
컴포넌트 통합 레벨 376
컴포넌트 통합 테스트 로그 429
컴포지션 뷰포인트 336
컴포지트 스트럭처 다이어그램 241
컴퓨터 과학 22, 47
컴퓨터 구조 22
컴퓨터 프로그래밍 41
케이스 간의 의존성 389, 401
케이스 간 의존성 395
코더 25
코드 107
코드 라인 측정 지표 61
코드 리뷰 123, 325
코드 리팩터링 112
코드 스파이크 115
코드의 작동 상태 유지 99
코드의 재활용성 35
코드 커버리지 440
코딩 86
코치 106
콜론 기호 182
크리티컬 섹션 231
클래스 332
클래스 간의 관련성 339
클래스 다이어그램 169
클래스 연산 요소 181
클래스 집합 관계 186

E

타당성 검증 326

태그 관리 257
태그 오남용 132
태스크 102
테스트 86
테스트 간의 관련성 412
테스트 개요 378
테스트 단계 91
테스트 담당자 420
테스트 레벨 376
테스트 로그 437
테스트 로그 아이템 427
테스트 로그 전용 애플리케이션 432
테스트를 실행하는 사람 413
테스트 문서화 요구 사항 379
테스트 보고 요구 사항 379
테스트 불가 266
테스트 소프트웨어 161
테스트 아이템과 식별자 380
테스트 업무 관리 378
테스트의 성공 여부 416
테스트 주도 개발 92
테스트 주도 개발 기법 390
테스트 주제의 설명 427
테스트 중단 사유 428
테스트 케이스 147, 263
테스트 케이스 식별자 389, 393, 399
테스트 케이스와 테스트 프로시저 327
테스트 통과 161
테스트 트랙 415
테스트 프로시저 92, 147
테스트 프로시저 식별자 409, 419
테스트 프로시저 실행 단계 410
테스트 회귀 437
템플릿화 288, 346
토마스 맥케이브 63
톱다운 71
통합 모델링 언어 129
통합 조건문 연산자 144

통합 테스트 86
통합 테스트 케이스 389
트래커 106
트리거 158, 246, 276, 314
특수한 절차적 요구 사항 400
특화된 업무 45
팀 구성 68
팀 내 갈등 80
팀 생산성 55
팀 회의 79

ㅍ

파급 효과 435
파생값 176
파생된 유스 케이스 136
파생 속성 177
파일 리뷰 326
파티션 161
패키지 238
패키지 가시성 174
패키지 간의 의존성 339
패키지 다이어그램 343
패키지의 함수 239
패키지 이름 133
패키지 프로텍티드 174
패턴 사용 뷰포인트 340
퍼블릭 객체 239
퍼블릭 접근 함수 172
퍼블릭 클래스 171
퍼스널 소프트웨어 엔지니어링 21, 42
퍼스널 소프트웨어 프로세스 59
페어 프로그래밍 103, 112
폐기 87, 437
포트 범위 오류 138
표준 규약 섹션 296
표준화된 모듈 40
표준화된 코딩 규약 111
풀 수위 확인 310

품질 강화 기법 102
프라이빗 속성 172
프로그래머의 생산성 57
프로그래머의 작업 방식 36
프로그래머 친화적 99
프로덕트 오너 119
프로시저 182
프로시저 시작 417
프로시저 식별자 414
프로시저 실행을 위한 세부 단계 411
프로시저 실행 전 설정 요구 사항 411
프로시저 종료 조건 411
프로젝트 54
프로젝트 관리 기법 41
프로젝트 매니저 56
프로젝트 비용 55
프로젝트 완료 시점 63
프로젝트 일정 예측 67
프로텍티드 가시성 174
프로토콜 191
프로토타입 구현 89
프로퍼티 문자열 180
플로우차트 63, 151
피연산자 228
필수 인터페이스 244
필요성 278

ㅎ

하드웨어 인터페이스 291
하드웨어 환경 설정 필요 사항 394
학습 시간 78
할당 자원 266
합격/불합격 기준 395
합병 지점 156
해커 24, 88
해킹 88
허용 오차 393
현대적 개발 모델 89

현장 인수 377
현장 적용 요구 사항 303
현재 상태 350
협업 다이어그램 232
화이트박스 생성 테스트 데이터 390
확장성 238
환경 설정 관리 계획 396
환경 설정 필요 사항 399, 401
활성화된 객체 209
후속 조건 395
히스토리 객체 195

A

alt 시퀀스 프래그먼트 225
AR 432
artifact 240
assert 매크로 호출 218
assert 시퀀스 프래그먼트 217
ATC 391
ATP 407

B

break 시퀀스 프래그먼트 218, 222

C

C++ 175
CASE 97
CASE 도구 164
component 235
consider 시퀀스 프래그먼트 216
CPU 종속적 60
create 212
C 언어 130
C++ 프로그래머 191

D

DAQ 소프트웨어 요구 사항 타당성 검증 326
DAQ 시스템 312, 354

DAQ 컨텍스트 뷰포인트 357
DD 식별 정보 350
default 키워드 155
destroy 213
device 240
DIP 스위치 313
DIP 스위치 변수 360
DRY 114

E

Ethernet 313, 317
Ethernet IP 주소 317
ethernetListenTask 317, 366
Ethernet 명령 처리 작업 우선순위 387
Ethernet의 listening 작업 우선순위 387
Ethernet 포트 318
Ethernet 활성화 318
ethTaskInit() 366
extend 137

F

FATP 407
FDD 120
FPA 62

G

GMP 54
goto 명령문 163

I

IDE 73
IEEE 38, 129
IEEE SDD 330
IEEE Std 1016-2009 표준안 348
IEEE 개념 모델 331
ignore 연산자 216
include 134
IoT 기기 208

J

JBGE 104

L

LOC 42, 61
loop(integer) 220
loop(minInt, maxInt) 220
loop 시퀀스 프래그먼트 218
LTD 381
LTP 379
LTP 문서 개요 380

M

Microsoft Project 98
MTP 381
MTR 438
MVP 93

N

NATO 콘퍼런스 38
neg 시퀀스 프래그먼트 226
Netburner 313

O

OAOO 114
OCL 248
OMG 129
OOP 151
opt 시퀀스 프래그먼트 224

P

par 시퀀스 프래그먼트 227
PPDAQ Ethernet IP 주소 320
PPDAQ Ethernet 명령 작업 우선순위 324
PPDAQ Ethernet 명령 처리 작업 323
PPDAQ Ethernet 비활성화 321
PPDAQ Ethernet 작업 우선순위 322
PPDAQ Ethernet 활성화 321
PPDAQ 디버그 모드 비활성화 323
PPDAQ 디버그 모드 활성화 323
PPDAQ 유닛 테스트 모드 I/O 322
PPDAQ 표준 소프트웨어 플랫폼 320
PSP 59

Q

QA 377

R

RAD 97
R&D 프로젝트 69
ref 시퀀스 프래그먼트 215
region 시퀀스 프래그먼트 231
RS-232 313
RTM 255, 257, 262, 265, 267
RTM의 검증 유형 칼럼 324
RTM 칼럼 388
R 표시 325
R 표식 383

S

sd 215
SDD 85, 254, 329
SDD 개념 모델 348
SDD 개요 제안 352
SDD 문서화 작업 330
SDD 문서화 표준 356
SDD 설계 요소 개념 모델 349
SDD 식별 정보 349
SDD의 실제 독자 354
SDD의 예상 독자 354
SDD 초판 작성 354
SDD 태그 262, 351, 369
SDD 필수 콘텐츠 349
SDLC 83
seq 시퀀스 프래그먼트 229
serialTaskInit() 366

SITC 391
SMS 메시지 208
SRL 383
SRL의 기본 대상 독자 384
SRL의 실제 대상 독자 385
SRL 태그 388
SRS 85, 254
SRS 문서 272
SRS 문서의 기본 구조 288
SRS 요구 사항 351
SRS 요구 사항 번호 301
SRS 요구 사항 태그 320
SRS 태그 260, 369
STC 254, 388
STC의 범위 412
STC 태그 263, 425
Std 829 372
Std 1016-2009 표준안 330
STP 255
STP로 병합 406
STP 문서 개요 408
STP 태그 264, 412, 425
STP 태그로 정렬 268
strict 병렬 연산 230
strict 시퀀스 프래그먼트 230
subsystem 236
SyRS 85, 254, 258
SyRS 및 SRS 태그 칼럼 324
SyRS 태그 257

T
TBD 279
TDD 92, 107
T 표식 382

U
UML 129
UML 2.0 명세서 163

UML 2.0 이후 214
UML 다이어그램 작성 도구 164
UML 변경 지시자 197
UML 속성 이름 명명 규칙 177
UML 스테이트차트 245
UML 시스템 경계 다이어그램 147
UML 액티비티 다이어그램 151
UML 조인 160
UML 클래스의 관련성 183
UML 패키지 238
UML 포크 160
UML 호출 기호 160
usbTaskInit() 366
USB 작업 우선순위 386
USB 포트 313
UTP 407

V
Visual Studio 98
V 모델 91

W
wc 유틸리티 64

X
Xcode 98
XP 104
XP 전체 팀 105
XP 프로세스 108

Y
YAGNI 114

기호
:source 264
~ 기호 174

GREAT CODE Vol. 3
개발자는 어떻게 소프트웨어를 완성하는가

발   행 | 2021년 7월 30일

지은이 | 랜달 하이드
옮긴이 | 동 준 상

펴낸이 | 권 성 준
편집장 | 황 영 주
편   집 | 이 지 은
디자인 | 윤 서 빈

에이콘출판주식회사
서울특별시 양천구 국회대로 287 (목동)
전화 02-2653-7600, 팩스 02-2653-0433
www.acornpub.co.kr / editor@acornpub.co.kr

한국어판 ⓒ 에이콘출판주식회사, 2021, Printed in Korea.
ISBN 979-11-6175-543-4
http://www.acornpub.co.kr/book/great-code-vol3

책값은 뒤표지에 있습니다.